FRANCO. BIOGRAFÍA DEL MITO

ANTONIO CAZORLA SÁNCHEZ

FRANCO. BIOGRAFÍA DEL MITO

ALIANZA EDITORIAL

Título original:
Franco. The Biography of the Myth

Traducción autorizada de la edición en inglés publicada por
Routledge, miembro de Taylor & Francis Group

Calle Juan Ignacio Luca de Tena, 15; 28027 Madrid; teléf. 91 393 88 88
www:alianzaeditorial.es
ISBN: 978-84-206-9141-1
Depósito Legal: M. 27.196-2014
Printed in Spain

ÍNDICE

LISTADO DE FOTOS

1. El comandante Francisco Franco posa con la Cruz de María Cristina, condecoración militar obtenida tras resultar herido en combate en Buit, Marruecos, hacia 1917. © Efe.
2. El jefe del Tercio, coronel Francisco Franco, acompañado del teniente coronel Juan de Liniers, recorre los puestos avanzados en el macizo Malmusí, durante las operaciones posteriores al desembarco de Alhucemas, septiembre de 1925. © Efe.
3. El general Mola, a la derecha, vitorea al general Franco durante su primera visita a la capital burgalesa, acompañado del general Cavalcanti, a la izquierda, y del coronel Francisco Franco Salgado, Burgos, agosto de 1936. © Efe.
4. Primer desfile de la Victoria después de la Guerra Civil. En el mismo acto, el general Varela impuso la Cruz Laureada de San Fernando a Franco. En la foto, momento en que el conde de Jordana lee el decreto de imposición, Madrid, mayo de 1939. © Efe.
5. Franco en su despacho, *c.* 1940. © Roger Viollet/Getty Images.
6. El dictador acompañado por el jefe de su Casa Militar, general José Moscardó, visita la barriada de casas para obreros que se construyeron en el barrio de Usera en sustitución de las que fueron destruidas durante la Guerra Civil, Madrid, enero de 1940. © Efe.
7. El ministro del Ejército, José Enrique Varela, impone a Franco, en nombre de los tres ejércitos, las insignias de la Gran Cruz Laureada de San Fernando en el Palacio Nacional, Madrid, julio de 1940. © Miguel Cortés/Efe.

8. El dictador tomando medidas en un globo terráqueo, Madrid, 1950. © Mondadori/Getty Images.
9. El jefe del Estado, Francisco Franco, acompañado por su esposa, Carmen Polo; el ministro de Obras Públicas, Fernando Suárez; el de Industria, Joaquín Planell; el obispo de León, Luis Almarcha, y otras personalidades, inaugura la central hidroeléctrica de Barrios de Luna, León, septiembre de 1956. © Jaime Pato/Efe.
10. Franco inaugura el Monumento conmemorativo a los Caídos en la Guerra Civil, Basílica y escuela de Estudios Sociales, que ordenó construir en Cuelgamuros, Madrid, abril de 1959. © Efe.
11. El dictador, acompañado por su mujer, Carmen Polo, conversa con sus nietos tras regresar del Hospital Central del Aire donde había sido atendido después de sufrir un accidente con su escopeta de caza durante una cacería, Madrid, diciembre de 1961. © Jaime Pato/Efe.
12. Franco, acompañado por el príncipe de España, Juan Carlos de Borbón, durante el XXXVI Desfile de la Victoria, Madrid, mayo de 1975. © rba/Efe.
13. Último homenaje al Caudillo. Acompañado por el príncipe de España, Juan Carlos de Borbón, el dictador corresponde a los vítores y aplausos de la multitud desde el balcón principal del Palacio de Oriente, Madrid, octubre de 1975. © Efe.
14. Los reyes de España presidieron en la Basílica de la Santa Cruz del Valle de los Caídos una solemne misa por el alma de Francisco Franco, al cumplirse un mes de su fallecimiento. En la foto, los reyes, Juan Carlos y Sofía, junto a Carmen Polo de Franco, Madrid, diciembre de 1975. © aa/Efe.

AGRADECIMIENTOS

La investigación para hacer este libro fue posible gracias a una generosa ayuda financiera del Social Sciences and Humanities Research Council of Canada. Los archiveros del Archivo General de la Administración, de la Fundación Francisco Franco y del Palacio Real siempre se mostraron amables conmigo y su ayuda fue crucial para mi investigación. Los editores de Routledge y de Alianza Editorial fueron también muy pacientes con mis retrasos a la hora de entregar los manuscritos. Robert Pierce leyó los primeros borradores e hizo valiosas observaciones. Cristina Castrillo me dio ánimos cuando más los necesitaba. Paulette Bak, Julio de la Cueva, Antonio Laserna, Robie Loomer, Ryan Perks, Óscar Rodríguez, Sofía Rodríguez, Adrian Shubert, Antonio Vargas y otros amigos me ayudaron mucho y, además, me forzaron a ser claro y conciso. María y Antonio siempre han sido la mejor fuente de información sobre qué es vivir bajo una dictadura. Céline, Mélina, Yasmín y Sofía son la inspiración de este libro, y de todo lo demás.

Nota sobre la traducción

Este libro, más que traducción, es una versión corregida, actualizada y ampliada hecha por mí, el autor, de *Franco. The Biography of the Myth* (Routledge, 2014). He aprovechado esta oportunidad para incluir, principalmente en los capítulos 1 y 2, las notas y algunos de los textos que, por recomendación del editor, hube de dejar fuera de la edición inglesa original; y para corregir algunos errores que detecté en esa misma edición con posterioridad a su publicación. Por supuesto, esos errores, y los que ahora se produzcan, son mi responsabilidad exclusiva.

INTRODUCCIÓN

UNA BIOGRAFÍA DISTINTA

En su momento, fue un hecho trivial. En 1912, un joven y ambicioso oficial, Francisco Franco Bahamonde (1892-1975), fue a la guerra de Marruecos. Veinticuatro años más tarde, en los primeros momentos de nuestra horrenda guerra civil, en julio de 1936, el ya general de división se convirtió en jefe del ejército colonial, al que trasladó a la Península para destruir a la República. Así comenzó Franco su rápido ascenso personal hacia el poder absoluto. En apenas unos meses, se convirtió en jefe de todos los ejércitos rebeldes y del naciente Nuevo Estado, y en Caudillo o supuesto líder, carismático y anhelado, de España. Cuando acabó la guerra, en marzo de 1939, Franco se había erigido dictador, pero centenares de miles de españoles habían muerto, se habían exiliado o estaban en la cárcel y, millones más, habían vivido las experiencias más traumáticas de sus vidas. Contra pronóstico, Franco se mantuvo en el poder treinta y seis años más. Murió en una cama de hospital en noviembre de 1975.

La vida del dictador se ha contado en muchas biografías, algunas de ellas excelentes[1]. Sin embargo, lo que no se ha explicado demasiado es qué significó Franco para los españoles que vivieron su dictadura, o para los de hoy. Aquí trataremos esta cuestión. Este libro estudia la evolución de la imagen pública del Caudillo tal y como la percibieron los españoles de su tiempo: los que le admiraron y apoyaron, los que le detestaron, y también aquellos que no tuvieron más remedio que acomodarse a la realidad, independientemente de sus sentimientos. Dicho de otra manera, este libro analiza qué se dijo de Franco, cuándo y por quién. También estudia cómo cambió el mensaje y cómo el contexto histórico afectó a la percepción que los españoles de a pie tenían del hombre que les gobernaba.

Para la inmensa mayoría de los españoles, y desde luego para el resto del mundo, el nombre de Franco se hizo prominente en julio de 1936. Desde entonces hasta hoy, aun cuando su memoria ya se desdibuja entre las generaciones más jóvenes, ha sido imposible hablar de la historia de España en el siglo XX sin referirse a él. Para entender el significado histórico de Franco hay que partir de un presupuesto tan obvio como, a menudo, olvidado: que la España y la Europa de los años treinta eran muy distintas de lo que son hoy. El fascismo estaba entonces en auge, y sus éxitos, reales o supuestos, en Italia o Alemania, para muchos significaba que esta forma de gobierno era el futuro. Por el contrario, las democracias parecían débiles, incapaces de hacer frente a la gran crisis económica desatada en 1929 y a la creciente polarización social y política de la Europa de entreguerras. Esta realidad, y las percepciones y expectativas que creó, cambiaron de forma radical en 1945 en la mayor parte de Europa occidental. No en España, donde la dictadura sobrevivió a la derrota del Eje. Como muestra este libro, la contradicción entre la Europa democrática y la España del Caudillo representó en muchos aspectos un recuerdo para los propios europeos de los esqueletos políticos que sus sociedades ocultaban en sus ar-

[1] La mejor biografía sigue siendo la de Paul Preston, *Franco. A Biography,* Londres: Haper Collins, 1993.

marios[2]. Tanto las críticas como las complacencias exteriores hacia la España franquista estaban influenciadas por el oscuro pasado del continente; y lo mismo se podía decir de Estados Unidos.

Franco fue una presencia molesta para el mundo democrático, pero un asunto muy real para los españoles. A los demócratas y antifascistas (que nunca han sido exactamente lo mismo) de todo el mundo les podía exasperar que su dictadura no pareciese tener fin, o que les recordase las mentiras piadosas de su propio pasado, pero lo que Franco hiciese o dijese marcaba las vidas de las gentes que él gobernaba. El dictador acumuló más poder que ningún otro gobernante en la historia moderna del país y ello a costa de un precio humano terrible. Hay quien ha comparado al Caudillo con otros tiranos del siglo pasado, como Hitler, Stalin o Mao. Esta es una comparación vana e improductiva. Por un lado, ni sus intenciones ni sus crímenes fueron de la misma escala pero, por otro lado, aquellos fueron más que suficientes como para que se le pueda considerar un asesino. No obstante, tanto la comparación como esta denominación irritan profundamente a sus admiradores, y aún parece excesiva a personas que se consideran moderadas. Como se verá en este libro, muchos españoles todavía consideran que Franco fue un héroe y muchos más piensan que, aunque duro, fue un gobernante bienintencionado que logró importantes avances para el país. ¿Cómo es posible que haya mucha gente que piense así aún hoy en España, después de casi cuatro décadas de democracia? ¿De dónde vienen estas ideas? ¿Fueron siempre así? ¿Cómo han evolucionado? ¿Por qué? Estas preguntas, y las respuestas que se les dé, tienen muchas implicaciones, morales, en primer lugar, pero también políticas e históricas tanto en España como en Europa, donde la intolerancia y los movimientos ultraderechistas han cosechado notables avances en los últimos años.

Para explorar estas cuestiones, esta biografía se aparta de los cánones clásicos del género. La mayoría de las narrativas de vida comparten un elemento común: incluyen un momento o motivo —a

[2] Mark Mazower, Jessica Reinisch y David Feldman (eds.), *Post-war Reconstruction in Europe: International Perspectives, 1945-1949*, Oxford: Oxford University Press, 2011.

veces varios— que justifican por qué la vida de un determinado individuo merece ser contada. Esto es, por qué el individuo es importante para el lector. Este planteamiento, que parece inocuo, ya acarrea riesgos. El primero es estudiar la vida de una persona hasta ese momento decisivo que la hace importante como resultado del destino. Hete aquí el gran hombre y, con menos frecuencia, la gran mujer a quien ya desde pequeñito se le veía venir, o, peor aún, tenía que venir. La alternativa a esta forma de ver el pasado (y el presente) es escribir una biografía que siga las realidades, opciones, ideas, acciones e imágenes del personaje en cuestión tal y como él o ella y sus contemporáneos las vivieron y expresaron; y luego explicar cómo esos factores han sido narrados, reinterpretados y recordados posteriormente. Este es el camino que se ha intentado seguir en este libro, que interpreta la vida de Franco desde la perspectiva de la historia social y cultural; lo que los historiadores llamamos Nueva Historia Cultural.

Las narrativas históricas, esto es, las interpretaciones del pasado, están en continua evolución (por eso los libros de historia envejecen tan rápido). Lo mismo pasa con las figuras históricas. Las vidas se viven solo una vez, pero pueden ser contadas de formas muy distintas infinitas veces. Estas reinterpretaciones se producen porque se descubren significados y papeles nuevos en los personajes históricos, que a veces incluso dejan de ser importantes y son reemplazados por figuras hasta entonces poco valoradas o prácticamente desconocidas. Esto presenta tanto una oportunidad como un reto para los historiadores. Revisar el pasado y decidir quién es importante forma parte de un proceso más amplio en el que decidimos quiénes somos y qué sociedad queremos. Sin embargo, hay un elemento nuevo en esta forma de hacer historia que se ha venido abriendo paso en los últimos años. Frente al historiador tradicional que se esconde detrás de una supuesta objetividad y del rigor, está apareciendo el historiador que, sin renunciar ni a la una ni a lo otro, reconoce su vinculación con el contexto sociocultural que analiza. La influencia de la crítica de las literaturas posmodernas (feminista y poscolonial, entre otras) ha hecho que algunos historiadores hagan explícito en sus libros sus orígenes personales, ideas previas e intereses. Por ello considero honesto explicar brevemente mi relación con Francisco Franco.

No tengo la menor simpatía hacia Franco. Estoy convencido de que fue un hombre cruel, egoísta y un tirano que hizo mucho daño a millones de personas y al país. Sin embargo, no siempre pensé igual. Yo soy un profesor de historia de Europa en Canadá, un socialdemócrata que nunca ha militado en un partido político o ejercido cargo público, y que cree que hay que vigilar al poder político y al económico, lo tenga quien lo tenga, porque tienden a corromperse y a corromper. Nací en 1963 en Almería, en el barrio medio obrero y medio marginal de La Chanca, donde residí hasta marchar a la universidad. Soy un producto del sistema público de educación tardo y posfranquista. Mis padres pasaron hambre en la posguerra y algunos de mis familiares fueron represaliados por el régimen. Uno de ellos fue ejecutado. Sin embargo, cuando Franco murió me sentí muy triste, a pesar de que no hubo escuela aquella mañana del 20 de noviembre de 1975. La tristeza de aquel niño de doce años era compartida en ese momento por millones de españoles, que creían que el hombre que acababa de fallecer había sido la mejor solución posible para un país difícil de gobernar. Eso decían en la escuela, en la prensa, en la tele, etc.; pero yo pensaba así no tanto por lo que la propaganda dijese como por la existencia de una memoria histórica sesgada y una percepción de la realidad que coincidía con, y se reforzaba por, el adoctrinamiento oficial.

En 1975, quizás la mayoría de los españoles pensábamos que Franco había preservado la paz en un país abrasado por el pasado. Nos sentíamos satisfechos del progreso de los últimos años que achacábamos a la dedicación abnegada del anciano dirigente. No es que se hubiese olvidado la miseria de los años cuarenta y cincuenta, es que se la atribuía principalmente a la guerra y a factores ajenos a su voluntad. Esto no quiere decir que dejásemos de ser conscientes de la incompetencia, arbitrariedad y corrupción de las autoridades, pero queríamos creer que el Caudillo no sabía nada de lo que estas hacían y que, de saberlo, les pondría fin de inmediato. Nuestro principal valor político era el de preservar la paz, rechazando cualquier tipo de violencia, tanto de la oposición como del régimen; y esto, aunque no lo sabíamos entonces, sería crucial para que la transición a la democracia fuese un éxito[3]. Porque, además, nuestros valores, como nuestras vidas, estaban evolucionando. Como he explicado en detalle en otro lugar, en los años que precedieron a la muerte del dictador, los españoles habíamos adoptado cada vez más las ideas y el lenguaje de libertad y de igualdad[4]. Este proceso se aceleró tras 1975. En esa toma de conciencia colectiva fue crucial el mayor nivel educativo de los jóvenes que, a menudo, se convirtieron en maestros políticos de sus padres quienes, a su vez, comenzaron a hablar y a reelaborar su memoria histórica alentados por los cambios que se producían. Por ejemplo, en apenas dos años, mi familia «descubrió» que siempre había sido socialista (los abuelos lo habían sido) al tiempo que nuestra opinión del dictador cambiaba de forma radical.

Después de casi veinticinco años de estudiar la dictadura, estoy convencido de que Franco no fue un individuo con especiales dotes intelectuales o espirituales, sino un oportunista sin escrúpulos que albergaba profundos prejuicios. Su ascensión política y ejercicio del gobierno se convirtieron en una tragedia para el país. Sin embargo, sería ingenuo o autocompasivo pensar que se mantuvo en el poder casi cuarenta años solo por la fuerza o el engaño. Para entender cómo pudo este hombre regir los destinos del país tanto tiempo y ser amado o respetado en determinados períodos por sus súbditos, tenemos que entender cómo y por qué percibió la gente su realidad y cómo esta percepción evolucionó en el tiempo. Pero tampoco hay que dejarse llevar fácilmente por la idea del apoyo popular hasta el punto de olvidar la represión que el régimen desató y el miedo que esta generó. Desde la Guerra Civil, los españoles no tuvieron más opción que asentir al poder de Franco o enfrentarse a las consecuencias de

[3] Véase Paloma Aguilar Fernández, *Memoria y olvido de la Guerra Civil española,* Madrid: Alianza Editorial, 1996.
[4] Antonio Cazorla Sánchez, *Fear and Progress: Ordinary Lives in Franco's Spain, 1939-1975,* Oxford: Blackwell, 2010.

no hacerlo. Como tampoco se puede olvidar que, para millones de españoles, el Caudillo fue su héroe: el hombre que les guio en una guerra larga y dura, que preservó sus intereses económicos o espirituales o cuyas políticas les beneficiaron aun cuando condenaron a millones de españoles a sufrir muerte, opresión y miseria. A quienes les fue bien quizás les pareció que el precio que pagaban los otros era escaso, y hasta benévolo. Su situación era bien distinta de la de las familias de los cerca de 150.000 fusilados y de la de los cientos de miles juzgados y encarcelados que fueron maltratados, humillados, violados, robados, marginados, exiliados..., en suma, de aquellos que se convirtieron en las víctimas de la dictadura.

El grado exacto de apoyo o rechazo, y las actitudes intermedias, hacia Franco de los españoles en tiempos de la dictadura será siempre un tema contencioso. La razón es simple: en las dictaduras no hay opinión pública. ¿Quién se atreve a decir lo que de verdad piensa bajo un régimen despótico? Nadie, obviamente, confiaría en que la persona que le pide opinión no fuese un policía o un informante. En vez de opinión pública, los historiadores de las dictaduras hablamos de opinión popular, esto es, la estimación por medios deductivos e indirectos de lo que, con probabilidad, la gente pensaba. Muchos historiadores creen que la popularidad de Franco se cimentó en los quince años finales de su régimen gracias al desarrollo económico. Otros pensamos que el apoyo mayoritario al dictador —y, en menor medida, a la dictadura— era evidente en la segunda mitad de los años cuarenta, a pesar de la miseria profunda que existía en España[5].

No cabe duda de que la propaganda del régimen fue efectiva a la hora de promover la popularidad del Caudillo; pero no solo porque consiguió lavar el cerebro de los españoles, sino, fundamentalmente, porque lo que la propaganda decía de él coincidía en buena medida con lo que mucha gente quería o necesitaba creer. La propaganda que contradice las expectativas de sus destinatarios puede ser contraproducente para un gobernante. En este sentido, este libro muestra (véa-

[5] Antonio Cazorla Sánchez, *Las políticas de la Victoria: la consolidación del Nuevo Estado franquista (1938-1953)*, Madrid: Marcial Pons, 2000.

se el capítulo 3) cómo se desarrolló entre los españoles la creencia de que Franco podía estar mal aconsejado, o rodeado de indeseables, pero era un hombre con buenas intenciones. Esta convicción es explicable por dos razones: la falta de información libre, y las condiciones extremas y sentimientos creados por la guerra y los durísimos años que le siguieron. La gente necesitaba tener fe, y la única fe viable, aparte de la religiosa, era la depositada en el Caudillo.

En junio de 1977, menos de dos años después de la muerte del dictador, España tuvo sus primeras elecciones democráticas desde febrero de 1936. A diferencia de la vez previa, la democracia echó ahora raíces profundas y sólidas. Este proceso implicó una reevaluación colectiva de la memoria de Franco. La uniformidad oficial del pasado se transformó en diversidad de opiniones, muchas de las cuales preservaron los mitos del franquismo. En 1994, cuando el PSOE ya llevaba doce años en el poder, una encuesta del Centro de Investigaciones Sociológicas revelaba que el 52,6% de los españoles tenían una imagen negativa de Franco mientras que el 27,8% tenía una imagen positiva. Además, un 24,4% le consideraba uno de los mejores gobernantes españoles del siglo XX. Un 58,1% disentía de esta opinión. La supervivencia de la imagen, del mito, de Franco como hombre de paz era evidente entre muchos ciudadanos que en otros aspectos tenían una consideración negativa del dictador. Así, el 47,4% decía que Franco había asegurado la paz en España, mientras que el 38,1% se mostraba en desacuerdo con esta opinión. La idea del Franco modernizador de España era apoyada por el 27,1% y rechazada por el 52,3%. Por otra parte, un 30,5% estaba de acuerdo con la idea de que había salvado al país del comunismo, contra un 43,4% que rechazaba esta idea. Por último, un 30,5% le consideraba «un hombre con buenas intenciones» que ignoraba lo que pudieran hacer sus colaboradores, frente a un 41% que estaba en desacuerdo. Significativamente, a pesar de la valoración positiva minoritaria, pero en ningún modo desdeñable, de la figura de Franco, solo un 15,9% de los españoles pensaba que el país estaría peor si, en vez de haber tenido una dictadura, hubiese sido siempre una democracia. En suma, estos datos revelaban no solo la pervivencia de algunos de los mitos generados por la dictadura, sino también que la valoración histórica de la figura de Franco y su legado seguía rodeada de importantes ambigüedades[6].

Detrás de la pervivencia de ambigüedades en torno a la memoria del Caudillo hay razones históricas que explican que no solo sean las personas de ideología ultraderechista o muy conservadora las que creen que aquel hizo posible la paz y el progreso. Quizás ninguna razón sea tan poderosa como el que se le atribuya el espectacular desarrollo de la economía española entre 1961 y 1974, cuando, por primera vez desde la guerra, la vida diaria mejoró al mismo tiempo para la inmensa mayoría de la población. En ese período, el producto interior bruto del país creció a un ritmo solo superado por Japón, y los españoles descubrieron los placeres del consumismo en forma de frigoríficos, televisores, teléfonos, motos, el ansiado coche, etc. En esos años, por primera vez, las familias de clase media y hasta obreras enviaron a sus hijos a la universidad. Fue un tiempo de canciones felices y modas atrevidas, especialmente entre los jóvenes que, con razón, se sentían mucho mejor en términos materiales que sus padres y, esto ya no era tan cierto, liberados de los miedos y rencores del pasado. Quizás no hubo un lugar donde el cambio material y cultural fuese más evidente que en las playas. Allí los españoles fueron, también por primera vez, de vacaciones a gastar el dinero que les quedaba después de cubrir sus necesidades básicas. Allí millones de turistas europeos, vestidos de forma más informal ellos y sobre todo menos vestidas y más desinhibidas ellas, disfrutaban de la España soleada, barata y supuestamente feliz. Esos extranjeros podían, o no, detestar a Franco, pero el país era hermoso y acogedor. Esta evidente contradicción entre dictadura y normalidad fue explicada por el Ministerio de Información (propaganda) y Turismo con su famoso «España es diferente». Dicho de otra manera: turistas, vengan y disfruten pero no se me metan en líos (política) que ustedes no entienden que gracias al Caudillo estamos bien y contentos, gracias[7].

6 Alberto Reig Tapia, *Franco «Caudillo»: Mito y realidad,* Madrid: Tecnos, 1995, pp. 79-81.

7 Véase Sasha Pack, *Tourism and Dictatorship: Europe's Peaceful Invasion of Franco's Spain,* Nueva York: Palgrave, 2006.

El mayor arquitecto y portavoz de esta imagen triunfante de la dictadura no fue otro que Franco, quien presentó la nueva realidad como el cumplimiento de sus profecías y esfuerzos. Por ejemplo, durante el tradicional discurso de Navidad de 1969, año que retrospectivamente iba a ser el cenit político de su dictadura, aquel que ahora se presentaba como un anciano benigno, casi el abuelo de los buenos españoles (el número de malos pronto iba a crecer), ofrecía una vez más las pruebas de que él siempre había estado en lo cierto:

> En esta década se han construido el 85 por 100 de los automóviles que circulan por nuestras calles y carreteras; se han instalado el 60 por 100 de los teléfonos existentes y se construyeron 1.175.000 nuevas viviendas, lo que representa que en este decenio han estrenado casa unos cinco millones de españoles. En cuanto al turismo, hemos pasado de poco más de cuatro millones de personas que nos visitaron en 1959, a 21 millones de turistas este año. El esfuerzo realizado a favor de la enseñanza a todos los niveles ha sido también gigantesco...[8].

Sin embargo, detrás de este mensaje triunfal de una España feliz y relajada de los años sesenta, siempre estuvieron el fantasma del miedo y las memorias reprimidas de la guerra y la posguerra, cuyo significado y el rol histórico de Franco estaban siendo entonces reinterpretados por la propaganda para mayor gloria del Caudillo. Este proceso incluía utilizar el progreso económico reciente para ocultar o deformar los fracasos, dolorosos para muchos, de las dos décadas previas. Lo importante para el régimen no era la verdad histórica, sino demostrar que el hombre enviado por la Providencia siempre tenía razón. Como veremos (en el capítulo 5), en la segunda mitad de los años sesenta se estaba produciendo una nueva selección y manipulación de los acontecimientos del pasado. Pero no todo era mutable en el discurso histórico franquista. Lo que nunca cambiaría durante los cuarenta años de dictadura fue el relato de las circunstan-

[8] Francisco Franco Bahamonde, *Mensaje de Su Excelencia el Jefe del Estado Español en la Navidad de 1969,* Madrid: Ediciones del Movimiento, pp. 8-9.

cias y las razones del estallido de la guerra y del poder del Caudillo: que en 1936 España estaba a punto de ser arruinada, incluso de desaparecer, por culpa de un República asesina e inepta. Y fue en ese momento de peligro supremo cuando la Historia, guiada por Dios, dio paso a la redención de la patria. Todo empezó un 18 de julio al mediodía cuando un pequeño avión, acechado por el peligro, emprendió un vuelo histórico desde Las Palmas de Gran Canarias hacia Tetuán, entonces capital del Marruecos español. En ese avión iba el general Franco, ya no solo el héroe incomparable de las guerras de África, sino el esperado, el designado por la Providencia para poner su vida en riesgo por España. Ese día, decía el relato propagandístico, Franco se encontró con su destino[9].

Como este libro muestra (a partir del capítulo 2), empezando en 1936 y durante los próximos treinta y nueve años, no faltarían testigos y cortesanos que avalasen la historia del ungido. Tampoco faltarían las correcciones periódicas al relato hagiográfico para acomodarlo mejor a las necesidades del momento. Quizás no haya persona que mejor reúna las características de avalista del genio del Caudillo que el hombre que lo acompañó en el *Dragon Rapide,* el avión que le llevó a Tetuán, y que él mismo había alquilado en Inglaterra unos días antes. Se trata de Luis Bolín y Bidwell, quien en 1967 publicó, en español y en inglés, *España. Los años vitales,* el relato de aquel momento crucial[10]. Bolín no fue mero testigo del momento clave que cambió la Historia de España. Después de ayudar a Franco a salir de las islas Canarias, desempeñó un papel crucial en la Guerra Civil al conseguir que Mussolini enviase ayuda militar a los rebeldes. Luego trabajó en la oficina de prensa del Caudillo hasta 1938, desempeñando un papel clave en la creación de mitos en torno a su persona. Más tarde fue director general de

[9] Una visión completa y a la vez polémica de estos momentos en Ángel Viñas, *La conspiración del general Franco y otras revelaciones acerca de una guerra civil desfigurada,* Barcelona: Crítica, 2011.

[10] Luis Bolín, *España: los años vitales,* Madrid: Espasa Calpe, 1967. También hemos utilizado la versión inglesa, *Spain: The Vital Years,* Londres: Cassell, 1967.

Turismo hasta 1952. Finalmente, fue consejero en la embajada española en Washington hasta 1963. Murió en 1968. Como su apellido indica, había sangre británica (y sueca) en sus venas. Las conexiones con el Reino Unido no acababan aquí. El prólogo a ambas ediciones del libro fue escrito por sir Arthur Bryan, un popular historiador británico muy conocido por su antisemitismo y su admiración por el Tercer Reich. Nada de esto era producto de la coincidencia. Bolín pertenecía a la alta burguesía del oeste andaluz, cuyos nombres y tradiciones vienen del establecimiento de comerciantes extranjeros en la zona en el siglo XVIII, donde prosperaron y a menudo se convirtieron en grandes terratenientes. Sus hijos eran, y aún hoy lo son, educados para ser bilingües, adoptando un modo de vida aristocrático que es a la vez cosmopolita y xenófobo, y que en los años treinta, y aun después, podía ser al mismo tiempo caballeroso y conservador en Inglaterra y el de un señorito fascista en España. De este colectivo salieron durante la Guerra Civil algunos de los más entusiastas y sanguinarios seguidores del Caudillo. Apoyados por el ejército colonial de Franco, ellos impusieron el terror en Andalucía occidental, y luego avanzaron hacia Madrid mientras repetían sus atrocidades en Extremadura y Castilla la Nueva[11].

En su libro de 1967, Bolín evocaba la historia que ya era pieza fundamental del canon del franquismo: el relato del momento clave de la salvación de España. La aportación de Bolín es que él estaba allí, escuchando la promesa de progreso, paz y felicidad que le contaba un Franco desvelado durante la noche del 18 de julio de 1936 en un hotel en Casablanca. Esa noche intentaban, en vano, descansar del primer día de vuelo. Pero ese mismo momento había sido anunciado por otra revelación, esta en forma de llamada telefónica, que Bolín había recibido el día 5 en Londres, donde era corresponsal

[11] Algunos detalles de cómo podía comportarse Bolín, en Judith Keene, *Fighting for Franco: International Volunteers in Nationalist Spain During the Spanish Civil War, 1936-1939*, Londres y Nueva York: Leicester University Press, 2001, p. 67. Un relato muy detallado en Paul Preston, *The Spanish Holocaust: Inquisition and Extermination in Twentieth-Century Spain,* Londres: HarperCollins, 2012.

del diario *Abc*. Al otro lado del teléfono estaba Juan Ignacio Luca de Tena, el director del periódico. Este último le dijo que tenía que alquilar un avión para ir a buscar a un misterioso pasajero en África. «Sentí que la hora había sonado [...] Solo la fuerza podrá salvar ya a España; sin ella, el comunismo y el caos sobrevendrían fatalmente». Por supuesto, el misterioso pasajero era Franco, quien «acaudillaría —nos sentíamos seguros—» [Luca de Tena y Bolín] el Movimiento[12]. Lo que ya no contó Bolín fue que el dinero para este designio divino vino de Juan March, el antiguo contrabandista reconvertido en banquero que en ese momento estaba prófugo de la justicia. Luego prestó, con beneficios, sus servicios a la causa aliada durante la Segunda Guerra Mundial. En 1955, en colaboración con la Fundación Rockefeller, creó una prestigiosa fundación que aún hoy lleva su nombre, y que promueve la investigación científica y cultural.

Pero volvamos al viaje. El avión había salido de Las Palmas un poco después de las dos de la tarde. Los pasajeros fueron muy cautos. Para descansar, eligieron Casablanca en vez de Tánger porque había allí un misterioso y extremadamente bien informado grupo de «acción» (que en la edición inglesa son «asesinos a sueldo») esperando con «pistolas ametralladoras»[13]. Como el lector comprobará (en el capítulo 2), no era la primera ni la última vez que la preciosa vida de Franco iba a ser amenazada por sicarios. Y fue allí, durante un monólogo del Caudillo que duró hasta las dos de la mañana, donde este expuso la primera de sus múltiples visiones, profecías, predicciones y promesas certeras que, durante los siguientes treinta y nueve años, los españoles y un mundo asombrado pero incrédulo habrían de escuchar. Como cuenta Bolín:

> El general tenía entonces cuarenta y tres años; era bien proporcionado y bien parecido [...] Un deseo apasionado de servir a España inspiraba sus palabras. Estaba resuelto a hacer cuanto pudiera para compensar los años de miseria que sus compatriotas habían conoci-

[12] Bolín, *España,* pp. 26, 30.
[13] *Ibid.*, p. 61, y Bolín, *Spain,* p. 46.

> do en años anteriores, a raíz de la liquidación del imperio, los años de opresión y desesperanza sufridos bajo el Gobierno de la República [...] su única ambición era el servicio; sus pensamientos eran para el pueblo [...] Quería mejorar la suerte del trabajador, la situación de las clases medias, tantas veces defraudadas, como el pueblo mismo, por promesas republicanas incumplidas. Quería que se elevaran los niveles de vida respectivos y que se dotara a los españoles de facilidades para estudiar y salir adelante [...] No olvidaba que el respeto a la ley y el orden público tenía que ser restablecido, de modo permanente, en toda la extensión del país, mas juzgaba que esto no sería difícil, una vez asegurada la unidad y la paz de España. El país iba a afrontar una dura lucha para abrirse paso hacia el progreso, pero esa lucha por el progreso era compatible con las esencias tradicionales de la vida española[14].

Apenas un paso por delante de los sicarios, o de las autoridades del Frente Popular francés, el avión que llevaba a Franco aterrizó en el aeródromo de Sania Ramel de Tetuán, no lejos del cuartel general del ejército colonial, a las siete de la mañana del día 19. Allí le esperaba un grupo de jefes y oficiales rebeldes pero no el comandante de la base, Ricardo de la Puente Bahamonde, primo de Franco y compañero de juegos de su infancia, que había sido arrestado. El comandante De la Puente fue posiblemente el último oficial leal a la República en el norte de África. Sometido a consejo de guerra sumarísimo, fue ejecutado el 4 de agosto[15]. No vivió para ver a su primo convertirse en jefe oficial de los rebeldes unas semanas más tarde, el 1 de octubre de 1936.

Detengámonos un momento aquí. Dejemos el relato hagiográfico que hace Bolín de la llegada del esperado salvador a Tetuán. En este libro ya aparecen algunas de las omisiones y proyecciones del futuro en el pasado que van a caracterizar los relatos de Franco y su régimen. En primer lugar, la forma en que se elimina el terror de la historia mientras que se le añade drama, heroísmo y, a la postre, felicidad. Porque el hombre y la dictadura que tantos muertos de-

[14] Bolín, *España,* pp. 62-63.
[15] Preston, *Franco,* pp. 7, 151, 198.

jaron detrás nunca asumieron lo que habían hecho, ni se atrevieron a mirar a la cara a sus víctimas. Por eso el comandante De la Puente, como ocurrió a tantos asesinados, no aparece en las memorias de Bolín. Lo que este «testigo» no cuenta forma parte de la gran elipsis, de la gran mentira del régimen detrás de las muchas imágenes de la España del Caudillo, como la del desarrollo tardío de España, las playas llenas de turistas o la moda ye-ye: estamos hablando del miedo. Fueron este miedo y el olvido los que nos han legado aún, por ejemplo, más de cien mil cuerpos enterrados en fosas comunes. Y son las mentiras las que han creado la ambivalencia hacia el legado del dictador, que siguen permitiendo a muchos dirigentes en la España democrática ignorar a las víctimas de Franco. Es más, hay quien no ve un problema aquí, o ve un tema menor[16]. Los que hablan acríticamente del progreso de España bajo el franquismo no solo ignoran la historia de los veinte primeros años de miseria bajo la dictadura, sino que separan a ese progreso tardío del horror y de la miseria moral que el dictador y su régimen encarnaron.

La versión del pasado de Bolín, y su análisis del significado de Franco, es una de las muchas interpretaciones que van a aparecer en este libro, que es no tanto la historia de un dictador como una inmersión en las realidades, imágenes y visiones de un período trágico de nuestra historia. Al final, el lector podrá entender cómo fue posible que hubiera mucha gente que —a pesar de estar rodeada de criminales, miseria, mentiras y ocultaciones— a menudo amó o al menos respetó al hombre mezquino y cruel que la gobernó. También sabrá el lector por qué aún todavía muchos piensan que, en todo o en parte, Franco merece el reconocimiento público. Es una historia complicada pero, si el lector es paciente, quizás la encuentre fascinante.

[16] Antonio Cazorla Sánchez, «Revisiting the Legacy of the Spanish Civil War», *International Journal of Iberian Studies,* 21 de marzo de 2008, pp. 231-246.

ZONA DEL PROTECTORADO ESPAÑOL EN MARRUECOS
DIVISIÓN POLÍTICA
OCÉANO ATLÁNTICO
ESTRECHO DE GIBRALTAR
MAR MEDITERRÁNEO
Bahía de Alhucemas
Ceuta
Tánger
Tetuán
Arcila
Larache
Alcazalquivir
Xauen
Uad Lau
Axdir
Melilla
Nador
MAR CHICA
Anyera
Fahs
Amar del Fahs
Uadras
El Haus
Beni Mesauar
Yebel Hebid
Beni Hozmar
Garbia
Beni Ider
Beni Saíd
Mzora
Amar
Bedaua
Bedor
Sahel
Beni Gorfet
Beni Arós
Beni Hasán
Beni Ziat
Jolot
Sumata
Beni Busera
Beni Zeyyel
Beni Guerir
Beni Selman
Beni Issef
El Ajmás
Jolot y Tilig
Beni Scar
Ahl Sherif
Beni Mansor
Beni Esmih
Metiva
Mestasa
Beni Guemil
Beni Bu Frah
Beni Itteft
Bocoya
Beni Urriaguel
Temsamán
Beni Ulichek
Tafersit
Beni Saíd
Beni Sicar
Beni Bu Gafar
Beni Sidel
Beni Bu Ifrur
Mazuza
Kebdana
Guezaua
Beni Enzín
Beni Jaled
Beni Ahmed
Ketama
Beni Seddat
B. Jannus
Targuist
Zarkat
B. Mezduí
B. Bu Ensar
Tagsut
Beni Hamed
B. Buchibet
B. Bechir
Beni Ammart
Beni Tuzin
Metalza
Beni Bu Yahi
Ulad Settut
LÍMITE DE LAS CABILAS
LÍMITE DE LA FRONTERA CON EL PROTECTORADO FRANCÉS

CAPÍTULO 1

HÉROE MILITAR, 1912-1936

Fortunas africanas

Antes de que naciese el Caudillo existió un militar llamado Francisco Franco que, como muchos otros compañeros de armas de su tiempo y condición, se hizo famoso por sus hazañas en la guerra de Marruecos. De todas formas, habría que advertir que Francisco Franco, ni fue el soldado más famoso de España ni tampoco su rápida progresión hasta alcanzar el grado de general de brigada fue tan excepcional como después el aparato de propaganda de la dictadura franquista se esforzó en hacer creer. Es más, esa fama fue creada por unos grupos de presión, y particularmente por varios periódicos, que estaban interesados en convertir en popular la guerra de Marruecos; un conflicto al que se oponía la mayoría de los españoles. El líder del grupo pro guerra no era otro que el propio rey Alfonso XIII (1902-1931). Sería el monarca, sus amigos y protegidos en el ejército, junto a los políticos y periodistas que fomentaban y celebraban la guerra de Marruecos, los que crearon la legión de héroes de la que emergió Franco.

Franco nació en El Ferrol (llamado durante la dictadura, «del Caudillo») en 1892 en el seno de una familia militar. Situado al final de una larga ría, El Ferrol era entonces una base naval muy mal comunicada por tierra. Franco era el segundo de tres hermanos varones —Nicolás era el mayor y Ramón el menor— a los que habría que añadir una hermana, Pilar. El matrimonio de sus padres, don Nicolás y doña Pilar, fracasó y cuando Franco era un adolescente su padre, que era contador naval, abandonó a su familia y se marchó a Madrid, donde conviviría con otra mujer hasta su muerte en 1942. Doña Pilar —una mujer inteligente, abnegada y católica tradicional— llevó con dignidad la afrenta hasta su fallecimiento en 1934. Franco siempre se sintió cercano a su madre y rechazado por su padre. No obstante, de niño quiso ser marino como don Nicolás, pero fue un sueño imposible. La academia naval fue cerrada después de la destrucción de buena parte de la marina durante la guerra hispano-norteamericana de 1898. Franco, que siempre sintió una predilección especial por el mar y por los uniformes navales, acabó ingresando en la Academia de Infantería de Toledo, que no era, precisamente, la más prestigiosa del ejército. Allí ese joven tímido de constitución aparentemente débil fue un estudiante mediocre. Cuando se graduó en 1910 su puesto en la promoción fue el 251 de 312. Sin embargo, Franco era un hombre ambicioso. Consciente de que sus posibilidades de progresar en la Península eran escasas o nulas, decidió, como otros cientos de jóvenes oficiales, marchar a luchar a África. Era muy peligroso, una lotería de la muerte, pero también era —y esto entonces no lo sabía nadie— el mejor momento posible.

En 1912 Franco llegó a Melilla y en 1913 se unió a los Regulares (de los que se hablará más adelante en este capítulo). Cuatro años más tarde, en 1916, fue herido de gravedad en una escaramuza no lejos de Ceuta. Esta herida de arma de fuego fue la única que sufrió en toda su vida, a excepción de la que se produjo en diciembre de 1961 cuando se dañó la mano izquierda en un accidente de caza cerca del palacio del Pardo. Franco no solo sobrevivió a la guerra, sino que gracias a ella encontró su vocación y construyó su imagen pública. En combate era audaz y frío, mostrando habilidad táctica y determinación. Sus superiores confiaban en él, como también lo hacían los mercenarios marroquíes a los que mandaba. Entre ellos se corrió el rumor de que tenía «baraka», una superstición que concede una especie de estado de gracia a determinadas personas.

Como le ocurrió a otros oficiales de su generación que luchaban en Marruecos, muchos de los que luego serían protagonistas de las crisis de los años veinte y treinta, los ascensos le llegaron rápido, y las medallas, también. Cuando Franco fue destinado a Oviedo en 1917, el frágil y nada brillante cadete era ya un comandante de apenas veinticuatro años, y una celebridad entre las clases acomodadas de la capital asturiana. Pero con este traslado su carrera había entrado en un punto muerto de duración incierta. En esto su situación no era muy distinta de la del país.

Marruecos era una fuente de posibilidades para militares ambiciosos pero era también, y a la vez, síntoma y causa de los problemas de España. La carrera de Franco era la típica de un oficial colonial europeo: buscando fuera la gloria y recompensas que no podía obtener en la metrópoli. A diferencia de los países transpirenaicos, España era una metrópoli pobre, desprestigiada y acomplejada. A finales de siglo XIX y comienzos del XX, europeos y norteamericanos justificaban sus conquistas de colonias y la explotación (en ocasiones hasta el exterminio) bajo la remisa de una supuesta superioridad racial y cultural. Esa jerarquización darwinista del mundo implicaba que las naciones que no podían conseguir un imperio o conservar el que tenían eran inferiores. Este era el caso de España, en particular después de la pérdida de Cuba, Filipinas y Puerto Rico en 1898. Las teorías de determinismo racial que dominaban el mundo occidental de la época sostenían que la decadencia española provenía del mestizaje con etnias no europeas. A ello hay que sumar la visión que los anglosajones poseían respecto del mundo católico: practicantes intolerantes de una religión que animaba a la molicie y la superstición[1]. El británico Rudyard Kipling, poeta

[1] Rafael Núñez Florencio, *Sol y Sangre: La imagen de España en el mundo,* Madrid: Espasa Calpe, 2001.

del imperialismo, se inspiró en la derrota española de 1898 para escribir su famoso *The White's Man Burden* [La Carga del Hombre Blanco]. Ahí celebraba la misión civilizadora que el Reino Unido y Estados Unidos compartían. Muchos españoles estaban de acuerdo con que la patria estaba en declive, pero las causas y las soluciones diferían, y en todo caso, el debate que siguió al «Desastre» de 1898 no se transformó en nuevas políticas que reformasen el país[2].

Para un sector influyente de la sociedad española, el renacimiento patrio pasaba por la conquista de Marruecos. Justificaciones no faltaban, pero las causas verdaderas de la aventura colonial fueron esencialmente tres: asegurar de una vez por todas la seguridad de las ciudades de Ceuta y Melilla; acabar con la decadencia nacional ganando un imperio en un territorio cercano; y explotar las supuestas riquezas, sobre todo minerales, de Marruecos[3]. No deja de ser paradójico que lo que permitió a España hacerse con una nueva colonia no fuera su fortaleza, sino su debilidad. Francia se expandía por el norte de África y el Reino Unido estaba preocupado por la posibilidad de que se estableciese al sur del estrecho de Gibraltar. En caso de conflicto, las comunicaciones navales del imperio estarían en peligro. La presencia allí de la débil España era una buena solución[4]. Francia podía conquistar Marruecos pero el norte del país debería dejarse a España. Para los franceses, la renuncia a una pequeña franja territorial, pobre y habitada por tribus con fama de insumisas era, como mucho, un precio muy bajo a cambio de estrechar su amistad con el Reino Unido, ahora que el viejo enemigo alemán mostraba nuevas ambiciones. El acuerdo se cerró en la Conferencia de Algeciras (1906) y en el Tratado de Fez (1912).

[2] Sebastian Balfour, *The End of the Spanish Empire,* Oxford: Clarendon Press, 1997, pp. 184-186, 230-234.

[3] José María Alfaya González, «Comentarios a los principios ideológicos de la intervención española en Marruecos a principios de siglo», *Actas de las Jornadas de Cultura Árabe e Islámica,* Madrid: Instituto Hispano-Árabe de Cultura, 1981, pp. 439-446.

[4] Sebastian Balfour y Paul Preston (eds.), *Spain and the Great Powers in the Twentieth Century,* Londres: Routledge-Cañada Blanch, 1999, pp. 13-31.

Al final del proceso, y tras varios recortes, España se quedó con un Protectorado de unos 20.000 kilómetros cuadrados. Nadie preguntó su opinión a las tribus o cabilas locales, o a los primeros nacionalistas marroquíes[5].

España pagó un primer adelanto del precio del imperio en julio de 1909 cuando un pequeño ejército compuesto por reclutas mal preparados y peor liderados sufrió una sangrienta derrota en el barranco del Lobo, casi a las puertas de Melilla. Este incidente no solo reveló lo difícil que podía ser la conquista del territorio, sino también cómo la guerra dividía, aún más, a la sociedad. Dos días antes de la masacre, cuando los reservistas con destino a África embarcaban en el puerto de Barcelona, comenzó una violenta revuelta que pronto se convirtió en una mini-revolución: la Semana Trágica[6]. Las barricadas de Barcelona y de otras ciudades catalanas separaban en cierto modo a las dos Españas y a sus diferentes posturas ante la guerra. En general, las clases bajas, los demócratas y la izquierda se oponían a la aventura colonial, mientras que los conservadores, los hombres de negocios, buena parte del ejército y el propio rey la apoyaban. A diferencia de estos, los pobres nada tenían que ganar en la guerra. A ellos se les reclutaba a la fuerza y se les obligaba a luchar (aunque la muerte solía venir en forma de enfermedad) mientras que las capas altas podían pagar o usar sus conexiones para que sus hijos se quedasen en sus cómodas casas o en destinos muy alejados de cualquier peligro. Los reclutas potenciales no siempre fueron a África como borregos, sino que lucharon como los pobres y los débiles suelen hacerlo: con subterfugios. El más frecuente era emigrar antes de ser llamado a filas[7]. El reverso del sufrimiento de los pobres eran las carreras fulgurantes de los oficiales, los negocios redondos de los contratistas, los intereses de

5 Sebastian Balfour, *Deadly Embrace. Morocco and the Road to the Spanish Civil War,* Oxford: Clarendon, 2002, pp. 3-29.

6 Joan Connelly Ullman, *The Tragic Week: A Study of Anticlericalism in Spain, 1875-1912,* Cambridge: Harvard University Press, 1968.

7 Andrée Bachoud, *Los españoles ante las campañas de Marruecos,* Madrid: Espasa Calpe, 1988, pp. 130-131.

quienes querían invertir en minas y, por último, la propia vanidad del rey, un hombre frívolo al que, como a su «primo» Guillermo II de Alemania, le gustaba jugar a los soldaditos con personas de carne y hueso[8].

La guerra de Marruecos acentuó los problemas de España. El país era, en teoría, una democracia, puesto que en 1891 se aprobó el sufragio universal masculino. Esto debería haber hecho al parlamento español más democrático, incluso, que el británico, donde hasta 1917 el voto estuvo restringido. La realidad, que nadie se guardaba de esconder, era distinta. El caciquismo, la manipulación electoral y el favoritismo corrompían la voluntad de los ciudadanos. A sus espaldas, los partidos Conservador y Liberal, o más bien sus numerosas facciones, se repartían el poder. Además, el rey Alfonso se inmiscuía continuamente en el juego político y en particular en los asuntos militares. Republicanos, demócratas, socialistas, anarquistas y otras opciones políticas estaban excluidas del sistema. El cinismo hacia lo público impregnaba el país. No obstante, este sistema, a pesar de sus serias limitaciones, era de naturaleza liberal y dejaba cierto espacio para la disensión y la crítica. Uno de los principales canales, quizás el principal, que tenía la opinión pública para expresarse era la prensa, ya que en cada provincia solían publicarse varios periódicos. El otro espacio de protesta era la calle. Al no poder usar el parlamento, los partidos, sindicatos y otras asociaciones usaron manifestaciones, ceremonias cívicas, mítines, banquetes, etc., para publicitar su crítica y denunciar a las autoridades. A veces, estas protestas llegaron a más y acabaron en alborotos, revueltas y en revoluciones como en 1909 y, de manera más grave, 1917. A partir de esta fecha, el terrorismo, principalmente anarquista, igualó en brutalidad, más esporádica que sistemática, al Estado. Era evidente que el modelo de la Restauración (1875-1923) se había agotado.

[8] Carolyn P. Boyd, «El rey-soldado. Alfonso XIII y el ejército», en Javier Moreno Luzón (ed.), *Alfonso XIII. Un político en el trono,* Madrid: Marcial Pons, 2003, pp. 213-237.

El renqueante sistema de la Restauración iba a ser cuestionado por una de sus propias creaciones: el ejército colonial que combatía en Marruecos. Dentro de este había un grupo de oficiales llamados africanistas, que tenían opiniones muy radicales sobre su propia importancia[9]. Los africanistas se veían a sí mismos no solo como la salvaguardia de la misión colonial de España, sino también como la encarnación de los auténticos valores patrios. Confundían el militarismo con el país, y la crítica, fuese social o a la guerra, con la traición[10]. Ellos, el rey y los periódicos que les adulaban y propagaban sus puntos de vista eran el núcleo del proyecto colonial. Sin embargo, los africanistas, que tanto se beneficiaban de la protección del Palacio Real y que consumían los escasos recursos económicos del país, también se veían a sí mismos como víctimas de los políticos; acrecentando un resentimiento contra el sistema por la falta de reconocimiento y de entusiasmo popular, que a su juicio, ameritaban por su ardua tarea. Eran héroes incomprendidos en un país sórdido e ingrato, incapaz de abrazar la grandeza. Eran una nueva aristocracia en un tiempo de vulgaridad y de materialismo. En suma, eran héroes-víctimas que sabían mejor que nadie lo que España necesitaba. Este era el ejército en el que Francisco Franco forjó su personalidad y su misión. También donde volvería, tras varios años de anonimato en la Península, a reencontrar la gloria. Pero para ello tuvo que mediar otra catástrofe, la peor que sufrió el ejército español en toda la guerra, y una de las más humillantes sufridas por un ejército colonial moderno a mano de los nativos[11].

El lugar fue Annual, al oeste pero no lejos de Melilla, y la fecha el 22 de julio de 1921. La fuerzas del general Manuel Fernández Silvestre avanzaban con el objetivo de encontrarse con otro ejército

[9] Una visión muy crítica de la falta de conocimientos de los indígenas por parte de los españoles en María Rosa de Madariaga, *Los moros que trajo Franco... La intervención de tropas coloniales en la Guerra Civil española,* Barcelona: Martínez Roca, 2002, pp. 32-37.

[10] Balfour, *Deadly*, pp. 170-171.

[11] Pablo La Porte, *La atracción del Imán. El desastre de Annual y sus repercusiones en la política europea (1921-1923),* Madrid: Biblioteca Nueva, 2001, pp. 78-83.

que venía desde el oeste del Protectorado. La idea era cercar y aniquilar a los rebeldes (o patriotas) bereberes liderados por Mohamed Abd-el-Krim el Jatabi, quien, dos meses más tarde, sería nombrado presidente de la recién proclamada República del Rif. Lo que se suponía iba a ser un clásico movimiento de pinza contra unos milicianos «bárbaros» mal armados y poco disciplinados se convirtió primero en una desastrosa retirada y luego en una serie de masacres que permitieron al enemigo llegar hasta las puertas de la prácticamente indefensa y aterrorizada ciudad de Melilla. En las siguientes semanas, los españoles sufrieron varias derrotas más, y, a menudo, fueron asesinados con saña tras su rendición. Los historiadores cifran los muertos entre 10.000 y 15.000, a los que habría que añadir los heridos y varios cientos de prisioneros. Como resultado de la derrota, España perdió casi la totalidad de la parte este del Protectorado, pero fue entonces, cuando aquellos que leían periódicos pudieron ver, entre la lista de oficiales que se distinguieron en la defensa de Melilla y los combates en sus alrededores, el nombre del comandante de la Legión, Francisco (a veces llamado Paco) Franco. Era tan delgado y frágil que también le llamaban, cariñosamente, Franquito.

La derrota de Annual estuvo plagada de episodios heroicos, y otros que no lo fueron tanto, y de una serie de horrores que aún hoy estremecen. También puso delante del público y de las autoridades la cuestión de cómo acabar con la sangría humana y financiera de Marruecos. En el debate que siguió no faltaron los estereotipos y argumentos racistas, así como el deseo de venganza contra «el moro». Encabezando la lista del odio estaba Abd-el-Krim, el hombre que no solo había matado a miles de españoles, sino que había humillado a España ante el mundo. Su nombre entonces, y durante muchas décadas después, fue sinónimo de maldad, pero su personalidad siempre mantuvo una siniestra atracción[12]. Aquel que en la mente del colonizador era un monstruo y un bárbaro,

[12] Luis de Oteyza, *Abd-el-Krim y los prisioneros. (Una información periodística en el campo enemigo)*, Melilla: Ciudad Autónoma de Melilla, 2000 (1.ª ed., *c.* 1922).

era, en realidad, un hombre complejo adelantado a su tiempo[13]. Conocía muy bien España. Antes de ser el gran enemigo había estudiado en la Universidad de Salamanca (su hermano y mano derecha lo había hecho en Madrid) y había trabajado en varios periódicos. Era un patriota moderno que no odiaba a Occidente, un guerrero que procuraba no matar civiles, y cuya actitud personal hacia sus enemigos podía ser humana. Como veremos, fue derrotado porque sus oponentes eran muchos y poderosos: España, Francia y el despótico sultán de Marruecos, de cuyo reino la República del Rif se había escindido[14]. Su figura en el Marruecos actual, un estado centralista y escasamente democrático con un rey con amplios poderes, ocupa un lugar problemático en la narrativa histórica nacional.

Franco fue uno de los militares enviados a salvar Melilla y castigar a los rebeldes bereberes. Por un azar del destino estaba en el lugar y unidad militar adecuados. Cuando Franco fue destinado a Oviedo se dedicó a cultivar amistades locales y a cortejar a la que se convertiría en su esposa, Carmen Polo y Martínez Valdés. No fue un asunto fácil. El estatus social de ella era más elevado que el de un simple comandante sin mucho futuro, y la reputación de libertino de don Nicolás, el padre de Franco, era un fuerte estigma a los ojos de la encorsetada sociedad ovetense. Sin embargo, fue durante este tiempo anodino cuando el futuro Caudillo conoció a un personaje curioso y bien relacionado, el teniente coronel José Millán Astray. Ambos coincidieron en un curso cerca de Madrid. Conectaron fácilmente, y eso que no podían ser, en principio, más diferentes. Franco era tímido y puritano mientras que Millán Astray era un mujeriego histrión. Sin embargo, los dos eran ambiciosos, estaban impregnados hasta el tuétano de valores africanistas, y

[13] Indalecio Prieto ofreció una opinión matizada de Abd-el-Krim en las Cortes. Indalecio Prieto, *Con el rey o contra el rey. Guerra de Marruecos (2.ª parte),* Madrid: Planeta, 1990, p. 190.

[14] Uno de los pocos autores contemporáneos que explicó la opresión del sultán a los lectores españoles fue Augusto Riera, *Crónica de la Guerra de Marruecos, Julio 1921-Enero 1922-Barcelona* [J. Sanxo] [1922], p. 3.

Millán Astray tenía una idea que podía ofrecer a Franco una salida al callejón profesional en que se encontraba. Se trataba de copiar a los franceses y de que España crease sus propias unidades de la Legión. La llamaron el Tercio de Extranjeros, al que Franco se incorporó el 10 de octubre de 1920 en Ceuta como segundo de Millán Astray. Así fue como Paco Franco volvió a África. De momento, la boda con Carmen podía esperar. De los dos hombres, el carismático y siniestro Millán Astray era la estrella. Había estudiado y abrazado el código de los samuráis, el bushido. Sus narraciones sobre su actitud casi suicida en combate proporcionaba a los periodistas adeptos a la causa africanista el tipo de historias que necesitaban para alimentar sus periódicos[15]. El servicial y modesto Franco observaba. De Millán Astray aprendió los beneficios de tener una buena relación con la prensa. Una lección y unos contactos que le vendrían muy bien en los años siguientes.

Cuando ocurrió el desastre de Annual, Franco estaba en el otro extremo del Protectorado entrenando a la recién creada Legión, que fue urgentemente enviada a salvar Melilla. Este fue el comienzo de su vertiginoso ascenso hasta el generalato que se produjo en apenas cinco años, cuando Franco no había cumplido aún los treinta y cuatro años. Sus propagandistas repetirán más tarde hasta la saciedad que se trataba de una carrera solo superada por el mismísimo Napoleón, pero no era verdad. Hay ejemplos aún más espectaculares en la propia España del siglo XIX. Tal es el caso de Baldomero Espartero (1793-1879), el militar y estadista liberal más notable del XIX, que empezando de soldado raso llegó a general con apenas treinta años. Como ocurrió con Franco, el ascenso de Espartero fue posible por una coyuntura trágica y excepcional: su participación en las guerras coloniales (en su caso América) y en las civiles (carlistas).

Melilla marcó el futuro de Franco y fue crucial en la posterior construcción del mito del Caudillo. La que posiblemente sea la

[15] Geoffrey Jensen, *Irrational Triumph: Cultural Despair, Military Nationalism, and the Ideological Origins of Franco's Spain,* Reno: University of Nevada Press, 2002.

última estatua del dictador exhibida en un lugar público está en la parte vieja de aquella ciudad. Fue erigida en 1977. Las autoridades locales se han negado repetidamente a quitarla porque dicen que es un monumento no al político, sino al hombre que salvó Melilla en 1921. En efecto, la inscripción bajo la estatua está dedicada al «comandante de la Legión Franco Bahamonde, 1921-1977». Pero este monumento es una falsificación del pasado hecha para mayor gloria del Caudillo y la narrativa de su vida como destinada a la grandeza, y no un homenaje a lo que pasó realmente en la ciudad en 1921 y lo que la población local recordó hasta 1936. Es una memoria superpuesta que remueve a Franco del contexto de su tiempo y lo presenta como un héroe solitario y excepcional que avanza por el escalafón a velocidad vertiginosa gracias a sus dotes únicas, y a pesar de los enemigos y envidiosos fracasados que suelen poner trabas a las personas elegidas por la Providencia. La realidad fue más compleja y menos glamurosa que lo que dicen esta estatua y otros muchos «testimonios» posteriores de la gloria del Caudillo.

¡Tantos héroes!

No había escasez de hombres bravos en el ejército español que combatía en Marruecos. Faltaban medios y buenos comandantes. Si era muy valiente y competente, un oficial podía avanzar con relativa facilidad. También influía el factor suerte: estar en el sitio, momento y unidad adecuados. Franco cumplió estos tres requisitos. Salió de la academia militar apenas un año después de los trágicos sucesos de 1909. La derrota del barranco del Lobo y la Semana Trágica habían demostrado los límites y peligros de utilizar a soldados de recluta en la impopular guerra colonial. Una solución fue crear en 1911 un nuevo tipo de unidad: los Regulares. Los Regulares estaban compuestos por soldados indígenas mandados por oficiales españoles. El uso de mercenarios, en principio, incrementaba la combatividad al tiempo que reducía el coste social y político del conflicto. El hombre que impulsó este proyecto fue el entonces teniente coronel Dámaso Berenguer. Casi al mismo tiempo, en 1910, la política de promoción por antigüedad fue sustituida por la de méritos de guerra, que buscaba animar a los oficiales a enrolarse y luchar con bravura en África. El sistema no fue bien recibido por muchos oficiales asentados en la Península, lo que tendría graves consecuencias en 1917. Fue entonces cuando las llamadas Juntas de Defensa, compuestas por estos oficiales disconformes, casi se unieron al movimiento revolucionario que estalló ese mismo año[16]. Ni que decir tiene que Franco fue un defensor de los ascensos por méritos de guerra cuando estaba en África, si bien los abolió durante su dictadura[17].

Además de los ya citados, había un cuarto componente que ayudaba a lanzar la carrera de un oficial muy rápidamente: los contactos. Aquí desempeñó un papel clave Berenguer. Este se convirtió en favorito de Alfonso XIII, e inició una rápida ascensión hasta el generalato primero, el ennoblecimiento después y, ya en el ocaso de la monarquía, la presidencia del Gobierno. En 1918, Berenguer se convirtió en el Alto Comisario de Marruecos. Previamente, había creado un sistema de patronazgo que, sancionado por el rey, fue quizás el más exitoso en la historia moderna del ejército español. Este ejército podía cosechar derrotas espantosas y victorias pírricas, pero nunca anduvo escaso de recompensas. Por ejemplo, entre 1909 y 1914, un lustro sin ninguna victoria destacable, se concedieron 132.925 medallas y 1.587 ascensos. Era tal la facilidad para obtener una medalla que se rumoreaba que se había llegado a fingir combates de acuerdo con los «moros». Los principales beneficiarios de esta inflación de recompensas fueron los oficiales que se graduaron de la academia a partir de 1909, y en especial los de Regulares. Aquí fue donde precisamente se incrustó Franco quien llegó a Ceuta en en 1913 con la recién creada unidad dirigida por la estrella ascendiente del ejército de África.

[16] Ana Isabel Alonso Ibáñez, *Las juntas de defensa militares (1917-1922)*, Madrid: Ministerio de Defensa, 2004.

[17] Francisco Franco Bahamonde, *Papeles de la Guerra de Marruecos*, Madrid: Fundación Nacional Francisco Franco, 1986, p. 86.

El sistema de ascensos incitaba al valor más que al mando sereno, y por eso el número de oficiales que fallecían era alto. Pero si se sobrevivía, los beneficios eran cuantiosos e inmediatos. De hecho, ser herido implicaba un ascenso inmediato, como le ocurrió al propio Franco en 1916. La bala que le atravesó el vientre no le mató pero le sirvió para ganar la estrella de comandante. La rapidez en los ascensos terminó creando un problema de sobredimensión entre los mandos medios y altos del ejército. En 1921, el año de Annual, el ejército español contaba con unos 111.000 hombres comparados con los aproximadamente 374.000 del británico. Sin embargo, en España había 419 coroneles y 60 generales, comparados con los, respectivamente, 377 y 20 británicos. En España había un oficial por cada cuatro soldados, mientras que en Italia y en Alemania la proporción era de uno por cada veinte[18].

Gracias al apoyo de Alfonso XIII, los miembros de la red clientelar de Berenguer progresaron rápidamente. Muchos de los favorecidos serían los principales generales y coroneles que se lanzaron contra la República en 1936, arrastrando a su vez a otros jefes y oficiales, ya que algunos de los que antes llegaron a general, como José Sanjurjo, pronto establecieron buenas relaciones con el rey, y crearon sus propias redes de clientes[19]. La ascendencia de Sanjurjo al grado de favorito de palacio se vio favorecida por la muerte del general Fernández Silvestre, otro de los buenos amigos del rey, en Annual. Los más jóvenes seguirían la estela de Sanjurjo. Franco, que pronto se convertiría en un asiduo visitante del Palacio Real, fue uno de estos. También Emilio Mola se convirtió en un íntimo de Berenguer, como lo serían Manuel Goded, Gonzalo Queipo de Llano, José Varela y Francisco Gómez-Jordana (este fue «muy amigo» del rey). Todos ellos visitaban y frecuentemente mandaban cartas, peticiones y recomendaciones a Su Majestad, quien estaba en-

[18] Gustau Nerín, *La Guerra que vino de África,* Barcelona: Crítica, 2005, pp. 41-44.
[19] Sanjurjo aparece varias veces en el expediente militar de Franco avalando sus recompensas. Archivo Histórico Militar, Segovia, caja 177, exp. 14, tomo I, carpetas 18, 54, 63, 69.

cantado de tener tan fieles y heroicos seguidores. Pero, como suele ocurrir entre aquellos que compiten por los mismos favores, los celos, las envidias y las rencillas abundaban. Cada uno de ellos quería ser el primero en obtener un ascenso, mandar tal o cual unidad o ganar una medalla —en especial la codiciadísima Laureada, la máxima condecoración del ejército español, que se convertiría en una obsesión de Franco—. Los celos y los resentimientos llevaron a este a que nunca perdonase a Berenguer no ascenderle a general de división en 1930, cuando Berenguer era presidente del Gobierno. La rivalidad entre Franco y Goded era notoria y, en cierto modo, pervivió a la muerte de este en 1936. También Mola y Millán Astray se odiaban. En suma, era este un mundo moralmente mucho más pequeño que el que presentaba la prensa pro guerra de Marruecos, para quien estos soldados no podían ser otra cosa que héroes, caudillos, salvadores de la raza, caballeros españoles, conquistadores, etc.[20].

Hay un molde claro en la evolución de las carreras de los citados generales: el oficial que tuvo la suerte de estar en África (y no morir) entre 1910 y 1926 ascendió de forma vertiginosa. Por ejemplo, Sanjurjo —patrón de Franco en los primeros años veinte, y luego verdadero «caudillo» de la derecha anti-republicana y líder inicial de la rebelión militar de 1936— era en 1909 un oficial con un futuro más que incierto, ya que llevaba más de diez años de capitán. Poco después ascendió a comandante por méritos de guerra. En 1914 se unió a los Regulares, ganó su primera Laureada y acabó ese año con el grado de teniente coronel. En 1920 ya era general de brigada. En apenas once años había pasado de ser un oscuro capitán a convertirse en uno de los generales favoritos de Alfonso XIII[21]. La carrera de Mola, el hombre que organizó la rebelión de 1936, siguió el mismo patrón. Se graduó de la academia un poco más temprano que Franco, en 1907, beneficiándose de

[20] Nerín, *Guerra,* pp. 44-49, 64-67.
[21] *España en sus héroes. Historia bélica del siglo* XX, facículo n.º 14, Madrid: Ornigraph, 1969, p. 430.

inmediato del proceso que se desató en 1910. Cuando se unió a los Regulares en 1911, su carrera se disparó. En 1912 fue herido y ascendido a capitán. Quince años más tarde, cuando apenas tenía cuarenta, ya era general de brigada. Si, como Franco, Mola hubiese estado en la Legión en el verano de 1921, su trayectoria probablemente habría sido aún más rápida.

Pero volvamos a nuestro héroe. Si Franco fue el hombre que salvó Melilla en 1921, nadie entonces se dio cuenta. Él, por supuesto, era parte del ejército que primero socorrió la ciudad —aunque no hay constancia de que Abd-el-Krim intentara conquistarla— y se batió en sus cercanías. Pero en las narrativas de la época, Franco o no fue mencionado o solo lo fue de pasada. El centro de la atención de los cronistas era Millán Astray, y en menor medida Sanjurjo. En el momento de los hechos, la Legión era un cuerpo en formación, y apenas consiguió mandar a Melilla 32 oficiales, 641 hombres, 197 mulas, y una compañía de ametralladores. Era una fuerza pequeña, y tampoco fue la primera en llegar. Precedieron a la Legión los «soldaditos» del Regimiento de la Corona, que llegaron desde su acuartelamiento en Almería, y que, si bien no aparentaban ser los fieros guerreros que tanto entusiasmaban a la prensa pro guerra, lucharon con valor y tenacidad. Otros oficiales no legionarios se batieron en Melilla, y en el momento de producirse los hechos, recibieron tanto o más reconocimiento que el comandante Franco. Ese fue el caso del general Miguel Cabanellas, uno de los impulsores de la creación de los Regulares (y primer jefe nominal de los rebeldes en 1936 y enemigo político del Caudillo). Lo mismo ocurrió con el teniente coronel Miguel Núñez del Prado (que en 1936, siendo general jefe de la aeronáutica republicana, fue arrestado, y posteriormente fusilado, por su «amigo» Cabanellas).

La fama de Franco como hombre de destino ya manifestado en Melilla (si no antes, cuando sobrevivió «milagrosamente» a una bala en 1916) se creó a posteriori, durante la Guerra Civil. La responsabilidad principal en la construcción de este mito recayó en algunos de los mismos cronistas que en 1921 narraron los hechos de Melilla. En los relatos posteriores a 1936 cambió la prelación entre los «héroes», pero no cambió la retórica exaltada, racista y militarista de estos autores. Esto es, que la retórica generada en las crónicas africanas luego se utilizó durante la Guerra Civil. Lo que se explica porque esos mismos periodistas de derechas del *lobby* colonial trabajaron luego en la oficina de prensa del Caudillo. Tal fue el caso de Víctor Ruiz Albéniz, un entusiasta de la misión española en Marruecos. Albéniz, quien tomó una cierta pátina orientalista, adoptando en sus escritos el pseudónimo «El Tebib Arrumi» [El Médico Cristiano], publicó en 1922 un relato novelado y colorista del desastre, en el que ofrecía al lector una reproducción nada fidedigna de los diálogos entre los protagonistas. Esta crónica es importante dado el papel que Albéniz desempeñó a partir de 1936 a la hora de crear el mito del Caudillo heroico (ver capítulo 2).

El relato del «Tebib» empieza en los rumores que sacudieron Melilla sobre lo que había pasado en Annual. Aquí el autor ya muestra dos características que va a mantener durante la Guerra Civil: un notorio desprecio hacia los pobres y un ferviente militarismo. Albéniz no solo echa la culpa del pánico a los habitantes de los barrios periféricos de Melilla, donde se habían producido ya algunos tiroteos, sino que prácticamente ignora a los soldados del Regimiento de la Corona y ensalza con entusiasmo la llegada de la Legión. Pero la importancia de este texto radica en que, según «El Tebib», el autor del «milagro» de la salvación de Melilla fue Millán Astray. Fue este quien dio una arenga en el puerto de la ciudad que recibió los vítores de la hasta entonces atemorizada población[22]. Esta versión no fue única. Otro «testigo», Arturo Osuna Servent, la corroboró en un libro también publicado en 1922. En este relato la gloria del momento se vuelve a conceder a Millán Astray, aunque también señala como protagonistas a los jefes La Barrera y González Tablas[23]. Más o

[22] Víctor Ruiz Albéniz [El Tebib Arrumi], *Las responsabilidades del desastre. Ecce Homo. Prueba documental y aportes inéditos sobre las causas del derrumbamiento y consecuencias de él,* Madrid: Biblioteca Nueva, 1922.
[23] «El soldado desconocido» y Arturo Osuna Servent, *Frente a Abd-El-Krim (Antes de la tragedia. En el momento de la tragedia. Las «escurriduras» de la tragedia),* Madrid: Imprenta de Felipe Samarán, 1922, pp. 122-123, 125-126, 128-129.

menos lo mismo dijo el periodista Augusto Riera ese año. Riera no olvidó publicar las fotos de los «héroes» del momento: el general Cavalcanti, Millán Astray, González Tablas, Sanjurjo, etc. La fotografía del comandante Franco apareció en la página 189, al lado de la del comandante Villegas[24].

Otros autores describieron los sucesos de Melilla y ofrecieron datos similares, pero con diferentes tonos. Estaban los que desde muy pronto se decantaron por hacer de los legionarios sus nuevos héroes vengadores. Los Regulares se habían mostrado mucho menos fiables y dignos de alabanzas, ya que muchos de ellos se habían revuelto contra sus oficiales en Annual para unirse a los beréberes de Abd-el-Krim. Los legionarios, además, eran casi todos europeos. Estos autores emplearon un lenguaje lleno de imágenes de heroísmo y de martirio, narrando momentos redentores que a menudo tuvieron poco o nada que ver con la realidad que supuestamente describían a sus lectores. A la mística de la Legión contribuyeron también una serie de novelas y relatos, a menudo pseudobiográficos. El suboficial Carlos Micó España fue el primer autor, en 1922, de un libro de este tipo. En este hacía una descripción de los eventos de 1921 desde dentro de la Legión. Este libro incluyó un prólogo del periodista y futuro propagandista del Caudillo Tomás Borrás, así como varias cartas de Millán Astray. Según Micó, cuando a las dos de la tarde del 24 de julio de 1921 el buque *Ciudad de Cádiz* llegó al puerto de Melilla con las primeras unidades de la Legión, dos «caudillos» —esa es la palabra que el autor emplea—, Millán Astray y Sanjurjo, arengaron a la multitud. Esta les recibió con vítores:

> ¡Los salvadores, los salvadores! ¡Viva la Legión! ¡Viva España! ¡Millán Astray! ¡Los salvadores! ¡Sanjurjo! ¡González Tablas! Mujeres levantaban a sus pequeñines en lo alto a nuestro paso y gritaban: ¡Mira los salvadores! Di ¡viva la Legión! Hijo[25].

[24] Riera, *Crónica,* p. 189.

[25] Carlos Micó España, *Los caballeros de la Legión (El libro del Tercio de Extranjeros),* Madrid: Sucesores de Rivadeneyra, 1922, pp. 5-6.

Novelas similares serían escritas por periodistas, a veces haciéndose pasar por legionarios. Tal fue el caso de José María Carretero, el prolífico y ultra-reaccionario periodista y escritor, quien a menudo publicaba bajo el pseudónimo de «El Caballero Audaz». Carretero sería luego un personaje clave en hacer famoso a Franco y, años después, se convirtió en un feroz enemigo de la República y en ardiente defensor de la figura de Sanjurjo[26].

Catorce o quince años más tarde de que se publicasen estas historias, muchos de los «testigos» cambiarían sus recuerdos, ubicando a Franco en el centro de la narrativa. Pero la verdad es que en el verano de 1921 hubo muchos caudillos de papel por delante del Caudillo en la cola de la historia. El *Abc,* siempre entusiasta de la aventura marroquí, usó esta palabra con profusión. Cuando el 24 de julio informó de la muerte del incompetente general Fernández Silvestre, lo describió como «un caudillo» por su apariencia, ingenuidad y optimismo[27]. Sin embargo, el nombre del comandante Paco Franco apenas apareció en *Abc* ese mes, y también el siguiente, mientras que los nombres de Sanjurjo y Millán Astray lo hicieron treinta y ocho y quince veces, respectivamente. No obstante, aunque todavía en un segundo plano, Franco utilizó los acontecimientos de Melilla, y las operaciones que siguieron, para estrechar su relación con los periodistas afines. Para ello usó su cercanía al famoso Millán Astray, al cada vez más idolatrado Sanjurjo y, por supuesto, a los acólitos de este en la prensa, como Ruiz Albéniz, Gregorio Corrochano (un antiguo crítico taurino que se hizo amigo de Sanjurjo) o «El Caballero Audaz»[28].

No todo el mundo compartió la glorificación de las tropas mercenarias de choque o el culto desorbitado a los jefes militares citados. El periodista Eduardo Ortega y Gasset —hermano del fi-

[26] Esta literatura en contexto, en Juan José López Barranco, *El Rif en armas. La narrativa española sobre la guerra de Marruecos (1859-2005),* Madrid: Marenóstrum, 2006, pp. 95-121.

[27] «Hablando con el general Silvestre», *Abc,* 24 de agosto de 1921.

[28] José Luis Rodríguez Jiménez, *Franco, historia de un conspirador,* Madrid: Oberón, 2005, p. 54.

lósofo— ofreció una visión y una valoración de los méritos de los protagonistas algo más matizada. Ortega reconoció la contribución de los Regulares y de su jefe, el «modesto y serio» teniente coronel González Tablas, herido de gravedad por dos veces en seis meses, que falleció en mayo de 1922 y al que se le concedió la Laureada. También destacó el papel de la Legión, citando específicamente al teniente coronel Millán Astray y a su «distinguido complemento» el comandante Franco, por su rectitud y valor proverbiales[29]. Otros periodistas progresistas se centraron menos en los oficiales y sus glorias y más en los sufrimientos de los reclutas[30]. Algunos, aún más radicales, no dejaron de mofarse de la inflación de supuestos héroes que la retórica pro bélica estaba produciendo. Por ejemplo, Xosé Ramón Fernández Oxea, que escribía por prudencia bajo pseudónimo, denunció la «fabricación» de héroes describiendo, con mofa, la vuelta de estos a la Península acompañada por las canciones de la comedia musical *Las Corsarias* que, estrenada en 1919, contaba la historia de unos monjes raptados por unas señoritas piratas[31].

Los cínicos podían mofarse de cómo la guerra se contaba pero, además de a los periódicos conservadores, se enfrentaban a una campaña gubernamental encaminada a brutalizar a la opinión pública y desatar en ella el deseo de venganza[32]. La demonización del «moro» servía así para ocultar los graves fallos, carencias y la corrupción que rodeaban el proyecto colonial, y que habían desembocado en Annual. Esta campaña incluyó la distri-

[29] Eduardo Ortega y Gasset, *Annual. Relato de un soldado e impresiones de un cronista,* Madrid: Ediciones del Viento, 2008, pp. 127-130. Edición original de 1922.

[30] Véase, por ejemplo, José Díaz Fernández, *Crónicas de la Guerra de Marruecos (1921-1922). Antología,* Gijón: Ateneo Obrero, 2004, pp. 53-56, 64-70; Alfredo Cabanillas, *La epopeya del soldado,* Madrid: Imprenta Clásica Española, 1922.

[31] Ben-Cho-Shey, *Crónicas de Marruecos,* Ronsel: Santiago de Compostela, 1985, pp. 44-46.

[32] La larga mano de la venganza alcanzaría en la Guerra Civil a muchos de los críticos del desastre de Annual. El escritor Fernando Mora, que había llamado cobardes a los defensores de Annual, fue arrestado en julio de 1936 en Zaragoza y fusilado más tarde. Nerín, *Guerra,* p. 80.

bución de tarjetas postales que mostraban fotos de los restos de los soldados españoles fallecidos. No escatimaban detalles de las torturas y mutilaciones que sufrieron. A estas imágenes se unieron las que publicaron los periódicos conforme se iba reconquistando el territorio perdido y se descubría lo que había sido de las guarniciones de los fuertes y blocaos (pequeños puestos defensivos) que no habían conseguido retirarse en julio. En respuesta a tanta brutalidad se predicó más brutalidad, que, principalmente, los legionarios se encargarían de aplicar. Muy pronto comenzaron a filtrarse fotos de estos mostrando orgullosos sus trofeos humanos[33].

Las atrocidades de África tenían su lado opuesto en las celebraciones en la Península, y en particular en las entusiastas recepciones que esperaban a los oficiales a su regreso a sus lugares de origen. Cada ciudad o pueblo había seguido las hazañas de sus ilustres hijos por la prensa nacional y provincial. Los periódicos locales mantenían, además, una pugna para demostrar que «su» héroe tenía más mérito que el del pueblo vecino. Y por supuesto había que recibirlo a lo grande: discursos, arcos del triunfo, batallas de flores, banquetes, ovaciones cerradas en las corridas de toros, todo era poco. Cuando el comandante Franco visitó El Ferrol a comienzos de marzo de 1922, una caravana de coches le esperaba en Betanzos para escoltarlo hasta la ciudad. Allí, varios arcos decorativos le dieron la bienvenida, y la guarnición ofreció un banquete en su honor. Además, tanto el rey como el ministro de la Guerra enviaron telegramas al alcalde felicitándole por el homenaje ofrecido a tan ilustre hijo[34]. Poco después Franco fue a Oviedo, donde no solo se reencontró con su prometida, sino que también se aseguró de tener al tanto de sus hazañas a sus admiradores locales, que también le

[33] Laura Zenobi, *La construcción del mito de Franco. De jefe legionario a Caudillo de España,* Tesis doctoral, Universidad Autónoma de Barcelona, 2008, p. 56. La tesis fue luego publicada como *La construcción del mito de Franco. De jefe de la Legión a Caudillo de España,* Madrid: Cátedra, 2011.

[34] Rodríguez, *Franco,* p. 57.

tenían preparados varios homenajes. Pero ni El Ferrol ni Oviedo fueron los episodios más transcendentes del regreso del guerrero. Mucho más importante fue la pausa en su viaje que hizo en Madrid unos días antes.

Esta visita pondría las bases de la celebridad nacional de Franco, quien además aprovecharía la ocasión para conocer personalmente a políticos relevantes gracias a la mediación de Corrochano, el corresponsal de *Abc* en Melilla. Durante los meses de febrero y marzo, este había escrito algunos artículos ensalzando la figura de aquel. Luego, un banquete en el hotel Ritz sirvió para presentar al «jefe heroico» a las élites madrileñas. Entre los asistentes estaban dos antiguos ministros monárquicos: Natalio Rivas, un artista de la corrupción electoral, y Antonio Goicoechea, con quienes el futuro Caudillo establecería una relación cordial que sobrevivió a la Guerra Civil. También acudió al banquete un representante del Partido Radical (su líder Alejandro Lerroux era ahora un forofo de la guerra de Marruecos), además de varios jefes del ejército, como el general Leopoldo Saro y Millán Astray. Algunos ministros, y el presidente del Gobierno, José Sánchez Guerra, enviaron felicitaciones.

Aunque Franco se estaba convirtiendo en un ídolo del *lobby* colonial, era todavía uno más, y no el más famoso, entre muchos. Los homenajes a Franco solo parecen excepcionales si se aíslan de su contexto. En este tiempo de inflación de héroes otros muchos oficiales fueron agasajados de forma similar. Varias ceremonias tuvieron lugar en honor a Sanjurjo en Melilla, y los halagos que se le propinaron en esta ocasión sobrepasaron en su nivel de adulación a las que recibió cualquier otro militar, pues incluyeron juegos, partidos de fútbol y, por supuesto, banquetes. Como se verá, la glorificación de Sanjurjo arreciaría aún más en los años siguientes. Pero también recibieron honores otros oficiales cuyos nombres hoy no nos dicen demasiado. El teniente coronel Serrano tuvo su banquete en el Ritz. Al comandante José Caldeira lo recibieron como un héroe en su pueblo natal de Puenteareas, donde fue objeto de varias celebraciones y, de nuevo, un banquete. El capitán Eduardo

Mendicuti, que volvió de la guerra herido, recibió igual trato en Sanlúcar de Barrameda[35].

No cabe duda de que la cordial relación que Franco había establecido con los corresponsales de prensa facilitó que su figura fuese ensalzada de una manera desproporcionada a sus hazañas. En este sentido, seguía la estela de otros jefes militares, como el general Sanjurjo y el teniente coronel Millán Astray. A pesar de ser solo un comandante, *Abc* le describió en un artículo en exclusiva dedicado a su persona como «El As de la Legión»; aunque el término «as» fue aplicado profusamente en otros artículos a otros militares. Por su parte, la revista *Nuevo Mundo,* dirigida por «El Caballero Audaz», el fan de la Legión, puso su foto en la portada en noviembre de 1922, calificándole como uno de esos hombres que España «no quiere ni debe olvidar»[36]. Este número estaba dedicado a la Legión. Entre las varias fotografías de sus actividades y componentes había una de Franco sobre un corcel blanco.

La prensa pro bélica ensalzaba la gloria del ejército, y en especial de sus unidades mercenarias, pero olvidaba narrar los aspectos sórdidos de la guerra, sobre todo cuando se trataba de las atrocidades cometidas por las tropas españolas. Las matanzas y mutilaciones de nativos no aparecían en sus páginas, como tampoco lo haría el uso por parte de la aviación de armas químicas. Además, no contenta con ignorar los principios humanitarios que España pretendía defender en Marruecos, esta prensa contribuyó a hacer tambalear el débil e inestable sistema político de la Restauración. Así lo hicieron al denunciar demagógicamente a los enemigos del ejército, de los que decían que incluso se encontraban en el seno del Gobierno. Con ello, pretendían obstaculizar conjuras siniestras que, según decían, impedían el reconocimiento de los méritos de los oficiales o, peor aún, que el ejército tuviese los medios necesarios para conseguir un éxito pronto y total en Marruecos. De este modo afianzaron el victimismo y la alienación de los africanistas e

[35] *Ibidem,* pp. 57-59.
[36] Zenobi, *Construcción,* pp. 51 y 58.

incrementaron su desprecio por el poder civil. En enero de 1923, por ejemplo, *El Debate* explicaba a sus lectores que si Franco hubiese nacido en otros tiempos «sería hoy general», pero había nacido en un país donde un trabajador ganaba más que un oficial. *Nuevo Mundo* decía ese mismo mes que la vuelta de Franco a la Península se debía a que «después de los días de pánico que siguieron a la vergonzosa derrota» tuvieron que intervenir los «héroes» y «caudillos», pero ahora llegaban los días de «burocracia» y de mediocre envidia[37]. En resumen, que la guerra y los guerreros eran la antítesis deseable a una sociedad enferma y corroída por el igualitarismo.

Franco no solo procuró promover su figura pública a través de sus amigos en la prensa, sino que él mismo participó activamente en su glorificación. Así comenzaría a cultivar una afición que le acompañó toda su vida: la de certificador de su propia grandeza. Unos meses después de su exitosa visita de 1922 publicó *Diario de una bandera*[38]. Con un prólogo escrito por Millán Astray, este libro es un relato de sus hazañas, trabajos y méritos como oficial colonial que cimentaba las opiniones vertidas por otros sobre «El As de la Legión». Esta publicación servía a Franco para cumplir un requisito profesional establecido en 1912 que estipulaba que, para acceder al generalato, un oficial tenía que ser autor de trabajos que contribuyesen a la instrucción y mejora técnica del ejército. Con los mismos objetivos en mente, también escribió una serie de artículos en la *Revista de Tropas Coloniales,* la publicación oficial del ejército de Marruecos, fundada en 1924 por otro oficial que sería tristemente célebre en el futuro: Gonzalo Queipo de Llano. Primero como colaborador y, a partir de 1925, como director de la revista, Franco publicó unos cuarenta artículos, incluyendo análisis y posibles estrategias para la guerra de Marruecos. También publicó dos narraciones cortas sobre las dos mayores operaciones en las que

[37] *Ibidem,* p. 63.
[38] Francisco Franco Bahamonde, *Marruecos. Diario de una bandera,* Madrid: Puedo, 1922.

intervino: *La Hora de Xauen* (1924), sobre la dramática retirada de esta ciudad en la que la Legión cubrió la retaguardia, y el *Diario de Alhucemas* (1925), sobre el famoso desembarco en aquella bahía[39]. En esos años también se vería al futuro Caudillo detrás de cámaras de cine, siendo, según parece, entonces cuando se aficionó a las películas bélicas[40].

Además de su deseo de autobombo y publicidad, en las publicaciones arriba citadas se hace evidente que Franco no tenía opiniones políticas o, más bien, que se sentía perfectamente cómodo en el ambiente político inmovilista y corrupto de la monarquía alfonsina. ¿Por qué no si su carrera iba bien? Esta fue otra característica que acompañará al futuro Caudillo el resto de su vida: si a él le iba bien, entonces estaba bien.

Botines de guerra

Después de la gran oportunidad, aprovechada, de Annual, vino otra vez un breve período de incierta calma para Franco, antes de que dos nuevas grandes ocasiones apareciesen. A finales de 1922 fue trasladado de nuevo a Oviedo. Otra vez parecía que la carrera de este comandante iba a ninguna parte, pero no fue así. En junio de 1923, el hombre que reemplazó a Millán Astray en el mando de la Legión, el teniente coronel Rafael Valenzuela, era mortalmente herido mientras dirigía uno de esos ataques frontales, casi suicidas, que tanto deleitaban a ciertos lectores peninsulares. Pronto llegaron los homenajes póstumos, los artículos encendidos, las ceremonias, misas y oraciones por el héroe caído. Su cuerpo fue trasladado a la Península y enterrado con los máximos honores en la basílica de Nuestra Señora del Pilar de Zaragoza, el templo más asociado

[39] Véase la ya citada obra, Franco, *Papeles*; y Dionisio Viscarri, *Nacionalismo autoritario y orientalismo. La narrativa prefascista de la guerra de Marruecos (1921-1927)*, Bolonia: Il Capitello del Sole, 2004, pp. 74-85.

[40] Zenobi, *Construcción*, pp. 72-73.

con el patriotismo español[41]. Alfonso XIII, quien dio el pésame en persona a su familia, ennobleció al hijo del caído concediéndole el título de marqués. Franco reemplazó a Valenzuela.

Fue el rey quien escogió a Franco, aunque lo hizo de una forma irregular. Pese a haber oficiales con la graduación requerida para el puesto, la de teniente coronel, Alfonso maniobró para ascender a Franco a ese puesto con efectos retroactivos a 1922. Franco se convertía así en el teniente coronel más joven del ejército español. Además, el rey premiaba a su nuevo favorito haciéndole Gentilhombre de Cámara. Esta efusión de patronazgo real le llegó a Franco justo cuando se iba a casar con Carmen, tras haber aplazado la boda en 1920 debido a su marcha a la Legión. Ahora las circunstancias eran muy distintas: Franco ya no era un oscuro comandante con un futuro incierto, sino un «amigo» del rey y el flamante jefe de la unidad favorita de la prensa pro bélica. Aunque Franco partió en julio para Marruecos, la boda se celebró, finalmente, en octubre de 1923 contando nada más y nada menos que con el rey de padrino, si bien no estuvo presente en la ceremonia. La única hija del matrimonio, también llamada Carmen (en la familia le decían Nenuca, y otros Carmencita) nació tres años después, en 1926.

El desastre de Annual creó nuevas oportunidades para los ambiciosos africanistas pero también acabó descarrilando el ya muy frágil sistema político de la Restauración. En septiembre de 1923, el general Miguel Primo de Rivera rompió su obediencia constitucional a las autoridades civiles con un pronunciamiento militar y, con la bendición real, se convirtió en dictador del país. Primo de Rivera dio carpetazo a la investigación sobre el desastre que llevaba a cabo el general Juan Picasso (primo del pintor) y que comenzaba a dañar seriamente el prestigio del rey. Por supuesto, también clausuró las Cortes, donde los diputados de la oposición habían señalado de forma repetida las responsabilidades de Alfonso XIII. Hasta entonces, el parlamento y un sector de la opinión pública habían

[41] Nerín, *Guerra,* p. 93.

estado debatiendo, con un vigor inusitado, hasta qué punto las estrechas relaciones entre el monarca, el fallecido general Fernández Silvestre y el Alto Comisario general Berenguer habían influido en la cadena de errores y negligencias que desembocaron en la matanza del verano de 1921[42]. La dictadura acabó con el debate, pero ahora el futuro del rey quedaba ligado a la suerte de Primo de Rivera.

Al principio, parecía que Alfonso había hecho la apuesta correcta. La dictadura fue recibida con alivio y hasta con esperanza por amplios sectores de la sociedad que deseaban que hiciese una limpia del sistema político y sentase las bases para la regeneración del país. Primo de Rivera se prestó gustoso a desempeñar el papel de desinteresado y apolítico «cirujano de hierro» que supuestamente el país necesitaba. Además, era notorio su deseo de replantearse la aventura colonial, contemplando incluso la retirada de Marruecos, y de cortar las alas a los africanistas aboliendo el sistema de ascensos por méritos de guerra, que no gustaba al dictador. Lo que era esperanza para unos significaba un desastre para otros, empezando con los africanistas, sus amigos de la prensa, los hombres de negocios y, en cierto modo, para el caprichoso rey-soldado. Si Primo de Rivera hubiese llevado a cabo sus intenciones iniciales, el futuro de España quizás podría haber sido muy distinto, ya que, seguramente, las carreras de muchos africanistas nunca habrían llegado tan lejos. De tan sombría perspectiva fueron rescatados los africanistas por el mismo hombre a quien el golpe de Primo de Rivera había salvado: el rey[43]. Otra vez, perdonados los errores cometidos y olvidado el coste de la guerra, los leales y heroicos amigos de Alfonso volverían a prosperar. El primero fue Berenguer, que pasó a ser jefe de la casa militar de Su Majestad en 1924. Así, el gran patrón pudo seguir dispensando promociones, medallas y favores a sus ávidos protegidos.

Primo de Rivera tenía razón, él no era un político, aunque mejor debería decirse que era un político al que le faltaba instinto.

[42] Shlomó Ben Ami, *Fascism from Above: The Dictatorship of Primo de Rivera in Spain*, Oxford: Clarendon, 1983, p. 20.
[43] Bafour, *Deadly*, pp. 170-173.

Si él quería abandonar Marruecos, su rey y el ejército de África iban a impedírselo. Si él dudaba, los africanistas no lo hacían. Incluso el servicial y normalmente frío Franquito dejó aflorar sus ambiciones hasta perder el control. El mismo hombre que presumía y era temido por su carácter disciplinado —y que, por ejemplo, en 1925 hizo fusilar a un legionario por tirar un plato de comida a un oficial— protagonizó en julio de 1924 una algarada en su propio acuartelamiento de Ben-Tieb que supuso una falta de respeto y, por supuesto, de la disciplina militar debida al dictador. Aunque las noticias del incidente fueron suprimidas por la censura (los periodistas presentes, Ruiz Albéniz y Emilio Herreros, fueron brevemente detenidos), las líneas generales de los hechos parecen claras. Durante la visita de Primo de Rivera al acuartelamiento, el teniente coronel Franco dejó muy claro que la Legión no aceptaba la retirada del Protectorado. Hubo más. Añadiendo grosería al insulto, el menú del día estaba compuesto exclusivamente de huevos. En su respuesta, Primo de Rivera dijo que nadie tenía la exclusiva sobre el patriotismo, lo que provocó indignación en la audiencia hasta el punto de que el siempre excitable comandante Varela (que ganó dos Laureadas en combate y luego fue un destacado general durante la Guerra Civil, y más tarde ministro del Ejército con Franco) se llegó a encarar con el dictador en tono amenazante. Antes había hablado con Franco y otros oficiales de secuestrarle y llevarle preso al Hacho en Ceuta. El incidente llegó a tal punto que el general Sanjurjo puso la mano en la culata de su pistola por si tenía que defender la vida de Primo de Rivera. A pesar de la gravedad de los hechos, Franco no fue castigado; pero una vez más había puesto sus intereses personales por encima de cualquier otra razón[44].

Unos meses más tarde, durante el otoño de 1924, Franco y sus legionarios se cubrieron de gloria al cubrir con eficacia y sacrificio la retirada de la guarnición de Xauen, que había estado

[44] Stanley Payne, *Politics and the Military in Modern Spain*, Stanford/Oxford: Stanford University Press/Oxford University Press, 1967, pp. 211-214.

cercada[45]. Fue un repliegue durísimo y sangriento, pero al menos esta vez el ejército ejecutó la operación en orden y no se produjo un nuevo desastre. Franco pidió que se le concediese la Laureada, solicitud que ya había realizado en varias ocasiones desde 1916. Se le denegó, pero se le concedió el ascenso a coronel en febrero de 1925. Sus amigos de la prensa pro bélica le felicitaron efusivamente, y la *Revista de Tropas Coloniales* dijo de él que era un «caudillo» y que sobre su cabeza reposaba «una tiara de sabiduría y coraje»[46]. ¡Qué diferencia con el panorama de un año antes! Franco no solo era ya coronel, sino que además el dictador había cambiado de opinión, habiendo decidido no retirarse de Marruecos y lanzar un ataque masivo y relativamente innovador para acabar de una vez con la resistencia rifeña: un desembarco en la bahía de Alhucemas, a los mismos pies de Axdir, el pueblo de Abd-el-Krim y sede ancestral de su cabila, los Beni-Urriaguel.

El 8 de septiembre de 1925, el ejército español, con apoyo naval y aéreo francés, desembarcó en la bahía de Alhucemas. Eran unos 18.500 hombres bien pertrechados y con un objetivo simple: tomar Axdir y de esta forma eliminar el centro del poder de la República del Rif[47]. Frente a ellos, estaban las milicias rifeñas. Estas contaban con algunos cañones arrebatados a los españoles cuatro años antes. Pero solo podían oponer una resistencia esporádica frente a la poderosa artillería naval y el acoso aéreo que precedió y preparó el terreno a la infantería española. La operación fue un éxito que la prensa acrítica y enfebrecida elevó a la categoría de gesta histórica. Todavía hay quien la compara con el impresionante desembarco de Normandía de junio de 1944, cuando en realidad estaría más cerca de la mediocre operación de Galípoli de abril

[45] Una versión novelada de la retirada de Xauen y del desembarco en Alhucemas en Juan B. Ros Andreu, *La conquista de Alhucemas o en el Tercio está el amor (Escenas «crudas» de la famosa retirada de Xauen y del glorioso desembarco de las tropas españolas en Alhucemas)*, Las Palmas: Topográfica La Provincia, 1932.

[46] Zenobi, *Construcción*, p. 82.

[47] Fernando de Salas López, *El desembarco del Alhucemas (8 de Septiembre, 1925)*, Madrid: Guión, 1949, p. 8.

de 1915. En todo caso, las narrativas contemporáneas valoraron de forma muy positiva el papel de Franco, que le valdría el ascenso al generalato el año siguiente, si bien su figura apareció una vez más por detrás de la de otros protagonistas. En las crónicas de los hechos son el propio dictador y el comandante de la operación, Sanjurjo, quienes se llevaron las mayores loas. A ambos se les concedió la Laureada, la segunda de Sanjurjo (lo que, por otra parte, no deja de demostrar la relativa facilidad y hasta venalidad cortesana detrás de la obtención de tan prestigiosa medalla). En un relato de los hechos publicado algunos meses más tarde, el nombre del futuro Caudillo aparece por primera vez en la página cuarenta y dos en una nota a pie de página que explica la organización del convoy que llevaba a las tropas:

> Los nombres de Sanjurjo, Saro, Fernández Pérez, Goded, Martín, Franco y Vera, son garantía suficiente de que no han retrasado las órdenes del general en jefe ni un minuto más de lo preciso para tener preparadas sus fuerzas y los elementos indispensables[48].

A pesar de la superioridad aplastante en hombres y medios, la distorsión del valor de la operación no conoció límites y llegó al punto de convertir a los españoles en la encarnación moderna de los trescientos guerreros espartanos que, liderados por el indómito rey Leónidas, murieron defendiendo en el año 480 a.C. el paso de las Termópilas frente a un ejército masivo de persas, quienes por deducción en Alhucemas no debían ser otros que los desinformados beréberes:

> Allá van las Kaes [barcazas de desembarco] al mando de alféreces de navío, de claros nombres con abolengos gloriosos: un Leónidas para cada legión tricentenaria de desembarco, que avanza cara a la muerte y deja detrás, con la vida amable, el recuerdo de su heroísmo. Acaso

[48] Benito Artigas Arpón, *La epopeya de Alhucemas (Los alicates rotos)*, Madrid: J. Pérez Impresor, 1925, pp. 41-42.

> le espera el enemigo agazapado, protegido por defensas, oculto en las malezas, apostado en los riscos, aplastado en las inflexiones del terreno, para sembrar la muerte y producir una hecatombe [...] Las legiones solo saben que se las manda a vencer o a morir, y a morir o a vencer van con la resolución inexorable de la Fatalidad[49].

Así podían leer los españoles lo que había sido un asunto algo más trivial. Leónidas/Sanjurjo y sus espartanos se habían apostado protegidos por una flota poderosa la noche del día 7 de septiembre enfrente de su objetivo, no sin ciertos problemas debido a las fuertes corrientes que desbarataron bastante la formación naval y en especial las lanchas de desembarco. No hubo sorpresa, sino despliegue de superioridad militar apabullante. Los patriotas rifeños miraban desde sus alturas a aquellos que iban a atacarles en unas horas, pero poco podían hacer. El día 8, la armada y la aviación empezaron a ablandar al enemigo. Después comenzó el desembarco liderado por los legionarios de Franco. Este, como otros altos oficiales, pronto estuvo bajo el fuego. Parece ser que una granada cayó a su lado cuando conversaba con el general Leopoldo Saro pero esta no llegó a explotar. Saro, precisamente, fue uno de los generales más celebrados por sus esfuerzos ese día y durante las operaciones que se llevaron a cabo en las semanas siguientes. Algunos legionarios dijeron que Franco había descubierto una bomba trampa esperando a las tropas en la playa, y que de esta manera salvó a muchos hombres de una muerte cierta. Pero los subordinados de Saro adjudicaron el descubrimiento a un oficial naval, quien habría reconocido el peligro y desviado las lanchas de desembarco hacia un lugar más seguro[50].

Lo que sí es cierto es que los españoles no avanzaron aquel día hacia una hecatombe. Una vez que las tropas llegaron a la playa, la operación se desarrolló con corrección salvo porque faltaron las

[49] *Ibidem,* p. 45.

[50] M. Santiago Guerrero, J. M. Troncoso y B. Quintana, *La Columna Saro en la Campaña de Alhucemas,* Barcelona: Tipografía La Académica, 1926, pp. 210-211.

municiones; un fallo probablemente causado por la limitada capacidad de organización de Sanjurjo. Los legionarios de Franco y los Regulares de Muñoz Grandes pronto aseguraron las alturas adyacentes al lugar de desembarco. Aunque ambas fuerzas combatieron con habilidad, el combate distó de ser fiero. Franco dijo a un periodista que la Legión tuvo seis bajas, de un total de 206. En las jornadas que siguieron, Franco operó con su habitual valor y habilidad táctica, requiriendo el apoyo de los cañones navales y de la aviación para desalojar al enemigo de posiciones difíciles. Un corresponsal lo vio de esta manera:

> Es elogiadísima, la acertada disposición del coronel Franco deteniendo las tropas en el preciso momento en que enardecidas, avanzaban sobre las que habían de retroceder por las explosiones. Conocemos todos de tiempo ya, la gran serenidad, pericia y ojo militar de este joven coronel de los legionarios; muchas veces todos los cronistas han hecho relatar su figura y sus talentos militares que se acoplan perfectamente con los de sus generales y jefes de columna una vez más, Franco demuestra lo que vale. Por eso todos le admiran y quieren a este hombre que, por añadidura, es sumamente modesto[51].

Por cierto, que en la misma página y en el párrafo siguiente el alabado como «hombre también de grandes méritos militares» es Goded, a quien justamente el autor señala como autor del plan de desembarco[52]. Este último tema, como veremos, no es baladí, porque se convertirá en otro de los méritos gloriosos que se atribuyó el Caudillo. No obstante, por encima de todos los jefes y oficiales halagados por las barrocas plumas pro bélicas siempre estuvo la figura de Sanjurjo. No importaba que hubiese pasado el día del desembarco yendo de un lado para otro del convoy en una lancha rápida dando órdenes: el general había sido un héroe[53]. Y por eso, en

[51] Juan Canellas Romero, *El desembarco de Alhucemas. Crónicas periodísticas de Juan Luque, Diario de Barcelona, 1925*, Melilla: Comunidad Autónoma, 2007, pp. 47, 82.
[52] *Idem.*
[53] Artigas, *Epopeya*, p. 208.

las semanas que siguieron a la victoria, este sería objeto constante de homenajes y halagos, que culminaron el 12 de octubre, día de la Raza. En esta fecha atendió Sanjurjo un solemne *Te Deum* en la iglesia del Sagrado Corazón de Melilla, donde dos señoritas «vinateras» dieron un abrazo al agradecido general. Al narrar el homenaje, el corresponsal del *Diario de Barcelona* le describiría como un «caudillo». Luego, un legionario leyó una carta colectiva de las tropas al general en la que afirmaba que esa cuna de héroes que era España solo necesitaba un jefe como «Su Excelencia» para repetir las brillantes páginas de su historia todavía vivas en los corazones. Un grupo de periodistas también leyó un mensaje de felicitación a Sanjurjo por su ascenso a teniente general y porque «España ha encontrado un caudillo». Alfonso XIII no se quedó corto: le hizo marqués. Por último, el Gobierno dio el nombre del nuevo caudillo al puerto y a la ciudad que poco después serían fundados en la bahía de Alhucemas[54].

Después de la presunta salvación de Melilla en 1921, el desembarco de Alhucemas sería en la mitología franquista la segunda gran proeza redentora del Caudillo, y la que le llevaría, por fin, al generalato. Pero, no contentos con explicar sus méritos militares durante la operación y la temprana edad a la que se había convertido en general de brigada, sus propagandistas se inventaron algo más extraordinario aún: que Franco fue el autor de la idea de la operación. Fue él quien, supuestamente, explicó al rey y al dictador, asombrados ante la preclara inteligencia del exponente, cómo acabar de una vez la guerra golpeando el corazón de la revuelta. Esa, por supuesto, era la nueva verdad que se cocinó a partir de 1936, cuando los testigos cualificados, en caso de estar vivos, preferían callar. Goded ya estaba muerto, pero en 1932 había publicado un libro donde explicó tanto los orígenes como el desarrollo de la operación. Como este autor y otros colegas sabían, «la idea del desembarco» no «se manifestó concretamente en un momento de-

[54] Plácido Rubio Alfaro y Miguel Lacalle Alfaro, *Alhucemas, 1925. Desembarco, asentamiento y evolución,* Málaga: Imprenta Carvajal, 1999, pp. 115-117.

terminado», sino que se fue gestando desde el inicio de la guerra en 1909 a medida que se supo más del terreno y sus enemigos. Fue entonces cuando se abrió paso el proyecto de golpear a los Beni-Urriaguel en su propio territorio, hasta convertirse en «el sentir general del Ejército de Marruecos». Después de varios planes iniciales, «ya en 1911 aparece concretamente como proyecto del Mando la idea de un desembarco en la bahía de Alhucemas». Recuérdese que en 1911 todavía faltaba un año para que Franco pusiese sus pies en África. El plan definitivo se estableció por una comisión militar creada en 1921, pero «y es de justicia reconocerlo, la voluntad de ejecutarlo fue por completo del general Primo de Rivera» pese a la «incredulidad» generalizada que cuestionó hasta el último momento que el plan al final se fuese a realizar. En este libro, Goded elogió el papel en la operación de varios colegas, entre ellos Franco. También afirmó que «la jornada fue extraordinariamente dura, no por las bajas sufridas, que no llegaron a un centenar [...], sino por el esfuerzo exigido a las tropas hasta ocupar, consolidar y fortificar la posición»[55].

Alhucemas marcó el principio del rápido final de la guerra y cimentó la reputación heroica de muchos oficiales. Pero nadie sacó más partido de la operación que Primo de Rivera, cuya popularidad aumentó notablemente. Si se hubiese retirado en ese momento, lo habría hecho como un triunfador y un benefactor de la patria. Sin embargo, decidió institucionalizar su régimen. La oposición y las conspiraciones irían en aumento en los próximos años hasta forzar su retirada del poder en 1930[56].

Como muchos de sus compañeros, Alhucemas representó un éxito profesional de Franco. Apenas un año después de haber ascendido al empleo de coronel, en 1926 era de nuevo ascendido a general de brigada. Millán Astray, su amigo y antiguo maestro,

[55] General [Manuel] Goded, *Marruecos. Las etapas de la pacificación,* Madrid-Barcelona/Buenos Aires: Compañía Ibero/Americana de Publicaciones, 1932, pp. 136-139, 197-199.
[56] Ben Ami, *Fascism,* p. 361.

volvió a hacerse cargo de la Legión. El joven general se trasladó a Madrid, donde intensificó sus contactos e hizo otros nuevos. Pasó buena parte de su tiempo socializando, visitando las casas de políticos, uniéndose a varios clubs, e incluso aprendiendo a jugar al golf. Entonces el apellido Franco era realmente famoso en todo el país, pero no por las hazañas en Marruecos de Francisco, sino por la audaz proeza aérea de su hermano menor, Ramón, quien en enero de 1926 voló desde España hasta la Argentina a bordo del hidroavión *Plus Ultra*. La prensa nacional e internacional, en especial la iberoamericana, festejó con palabras rimbombantes la gesta de Ramón y su tripulación, olvidando o ignorando las rencillas personales y los errores técnicos que habían estado a punto de dar al traste con la operación. La dictadura y el rey se apresuraron a colmar de honores a los nuevos héroes, algo de lo que no tardarían en arrepentirse. Ramón, además de llevar una vida personal compleja, entró en un proceso de radicalización política que le llevaría a participar en complots contra el Gobierno. Luego, durante la República, militó en la extrema izquierda; pero al comienzo de la Guerra Civil se unió a los rebeldes. Su hermano, pasando por alto su pasado político, le permitió unirse a la aviación rebelde en Mallorca. Murió en octubre de 1938 al estrellarse su avión durante un bombardeo de Valencia[57].

El fin de la guerra de Marruecos no supuso el del avance profesional de Franco. Una vez más, la intervención de Alfonso XIII fue decisiva en impulsar la carrera de su joven protegido. Se sabía que el rey le había tomado un aprecio especial y que le iba a conceder tal o cual destino. Los rumores resultaron ser ciertos. En febrero de 1928 Franco fue nombrado director de la nueva Academia General Militar de Zaragoza. Era una elección curiosa, ya que este carecía de un título de Estado Mayor y de hecho tenía una formación teórica-militar bastante limitada. En cualquier caso, su nueva posición permitió a Franco ampliar su círculo de amigos y deudos, no solo por la selección del personal de la aca-

[57] Preston, *Franco,* pp. 63-67, 315.

demia, sino —algo más importante aún— durante el proceso de admisión de los cadetes, que era mucho más honesto sobre el papel que en la práctica. Estos cadetes, futuros oficiales en la Guerra Civil, eran a su vez normalmente hijos de militares, los cuales no dejarían de estar agradecidos a Franco. Por otra parte, Zaragoza era una ciudad agradable donde el joven general se convirtió en una gran personalidad, aunque siempre por detrás del arzobispo. Bien recibido por las familias más acomodadas de la región, incluso se le dio su nombre a una calle. Y allí la hermana de Carmen, la agraciada Zita, conoció a Ramón Serrano Súñer, un apuesto y brillante abogado del Estado con ambiciones políticas con el que se desposó. Esto representó el comienzo de una nueva serie de conexiones personales importantes para Franco. José Antonio Primo de Rivera, el hijo del dictador, actuó de padrino de la boda de Serrano Súñer. Este, durante la República, sería uno de los líderes de la CEDA, y, como veremos, entre 1938 y 1942, la mano derecha de un Caudillo todavía inexperto en el arte de gobernar. Durante su estancia en Zaragoza, el otrora delgado Franco experimentó una transformación física. Comenzó a engordar y a perder el cabello. Esto, junto a su voz nasal y su timidez, contribuía a que no resultase particularmente atractivo; pero detrás de la insignificancia física había una marcada inteligencia práctica.

Por desgracia para el general, la nueva vida plácida y satisfecha estaba a punto de acabar. A finales de la década de 1920 los españoles se habían hartado de la dictadura y, por asociación directa, del rey. A la oposición se sumaban ahora individuos que habían sido monárquicos hasta hacía muy poco, e incluso sectores del ejército. Primo de Rivera era además un hombre enfermo de diabetes y con un estilo de vida poco sano. El rey decidió que la mejor opción para apuntalar el trono era librarse del dictador, al que dejó caer en enero de 1930. Semanas más tarde murió exiliado en París. Le sucedió como presidente del Gobierno y dictador el antiguo gran patrón de los africanistas Dámaso Berenguer, quien tampoco pudo estabilizar la situación política y dimitió en febrero de 1931.

El rey intentaba sin éxito dar la vuelta al reloj de la historia y recobrar el desprestigiado orden constitucional que él mismo había conculcado en 1923. Pero las filas republicanas seguían aumentando y la opinión pública en las grandes ciudades empezaba a escorarse hacia una ruptura con el sistema. Las llamadas para instaurar un régimen democrático, hacer reformas profundas, otorgar autonomía para las regiones bilingües, la revolución social, etc., se abrían paso, aunque nadie sabía realmente el apoyo social de cada una de estas[58].

Franco sirvió a la monarquía hasta el último momento y las últimas consecuencias. El 12 diciembre de 1930 un grupo de oficiales republicanos se sublevó en Jaca. La rebelión formaba parte de una conspiración cívico-militar mucho más amplia, pero los conjurados de Jaca no recibieron el mensaje de esperar y acabaron por actuar en solitario. Varios conocidos jefes militares, incluidos Ramón Franco y el no menos volátil general Queipo de Llano estaban comprometidos, pero lograron escapar. En una carta privada, Franco se manifestó profundamente molesto con los rebeldes y con los líderes republicanos a los que acusó de embarrar el prestigio del ejército mezclándolo en política[59]. Tenía razón, aunque olvidaba cómo la política y el amiguismo habían impulsado su carrera y la de muchos de sus colegas, como también olvidó el incidente de 1924 con Primo de Rivera en Ben-Tieb. Irónicamente, la carta en la que expuso tanta pulcritud legalista ¡iba dirigida a Varela! En todo caso, su actitud fue inflexible como miembro del consejo de guerra que condenó a muerte, en apenas cuarenta minutos, a los capitanes de Jaca, Fermín Galán Rodríguez —un veterano de la Legión que había escrito una novela desgarradora sobre la guerra de Marruecos— y Ángel García Hernández. Cuando apenas cuatro meses después la monarquía cayó y se proclamó la República,

[58] Véase Rafael Cruz Martínez, *Una revolución elegante. España 1931,* Madrid: Alianza Editorial, 2014.

[59] Jesús Palacios, *Las cartas de Franco. La correspondencia desconocida que marcó el destino de España,* Madrid: La Esfera de los Libros, 2005, pp. 44-45.

ambos hombres se convirtieron en mártires oficiales del nuevo régimen[60]. Para entonces, Alfonso XIII se había exiliado. Moriría en Roma en 1941 sin haber podido volver al país en el que ahora gobernaba el hombre que había sido habitual visitante de palacio y devoto protegido.

General republicano

La República fue proclamada el 14 de abril de 1931. La «niña bonita» llegó llena de ilusiones que luego resultaron ser contradictorias y que acabaron en el horror de la Guerra Civil. Pero antes del desastre vinieron las reformas. Una de las primeras fue afirmar la supremacía civil sobre el ejército, que el reinado de Alfonso XIII había hecho tanto por erosionar. Además, si las carreras de la mayoría de los africanistas ya habían sufrido un parón con la paz en Marruecos, ahora sufrirían aún más con la introducción del estricto criterio de antigüedad en los ascensos. El impulsor de esta política fue Manuel Azaña, el nuevo ministro de la Guerra (de abril de 1931 a septiembre de 1933) y presidente del Gobierno a partir de octubre; quien era un admirador del ejército francés, entonces el más prestigioso en el mundo (había sido corresponsal bélico en el frente occidental durante la Primera Guerra Mundial). Azaña comenzó también un proceso de racionalización de recursos que incluyó el retiro de muchos oficiales a los que se les siguió abonando su salario y respetando los derechos adquiridos. Los que se quedaron tuvieron que jurar lealtad al nuevo régimen. La mayoría de los africanistas permaneció en el ejército. En solo un año, el número de generales se redujo a un tercio de los que había durante la monarquía. No obstante, muchos de los que se quedaron distaban de estar conformes —y muchos de los que se retiraron odiaban a la República— porque se les dejó en su empleo hasta que hubiesen

[60] Fernando Martínez de Baños Carrillo, *Fermín Galán Rodríguez. El capitán que sublevó Jaca,* Zaragoza: Delsan Libros, 2005.

adquirido la antigüedad necesaria, compensando de esta manera las frecuentes irregularidades pretéritas en los ascensos. Franco fue uno de los jefes que, creyéndose hasta hacía poco a las puertas del ascenso a divisionario se quedó, para su frustración, en general de brigada. Ahora había más de una decena de generales por encima de él en el escalafón.

Años después, la propaganda franquista daría rienda suelta a un imaginario victimista para explicar la situación del Caudillo en estos años iniciales de la República. Él y otros habrían sido el objeto de una persecución apenas disimulada, mientras que militares más incompetentes pero serviles, y a menudo masones, progresaron. Fue una mentira construida sobre retazos de verdad. El Gobierno republicano, como cualquier otro Gobierno, colocó en los puestos sensibles a los generales que creía más fieles. Pero, al no disponer de más opciones, también dio responsabilidades a otros cuya lealtad era más que dudosa. Hubo generosidad en destinos y ascensos que fue pagada, temprano o tarde, con la traición[61]. A Sanjurjo, por ejemplo, favorito de Alfonso XIII y caudillo entre los caudillos, se le permitió que continuase al mismo tiempo en la codiciada Alta Comisaría de Marruecos y en la Dirección General de la Guardia Civil. Luego, cuando fue cesado, continuó en la de Carabineros. Fue sustituido en su puesto en la Guardia Civil por otro de los futuros generales rebeldes en 1936, Miguel Cabanellas. La lista podría ser larga y hay en ella nombres tristemente famosos como Goded —quien en 1932, igual que Sanjurjo, ya conspiraba contra la República— y por supuesto Franco, que fue nombrado para varios destinos acordes con su rango de general de brigada[62]. Lo mismo ocurrió tras su ascenso a general de división.

El mito de la persecución a Franco viene en parte de un incidente que aquel protagonizó en junio de 1931. Franco se resintió amargamente de la decisión de Azaña de cerrar «su» academia de Zaragoza, y, durante el acto de despedida de los cadetes, dio un

[61] Miguel Alonso Baquer, *Franco y sus generales,* Madrid: Taurus, 2005, pp. 22-25.
[62] Nerín, *Guerra,* p. 100.

discurso ambiguo sobre los límites de la disciplina. Azaña le amonestó por su actitud, lo que quedaría registrado en su expediente profesional[63]. Este incidente sería luego reconstruido no solo como el comienzo del acoso a Franco y al ejército (al que Azaña supuestamente quiso «triturar»), sino también del nacimiento de una rivalidad muy desigual entre, por un lado, el hombre, ruin y cobarde que tenía el poder, y, por otro, el bravo y honesto general al que el primero temía en secreto. El «verrugas», como la derecha anti-republicana primero y la propaganda franquista después llamarían groseramente a Azaña, era, según las citadas opiniones, el cobarde líder de una banda de bufones y criminales. Ambos supuestos enemigos se encontraron por primera vez en agosto de 1931, cuando el ministro accedió a ver al general al que había dejado sin destino desde el incidente de Zaragoza[64]. Según una versión tan mendaz como ficticia de los hechos, escrita en 1939 por Joaquín Arrarás (biógrafo del Caudillo, antiguo corresponsal en Marruecos de *El Debate* y luego periodista de *Ya* y *Abc*), la mente de Azaña comprendió el peligro de inmediato:

> Hombre de hielo, sin pulso ni nervios. Su pensamiento es una exudación fría de su carne gelatinosa. Pero al arrastrarse por los caminos de la vida tropieza con un nombre y en el acto se encoge y arruga como las babosas. El nombre que le inmoviliza, conturba y traspasa es el del general Franco[65].

Pero lo que se decía en el año de la Victoria para mayor gloria del dictador y desprecio de los vencidos no tenía nada que ver con la realidad de 1931. En contra del mito, que algunos repiten aún hoy, Azaña no buscó falsamente la amistad de Franco ni le tenía miedo, sino que sentía la usual desconfianza hacia este que también le pro-

63 Preston, *Franco,* pp. 80-83.

64 Francisco Casares, *Azaña y ellos. Cincuenta semblanzas rojas,* Granada: Prieto, 1938, passim.

65 Joaquín Arrarás, *Memorias íntimas de Azaña (con ilustraciones de Kin),* Madrid: Ediciones Españolas, 1939, p. 307.

ducían otros muchos africanistas. Y, por supuesto, nunca buscó la destrucción de su carrera[66]. Por su parte, Franco detestaba a la República pero ni en 1931, ni después, era un temido Caudillo a la espera de que España necesitase ser salvada. Lo que Franco realmente pensaba no se atrevió a decirlo en público, y solo se transformó en acción en 1936, en el último minuto, cuando ya no tenía más opciones que seguir a sus compañeros o quedar a merced de un Gobierno que desconfiaba de él profunda y justificadamente. Durante todo este tiempo, el general antes que nada preservó y afianzó su carrera, exponiéndose lo menos posible y esperando tiempos mejores. A los ojos del público, por lo menos hasta los dramáticos acontecimientos de octubre de 1934, el héroe de África estaba más o menos desaparecido. En círculos derechistas estaba bien considerado pero no era, ni mucho menos, el general favorito para acabar con el sistema democrático. Esta posición correspondía a Sanjurjo, a pesar de que en abril de 1931 se había negado a usar la Guardia Civil para salvar a su amigo el rey. Pero, en vez de despreciarle, la prensa de derechas no olvidó nunca a Sanjurjo, el «León del Rif», al que tanto había glorificado en el pasado. Por ejemplo, en enero de 1932, el diario monárquico *Abc* no dudaba en calificar al orondo general de «caudillo» y de «guerrero legendario» por sus capacidades para el mando, coraje sereno y ciencia de la estrategia[67].

Unos meses más tarde, el 10 de agosto 1932, se demostró, por un lado, la validez de fe de la derecha en Sanjurjo y, por otro, qué entendía Franco por lealtad y qué esperaba de su vida profesional. Ese día, Sanjurjo lanzó su bastante mal preparado golpe contra la República. Franco se había entrevistado unas semanas antes con su antiguo superior, quien le pidió que se sumase. La respuesta fue ambigua, a tenor de lo que Sanjurjo diría más tarde, dejándole con la impresión de que apoyaría la asonada. Otros testimonios, sin

[66] Esta historia disparatada, en José Antonio Vaca de Osma, *La Larga Guerra de Francisco Franco,* Madrid: Rialp, 1991, pp. 52-53.
[67] «El Hombre y su caricatura: el general Sanjurjo», *Abc,* 17 de enero de 1932.

embargo, afirman que a Franco le pareció que el plan era un disparate y pidió que no se usara su nombre. En todo caso, cuando llegó el día de actuar, intentó alejarse de su puesto de destino en La Coruña. Así evitaba tener que decantarse. Ya con el golpe fracasado, a Sanjurjo se le abrieron los ojos sentenciando: «Franquito es un cuquito que va a lo suyito»[68].

Franco había escapado indemne a la prueba, pero Sanjurjo, que sería apresado, condenado a muerte y luego amnistiado por el Gobierno de Alejandro Lerroux, quien también estuvo al tanto del golpe, afianzó su papel de líder idolatrado e indiscutible de la derecha anti-republicana. En 1933, «El Caballero Audaz», rendido admirador del africanismo que había contribuido a la glorificación de la Legión en la década anterior, publicaba un apasionado librito en defensa de su héroe, al que calificaba en el título de la obra de «Caudillo y víctima»[69]. Y cuando, en las elecciones convocadas para noviembre de 1933, se corrió la noticia de que Sanjurjo iba a presentar su candidatura por Melilla, su amigo el periodista Corrochano le dedicó un sentido artículo en *Abc* en el que recordaba cómo el general había salvado la ciudad en 1921. En este artículo, por cierto, Corrochano citó el papel de Millán Astray en estos eventos pero no a Franco[70].

Cuando Azaña y la izquierda perdieron las elecciones generales de noviembre de 1933, se formó un Gobierno de centro derecha presidido por Alejandro Lerroux. El vencedor real de las elecciones había sido la CEDA, la coalición de fuerzas conservadoras, católicas y ambiguas —en el mejor de los casos— hacia la República, liderada por José María Gil Robles. Sin embargo, el presidente de la República, el centrista Niceto Alcalá-Zamora, se negó a que la CEDA entrase en el Gobierno, por temor, compartido por muchos demócratas y toda la izquierda, a que su intención oculta fuese destruir el sistema democrático. Lerroux pronto amnistió a su ami-

68 Preston, *Franco,* pp. 87-90.
69 Caballero Audaz, *Sanjurjo, Caudillo y víctima,* Madrid: Imp. Sáez Hernández, 1932.
70 «Sanjurjo, candidato y patrón de Melilla», *Abc,* 11 de noviembre de 1933.

go Sanjurjo pero no consiguió que Alcalá-Zamora aceptase su retorno al ejército[71]. Entonces el «Caudillo y mártir» se marchó hacia un exilio dorado en Estoril, desde donde siguió conspirando y recibiendo homenajes, cartas y visitas de sus admiradores[72]. En mayo de 1934, *Abc* le dedicaba una fotografía en la portada y un largo reportaje interior en el que se veía al «caudillo» firmando autógrafos[73]. Dos meses antes, en marzo, Franco por fin había ascendido a general de división.

Para entonces eran evidentes las fracturas en el cuerpo político de la República. Los Gobiernos eran inestables, el sectarismo muy agudo, los enemigos del régimen más fuertes que en 1931, y los propios republicanos no se ponían de acuerdo sobre qué tipo de República querían[74]. Inicialmente, la radicalización de la vida política había estado protagonizada por el sindicato anarco-sindicalista CNT y los grupos de su órbita, que habían protagonizado huelgas revolucionarias y rebeliones. Pero desde 1933 ya se había extendido al corazón mismo del PSOE, un partido clave para la supervivencia de la República, y su sindicato, la UGT. Todavía, al menos para el centro y la izquierda, el enemigo más peligroso para la República seguía siendo la CEDA, a la que consideraban desleal y acusaban de querer instalar un régimen clerical y autoritario como el que se hizo con el poder en Austria en febrero de 1934. Los líderes de la CEDA a su vez, frustrados por la negativa presidencial a formar Gobierno, diseñaron una estrategia de crisis continuas que esperaban que se saldase con su acceso al poder. Lo que no quedaba tan claro es qué querían hacer con él.

71 Para las relaciones entre Sanjurjo y Lerroux, véase Nigel Townson, *The Crisis of Democracy in Spain: Centrist Politics under the Second Republic,* Brighton y Portland, OR: Sussex Academic Press, 2000, pp. 130-145.

72 Fernando del Rey Reguillo, «Percepciones contrarrevolucionarias: Octubre del 34 en el epistolario del general Sanjurjo», *Revista de Estudios Políticos,* 159 (enero-marzo 2013): 77-105.

73 «El general Sanjurjo en Estoril», *Abc*, 2 de mayo de 1934.

74 Fernando del Rey Reguillo (ed.), *Palabras como puños: la intransigencia política en la Segunda República Española,* Madrid: Tecnos, 2011.

La estrategia cedista dio sus primeros frutos en octubre de 1934, cuando se anunció que iba a entrar como socio minoritario en el Gobierno controlado por el Partido Radical. Los socialistas, los catalanistas de izquierdas y otros habían anticipado esta situación y se dispusieron a hacerle frente mediante una revuelta contra el Gobierno legal. El plan no solo era anticonstitucional, sino también un disparate político y, por si faltase algo, estaba además muy mal preparado. La rebelión en Barcelona fue fácilmente dominada, gracias entre otras cosas a la sensata actuación del general Domingo Batet (un viejo enemigo de Franco y de Millán Astray, que fue fusilado por los rebeldes en 1937). A Batet se le concedió la Laureada por su actuación[75].

En Asturias, el otro foco —de lo que ya era una revolución—, la situación fue muy distinta, y la actuación de los mandos militares también[76]. El número de muertos se aproximó a los 2.000, en su inmensa mayoría insurrectos. Ambos bandos cometieron atrocidades, pero la determinación de aterrorizar, torturar y matar en frío por parte de las fuerzas gubernamentales —que sufrieron unas trescientas bajas— convirtió en algo mucho peor lo que ya de por sí era una situación trágica. Sin embargo, aún hubo quien pensó que el castigo no era lo bastante severo. El líder de la ultraderecha José Calvo Sotelo, pidió públicamente ejecuciones en masa como las que se llevaron a cabo después del exterminio de la Comuna de París en 1871, que él situó en la «saludable» cifra de 40.000[77]. Algunos autores han señalado que la Guerra Civil empezó entonces, lo cual no solo es una barbaridad, sino que, además, nadie lo notó en su momento. Sí es cierto que la República quedó marcada por estos eventos y que la opinión pública se polarizó aún más. En las próximas elecciones de febrero de 1936 el tema de los presos de

[75] Hilari Raguer, *El general Batet,* Barcelona: Abadía de Montserrat, 1994.
[76] Los orígenes de la revolución en Asturias, en Adrian Shubert, *The Road to Revolution in Spain. The Coal Miners of Asturias, 1860-1934,* Urbana y Chicago: University of Illinois Press, 1987.
[77] Nerín, *Guerra,* pp. 110.

Asturias sería crucial tanto para determinar a quién —y contra quién se votaba—, como en la forma en que se celebró la victoria de la izquierda.

Una vez más, y no sería la última, la carrera de Franco se benefició de las desgracias de la nación. Su actuación en los acontecimientos de octubre de 1934 le auparon, ahora sí, a un puesto de confianza de la derecha. Era el pago al hombre duro con pretensiones de poder que emergió detrás de la máscara del general apolítico. La revolución sorprendió a Franco en Madrid, donde el inexperto ministro de la Guerra, el radical Diego Hidalgo, echó mano de él para coordinar las operaciones en Asturias. Franco no corrió riesgos y despachó a las tropas de Marruecos, que actuaron con la brutalidad que se esperaba de ellas. Franco, además, se aseguró de que así fuese, pues cuando el hombre que en principio tenía que mandar las fuerzas sobre el terreno, el teniente coronel Miguel López Bravo, expresó dudas sobre la moralidad de disparar a los civiles, fue sustituido de inmediato por el teniente coronel Juan Yagüe, un fascista al que no le temblaba la mano a la hora de ordenar matar, como demostraría de nuevo dos años más tarde al llevar a cabo la masacre de Badajoz en agosto de 1936[78]. Yagüe tuvo frecuentes enfrentamientos con el general a cargo de las operaciones, el liberal Eduardo López Ochoa, un hombre que intentó evitar en lo posible el baño de sangre que se estaba produciendo. Sin embargo, la suerte de estos dos jefes sería dispar y algo irónica. En agosto de 1936, a comienzos de la Guerra Civil, el moderado López Ochoa fue asesinado de forma horrenda por una turba republicana en Madrid, mientras que Yagüe, como jefe de la Legión en Ceuta, tendría una carrera fulgurante en la guerra y en la primera posguerra (falleció en 1952). Al asesinato de López Ochoa contribuyó el que se le hubiese hecho responsable máximo de la represión tanto por la prensa de derechas, para glorificarlo, como por los derrotados, para demonizarlo. Durante 1934, por ejemplo, *Abc*

[78] Francisco Espinosa, *La columna de la muerte. El avance del ejército franquista de Sevilla a Badajoz,* Barcelona: Crítica, 2002, pp. 431-433.

publicó el nombre de este general 170 veces; el de Yagüe, 78 veces, y el de Franco, solo 57 veces[79].

Para las fuerzas anti-republicanas Franco era ya uno de los suyos, pero también lo era para la derecha republicana que encontró en el general un capaz colaborador. En pago a sus servicios se le destinó de nuevo a Marruecos, entre febrero y mayo de 1935, convirtiéndolo en el máximo jefe militar del territorio. Fue un tiempo breve pero precioso, que le permitió renovar sus vínculos con el ejército colonial tras casi una década en la Península. Pero, a pesar de lo importante que sería este nombramiento para su futuro papel en la rebelión militar de julio de 1936, Franco aún arrastraba una carencia fundamental para convertirse en un caudillo de algo: a estas alturas era solo un subordinado. Sin olvidar al añorado pero exiliado Sanjurjo, el verdadero líder y esperanza para los que soñaban destruir o transformar radicalmente a la República no era un militar, sino un civil: el adorado y adulado Gil Robles. Cuando el JEFE (así, en mayúsculas escribían su nombre sus seguidores) de la derecha pasó a ocupar el Ministerio de la Guerra en mayo de 1935, nombró a Franco como su más directo colaborador: jefe del Estado Mayor Central. También promovió a otros africanistas a puestos clave. De este modo, Franco ligaba su futuro profesional a la CEDA, un hecho que la prensa no dejaría de reflejar con un incremento de la presencia de su nombre en las noticias. Entre 1931 y 1935, el nombre de Franco apareció en *Abc* en 172 ocasiones, pero tres cuartos de ellas lo fueron solo a partir de octubre de 1934. Aunque esta notoriedad no era ni mucho menos excepcional. Durante esos cinco años, otros generales fueron mencionados en *Abc* muchas más veces: Sanjurjo (611), Domingo Batet (369), Miguel Cabanellas (330), Manuel Goded (262), Eduardo López Ochoa (246), e incluso el teniente coronel Juan Yagüe (239).

Franco se había hecho visible pero con el compromiso político y los cargos llegaron también los riesgos que el general había intentado evitar toda su vida. En 1936 y hasta la rebelión militar de ju-

[79] Datos de elaboración propia a partir de la consulta de la Hemeroteca Digital del diario *Abc*.

lio, su nombre fue el segundo más citado en *Abc*, 39 veces, detrás de las 86 veces del de Carlos Masquelet, el ministro de la Guerra. Otros jefes que también fueron citados con profusión y no mucho menos que Franco fueron: López Ochoa (31), Nicolás Molero (28), Batet (25), Goded (17) y, de nuevo más que Franco, Yagüe (49). Estos nombres aparecieron publicados por una serie de causas interrelacionadas como fueron las consecuencias de los eventos de Asturias y nombramientos y ceses por parte del nuevo Gobierno elegido en febrero de 1936. Esencialmente, la relevancia pública de Franco en la primera mitad de 1936 está ligada a los vaivenes de su profesión y, en concreto, a que los frutos de su afiliación con Gil Robles demostraron ser fugaces: rumores de su cese del Estado Mayor Central, su cese (en la ceremonia de despedida se le vio llorar en público), informaciones sobre su presencia en la representación oficial española en los funerales del rey Jorge V del Reino Unido, y, finalmente, su envío a las islas Canarias como comandante militar. En suma, que mientras se leía su nombre entre los de otros militares, nadie hubiese podido decir que este general, otra vez en horas bajas, era el esperado Caudillo. Por eso sus propagandistas presentarán los meses que van de mediados de 1935 a los de 1936 envueltos en una neblina; pero también para hacer olvidar su lealtad y sus deudas hacia el JEFE, cuya memoria acabará siendo enterrada por el franquismo. Lo mismo ocurrirá con los otros hombres que hicieron posible el éxito profesional de Franco: el rey, Berenguer, Sanjurjo y, hasta cierto punto, Millán Astray. Todos estos compartían una misma falta: haber conocido, mandado y promovido a Franco antes de que este se transformase en el Caudillo. Los siguientes en esta lista de olvidos, aunque por razones distintas, serán los generales Goded y Mola.

Conspirador

La narrativa franquista y la neo-franquista nos ha contado que hubo una vez un general honesto arrastrado por el destino. Él nunca quiso conspirar contra el Gobierno, pero se vio forzado a hacerlo ante el inminente riesgo de destrucción de la patria. Asumiendo el mandato de la Providencia, se alzó, con grave riesgo para su vida pero seguido por todos los buenos españoles, como jefe indiscutible del Movimiento Nacional. Este es el relato del Caudillo, el que supuestamente lo era antes de julio de 1936, pero no es historia, sino fábula. Franco quizás creía que se sublevaba para salvar a España, pero lo que probablemente le decidió a amotinarse fue el inminente fin de su carrera. En julio de 1936, el general era un hombre bastante conocido fuera del ejército y, como otros jefes, vigilado por un Gobierno que sabía que se preparaba una asonada militar. Los detalles y los nombres de los comprometidos no estaban claros por una sencilla razón: había conjurados que lo eran de manera intermitente y otros que llevaban su ambigüedad al límite de no saber nadie —ni el Gobierno ni los propios conjuradores— de qué bando estaban. Franco fue el más notorio de estos últimos, lo que afectó a los detalles del plan que Mola se esforzaba en concretar.

Fuera de España, Franco era menos que una anécdota periodística. Antes de julio de 1936, *The New York Times* publicó su nombre dos veces. Primero, citado junto al general Goded —después de las elecciones de febrero— al mencionar los rumores de golpe que corrían en España. De todas formas, el *Times* erraba hasta al escribir los nombres de los presuntos implicados, ya que aparecen mencionados como José María Franco y Manuel Godet[80]. La siguiente mención que hizo el periódico neoyorquino del futuro Caudillo, la realizó unos días más tarde para informar que Franco había sido destituido de su puesto por su conexión con Gil Robles y enviado a las Canarias, mientras que Goded fue destinado a las Baleares porque «ambos son los generales más temidos por la izquierda»[81]. Así que, estos generales desaparecieron de los curiosos ojos de los lectores americanos hasta el día 18 de julio.

80 «Spain is on guard against Army coup», *The New York Times,* 19 de febrero de 1936.

81 «Two rightist Army chiefs demoted»; «General amnesty decreed in Spain», *The New York Times*, 22 de febrero de 1936. Véase también «Spain empties prisons to curb radical riots», *Chicago Daily Tribune,* 22 de febrero de 1936.

Los rumores que había citado el *Times* en su primer artículo no eran descabellados y se basaban en un incidente que demostró una vez más que, como en agosto de 1932, Franco prefería que otros corrieran los riesgos, aunque sin desligarse de los posibles beneficios. Hay quien llama a esto prudencia. Los beneficios de la asociación de Franco con Gil Robles empezaron a disiparse al no conseguir este que el presidente de la República, Alcalá-Zamora, le hiciese presidente del Gobierno. Ante las presiones cedistas y el desgaste de los radicales, Alcalá-Zamora disolvió las Cortes y convocó las elecciones que tuvieron lugar el 16 de febrero de 1936. El bloque anti-revolucionario liderado por Gil Robles confiaba en ganar los comicios, pero la coalición de centro-izquierda, el Frente Popular, se alzó con una victoria ajustada pero clara. No obstante, y como consecuencia del sistema electoral, esa victoria le daba la mayoría parlamentaria. El voto centrista fue el gran perdedor, y esto incluía al propio presidente de la República, que pronto vería cómo los vencedores de las elecciones se deshacían de él. En mayo de 1936 fue sustituido por Manuel Azaña. Este paso sería un serio error estratégico. Por un lado, la República se escoraba más a la izquierda, repeliendo con ello a los sectores políticos más moderados. Por otro, Azaña dejaba el Gobierno, donde quizás hubiese sido más eficaz en derrotar la conspiración militar que sus sucesores.

La derrota de la CEDA supuso una fuerte caída del prestigio de Gil Robles entre los anti-republicanos. Muchos de los que habían seguido su línea para acabar con la República por la vía electoral se radicalizaron, especialmente quienes pertenecían a la organización juvenil del partido, las JAP[82]. El mismo Gil Robles comprendió que los vientos habían cambiado y que la estrategia civil dejaba paso a la de un golpe militar. Por esta razón, los fondos de la CEDA acabaron financiando la rebelión de julio. Mientras se concretaba una conspiración, Franco no estuvo inactivo. Sabiendo

[82] Sid Lowe, *Catholicism, War and the Foundation of Francoism. The Juventud de Acción Popular in Spain, 1931-1939,* Brighton: Sussex Academic Press-Cañada Blanch, 2010, pp. 21-25.

que su futuro era ahora más incierto que nunca, intentó maniobrar detrás de las bambalinas para conseguir que la izquierda no llegase al poder. La realidad que escondían los rumores de los que se hacía eco *The New York Times* era que, cuando los resultados de las elecciones comenzaron a hacerse públicos y los militantes de izquierda se lanzaron a las calles a celebrarlo (y a las cárceles para liberar a los prisioneros políticos, la mayoría encarcelados a raíz de los sucesos de Asturias), Franco y el general Goded se dirigieron, entre otros, al presidente del Gobierno en funciones, Manuel Portela Valladares, para que declarase el estado de guerra y anulase las elecciones. A esta maniobra se sumaron Gil Robles y Calvo Sotelo. Pero mientras que Franco intentó un golpe de despacho, su compañero y rival Goded fue más allá e intentó sacar la guarnición militar de Madrid a la calle. El intento se frustró por la intervención de otros generales pro republicanos[83]. Más tarde, en busca de una mayor seguridad —quizás por lo que acababa de hacer o por lo que pudiera pasar—, Franco intentó presentarse dentro de una candidatura de derechas a las elecciones en Cuenca, que habían sido invalidadas. No era una decisión heroica, y además le quitaba la aureola de apoliticismo de la que siempre presumió. Por ello, siendo ya dictador, su versión de estos eventos cambió varias veces, manteniendo finalmente que la candidatura se la habían ofrecido a él y que la rechazó[84]. En realidad, fue José Antonio Primo de Rivera, el ya encarcelado líder de la Falange, quien se opuso a su candidatura. Fue el principio de una enemistad que perduró hasta la muerte del líder falangista el 20 de noviembre de ese mismo año[85].

La elecciones de 1936 cambiaron las relaciones entre los antirepublicanos civiles y militares. Ahora estos últimos se pusieron en

[83] Paul Preston, *El gran manipulador. La mentira cotidiana de Franco,* Barcelona: Ediciones B, 2008, pp. 41-45.

[84] Paul Preston, «The Great Manipulator: Francisco Franco», en Daniela Baratieri, Marke Edele y Giuseppe Finaldi (eds.), *Totalitarian Dictatorship: New Stories,* Nueva York/Oxon: Routledge, 2014, pp. 83-102.

[85] Stanley G. Payne, *Franco y José Antonio: el extraño caso del fascismo español: historia de la Falange y del Movimiento Nacional (1923-1977),* Barcelona: Planeta, 1997.

marcha otra vez. El día 8 de marzo hubo una reunión secreta de, casi todos ellos, generales en Madrid. El hombre designado para organizar la conspiración, el «director», sería Mola; quien tenía experiencia policial y de espionaje desde que sirvió al final de la dictadura como director general de Seguridad del general Berenguer. El líder nominal era sin embargo el exiliado Sanjurjo. Franco estuvo presente en la reunión pero, para sorpresa de ninguno, no se comprometió a nada concreto y, alegando que estaba a punto de marcharse a Tenerife, pidió que le mantuviesen informado. Los conjurados se resintieron de su actitud pero le necesitaban. El golpe de Sanjurjo había fracasado porque entre las fuerzas que había movilizado en 1932 había muchos reclutas sin ganas de jugarse la vida, y a los que la policía había conseguido dominar fácilmente. El nuevo golpe requería la presencia de las curtidas tropas de África que todos sabían que no dudarían en disparar y a las que Franco había estado mandando el año anterior. Estas tropas estaban ahora bajo las órdenes de generales pro republicanos o tibios ante cualquier tipo de aventura. Necesitaban, pues, que Franco se hiciera cargo del ejército colonial de Marruecos adonde podría llegar sin dificultad desde el archipiélago canario. Sin embargo, a pesar de las presiones de sus compañeros, el general se mantuvo evasivo durante los meses siguientes.

La actitud de Franco en las semanas previas a la rebelión de julio ha sido presentada de muchas maneras, pero no es muy distinta de la que tuvo en agosto de 1932 y en febrero de 1936: no jugársela y guardarse siempre una salida en la manga. Sus admiradores dicen que no quería sublevarse porque le repugnaba la intervención del ejército en política, y ponen como ejemplo la carta que le mandó al presidente del Gobierno, Santiago Casares Quiroga, el 23 de junio. En esta carta, Franco, por un lado despista sobre la situación real de golpismo en el ejército y, por otro, se ofrece como instrumento del Gobierno. Parece como si buscase volver a la posición de preeminencia que perdió tras la victoria del Frente Popular. Empieza el documento quejándose de la política de ascensos y de nombramientos militares, que él vincula con una injerencia política del Gobierno al tratar de promover a los generales por su lealtad antes que por su competencia profesional. Luego se queja de la creciente falta de respeto de las turbas hacia el ejército. Su última queja es por la presencia de grupos secretos en el interior de las fuerzas armadas y por la falta de disciplina. Acaba ofreciéndose para poner remedio a tales males, y manifestando su lealtad al mismo hombre contra el que se sublevaría menos de un mes después[86].

Más allá de las intenciones de Franco al escribir esta carta, muchos autores durante la dictadura, y también recientemente, han justificado las acciones de aquel y del resto de los conspiradores por la necesidad de salvar a un país al borde de la revolución. Un país donde el Ejecutivo había perdido su legitimidad al ser incapaz o no querer imponer el orden[87]. Por el contrario, para los anti-franquistas solo se trató de un golpe reaccionario al que se sumó Franco, por más que algunos continúen pensando que nuestro personaje estuvo detrás del plan conspirador todo el tiempo. Este autor, en cambio, está convencido de que el futuro Caudillo se sumó oportunamente a la conjura cuando no pudo encontrar una opción más segura y favorable a sus intereses. En la disyuntiva, sus afinidades le hicieron decantarse por lanzarse a la aventura junto a los compañeros con los que compartía las mismas ideas anti-democráticas y militaristas.

La narrativa del terror y el caos sancionados por el Gobierno, que han servido desde 1936 para justificar la rebelión se basó en el discurso de la derecha anti-republicana durante las semanas previas al golpe. Esta hizo una selección parcial de la situación que vivió España entre febrero y julio de 1936 y la transformó en un alegato total. En España había mucha gente, de izquierdas y de derechas, que hablaba de una revolución que no se sabía de dónde iba a ve-

[86] Reproducido en Palacios, *Cartas,* pp. 52-55.

[87] Ministerio de la Gobernación, *Dictamen de la Comisión sobre ilegitimidad de poderes actuantes en 18 de Julio de 1936,* Madrid: Editora Nacional, 1939. La tesis de la falta de legitimidad del Gobierno republicano ha sido retomada en Stanley Payne, *The Collapse of the Spanish Republic, 1931-1936: Origins of the Civil War,* New Haven/Londres: Yale University Press, 2006.

nir. Junto al líder del ala izquierda del PSOE, el «Lenin español» Francisco Largo Caballero, nadie contribuyó más a esta narrativa apocalíptica que el antiguo jefe de Franco, el ambiguo Gil Robles y el declarado enemigo de la democracia Calvo Sotelo. Por desgracia, muchos españoles, de izquierdas y de derechas, pensaban como ellos. Casi un mes antes del estallido de la revuelta, Gil Robles, que estaba al corriente de la conjura y que, por lo tanto, sabía del uso que se haría de sus palabras, dio un discurso en las Cortes, con amplio eco en la prensa mundial, sobre la violencia que vivía el país desde las elecciones, que había resultado en 269 personas muertas y unas 1.500 heridas, además de los incendios de iglesias y edificios religiosos[88]. Terribles como son, lo que los datos reflejan no es un país al borde de la revolución —pues de hecho las oleadas de acciones violentas habían sufrido oscilaciones y no un aumento constante—, sino un gravísimo problema de orden público que, en todo caso, era mucho menor que lo sucedido en Asturias en octubre de 1934, donde los muertos en unas pocas semanas fueron unas ocho veces más. Pero para Gil Robles ya no se trataba de reconducir la República, sino de destruirla. Por eso echó toda la culpa al Gobierno, aunque sabía muy bien que la violencia venía de muchos sitios, incluido, por supuesto, de la derecha. El otro momento clave en la narrativa justificadora de la revuelta militar fue el asesinato del líder ultraderechista José Calvo Sotelo el 13 de julio. Durante mucho tiempo se dijo que esta fue la chispa que había provocado la guerra; lo que no es verdad, sino la excusa de un horror mucho mayor. Fue este un crimen gravísimo, pero el hombre asesinado era también parte del complot que iba a llevarse a cabo apenas cuatro días después de su muerte. Todos los implicados en la conjura sabían que la verdadera violencia, la

[88] «Burn 36 Spanish churches in 48 hours: 65 slain. Gil Robles bares leftists regime's terror record», *Chicago Daily Tribune,* 16 de junio de 1936; «Spain is swept by terror», *The New York Times,* 19 de junio de 1936. Una reciente reevaluación de la violencia anticlerical en estos meses, en Manuel Álvarez Tardío y Roberto Villa García, «El impacto de la violencia anticlerical en la primavera de 1936 y la respuesta de las autoridades», *Hispania Sacra,* vol. 65, 132 (2013): 683-764.

muerte masiva que España no había conocido desde principios del siglo XIX, sería la que se desatase con la rebelión militar. Cada uno de los días de los cerca de mil que duró la Guerra Civil murieron más personas que esos 269 que fueron asesinados entre febrero y junio de 1936.

Mientras tanto, el Caudillo casi no respondió a la llamada de la Providencia. El día 8 de julio le dijo en una conversación telefónica al también implicado general Alfredo Kindelán que todavía dudaba del plan. Kindelán quedó horrorizado. Luis Bolín ya había alquilado en Londres el famoso avión *Dragon Rapide* que habría de llevar a Franco a Tetuán para hacerse cargo del ejército colonial. Luego, el 12 de julio, Franco mandó su famoso mensaje de «Geografía poco extensa» —o no lo veo claro— a Kindelán y Mola. Este último nunca confió en Franco y cuando recibió la misiva en Pamplona el 14 de julio se enfureció y pidió al piloto Juan Antonio Ansaldo que llevase a Sanjurjo en su avión a Marruecos, tomando el papel que se le había asignado a Franco. La decisión de Mola, de haberse llevado a cabo, habría cambiado la historia. El caudillo Franco nunca hubiese sido el Caudillo, y habría sido olvidado como tantos otros generales de ambos bandos, o de en medio, que fueron asesinados, encarcelados, depuestos o marginados en los primeros momentos de la Guerra Civil. Pero el asesinato de Calvo Sotelo convenció a Franco de que la táctica dilatoria había agotado su utilidad: o jugaba o perdía, y ya no había más opciones. Solo entonces hizo saber que se iba a sublevar[89].

Como ya hemos visto en el testimonio de Bolín, los acontecimientos que siguieron fueron dramatizados en términos épicos con posterioridad, introduciendo peligros, asesinos y hasta al acecho del Frente Popular francés en la trama. En realidad, Franco siempre actuó sobre seguro. El *Dragon Rapide* le esperaba en Las Palmas, ya que Tenerife no tenía entonces un aeropuerto acondicionado. Franco llegó a Las Palmas en la mañana del 17 de julio con la excusa de acudir al funeral del general Amado Balmes, quien había

89 Preston, *Franco,* pp. 120-143.

muerto en un extrañísimo accidente de tiro el día anterior[90]. A las cuatro de la mañana del 18 los rebeldes de Marruecos le dijeron que controlaban todo el territorio y que le aguardaban[91]. Solo entonces declaró el general el estado de guerra en el archipiélago, pero manteniendo que lo hacía para proteger la República. Esa misma mañana embarcó a su mujer y a su hija en un transatlántico alemán que salía para Francia. Luego, temiendo una posible emboscada, se dirigió por barco hasta la base de Gando, donde le esperaba el avión, que remontó el vuelo a las dos de la tarde. Se ha dicho que Juan March, además de financiar el vuelo, había depositado una importante cantidad de dinero a su nombre en un banco extranjero por si la aventura salía mal.

Un vuelo directo de Las Palmas a Tetuán en el *Dragon Rapide* habría llevado unas siete horas. El viaje de Franco duró diecisiete porque se hicieron escalas en Agadir y Casablanca. Franco nunca estuvo en peligro. Llevaba un pasaporte diplomático prestado que podía ser usado en caso de urgencia para evadir a las autoridades coloniales francesas. Más importante aún, durante las dos paradas del avión, Franco se puso en contacto con Tetuán para asegurarse de que la situación en el Protectorado seguía bajo control. Mientras el avión volaba sobre el Atlántico, el general hizo tres cosas que asombraron a los demás pasajeros. Una fue afeitarse el bigote, otra vestirse con ropas de árabe y, por último, arrojar al mar una maleta donde había ropas y documentos. Se ignora el contenido de estos. Finalmente, antes de que el avión aterrizase en Tetuán, pidió al piloto que sobrevolara el aeródromo. Solo cuando reconoció entre los que le esperaban al coronel Sáez de Buruaga, «el rubito», dio la orden de tomar tierra. Eran las siete de la mañana del día 19 de julio[92].

[90] La teoría del asesinato de Balmes ha sido defendida por Ángel Viñas, *La conspiración del general Franco y otras revelaciones acerca de una guerra civil desfigurada,* Barcelona: Crítica, 2001.
[91] Julio Aróstegui, *Por qué el 18 de Julio... y después,* Barcelona: Flor del viento, 2006, pp. 34-35.
[92] Alberto Reig Tapia, *Franco: el César superlativo,* Madrid: Tecnos, 2005, pp. 100-101, 114-115.

La actuación de Franco en estas horas trágicas contrasta con la del general Manuel Goded, con quien mantenía una no muy solapada rivalidad. La carrera de Goded había sido muy similar a la de Franco, al que le sacaba diez años, y las ambiciones también. Ambos ascendieron al generalato en 1926 y ambos colaboraron en la represión de Asturias, por lo que se le premió a Goded con la dirección de la Aeronáutica militar y una inspección del ejército. Pero Goded siempre fue más osado, tomando parte en el golpe de Sanjurjo de agosto de 1932 (fue luego perdonado) y de forma más abierta que Franco en el intento de golpe de febrero de 1936. El 19 de julio de 1936, ambos tenían el mismo empleo de general de división. Pero mientras que el cauto Franco se instalaba en la Alta Comisaría en Tetuán rodeado de sus colaboradores, Goded, después de controlar las islas Baleares (excepto Menorca) tomaba un hidroavión hacia Barcelona donde arrestó al general Francisco Llano de la Encomienda y se dispuso a controlar la ciudad con más coraje que fuerza, pues se enfrentó a las milicias obreras y, decisivamente para la suerte de la rebelión, a la Guardia Civil. Derrotado tras durísimos enfrentamientos, el general habló por la radio para reconocer su derrota y decir a sus partidarios que ya no tenían ningún compromiso hacia él[93]. Al mes siguiente fue ejecutado. A pesar de su extraordinario valor, los rebeldes primero y la historia oficial franquista después nunca perdonaron a Goded haber hablado por radio. Su memoria se desvaneció y cuando se le mencionó fue con tonos poco apreciativos.

Para ser un país supuestamente al borde de una más que anunciada revolución (según la versión histórica franquista), el estallido de la guerra sorprendió a los españoles y al mundo. La prensa internacional recogió la noticia del asesinato de Calvo Sotelo en las ediciones del día 16 de julio. También informó de que la derecha se disponía a boicotear el parlamento. Y luego, como un rayo caído desde el cielo, el día 20 de julio ya aparecieron los terribles titulares de «Guerra Civil en España». Fue ese día cuando el nombre de

[93] Aróstegui, *Por qué,* pp. 56-57.

Franco volvió a resurgir en los periódicos internacionales. En esos primeros momentos, su nombre aparece otra vez junto al de Goded, porque, como mantuvo un diario norteamericano, estos son «los dos hombres cualificados para ser dictador», a no ser que los rebeldes planificasen resucitar «al general Sanjurjo, el amigable *playboy* que estropeó la rebelión de 1932»[94]. Este último, precisamente, era el plan, pero lo que el periodista no sabía era que Sanjurjo moriría ese día, achicharrado en la avioneta que debía haberle llevado a Burgos para liderar a los rebeldes, y que Goded acababa de perder la lucha por Barcelona.

Como veremos, en los próximos días los periódicos españoles y del mundo, entre otras historias, seguirán dos narraciones distintas, pero que van a definir los acontecimientos inmediatos en el bando rebelde. Una fue que el general Mola avanzaba por el norte hacia Madrid gracias a sus voluntarios carlistas y vasco-navarros. Otra, que Franco estaba intentando organizar el paso del ejército colonial desde Marruecos a la Península. La revuelta no tenía todavía un líder claro. Pero hasta el día 20 de julio, cuando murió Sanjurjo, Franco, el rebelde de última hora, había sido un militar que quizás se hubiese satisfecho con ser Alto Comisario en Marruecos. También podía haber ocurrido que, de haber estado en otro puesto o de haberle sido asignada otra misión por los rebeldes, él seguramente hubiera acabado siendo para la historia uno de esos generales rebeldes muertos en la guerra, como Sanjurjo, Goded o Mola. Pero las casualidades y su oportunismo resultarían en que en unas pocas semanas Franco se convirtiese en el Caudillo. A partir de entonces, la persona que un día fue el general Franco necesitó un nuevo y excepcional pasado.

94 «Civil war rages in Spain», *Chicago Daily Tribune*, 20 de julio de 1936.

CAPÍTULO 2

SALVADOR DE ESPAÑA, 1936-1939

Una guerra traumática

Todas las guerras son traumáticas pero las civiles lo son aún más. La Guerra Civil española fue larga y dura, y dejó una profunda huella en la sociedad que todavía perdura. La Guerra Civil es la lente por la que vemos a Franco, ya que el núcleo de su imagen pública se creó durante el conflicto. A este núcleo interpretativo se le añadirían, en distintas fases de su dictadura, temas nuevos que, en parte, fueron creados por las realidades sociopolíticas que iban emergiendo en España y en el mundo. No obstante, la principal realidad fue que la guerra partió a España, y no simplemente como se suele decir entre vencedores y vencidos. Esta distinción refleja más la polarización política del país que la realidad social. No todos los que se sentían vencedores ganaron nada en concreto con la guerra. Y muchos, con independencia de sus ideas, sentían que lo perdido era mayor que lo ganado. Por ello habría que hablar también de una triple división en la sociedad española: la minoría orgullosa y beneficiaria de la victoria franquista, una inmensa mayoría traumatizada que solo quería la paz y una minoría traumatizada que también quería paz y normalidad, pero no las que ofrecía la dictadura de Franco. De esta compleja y dura realidad nacieron los valores que desde entonces conforman las identidades políticas y culturales de nuestro país. Estos valores, lógicamente, afectan a la interpretación de la figura histórica de Franco y su legado. Pero el nacimiento y evolución de la imagen del Caudillo no fue solo una elaboración colectiva y espontánea de una sociedad dividida y traumatizada, sino que fue creada a conciencia por un aparato propagandístico detrás del que estaba el propio Franco. Este aparato acuñó una interpretación hagiográfica de la vida del Caudillo que eliminó, inventó, descontextualizó y alteró hechos de su pasado, para darle a la figura del Generalísimo un sentido mesiánico que conducía de manera irrevocable a su misión redentora: a salvar a España de sus enemigos. Por último, fue también durante la guerra cuando la experiencia vital de los españoles comenzó a diferir radicalmente de la de sus vecinos europeos. Si bien la mayoría de estos acabaron envueltos en una guerra incluso mayor, el resultado del conflicto mundial fue del todo distinto, tanto política como socialmente (véanse capítulos 3 y 4). Esta divergencia marcó la imagen de Franco a uno u otro lado de los Pirineos.

Antes de seguir con la narrativa de la invención del Caudillo, es necesario recordar brevemente qué cambió en España en el verano de 1936. La primavera de ese año había sido violenta en muchas partes del país, y estuvo acompañada de discursos radicales y apocalípticos, pero casi nadie se esperaba el brutal estallido de la Guerra Civil[1]. La rebelión militar pilló a los cerca de veinticinco millones de españoles por sorpresa, pero el horror sacudió sus vidas desde los primeros momentos. Decenas de miles de voluntarios carlistas, anarquistas, falangistas, socialistas y comunistas acudie-

[1] Véase Rafael Cruz Martínez, *En el nombre del pueblo. República, rebelión y guerra en la España de 1936,* Madrid: Siglo XXI, 2006.

ron a las filas de un bando u otro. Pero esta pasión guerrera era la de una minoría. La inmensa mayoría de los hombres en edad de combatir acabarían haciéndolo forzados por levas[2]. Independientemente de las ideas políticas de la población y de sus deseos de cómo tenía que resolverse la lucha, el rechazo a la guerra y el miedo, o al menos la pesadumbre, fue el sentimiento más generalizado, aunque ignorado y ocultado por la propaganda de ambos bandos. Máxime cuando la muerte no se limitó a los frentes. El verano de 1936 fue un tiempo de asesinatos y masacres en las retaguardias de ambas zonas. Se ha dicho que en un bando, el rebelde, estas fueron sistemáticamente organizadas, mientras que en el republicano fueron más espontáneas. Los historiadores sabemos ya que no fue así, que la «espontaneidad» no deja de ser una ilusión piadosa y que, además, se trata de una distinción irrelevante para las víctimas y sus deudos. Los rebeldes mataron más, unas 100.000 personas para cuando la guerra acabó, y quizás a 50.000 en los años durísimos de la posguerra. Los republicanos asesinaron a unas 50.000 personas, lo que, parafraseando a Manuel Azaña, ¡Ya es matar! Las víctimas de los rebeldes fueron en su mayoría trabajadores del campo y de la ciudad, profesionales liberales de clase media, y dirigentes y militantes de partidos y sindicatos. Las víctimas de los republicanos fueron sobre todo propietarios agrarios y pequeños empresarios, miembros del clero (casi todos hombres), pero también personas de condición social modesta que se identificaban con la religión y la tradición. Rebeldes y leales mataron a militares y policías, que a menudo perecieron a manos de sus propios compañeros[3].

Las necesidades bélicas de ambos bandos recortaron o suprimieron las libertades individuales; mandaron al frente a los hombres, les dijeron cómo y cuánto trabajar y, por supuesto, cómo y de

[2] James Matthews, *Reluctant Warriors. Republican Popular Army and Nationalist Army Conscripts in the Spanish Civil War, 1936-1939,* Oxford: University Press, 2012.
[3] El resumen más accesible en Santos Juliá (ed.), *Víctimas de la Guerra Civil,* Madrid: Temas de Hoy, 1999. Más recientemente, Preston, *Spanish Holocaust, op. cit.*

qué hablar[4]. El desarrollo de la guerra robó a aquellos de sus familias; privó de sus hogares a quienes se convirtieron en refugiados o sufrieron bombardeos; segó cientos de miles de vidas y muchas más se vieron arruinadas, condenadas al exilio, al oprobio, al hambre, etc. En definitiva, el que hasta entonces había sido un país modestamente afluente y moderno se convirtió en otro donde reinaban la muerte, el miedo, el sufrimiento, la escasez y la incertidumbre[5]. No es de extrañar, pues, que la mayoría de la población quisiera que el desastre parase lo antes posible y que, después de los primeros meses de lucha, se fuese escorando hacia la solución de que ganase quien fuese pero cuanto antes mejor. A comienzos de 1937 era evidente quién iba ganando: Franco[6]. Para entonces, en medio de la miseria y de los deseos de paz de la mayoría, había surgido ya el Caudillo: la imagen pública de un hombre con una vida heroica y excepcional.

Franco el Caudillo había sido impensable unos meses antes. Los generales conspiradores no esperaban que su golpe se fuese a convertir en una larga guerra civil. Quizás sí en unas semanas, pocas, de lucha encarnizada; seguidas de la eliminación del Gobierno republicano y de una extensa e intensa represión. De haber sido así, Franco habría sido uno más de los miembros de la junta militar que gobernaría el país bajo la dirección de Sanjurjo. Pero una combinación de casualidades, por un lado, y la resistencia republicana, por otro, impidieron que esto ocurriese. Las casualidades fueron la muerte de Sanjurjo y Goded, y de otros generales de derechas[7]. Esta situación dejó a Franco como comandante máximo, sin nin-

[4] Michael Seidman, *Republic of Egos: A Social History of the Spanish Civil War,* Madison: University of Wisconsin Press, 2002, pp. 217-218, 239.

[5] Las voces de este tiempo, en Ronald Fraser, *Blood of Spain: the Experience of Civil War, 1936-1939,* Londres: Allan Lane, 1979.

[6] Para ver cómo afectó la evolución de la guerra en los deseos de paz de la población, véase Javier Cervera Gil, *Madrid en guerra. La ciudad clandestina, 1936-1939,* Madrid: Alianza Editorial, 2006.

[7] Aróstegui, *Por qué,* pp. 159-166.

gún superior o rival directo, de la mejor, con diferencia, fuerza de combate efectiva que había en toda España: los 47.000 hombres del ejército de África.

La clave de la ascensión de Franco se debió en parte a la destrucción de la cadena de mando de los rebeldes, un factor que la propaganda franquista medio enterraría, pero también —y este es otro factor que la propaganda del bando nacional se afanó en ocultar— a la destrucción del ejército constitucional, liberal primero y democrático después, que había hecho posible la carrera de Franco hasta 1936. La dictadura diría y celebraría que en 18 de julio de 1936 el ejército, liderado por Franco, se levantó para salvar a España del comunismo y de la desintegración. Pero era una triple mentira. Ni Franco lideró al ejército, ni todo el ejército se levantó contra el orden constitucional, ni, por supuesto, había amenaza comunista alguna. En total, de los aproximadamente 200.000 hombres con que contaba el ejército español en 1936, menos de 120.000 acabaron del lado de la rebelión y algo menos de 90.000 permanecieron leales[8]. La propaganda izquierdista contribuyó a reforzar estos mitos. Las imágenes de las milicias luchando contra los rebeldes son visual y emocionalmente impactantes, pero esconden la realidad de los soldados profesionales y policías que lucharon contra sus colegas rebeldes.

Los puestos y empleos de los generales y jefes que acabaron la guerra en el bando victorioso eran en parte los de sus antiguos compañeros asesinados, muertos en combate, en prisión o exiliados, y lo mismo puede decirse de quien ya era su capitán general, Franco. De este modo, la guerra creó un doble pacto de sangre y de silencio sobre la realidad del ejército antes y en las primeras semanas del conflicto. La propaganda —como se verá en este capítulo— utilizó este pacto para presentar al Caudillo como el líder indiscutible de las tropas españolas mucho antes de julio de 1936. En esta ficción, los que entonces estaban muy por encima de él y los que luego lucharon contra él eran, en el mejor de los casos, una

[8] *Ibidem,* pp. 90-94.

anécdota. Los antiguos periodistas del *lobby* colonial, los «testigos» de las glorias del ejército español en los años veinte, iban a ser decisivos en esta reinvención del pasado. Ellos reescribieron —fingiendo continuidad histórica entre aquellos años y los de la guerra— la historia del ejército y de su Caudillo, que era, por supuesto, la de la España «verdadera».

Pero volvamos a la realidad material de la guerra. Mola, el «Director», había previsto la resistencia al golpe en Madrid y otras grandes ciudades, pero su plan se basaba en que aquella iba a ser aplastada por una serie de columnas militares que avanzarían desde la periferia del país. Sin embargo, al comenzar la cuarta semana de julio era evidente que el Gobierno de Madrid podría aguantar y que la fuerza decisiva con la que Mola había contado para resolver la situación, el ejército colonial, estaba bloqueada en Marruecos. Las únicas fuerzas que ahora avanzaban hacia Madrid eran las tropas, en buena parte compuestas por los voluntarios carlistas vasconavarros, que el mismo Mola había organizado en el norte y que, a pesar de su entusiasmo, eran insuficientes para conquistar la capital. El plan inicial había fracasado. Esto se debió a que durante el golpe muchas de las guarniciones comprometidas dudaron, dando el tiempo necesario para que las milicias y las fuerzas del orden leales pudieran reducirlas. Con mucho, los mayores éxitos rebeldes se dieron en la mitad norte del país, donde controlaron casi todo el territorio salvo la franja compuesta por las dos provincias marítimas vascas, Santander y Asturias (aunque se atrincheraron en Oviedo). Es de esta zona de donde Mola había extraído los recursos, limitados en términos de combatientes y de equipamiento, con los que se dispuso a marchar sobre Madrid con la esperanza, que parecía factible, de tomarla antes de finales de mes[9].

El gran problema de los rebeldes, y la gran oportunidad en caso de fallar Mola, estaba en el sur. Si aquellos conseguían desembarcar las tropas coloniales en la Península, la situación militar se decantaría a su favor. Pero, a pesar de controlar los puertos clave de

[9] «Madrid's fall seen by Saturday», *The Globe and Mail,* 24 de julio de 1936.

Algeciras, Cádiz y Sevilla, los sublevados carecían de los medios para transportar a las tropas, ya que la mayor parte de la marina había permanecido fiel a la República. Aunque los oficiales se habían alzado, las tripulaciones consiguieron hacerse con el control de los buques, deteniendo a los insurrectos primero y luego asesinándolos. Como consecuencia, la marina republicana controlaba el estrecho de Gibraltar, bloqueando así cualquier posible intento de paso del ejército de África. Tampoco controlaban los rebeldes al ejército del aire, lo que les hubiera permitido dispersar a la marina y reabrir el tránsito entre Ceuta y la Península. Sin embargo, aunque la mayoría de la aviación también permaneció leal, los aviones que tenía el ejército español eran vetustos y de limitadísima capacidad bélica. La solución a esta crítica situación provino de fuera: de la intervención italiana, primero, y alemana, poco después, en la guerra.

Los emisarios que Franco mandó a Roma (el periodista Bolín y a su jefe Luca de Tena) y Berlín consiguieron la rápida implicación de las potencias fascistas en la guerra. Además de armamento y munición, los rebeldes necesitaban con urgencia aviones para transportar a las tropas de Marruecos y alejar del Estrecho a la marina y a la aviación republicanas. La ayuda italiana empezó a llegar a finales de mes. La alemana llegaría a comienzos de agosto e incluyó modernos bombarderos, aviones de transporte y cazas que pronto impusieron su superioridad sobre las fuerzas aéreas republicanas. La intervención exterior permitió hostigar a la marina leal hasta forzarla a dejar las aguas del Estrecho, con lo que el ejército de África ya podía pasar[10]. El primer convoy de tropas llegó a Algeciras el día 5 de agosto. La propaganda rebelde lo denominó el «Convoy de la Victoria». Era un nombre excesivo —pero que refleja el estado de ansiedad de los sublevados— para una operación que apenas consiguió transportar unos 1.600 soldados, bastantes menos de los que ya habían sido acarreados por el puente aéreo que

[10] Preston, *Franco,* pp. 156-161.

funcionaba desde hacía días[11]. No obstante, los hagiógrafos del Caudillo no desperdiciarían la ocasión para festejar este hecho, elevándolo a la categoría de gesta, que demostraba una vez más el genio militar de Franco; ignorando de paso el papel de los asesores y, sobre todo, de los medios extranjeros en la operación.

Paradójicamente, la demora del ejército colonial en llegar a la Península y estar en condiciones de avanzar hacia Madrid benefició a Franco. La conquista por parte de Mola y de otros generales de la zona norte fue relativamente fácil y rápida para crear tensión heroica. Después de las dos primeras semanas de guerra, las victorias en el norte —con la excepción de la toma de las ciudades clave de Irún y San Sebastián en la primera mitad de septiembre— fueron escasas. Hasta ese momento, las hazañas de los milicianos carlistas en su marcha forzada hacia Madrid habían sido la principal noticia y esperanza de los insurrectos. Pero durante los meses cargados de tensión de agosto a noviembre, desde el paso del Estrecho hasta el cerco de Madrid, la historia del éxito rebelde fue el avance de las columnas de Regulares y legionarios de Franco. Estos eventos galvanizaron a quienes apoyaban la rebelión. Sin estos éxitos, esto es, sin la reanudación de la esperanza cuando todo parecía casi perdido, no podría haberse producido el dramático y espectacular ascenso de Franco al poder. Este se convirtió en el principal y más famoso de los generales rebeldes y por eso, aún después de haberse decidido a rebelarse casi en el último momento, dos meses más tarde, el 21 de septiembre aquellos le nombrarían comandante de todos los ejércitos que ya se autodenominaban nacionales. Poco después, el 28 de septiembre, después de varias negociaciones entre la junta de generales, estos le hacían jefe del Nuevo Estado emergente. La noticia se hizo oficial el 1 de octubre. Muchos de quienes le designaron pensaban que se trataba de un nombramiento temporal hasta que la guerra acabase, algo que esperaban sucediese pronto. Además, el régimen naciente aún estaba por definir, pues, entre otras, existían

[11] Michael Alpert, *La Guerra Civil española en el mar*, Barcelona: Crítica, 2008, pp. 97-101.

Situación de la Guerra Civil entre julio y septiembre de 1936.

diferencias entre los generales monárquicos y los partidarios de una república.

La duración de la guerra hizo posible la consolidación del liderazgo de Franco primero y su transformación en dictador después. Cuando, a primeros de noviembre, sus tropas llegaron a las puertas de Madrid, Franco ya era el Generalísimo de los ejércitos rebeldes y había comenzado el culto del Caudillo, pero distaba aún de ser un gobernante con poderes absolutos. Si la capital hubiese sido conquistada entonces, y la República hubiese sido derrotada, es probable que el poder de Franco hubiese sido limitado por sus propios colegas, en función del arreglo definitivo del orden político que habría de seguir a la victoria rebelde. Pero la ofensiva contra la capital falló, como ocurriría muchas veces más en los meses siguientes, a causa de la intervención soviética y de los propios errores militares del Generalísimo.

La ayuda soviética llegó justo a tiempo para salvar Madrid y fue una respuesta de Stalin al apoyo que las potencias fascistas dieron a Franco. Pero fue también una demostración a España y al mundo de que para luchar contra el fascismo no se podía confiar en las democracias liberales, dado que los tradicionales proveedores de armas de España, Francia y el Reino Unido, se negaron a servir los desesperados pedidos del Gobierno republicano. La buena disposición inicial del Gobierno del Frente Popular francés para ayudar a la malherida República española se frustró por la violenta oposición de la derecha de aquel país y por las presiones del gabinete británico, entonces formado por una coalición electoral conservadora, el *National Government*[12]. La «neutralidad malévola» británica echó a la República en manos de la única potencia que podía y quería venderle las armas necesarias para sobrevivir: la Unión Soviética. Además, la no menos malévola neutralidad americana también negó armas a la República, mientras que algunos influyentes hombres de negocios de aquel país ayudaron a Franco, suministrándole el petróleo (Texaco) y los camiones (Ford y General Motors) que necesitaba para mover sus ejércitos[13].

La piedra formal de esta falsa neutralidad fue el Comité de No Intervención que se constituyó al margen de la cada vez más irrelevante Sociedad de Naciones. El Comité se formó a comienzos de septiembre en Londres y estuvo constituido por veinticuatro paí-

[12] David Wingeate Pike, *France Divided: The French and the Civil War in Spain*, Eastbourne: Sussex Academic Press, 2011, pp. 9-47.
[13] Douglas Little, *Malevolent Neutrality: Great Britain, the United States, and the Spanish Civil War*, Ithaca y Londres: Cornell University Press, 1985. Más recientemente, Aurora Bosch, *Miedo a la democracia. Estados Unidos ante la Segunda República y la guerra civil española*, Barcelona: Crítica, 2012.

ses. Participaban, además de Francia y el Reino Unido, Alemania, Italia y la Unión Soviética. Los zorros se habían puesto a vigilar el gallinero. El papel del Comité se puede reducir a la palabra farsa, pero fue una farsa mortal para la República. A la postre, la ayuda alemana e italiana a Franco fue muy superior, y más fácilmente financiable, que la que los soviéticos ofrecieron a la República. La farsa trocó en esperpento porque dejó a la República en manos de Stalin. Cuando el líder soviético vio, a mediados de 1937, que se había acabado el oro con que se le pagaron los envíos de material, ordenó que estos cesaran prácticamente[14].

Pero las armas de Stalin —y las Brigadas Internacionales, de las que se hablará más tarde— no fueron la única razón para que Madrid no cayese en manos de Franco a comienzos de noviembre, cuando casi todo el mundo, incluida la prensa internacional, lo daba por hecho[15]. En septiembre, Franco había desviado las fuerzas que se dirigían a la capital, que entonces contaba con escasas defensas y donde la desmoralización cundía, hacia un objetivo militar secundario pero emocional y políticamente importante para él: el Alcázar de Toledo. Allí, una guarnición de guardias civiles y algunos soldados y cadetes resistía el asedio de las tropas republicanas. El sitio se convertiría en un mito de la España nacional, sobre el que en 1940 se rodó una película en Italia. Las tropas de Franco llegaron a Toledo el 27 de septiembre, apenas unas horas antes de que su general se convirtiese en el líder político y militar del bando rebelde. Fue un gran golpe propagandístico para Franco. Así reforzó su prestigio como Generalísimo que nunca dejaba perecer a sus hombres, pero es probable que le costase dos años y medio más de guerra, algo que, a la postre, le sirvió para consolidar su posición de dictador.

La escalada hacia el poder absoluto de Franco alcanzó un hito clave con la unificación forzosa de las fuerzas políticas rebeldes en

[14] Daniel Kowalsky, *Stalin and the Spanish Civil War,* Nueva York: Columbia University Press, 2004.

[15] Una narración contemporánea de un periodista extranjero, en Geoffrey Cox, *Defence of Madrid,* Londres: Gollanz, 1937.

abril de 1937. El nuevo partido único, al menos nominalmente, era el producto de la unión de falangistas y carlistas, pero en realidad nació como una formación amorfa y subordinada al poder ejecutivo. En esta formación política convergieron personas con distintos pasados políticos, o incluso que no habían mostrado interés por la política. Al resultado se le llamó Falange Española Tradicionalista y de las Juntas de Ofensivas Nacional Sindicalistas (FET-JONS). El Caudillo, el hombre que tantas veces había dicho despreciar la política y su influencia en el ejército, era su líder supremo[16]. La CEDA, el partido al que el general Franco había servido entre 1935 y 1936, no tuvo acomodo en las ya de por sí farragosas siglas de la organización. Sin embargo, muchos políticos cedistas encontraron acogida en Falange, empezando por el cuñado del dictador Ramón Serrano Súñer. Muy distinto sería el caso de Gil Robles, quien se convirtió en un paria en la España nacional. Es más, la nueva verdad pasaba por la negación de cualquier vinculación política pasada entre el JEFE y el Caudillo[17].

Durante 1937, gracias al constante apoyo italiano y alemán, los ejércitos de Franco continuaron avanzando y desgastando a los republicanos, aunque, cuando lo intentaron, siguieron siendo incapaces de tomar Madrid. En marzo, los italianos creyeron poder hacerlo gracias a su forma rápida y mecanizada de hacer la guerra, que tan buenos resultados les había dado en Málaga en febrero. Pero la ofensiva contra la mejor defendida Madrid acabó con una sonada derrota, la de Guadalajara. Enfurecido, Mussolini envió más refuerzos aún. Con estos y con la eficaz ayuda alemana, Franco pudo eliminar durante el verano el frente norte, al conquistar el País Vasco, Cantabria y Asturias. Fue en ese contexto cuando la suerte volvió a brillar para el Caudillo, pues Mola, el único hombre que aún tenía algunas credenciales para disputarle el poder absoluto, murió en un accidente de aviación el 3 de junio. Inmediata-

[16] Véase Joan María Thomás, *El gran golpe. El «caso Hedilla» o cómo Franco se quedó con la Falange,* Barcelona: Debate, 2014.
[17] «A propósito de Gil Robles», *Abc,* 11 de abril de 1937.

mente, su caja fuerte fue forzada y los documentos allí guardados desaparecieron[18]. La suerte del Caudillo continuó cuando Stalin dejó de enviar armas a la República. Para finales del verano estaba claro que la victoria tenía que ser forzosamente suya, pero la guerra se arrastró un año y medio más. Es dudoso que esta falta de celeridad se debiese, como algunos autores han apuntado, al deseo de Franco de asentar su poder y limpiar la retaguardia de «rojos». En todo caso, no hay prueba alguna de ello. Más convincente es el argumento de quienes explican que la superioridad militar aplastante no se transformó en una victoria rápida por la pobreza estratégica y el conservadurismo del pensamiento militar del Generalísimo[19].

Durante 1938, la República, a pesar de algunos intentos desesperados de ganar ventaja estratégica con un golpe sorpresa, fue incapaz de defenderse cada vez que el grueso del ejército franquista se volcó en el campo de batalla. Después de la derrota en Teruel vino el desastre del Alfambra en febrero, seguido por una ofensiva general franquista en Aragón que acabó con el corte en dos de la zona republicana en abril, y dejó a Cataluña separada del resto del territorio leal. El intento del ejército republicano en la batalla del Ebro (julio-noviembre) de dar un giro dramático al curso de la guerra fracasó, ya que no tenía los medios humanos y materiales para alcanzar los objetivos propuestos. Cataluña quedó a merced de Franco, que ocupó el territorio después de una ofensiva que finalizó en febrero de 1939. Durante todo el año, y aun después en las pocas semanas que duraría la guerra, la única esperanza que le quedó a la República y a su presidente del Gobierno, el enérgico Juan Negrín, fue una intervención extranjera[20]. Pero estos eran los tiempos del «apaciguamiento» del primer ministro británico Neville Chamberlain, que si era capaz de entregar a Hitler una democracia adocena-

18 Félix Maíz, *Mola frente a Franco. Guerra y muerte del general Mola,* Pamplona: Laaconte, 2007, pp. 164-170.

19 Carlos Blanco Escolá, *La incompetencia militar de Franco,* Madrid: Alianza Editorial, 2000.

20 El mejor resumen de la política republicana, en Helen Graham, *The Spanish Republic at War, 1936-1939,* Cambridge: Cambridge University Press, 2002.

da como la checoslovaca en septiembre de 1938 (Pacto de Múnich) pocas dudas podía tener sobre qué hacer con la «revolucionaria» República española. En suma, la suerte de la República estaba echada. En marzo de 1939, después de una esperpéntica y breve guerra civil en el seno del bando republicano, los frentes se desmoronaron. El 1 de abril Franco firmaba el famoso parte con que proclamaba el fin de la guerra.

La construcción del mito

Mientras los españoles sufrían casi tres años de guerra y miseria, la maquinaria de propaganda del Nuevo Estado creaba al Caudillo, es decir, la nueva imagen pública de Franco. En los primeros meses del conflicto, este no fue un proceso uniforme o centralizado, sino que formó parte de una dinámica más amplia. En cada zona controlada por un general distinto la prensa local loaba las cualidades de este y sus tropas. Y aunque los lectores podían seguir lo que pasaba en otros lugares, las realidades locales determinaban quién o qué se celebraba más. Grosso modo pueden distinguirse dos dinámicas distintas en las zonas norte y sur, que estuvieron separadas hasta la conquista de Badajoz a mediados de agosto. Estas diferencias se atenuaron hasta casi desaparecer con el establecimiento de una oficina de prensa centralizada al servicio de Franco después de que este se convirtiese en jefe del Estado. En el otoño de 1936, la información difundida en toda la zona rebelde ya era uniforme.

En la zona norte, durante las primeras semanas de la guerra, el nombre de Franco apareció en la propaganda mucho menos que en la zona sur. En los periódicos carlistas, como por ejemplo el *Pensamiento Alavés,* el nombre más citado y glorificado fue el del general Mola. Aunque también hubo frecuentes referencias al general Cabanellas, quien el 24 de julio fue nombrado jefe de la junta de generales rebeldes (Junta de Defensa Nacional) por ser el jefe militar de mayor graduación en activo y el más antiguo entre los sublevados, y para cubrir el vacío político que dejó la muerte de Sanjurjo. Cabanellas luego, a finales de septiembre, se opondría a que Franco se convirtiese en el líder del naciente Nuevo Estado. Pero las diferencias con la zona sur fueron más allá del elogio a este o aquel general. Desde el comienzo de la sublevación las páginas del *Pensamiento Alavés* se convirtieron en un panegírico constante a los guerreros carlistas, cuyos éxitos en la marcha hacia Madrid y en la zona de Guipúzcoa se celebró con tonos heroicos[21]. Poco a poco empezaron a aparecer más noticias de la zona sur, a medida que el Ejército de África continuaba su avance hacia la capital. Pero mientras estas noticias eran despachos descriptivos e impersonales, las de los requetés tenían nombres y apellidos, y las noticias y reportajes pretendían describir la realidad de estos desde dentro.

La primera autoridad militar del sur que recibió un tratamiento apoteósico y personalizado en este periódico no fue Franco, sino Millán Astray, quien visitó Vitoria el 23 de agosto. De creer las crónicas y fotografías del evento, la colorida personalidad del general convocó a una gran multitud de admiradores. El desfile de la Legión por las calles vitorianas también confirmaba el creciente acercamiento físico y mental entre las hasta hace poco separadas zonas rebeldes. Es significativo —por el papel que este general pronto desempeñará en promover la figura de Franco— que, en su arenga a los presentes, Millán Astray habló de varios temas, como España, la victoria, el trabajo, el amor y, cómo no, la muerte, pero no mencionó ni una sola vez a Franco[22]. Como veremos, muy poco después su discurso será bien distinto: que el líder natural del alza-

[21] «Álava por España. El movimiento sigue el camino del triunfo. Centenares de jóvenes siguen alistándose en las filas de voluntarios para ir al lado del Ejército», *Pensamiento Alavés;* 22 de julio de 1936; «Con la columna alavesa en marcha hacia Madrid», *Pensamiento Alavés;* 27 de julio de 1936; «En el frente de Somosierra, con las tropas que combaten al servicio de España», *Pensamiento Alavés,* 29 de julio de 1936.

[22] «Vitoria, en un magnífico alarde de patriotismo, se entregó ayer por entero a España. Una muchedumbre imponente recibió al heroico general Millán Astray y aclamó a los legionarios que pasaron por nuestra ciudad», *Pensamiento Alavés,* 24 de agosto de 1936.

miento había sido el Caudillo. En todo caso, durante el verano, Franco apareció descrito en el *Pensamiento Alavés* como uno de los generales luchando por la patria. Incluso el día 30 de septiembre, cuando este periódico anunció su nombramiento como jefe del Gobierno y del Estado español, la noticia palidecía frente a otra más importante: la muerte, en un accidente de tráfico en Viena, del «glorioso caudillo» del movimiento carlista, Alfonso Carlos de Borbón, quien contaba a la sazón ochenta y siete años. En la siguiente línea de este titular de prensa aparecía publicado el nombramiento de Franco, al que llamó simplemente «Ilustre general»[23].

La visión carlista de los acontecimientos era peculiar porque se centraba sobre todo en la subcultura requeté, pero compartía muchas de las características de otras publicaciones de la zona norte, donde la dispersión en el elogio a los generales reflejaba la incertidumbre sobre quién sería el líder de la zona rebelde, qué tipo de régimen se quería establecer y por cuánto tiempo. Lo que sí es evidente en los periódicos en julio de 1936, y aun después, es que Franco era muy admirado pero no el salvador esperado. Las informaciones que aparecieron en el diario vigués *El Pueblo Gallego* ofrecen otra variable de esa realidad. Este periódico había sido la joya de la prensa republicana gallega, habiendo pertenecido a Manuel Portela Valladares, el mismo hombre que impidió el intento de Franco, Goded, Gil Robles y Calvo Sotelo de cancelar el resultado de las elecciones de febrero de 1936. El día 19 de julio, al saber del levantamiento en Marruecos, el periódico dio su apoyo al Gobierno democrático[24]. Pronto fue ocupado por los rebeldes y cerrado, para reaparecer el 1 de agosto como instrumento de propaganda del bando sublevado. En este momento, las noticias más

[23] «Dolores y alegrías de la nueva España. Ha muerto en Austria el glorioso caudillo de la Comunión Tradicionalista. El Ilustre general don Francisco Franco, Jefe del Estado español», *Pensamiento Alavés,* 30 de septiembre de 1936.

[24] «Se inició un levantamiento en Ceuta y Melilla. No será declarado el estado de guerra», *El Pueblo Gallego,* 19 de julio de 1936.

relevantes en sus páginas eran sobre el avance de las tropas del «General Franco» desde el sur y la llegada a Andalucía de más refuerzos desde África. El nombre de Franco apareció a veces, pero no siempre, acompañado de la calificación de «caudillo»[25]. Lo mismo ocurre con Mola, al que de vez en cuando también denominó así[26]. El primer indicio claro de que Franco destacaba sobre los demás generales rebeldes apareció a mediados de agosto, cuando el periódico informó del clamor de las multitudes ante su presencia en los actos públicos que se celebraron en el norte. Esta tendencia a hacer notar la creciente popularidad de Franco se agudizó durante el mes de septiembre a medida que las victorias de las tropas bajo su mando le fueron elevando a la posición de general más decisivo en la persecución del triunfo rebelde.

El incremento del poder político y del carisma de Franco no se debió únicamente a sus éxitos militares. Hubo generales que le apoyaban porque querían establecer un mando único bajo su dirección que hiciese más eficaz el esfuerzo bélico. En esto coincidían los enviados italianos y alemanes, que habían estado canalizando desde el principio casi toda la ayuda militar a los rebeldes a través de Franco, para armar a sus fogueadas y bien entrenadas tropas africanas. Pero no todo en el incremento de la popularidad de Franco se debió a factores objetivos o impersonales. Él mismo se encargó de promover su figura, lanzándose a una campaña propagandística de autoglorificación desde los primeros momentos de declararse rebelde. No fue el único general que actuó así. Como él, otros jefes establecieron tan pronto como pudieron sus propias ofi-

[25] «Se confirma que el Ejército del General Franco avanza sobre Madrid», *El Pueblo Gallego,* 5 de agosto de 1936; «Llerena (Badajoz) y Ronda (Málaga) han caído en poder del Ejército. El General Franco describe, en mensajes a los Jefes Navales de Marín y el Ferrol, la brillante operación del desembarco de tropas en San Roque», *El Pueblo Gallego,* 7 de agosto de 1936; «El Alto Mando del Ejército Libertador ha trasladado su Cuartel General a Sevilla, donde se encuentra, desde ayer, el General Franco», *El Pueblo Gallego,* 9 de agosto de 1936.

[26] «El Cuartel General de Burgos confirma el hundimiento del acorazado Jaime I. Los Generales Franco y Mola estudiaron ayer, en Sevilla, un plan para el más rápido aplastamiento del marxismo», *El Pueblo Gallego,* 14 de agosto de 1936.

cinas de prensa, que en la zona norte quedaron más o menos centralizadas por la Junta de Defensa Nacional el 5 de agosto en Burgos. A esta se unieron un buen número de periodistas, algunos de los cuales, los más veteranos, habían sido corresponsales en la guerra de Marruecos. Ellos traerían a la Guerra Civil el mismo lenguaje exaltado que tan profusamente habían utilizado en sus crónicas de aquella guerra. Los dos principales periodistas a cargo de la oficina de Burgos fueron Juan Pujol y Joaquín Arrarás. Pujol había trabajado para *El Imparcial* y *Abc* y había sido parlamentario durante la República. Él fue el autor del manifiesto del fallido golpe de Sanjurjo de 1932. Arrarás, de quien ya se habló en el capítulo anterior, también había sido corresponsal en Marruecos. Fue un enemigo jurado de la República, durante cuya existencia se convirtió en el objeto de numerosas denuncias por difamación. Estas dos plumas pasarían a trabajar para Franco poco después.

En el sur, la colaboración entre Franco y los periodistas comenzó al mismo tiempo que la sublevación. Los mismos hombres de *Abc* que le ayudaron a ir de las islas Canarias a Tetuán fueron cruciales para forjar su imagen de principal enemigo de la República y héroe salvador de España. De entrada, la incondicionalidad y complicidad hacia el futuro Caudillo quedó materializada en el ocultamiento de la tibieza del general durante la etapa conspirativa, así como de sus ambigüedades en las primeras horas del Alzamiento. Esto último quedó evidenciado en la primera mención de Franco en un artículo de prensa de *Abc-Sevilla* que apareció el 22 de julio. Para entonces la ciudad estaba dominada por el general Queipo de Llano, quien llevó a cabo una extremadamente sangrienta represión que costaría la vida a unas 8.000 personas. Ese artículo nació destinado a ser manipulado muy pronto. Franco dirá luego, y sus simpatizantes repetirán, que nunca dio un Viva a la República pero, precisamente, el Franco que aparece ese día se presenta como un defensor del régimen democrático, ya que su mensaje desde Tetuán acaba con un «Viva España y la República»[27]. También estuvo destinado al olvido un mensaje previo, radiado desde las islas

[27] «Una nota del general Franco», *Abc-Sevilla,* 22 de julio de 1936.

Canarias, en el que se declaraba rebelde al Gobierno, y que fue reproducido en *Abc-Sevilla* el día 23 de julio. Aquí Franco aseguraba que se había unido al alzamiento militar para defender la Constitución porque estaba «suspendida y vulnerada», y continuaba haciendo un llamamiento a la «Paz y amor entre los españoles; libertad y fraternidad, exenta de libertinajes y tiranía» y a establecer por «primera vez» en España «la trilogía fraternidad, libertad e igualdad»[28]. Otra nota del general publicada ese mismo día, en la que se declara seguro del «triunfo de los patriotas», acaba con otro Viva a la República[29]. En este sentido, el general rebelde (que, por supuesto, aún ni es el Generalísimo, ni el deseado Caudillo) se comportó como otros conjurados, como Queipo o Cabanellas que, mientras vitoreaban a la República, fusilaban republicanos.

Una vez que la rebelión se afianzó, los mensajes de Franco dejaron de terminar con vítores al régimen democrático y empezaron a concluir con un simple Viva a España o al «gran y honesto pueblo español». El 26 de julio, Franco fue llamado «caudillo» por primera vez por *Abc-Sevilla,* aunque el término era aplicado a otras figuras militares y debía ser irrelevante a los ojos de los lectores en comparación con las excitantes noticias de los avances de Mola hacia Madrid, así como de la llegada por aire de las primeras tropas desde África[30]. Solo será en agosto cuando a Franco se le comenzó a llamar «caudillo» regularmente. En esto tuvo mucho que ver la propia oficina de prensa del general, que ya el 23 de agosto se atrevió a llamarlo, al pie de una foto que cubría toda la portada y en la que Franco aparecía caminando junto a Yagüe, «Jefe del Movimiento salvador de la Patria»[31]. Era una clara evidencia de las pretensiones y creciente ambición del futuro Caudillo.

[28] «La patriótica alocución del general Franco al iniciar el movimiento», *Abc-Sevilla,* 23 de julio de 1936.

[29] «Nota oficial del general Franco. Se declara asegurado del triunfo de los patriotas», *Abc-Sevilla,* 23 de julio de 1936.

[30] «La patriótica alocución del caudillo» y «Las columnas españolas a las puertas de Madrid», *Abc-Sevilla,* 26 de julio de 1936.

[31] «Primeras figuras militares», *Abc-Sevilla,* 23 de agosto de 1936.

Los orígenes de la oficina de prensa de Franco están en el *Dragon Rapide*. Después de completar el viaje, este envió a Roma a Bolín y a Luca de Tena para pedir ayuda a Mussolini. La misión fue un éxito, pero los servicios de *Abc* con Franco no terminaron aquí, sino que continuaron poniendo la edición sevillana del periódico a su disposición. Desde allí, otro grupo de periodistas, que de nuevo incluían a veteranos reporteros de la guerra de África, contribuyeron a crear la nueva imagen del general hasta transformarlo en «caudillo» primero y en el «Caudillo» después. Una persona clave en este proyecto fue Bolín, quien pasó a trabajar en la oficina de prensa del cuartel general de Franco. En este puesto coordinaba a los oficiales que tenían como función, entre otras, vigilar a los corresponsales de prensa extranjeros. Otro viejo conocido que recaló en la oficina fue «El Tebib Arrumi». Ruiz Albéniz, además de aportar sus crónicas de guerra, que agradaban sobremanera a Franco, pronto comenzó a glorificar al Caudillo en varios libros escritos tanto para adultos como para niños.

Para septiembre era evidente que el prestigio de Franco estaba muy por encima del de sus colegas. Prueba de ello es que, el día 6 Millán Astray publicaba un artículo en *El Pueblo Gallego* en el que proclamaba su fe inquebrantable en la victoria, porque estaban dirigidos por el «mejor general del mundo [...] FRANCISCO FRANCO», y porque las tropas de los nacionales eran las más bravas y heroicas, y su causa era la defensa de la patria y la religión. Con ello el fundador de la Legión vino a reparar el olvido acaecido en Vitoria dos semanas antes[32]. A pesar de declaraciones como estas, es difícil saber quién esperaba y quién se sorprendió con la noticia que apareció en los periódicos el día 30 de septiembre anunciando, como hacía *El Pueblo Gallego,* el nombramiento del «ilustre caudillo general Franco» a la jefatura del Estado[33]. Con su

32 «Consejos al ciudadano. Habla Millán Astray», *El Pueblo Gallego,* 6 de septiembre de 1936.

33 «El General Franco, Jefe del Estado Español», *El Pueblo Gallego;* 30 de agosto de 1936; «El General Franco, Jefe del Gobierno del Estado Español», *El Pueblo Gallego,* 1 de octubre de 1936.

nuevo cargo, Franco pasó a controlar todos los servicios de propaganda del Nuevo Estado centralizados en Salamanca, la capital provisional de los rebeldes. Fue ahora cuando el culto a su personalidad se intensificó y dejó muy por detrás tanto a la dimensión real de los hechos pretéritos como a los otros generales. El nuevo jefe de esta oficina de propaganda (nadie parece saber cuál fue exactamente la fecha de su nombramiento) fue Millán Astray. A pesar de su caótico estilo de trabajo, este puso una enorme pasión en hacer de su viejo amigo un mesías.

El 4 de octubre Millán Astray publicó un artículo en el *Faro de Vigo* bajo el título «Franco, conductor de España». En esta apresurada reescritura del pasado, Millán Astray aseguró que Franco había sido «el inspirador» de todos los jefes militares en las campañas de Marruecos, en la «reconquista de Melilla», la retirada de Xauen y el desembarco de Alhucemas. Según aquel, fue también Franco quien salvó la situación provocada por la revuelta de Jaca, y la «inspiración», además del ejecutor, de la sofocación de la revolución de Asturias. Y luego, añadió, en mayúsculas, «FRANCO COMO SOLDADO [es] uno de los grandes estrategas de este siglo», un hombre que lee los mapas y decide con claridad y que, además, «nunca se equivoca». Esta afirmación la justificó Millán Astray, por ser él mismo testigo de primera mano de las gestas del Caudillo desde 1921 en Melilla hasta el día de la publicación del artículo. Este y otros artículos del mismo autor fueron recogidos en un libro publicado a comienzos de 1939. Para entonces, el papel en la historia de Franco había cambiado hasta convertir al general rebelde en el Caudillo de España desde antes de la existencia del propio Movimiento, que Franco se habría encargado de organizar y de dirigir. Según escribía ahora Millán Astray, cuando Franco en 1936 «estaba en Canarias era, de hecho, el Jefe del Movimiento, pues de derecho Franco y los suyos habían decidido nombrar a Sanjurjo»[34]. Acababa de empezar la era, que duraría casi cuatro décadas, de los

[34] General [José] Millán Astray, *Franco El Caudillo*, Salamanca: M. Quero y Simón Editor, 1939, pp. 20, 41-42.

«testigos» que supuestamente habrían reconocido la misión providencial del Caudillo ya desde sus años en África, o incluso antes.

Unas semanas más tarde, la oficina de prensa de Millán Astray lanzó una campaña de enaltecimiento del Caudillo inspirada en las de las potencias fascistas[35]. Una muestra del control que ya tenían los servicios de propaganda de Franco en todo el territorio rebelde es el *Diario de Navarra,* antes bajo las órdenes de Mola. Este periódico publicó dos artículos, los días 8 y 10 de diciembre, que tenían por título consignas a favor del liderazgo carismático de Franco: «Una Fe, un Estado, un Caudillo» y «Una Patria, un Estado, un Caudillo»[36]. Al mismo tiempo, comenzaba la distribución de fotografías y carteles con la imagen de un siempre sonriente Franco. Su sonrisa se convirtió en un tema favorito de los publicistas. Paradójicamente, el culto a su personalidad arreció mientras que el Generalísimo fallaba una y otra vez en la toma de Madrid. En enero de 1937, Millán Astray, una vez más usando una retórica mesiánica, comparaba a Franco con otros líderes fascistas que se decían escogidos por Dios. En Italia, escribió Millán Astray, «la tierra de los Césares» nació «Mussolini, Il Duce» que es «un hijo del pueblo, que pasó hambre», dolor y desempleo. En Alemania, también por el «dedo de Dios», emergió el Führer, que «rompe las cadenas» que querían aprisionar a su nación de guerreros en la que nació. Ahora era el turno de España, el lugar escogido por el odio del «judío-comunista soviético» pero en el que «tú», liderándonos, «levantas tu espada victoriosa, mirando hacia Oriente» saludas al Duce y al Führer «ya que tú eres el Caudillo»[37].

Al mismo tiempo, Franco añadió su propia voz a la de periodistas y escritores, y se convirtió en un elemento activo, y cada vez más seguro de sí mismo, de su propia propaganda. Desde ahora él será el primer guardián celoso de la emergente historia ortodoxa (o mejor, mitología) del Caudillo. Esta evolución en el papel de Fran-

[35] «Una Patria, Un Estado, Un Caudillo», *Abc-Sevilla,* 29 de noviemvre de 1936.
[36] Luis E. Togores, *Millán Astray. Legionario,* Barcelona: Planeta, 2003, p. 357.
[37] Millán Astray, *Franco,* pp. 55-58.

co, y el deseo de cambiar su propio pasado, se aprecia en la primera colección, publicada en 1939, de los discursos que pronunció durante la guerra[38]. El primer discurso incluido en este libro fue el de la proclama en la que se declaró rebelde, donde, como se ha visto ya, hablaba de los deseos de paz y amor entre los españoles y de que estos gozasen de una verdadera fraternidad, libertad e igualdad. Aquí, el Viva a la República final fue eliminado, borrando así las dudas y ambigüedades iniciales[39]. En otro discurso dado el 1 de octubre de 1936, cuando se convirtió en jefe del bando rebelde, ya presentaba Franco una versión de los motivos de su rebelión muy distinta de la de dos meses y medio antes. El discurso fue transmitido por *Radio Castilla*. En vez de hablar de restaurar la violada Constitución republicana, se refería al «sufragio popular no orgánico», esto es, al voto democrático, como algo desprestigiado «primero por la acción de los caciques nacionales» y luego por la «tiránica acción de los Sindicatos». Ahora «la voluntad nacional» se manifestaría «oportunamente a través de aquellos órganos técnicos y corporativos» enraizados «en la entraña misma del país y sus necesidades»[40]. En solo unas semanas, de defensor de la verdadera libertad había pasado a cantor de los méritos del fascismo. Pero todavía Franco se presentaba a sí mismo como parte de un colectivo. Incluso empleaba una vaga retórica anti-capitalista, y hasta hablaba de mantener una cierta distancia entre la Iglesia y el Estado. En ese mismo discurso Franco dijo que el Estado no sería confesional. No era una casualidad ni un error. Unos días más tarde, en la entrevista que concedió al diario argentino *La Nación* con motivo del 12 de octubre, explicó cómo la República casi había acabado con España. También habló de cómo el ejército que ahora él comandaba había salvado, con un espíritu que impresionaba «hasta a nuestros enemigos», a la nación hasta devolverla a su papel de gran

[38] Francisco Franco Bahamonde, *Habla el Caudillo,* Madrid: Editora Nacional, 1939, p. 2.
[39] *Ibidem,* pp. 6-7.
[40] *Ibidem,* p. 15.

potencia. Pero, y a pesar de lo significativo del día, no mencionó a la Iglesia ni su papel evangelizador en América[41]. Es decir, todavía en octubre de 1936 Franco no hablaba estrictamente como un dictador reaccionario.

Lo que sí había comenzado a hacer Franco —y sería una constante durante toda su dictadura— era ignorar o negar errores, bien presentándolos como aciertos, o bien —si no podía negarse la evidencia— achacándole la responsabilidad de la equivocación a los demás. Su error más clamoroso fue el desvío hacia Toledo, durante el otoño de 1936; ya que estuvo detrás del fracaso de sus tropas en la que pudo haber sido la rápida toma de Madrid. Pero a finales de noviembre, el Caudillo explicaba al diario fascista *Il Popolo d'Italia* que la conquista de Madrid habría sido «más rápida si los nacionales no se hubieran impuesto» sobre ellos mismos «el deber de salvar a la ciudad de la destrucción» y «vidas entre la población». Justificaba los ataques a las zonas periféricas de Madrid porque allí se había producido la resistencia de los defensores y porque también albergaban los acuartelamientos militares. Pero, aparte de estas zonas, «la población neutral» estaba segura en el centro de la ciudad. No se iban a bombardear «las calles, desde el sur hasta el levante» para dejar el camino libre al enemigo para que se retirase[42]. Era una mentira clamorosa. Madrid no había caído porque las tropas de Franco estuviesen preocupadas por los daños que iban a infligir. De hecho, en esos momentos la ciudad estaba sometida a un fuerte bombardeo que excluyó a los barrios ricos, pero que se cebó en las zonas más modestas. Finalmente, Franco, en vez de dejar un corredor para que escapasen los republicanos, quería cercar la ciudad y hacerse con el mayor número posible de prisioneros. Madrid era su obsesión y como no pudo tomarla pronto se buscó nuevas excusas, que ahora recaerían en las nefarias influencias extranjeras. El 10 de diciembre, durante un acto de «simpatía con Portugal» que tuvo lugar en Salamanca, dijo que:

[41] *Ibidem,* pp. 80-83.
[42] *Ibidem,* p. 86.

> Madrid ya no está defendido por rojos españoles, sino por rusos, por la escoria de Europa, que saquea nuestros templos y nuestras casas. Contra todo eso nos hemos levantado nosotros. Vamos a dar cima a nuestra obra haciendo una España grande, en la que el que todo lo posee, lo dé a los desgraciados con alegría[43].

Siguiendo con las excusas, el día 31 de diciembre Franco declaró al *Diario de Lisboa* que las Brigadas Internacionales no estaban compuestas por voluntarios, sino por mercenarios pagados «con muchos millones» por el Gobierno «rojo». También explicó que si Madrid no había sido tomada aún, esto tenía una explicación «totalmente justificable en términos militares». La capital en realidad era «una ciudad abierta», a cuyas puertas llegaron los nacionales después de grandes victorias. Es ahora cuando introdujo una lógica y una cronología de los acontecimientos muy peculiares al añadir que, «desde un punto de vista estrictamente militar», la ciudad estaba en las manos de su ejército en noviembre, pero los «nacionales decidieron cometer un error militar a propósito» y mandar tropas a Toledo, que supuestamente era una plaza inexpugnable de los republicanos. Habían obrado así por «una cuestión de honor». Sin embargo, los «rojos» se aprovecharon e hicieron de cada casa una trinchera. A pesar de ello, ahora mismo, si quisieran, los nacionales podrían «aniquilar Madrid» con facilidad, pero no lo hacían porque no era de su «interés como españoles conquistar una ciudad en ruinas». El periodista hizo notar a los lectores que Franco había dicho, mostrando gran tristeza, que ya era bastante la desgracia de la «ruina moral de los cerca de un millón de españoles sacrificados» durante los desmanes y «crímenes atroces de las hordas marxistas». Más tarde en esta misma entrevista, el Caudillo echó la culpa a Inglaterra, Francia y otros países por su supuesto apoyo militar a los criminales republicanos. Y repitió que mientras que las filas nacionales

43 José Emilio Díez, *General Franco. Sus escritos y palabras,* Sevilla: Tip. M. Carmona, 1937, p. 89.

estaban compuestas solo por «soldados españoles», los «mercenarios» llenaban las del contrario[44].

En muchas cosas, pero en particular en lo de las tropas extranjeras, la verdad era exactamente la contraria. La inmensa mayoría de los extranjeros —al menos tres de cada cuatro— que lucharon en la Guerra Civil, lo hicieron en el bando rebelde. En el bando republicano hubo unos 40.000 voluntarios extranjeros —encuadrados casi todos en las Brigadas Internacionales— incluyendo en el total unos 2.000 asesores y técnicos soviéticos[45]. En el bando nacional lucharon algo más de 70.000 italianos, al menos 50.000 marroquíes, unos 18.000 alemanes, quizás 10.000 portugueses y otros 2.000 voluntarios de distintas nacionalidades; la mayoría de estos últimos estuvieron enrolados en la Legión. Que la historia haya prestado más atención a las relativamente pequeñas Brigadas Internacionales que a los muchísimo más numerosos, bien armados, entrenados y encuadrados soldados de las potencias fascistas, se debe tanto a la mitología internacionalista de la izquierda como a los esfuerzos del franquismo para esconder que los ejércitos nacionales no lo eran tanto. Además, a partir de 1945, la asociación con Hitler y Mussolini de la España de Franco era un tema muy incómodo para la dictadura, que se esforzó por borrar como pudo este inconveniente hecho histórico.

A comienzos de 1937, el mensaje de Franco cambió. Fue entonces cuando intensificó sus llamadas para la creación de un Estado autoritario dirigido por el Caudillo. También fue, en ese momento, cuando empezó a hablar de sí mismo como intérprete de Dios y de la Historia. Esta nueva imagen de su persona apareció claramente en el discurso, retransmitido por *Radio Salamanca* durante la noche del 18 de abril, con el que hizo público el Decreto de Unificación de las fuerzas políticas del bando rebelde en un

[44] *Ibidem*, pp. 91-113.

[45] Daniel Kowalsky, «The Soviet Union and the International Brigades», *Journal of Slavic Military Studies*, 19 (2006): 681-704.

partido único bajo su mando[46]. El Decreto 255 fue redactado en primera persona por el Caudillo, quien exigió la unificación «en el nombre de España y en del sagrado nombre de los que por ella cayeron —héroes y mártires—»[47]. Apenas ocho meses después de comenzada la guerra, Franco ya se consideraba dueño no solo de la voz de los muertos de su bando, sino de la de toda España.

En enero de 1938, el Caudillo formó su primer Gobierno regular. Para entonces la derrota de la República era solo cuestión de tiempo, y Franco necesitaba establecer unas bases firmes para su dictadura. Con Mola muerto, su poder era ya casi indisputado, pero todavía quedaban voces críticas —que seguirán existiendo hasta bien entrados los años cuarenta— entre los rebeldes que no acababan de aceptar el régimen personalista que se había establecido. Para contrarrestarlas, Franco equiparó a esos críticos con los «rojos», afirmando que formaban parte de una misma conspiración. Además de no admitir disensiones, el Caudillo de 1938 nada tenía que ver con el cauto líder que en octubre de 1936 había hablado con asepsia de las relaciones con la Iglesia y había prometido vagas reformas sociales. Como quedó claro en el discurso que conmemoró el primer aniversario de la Unificación, el 19 de abril de 1938, ahora era el dictador de un régimen clerical y militarista reaccionario, que lanzaba sus dardos incluso contra los falangistas legitimistas:

> [...] el enemigo [...] derrotadas las brigadas internacionales con su acopio de tanques y abundancia de material guerrero de todas clases, puso sus miras en nuestra retaguardia y, atrevido, intentó dividirla como último recurso de salvación. Al efecto se enviaron consignas a nuestra zona y se sacó de las cárceles, a precio de traición, a algunos presos que en ellas encerraban, permitiéndoles la evasión a nuestro campo con el compromiso de agitar a esta retaguardia [...] Tengo sobre mis hombros la responsabilidad del destino de España [...] me

[46] Franco, *Habla,* p. 22.
[47] *Ibidem,* p. 25.

> bastaría dar unos manotazos para pulverizar a esos grupos inferiores [...] que quieren llevar alarma al capital, pronostican fantásticas reformas demagógicas [...] los que hipócritamente mienten achacándonos una frialdad religiosa, cuando los españoles, en el martirio y en el heroísmo solo luchamos por Dios y por España[48].

Franco se decía ya el hombre que de un manotazo podía eliminar a quienes él consideraba «seres inferiores». Aunque fusiló a alguno de esos «inferiores» de su bando, los verdaderos golpes los reservó para los republicanos. Ya en julio de 1936 había dicho al periodista Jay Allen del *News Chronicle* que salvaría España del marxismo a cualquier precio. Y, cuando este preguntó, si esto incluía fusilar media España, el entonces general rebelde replicó de nuevo: «a cualquier precio»[49]. La seguridad del poder absoluto no le hizo más clemente, sino todo lo contrario. Algo más de dos años después —en noviembre de 1938— el Caudillo no tenía problema alguno en declarar al corresponsal de *United Press* que sus servicios policiales disponían de un fichero con el nombre de dos millones de individuos, en el que se consignaban sus crímenes, nombres y testigos[50]. La represión fue uno de los pocos aspectos de su vida pública donde Franco fue a veces sincero. En la víspera del final de la guerra, su programa reaccionario, clerical y violento estaba a la vista del mundo, y su poder absoluto también. Para entonces, sus biógrafos ya habían ofrecido una explicación de quién era este hombre y por qué hacía lo que hacía, así como de la gratitud que los españoles le debían por sus esfuerzos. Con su tono exaltado, ocultaciones y tergiversaciones de verdades terrenales, y su representación de Franco como el ungido de Dios, estas biografías eran en realidad hagiografías.

[48] Francisco Franco Bahamonde, *Discurso de Franco en la Fiesta de la Unificación, 19 de abril de 1938,* Granada: Delegación Provincial de Prensa y Propaganda de FET de las JONS, 1938, pp. 3-4,7.

[49] Preston, *Franco,* p. 153.

[50] Herbert L. Matthews, «Franco's Problems», *Foreign Affairs,* 17, 4 (julio de 1939): 723-731.

Hagiografías

El dictador de la Nueva España necesitaba una vida apropiada a su gloria presente. No faltarían plumas dispuestas a escribírsela. Los primeros autores que establecieron el canon de la vida del Caudillo fueron los ya conocidos periodistas que cubrieron la guerra de Marruecos Joaquín Arrarás y Víctor Ruiz Albéniz. Desde sus puestos en la oficina de prensa de Franco compusieron una serie de explicaciones providenciales, basadas en parte en la reelaboración de sus propios testimonios y recuerdos en África. En sus textos se presentaba la vida del Caudillo como un camino, evidente a los ojos de quienes le observaron en su momento, hacia su misión divina de salvar a España. Como en toda narrativa redentora, había taimados enemigos, unos ocultos y otros conocidísimos, que intentaron en vano oponerse al héroe enviado por Dios. Pero si Arrarás y Albéniz crearon el nuevo canon total, también se apoyaron en testimonios parciales de otros escritores que contribuyeron a falsificar la historia de Franco. Uno de estos fue el periodista canario Víctor Zurita. Este autor, que tenía un pasado republicano a desechar con urgencia, publicó, junto a un grupo de periodistas del archipiélago, una serie de artículos —luego presentados en forma de libro— en los que querían probar que Franco era el impulsor y director de la rebelión militar de julio de 1936. Zurita y compañía, como decía la introducción del libro, ofrecieron un «testimonio fiel» de cómo Franco comenzó «la reconquista de España, liberándola de la dominación marxista»[51]. Este texto es importante porque presentó a supuestos testigos que avalaron el papel de Franco en organizar y lanzar el alzamiento, que, además, habría liderado incluso desde mucho antes de que se produjese.

Para que no hubiese lugar a dudas, ya de entrada explicó Zurita que Franco era el caudillo «natural» del alzamiento[52]. Este título,

[51] [Víctor Zurita], *En Tenerife planeó Franco el Movimiento nacionalista (Anécdotas y escenas de la estancia del Generalísimo en Canarias y su salida para Tetuán),* Santa Cruz de Tenerife: Imprenta El Productor, 1937, s.p.

[52] *Ibidem,* p. 7.

según dijo un anónimo coronel al periodista, ya estaba en las mentes de toda la guarnición de las islas Canarias mucho antes de que el Movimiento comenzase. De hecho, durante los meses previos a la revuelta, los corazones de todos los oficiales «latían al unísono» con la esperanza de que Franco les liderase[53]. El mismo coronel narró el milagro que resultó ser la llegada de Franco a las islas, pues entonces todos comprendieron que la nación española no iba a ser vendida al «Soviet ruso» tal y como era la intención de Azaña, ese «comerciante judío»[54]. Por esa misma razón, Franco fue «condenado a muerte por Moscú». Su nombre estaba en la misma lista que el de Calvo Sotelo. Miembros de una secretísima «organización terrorista» intentaron matarle varias veces sabiendo que él era el principal obstáculo para que España fuese entregada a sus enemigos. Estos terroristas, ayudados y protegidos por las autoridades del Frente Popular, asaltaron la residencia oficial del general una noche. Zurita, al parecer, tenía fuentes tan fidedignas que incluyó en su libro una reproducción exactísima de los diálogos entre los sicarios[55].

Este mismo autor hizo una curiosa distinción entre el verdadero profeta y el falso, que resultó no ser otro que el general Sanjurjo. Con esto, el texto ya indicaba dónde iba a acabar la memoria del otrora «caudillo» en la historia oficial del nuevo régimen naciente. Según el coronel de marras, Franco le había dicho que Sanjurjo no debería haber aceptado el perdón después de su fallido golpe de 1932, sino que, de hecho, debería haber pedido que se le ejecutase. Era un sacrificio que exigía «su prestigio y el bien de España». El Caudillo añadió supuestamente que Sanjurjo había arriesgado su «vida cien veces», por lo que hubiese importado poco perderla entonces. El texto contrasta no se sabe bien si la cobardía o la estulticia —o ambas— de Sanjurjo con la serena valentía del Caudillo. Cuenta Zurita que, al partir para Tetuán, Franco habría dicho que

[53] *Ibidem,* pp. 15-16.
[54] *Ibidem,* p. 18.
[55] *Ibidem,* pp. 21-28.

él sabía que si fallaba en su intento de salvar a España, iba a pagarlo con su vida; lo que era poco comparado «con tan alto ideal»[56].

La primera biografía completa de Franco fue escrita por Joaquín Arrarás, y apareció en 1937[57]. Ese año fue nombrado director de la oficina de prensa del Nuevo Estado. Más tarde publicó, entre otros títulos, una edición parcial y manipulada de los diarios de Manuel Azaña —al que le habían sido robados previamente— y una *Historia de la Cruzada* en varios volúmenes. Para esta biografía seminal, Arrarás utilizó como informante último al Caudillo. Así es como nos enteramos de que este nació en el seno de una familia de noble abolengo que rindió grandes servicios a la patria (los problemas conyugales de los padres de Franco fueron ignorados). A continuación el lector es informado de que nada más llegar a África, Franco comenzó a demostrar sus cualidades excepcionales, y nos ofrece dos ejemplos de los que el Caudillo fue el único testigo. Uno, en mayo de 1912, cuando el coronel Berenguer se dio cuenta del arrojo con que un joven teniente lideraba a sus soldados en un ataque. Fue entonces, cuando al preguntar quién era aquel oficial, alguien le contestó que «Franquito». Era su primera misión en África[58].

La segunda anécdota habría ocurrido tres años más tarde, cuando una bala pasó entre los dedos del Caudillo, dando en el termo del que se disponía a beber. «Apunta mejor», gritó impertérrito el héroe al anónimo francotirador[59]. A pesar de tantos méritos, o precisamente porque le sobraban, a Franco no le faltaban enemigos —y aquí entran las conspiraciones, uno de los temas favoritos del Caudillo— que maniobraban sin descanso para negarle ascensos y medallas y que, aunque estas conjuras fracasaron a menudo, fueron las responsables de que no se le concediese la Laureada. No importaba: la fama de héroe precedía a Franco fuese donde

[56] *Ibidem,* p. 31-32.
[57] Joaquín Arrarás, *Franco,* San Sebastián: Librería Internacional, 1937.
[58] *Ibidem,* p. 27.
[59] *Ibidem,* pp. 31-32.

fuese. Por ello cuando en 1917 fue destinado a Oviedo, la gente bajaba la voz al ver entrar en clubs y cafés al joven y admirado comandante[60].

Otra nueva evidencia de la grandeza del héroe vino con la fundación de la Legión que, según Arrarás, ya tenía una reputación temible antes de haber entrado en combate[61]. Poco después, en julio de 1921, Franco salvó Melilla. En esta nueva versión de los acontecimientos, el Caudillo es mencionado muchas más veces que Sanjurjo y Millán Astray, sus entonces oficiales superiores. La fábula alcanza nuevos parámetros en el relato del desembarco de Alhucemas de 1925, que el autor adjudica a Franco, y cuya ejecución se basó en su coraje[62]. Por todo ello no es sorprendente que, al volver de África, Franco fuese reconocido como un estratega de prestigio internacional, como quedó demostrado en un curso que tomó en Versalles en 1930, donde dejaría atónitos a sus colegas europeos al resolver un problema táctico al que ninguno de ellos era capaz de dar respuesta[63].

A pesar de tener un talento tan evidente, cuando llegó la República Franco hubo de sufrir ataques y desaires, los peores de los cuales vinieron de Azaña. Los planes del ministro de la Guerra para reformar el ejército eran en realidad una conspiración contra la institución en general y contra el Caudillo en particular[64]. A pesar de ello, Franco permaneció leal a la República hasta que tuvo que enfrentarse a la situación generada por las nefastas elecciones de 1936. Según Arrarás, la derecha ganó estos comicios pero la izquierda manipuló los resultados. Además, no contento con cometer fraude electoral, el Frente Popular preparó un plan para lanzar una revolución y asesinar a los oficiales del ejército. El mismo Franco sufrió varios intentos de atentado (la cifra ya ha

[60] *Ibidem,* p. 35.
[61] *Ibidem,* p. 41.
[62] *Ibidem,* pp. 51-57, 67, 107-108, 123-137.
[63] *Ibidem,* pp. 149, 165-166.
[64] *Ibidem,* pp. 169-177.

aumentado desde el texto de Zurita) en las islas Canarias[65]. Mientras que Mola recibe una escasa atención, Franco es presentado como un profeta —que en su momento dijo que la guerra sería larga y dura— y la única esperanza de España. Fue él solo quien organizó el paso del estrecho de Gibraltar que hizo posible el avance por Extremadura hacia Madrid. En cambio, el fracaso del intento de tomar la capital no se menciona. Y así llega el autor a la última parte de su libro, que dedica a la faceta humana del Caudillo, y cuyo título es «La Sonrisa de Franco». He aquí cómo Arrarás la describe:

> Buen timonel de la dulce sonrisa, siempre a flor de labios. Una sonrisa gentil y natural, que es resplandor de un alma sana. La sonrisa con que Franco ha sabido acoger desde su juventud todas las esfinges que la vida puso en su camino. La sonrisa de las primeras mañanas de Melilla, que no apagó la catástrofe de Annual; la sonrisa con que salió de Xauen, con que desembarcó en Alhucemas, con la que aterrizó en Tetuán, con la que entró en Toledo, con la que recibió la noticia de su elevación a la Jefatura del Estado [...] Que conoce toda España, la liberada y la roja. Que ha trascendido al mundo, y es universal como la mirada acerada y fiera de Mussolini o el ceño de Hitler. Sonrisa de Franco que ilumina en su nuevo camino a la España renaciente, mártir y gloriosa[66].

Arrarás publicó más ediciones de su hagiografía del Caudillo. Y, como ocurrió con el discurso público de este, los textos se hicieron cada vez más reaccionarios. En la edición de 1938, el clasismo se hizo más patente, incorporando, entre otros, un párrafo nuevo que describía el Madrid de julio de 1936 en términos de «noches sofocantes» donde ya nadie era bienvenido como antes. Era una ciudad tomada por obreros y horteras de ayer, que ahora se habían convertido en líderes del Partido Comunista, de la Casa del Pueblo y que

65 *Ibidem,* pp. 212-222, 259-261.
66 *Ibidem,* p. 316.

se paseaban armados con pistolas asesinas[67]. Estos cambios en el tono social palidecieron al lado de las nuevas líneas que iban destinados a agrandar la imagen pública del Caudillo. Arrarás añadió también una descripción de la llegada triunfal de Franco a la base aérea de Tetuán en julio de 1936, momento en el que el teniente coronel Yagüe dio una emocionada arenga que el hagiógrafo reconstruyó con una fidelidad tan sorprendente como sospechosa[68]. El salvador había llegado y su instrumento, el ejército, estaba listo para la misión de rescatar a España de sus enemigos. Este mesías era, además de un hombre de valor inigualable e inteligencia prodigiosa, un ser mejor y modesto, que había rehuido siempre la política y puestos de honor. Es más, supuestamente, se consolaba con un salario de apenas 2.000 pesetas al mes, menos de la mitad de lo que cobraba Azaña «por destrozar el país»[69]. La seguridad creciente de que la victoria estaba al alcance se manifestó en el texto con un cambio, respecto a la edición de 1937, de actitud hacia Gran Bretaña y Francia. Mientras que, por ejemplo, en la primera edición Francia era considerada una nación potencialmente amiga, pero entonces por desgracia en manos del Frente Popular, ahora el vecino del norte es ignorado mientras que las loas a las naciones amigas de Alemania y Italia se multiplican[70].

La hagiografía de Arrarás y otros textos producidos por la oficina de prensa del Caudillo crearon el molde maestro para otras

[67] Joaquín Arrarás, *Franco*, Burgos: Imprenta Aldecoa, 1938 (6.ª ed.), p. 220..
[68] *Ibidem,* p. 268.
[69] *Ibidem,* pp. 301-302. Otros autores usarán esta cifra de 2.000 pesetas para confirmar la frugalidad del Caudillo. Pero si esta era auténtica en 1938, desapareció en algún momento posterior. Según publicó recientemente el diario *Abc,* Franco cobraba dos sueldos, como militar y como jefe del Estado, además de la asignación de su Casa Civil y la de la Jefatura del Estado. En total, el sueldo mensual después de impuestos de Franco en 1975 —y debe recordarse que no pagaba por vivir en el palacio del Pardo— era de unas 600.000 pesetas, cuando, para ponerlo en perspectiva, el sueldo de un director comercial de una multinacional en España rondaba las 90.000 pesetas mensuales. «La última nómina de Franco», *Abc*, 28 de marzo de 2011. Arrarás, *Franco,* 1938 (6.ª ed.), pp. 272, 309-310.
[70] Arrarás, *Franco,* 1938 (6.ª ed.), pp. 272, 309-310.

pseudobiografías. Algunas de estas fueron escritas específicamente para niños[71]. Estos libros solían tener el formato y el lenguaje de los catecismos religiosos. Uno de estos libritos, publicado poco después de que acabase la guerra, seguía el modelo de Arrarás al explicar que Franco, después de salvar Melilla, fue elegido jefe de la Legión en 1923 por una «voz unánime». Luego afirmó que sus ascensos habían sido retardados a propósito porque había quien le consideraba demasiado joven. Finalmente, el texto dijo que Franco fue llamado el 18 de julio de 1936 «por España» para que la salvase. En este episodio, el Caudillo es comparado con el mismo Jesucristo y España con Lázaro, cuando aquel preguntó a esta —podrida por la democracia— si quería «de veras salvarte» para ordenarle a continuación que se levantase del lecho y que echase a andar[72].

Aparte de Arrarás, nadie hizo más para crear el canon histórico del Caudillo que Victor Ruiz Albéniz. Durante la guerra, «El Tebib Arrumi» escribió varios libros sobre su nuevo ídolo, así como sobre las batallas más importantes. En primer lugar, Ruiz Albéniz participó en una colección de libros titulada «Héroes de España. Siluetas biográficas de las figuras más destacadas del Movimiento Salvador», cuyo cuaderno número uno, publicado a comienzos de 1937, lo escribió él y que, lógicamente, estuvo dedicado al Caudillo[73]. Otros números, escritos por diferentes autores, estuvieron dedicados a generales victoriosos, como Antonio Aranda, Andrés Saliquet, Mola o Queipo de Llano, pero no incluyeron a los muertos, como Sanjurjo o Goded. En la instrucción de este primer libro, Albéniz y los otros dos autores de la colección (Rogelio Pérez Olivares y Luis de Armiñán), explicaron que España estaba mejor en

[71] Acisclo Muñiz Vigo, *El Generalísimo Franco en la escuela española. Bosquejo biográfico. Efemérides. Lecturas. Miscelánea,* Oviedo: F.E.T., 1939.

[72] L. Quintana, *Franco. Al muchacho español,* Barcelona: Librería Religiosa, 1940, pp. 22-24, 103. En el prólogo, el autor reconocía su deuda con el libro de Arrarás.

[73] Víctor Ruiz Albéniz [El Tebib Arrumi], *Héroes de España. Siluetas biográficas de las figuras más destacadas del Movimiento Salvador: El Caudillo. S.E.D. Francisco Franco Bahamonde. Generalísimo del Ejército y Jefe del Estado Español,* Ávila: Imprenta Católica, 1937.

ese momento —esto es, durante la Guerra Civil— que durante la República porque, como dice el texto, con palabras que recuerdan la retórica rimbombante y vacía de los tiempos de las guerras de África:

> [...] en este bando de la España que quiere renacer, no hay improvisaciones, no hay arribistas, no hay casi valores nuevos porque [todos los generales] tienen un pasado glorioso, un historial levantado [...] para quienes como nosotros hemos seguido con vigilante atención solícita paso a paso las gestas heroicas de este Ejército, desde que este mereció el nombre de tal, al mostrarse pujante, eficiente, en las campañas mantenidas, por él desde la pérdida de las Colonias[74].

En el librito de Ruiz Albéniz, la historia de la familia de Franco fue convenientemente pulida de cualquier sombra o mácula, avanzando así algunas de las fantasías que el propio dictador, como veremos en el siguiente capítulo, manifestará al escribir el guion de la película *Raza*. En esta nueva versión de los Franco, don Nicolás se convirtió en el oficial número uno de su escalafón de la Intendencia General de la Armada. Doña Pilar fue «una santa», pero no por cómo llevó las afrentas del marido —que no aparecen ni por asomo en el texto—, sino por haberle dado a España tres hijos de «este nervio y porte». El hermano mayor del Caudillo, Nicolás, que en esos momentos era su más estrecho colaborador, aparece como el mejor ingeniero naval de España. Al díscolo Ramón se le olvidan sus extravagancias políticas y personales y se le deja, por motivo del vuelo del *Plus Ultra* en 1926, en «asombro de propios, extraños, y gloria insuperable de las alas mundiales». Pilar, la temperamental hermana de los Franco, no es mencionada. Y quedaba Franco, cuyo mediocre paso por la academia de infantería ahora resulta que fue «con notas que destacaban ya su personalidad futura como joven excepcionalmente dotado». «El Tebib Arrumi» explicó que, una vez graduado «sin el menor tropiezo», en 1910, Franco «aprovechó todos sus momentos de ocio para documentarse en libros de historia

[74] *Ibidem,* p. 4.

y geografía...» que luego utilizaba para explicar a sus camaradas las campañas militares. Y, para no quedarse corto, añadió que:

> [...] los técnicos en Arte Militar no vacilan en asegurar que esa afición y estudio que Franco hizo siempre del terreno de combate, es su característica, y a modo de don Divino, como es don inexplicable el del niño que con menos años que dedos en la mano toca maravillosamente un difícil instrumento musical[75].

Como también hizo Arrarás, otro testigo de la guerra de Marruecos, Ruiz Albéniz, reordenó su memoria para justificar el liderazgo del Caudillo en las cualidades únicas del oficial colonial Franco, que presagiaban con claridad su condición de futuro salvador de la patria. En el relato que publicó en 1922 sobre la supuesta salvación in extremis de Melilla de las tropas de Abd-el-Krim, «El Tebib Arrumi» celebró principalmente a Millán Astray y a Sanjurjo, pero ahora, menos de quince años más tarde, el Caudillo es el primero en ser citado en la lista de héroes que salvaron la ciudad[76]. Lo mismo ocurrirá con el desembarco de Alhucemas. Según Ruiz Albéniz, aunque el comandante supremo fue Sanjurjo, Franco fue el hombre que dirigió el grueso de la operación. Todo esto llevó a una conclusión natural por parte de sus contemporáneos, manifestada en 1926, cuando ascendió a general de brigada:

> Franco era ya el CAUDILLO indiscutido e indiscutible de toda España. Había además hecho un verdadero Ejército en Marruecos, dándole un tono moral, una disciplina y una eficiencia como jamás gozó otro alguno en España[77].

La llegada de la República ensombreció temporalmente el destino del héroe, debido al cierre de la Academia Militar, que había sido creada por Franco para hacer del ejército un instrumento noble,

[75] *Ibidem,* pp. 6-11.
[76] *Ibidem,* p. 13.
[77] *Ibidem,* pp. 19-21.

poderoso y útil para España. Pero este era un tiempo de malvados fríos como Azaña, que no podían entender las lágrimas de Franco al despedirse de sus cadetes: «un bravo General que sabe llorar y llora, que siente sus ojos arrasados en lágrimas cuando habla de la grandeza de España, besa el paño de su bandera, o despide para siempre a un soldado que cae en la tumba cubierto de gloria»[78]. Durante este tiempo, el héroe levantó suspicacias por no implicarse en conspiraciones, «cenáculos y tertulias» y dedicar su tiempo al estudio. Por eso le castigaron, sacándole «de sus libros» y le dieron el cargo «de Jefe Militar del Archipiélago Balear (1933)», donde «se dedicó con su tenacidad y diligencia acostumbradas a hacer un acabado estudio del estado militar de aquellos trozos de tierra hispana, proponiendo un plan de defensa tan acertado, tan nítidamente patriótico y perfecto, que el mismo Gobierno republicano lo hizo suyo»[79]. Luego, en mayo de 1935, Franco fue promovido al puesto de jefe de Estado Mayor Central, donde colaboró con Gil Robles por puro profesionalismo, y siempre respetando la legalidad:

> [...] se ha asegurado, con cinismo e ignorancia, que entre las dos destacadas personalidades existía el acuerdo de provocar en el Ejército una sublevación que hiciese posible el imperio de una nueva dictadura. Nada más alejado de la verdad. El general Franco ha vivido siempre alejado de la política [pero] se encontró con un Ministro que lejos de poner 'pegas' o frenos, a sus iniciativas sensatas, le animaba a realizar la salvadora transformación del Ejército [...] cierto también que por encontrarse un ministro tan admirablemente bien dispuesto, por el Sr. Gil Robles sentía Franco sincera admiración que pudo plasmar el día en que el Sr. Gil Robles se despedía del personal del Ministerio de la Guerra en aquella emocionante escena que los secos de espíritu y romos de entendimiento pretendieron ridiculizar, sin darse cuenta de que la emoción de Franco no era por la pérdida del puesto ni el despido de un Ministro, sino porque su corazón de patriota le gritaba que en aquel momento se perdía la última posibili-

[78] *Ibidem,* pp. 24-25.
[79] *Ibidem,* pp. 26-27.

dad de salvación del Ejército mismo [...] Azaña había triturado al Ejército; nunca su penuria moral y material había llegado a tales extremos. Si entre Azaña y el Movimiento Salvador no hubiese mediado el paso de Franco por el Estado Mayor Central, ni se hubiera podido contar con un batallón en armas, ni con una batería moderna, ni con una escuadrilla eficaz de aviones[80].

El Frente Popular, el enemigo de España, del ejército y del Caudillo —que eran tres y uno al mismo tiempo— desterró al salvador a las islas Canarias, donde vivía en su «Palacio-Cárcel de Tenerife» acechado por asesinos y agitadores[81]. Pero la situación iba a cambiar pronto, porque no «pretendemos nosotros negar que a Franco le ha ayudado la Providencia en su larga vida de héroe». Por ende Dios le iba a ayudar e iluminar una vez más[82]. Y fue así, con la ayuda del Todopoderoso, como Franco organizó la salvación de la patria «cuando con Yagüe, con Mola, con Orgaz, con Queipo, trazaba los planes de reconquista de España, primeros colaboradores de Franco en la Gran Cruzada de la Redención Nacional»[83]. Y así fue cómo Mola dejó de de ser el cerebro del golpe para convertirse en «colaborador» de Franco, cómo Sanjurjo desapareció de la conspiración y cómo el Caudillo finalmente emergió como líder natural del Movimiento. Olvidado quedó también el dinero de Juan March, las dudas de Franco a sumarse a la rebelión —que le valieron ser llamado por otros conspiradores «Miss islas Canarias 1936»— y las proclamas de los primeros días de la guerra en defensa de la República y del amor fraterno.

Este era el cuento que «El Tebib Arrumi» quería que los mayores creyesen a comienzos de 1937. Algo que en 1939 reescribió y adaptó para niños[84]. Aquí la lisonja y la distorsión alcanzaron nue-

80 *Ibidem,* pp. 28-30.
81 *Ibidem,* pp. 30-31.
82 *Ibidem,* p. 38.
83 *Ibidem,* p. 42.
84 Víctor Ruiz Albéniz [«El Tebib Arrumi»], *Biblioteca Infantil. La reconquista de España. La Historia de El Caudillo Salvador de España,* Madrid: Ediciones España, 1939, pp. 3-4.

vas cimas. En este texto, Franco nació, con repique de campanas, en medio de una especie de Sagrada Familia: egregia, feliz y venturosa. En la Academia de Toledo fue un estudiante bravo y destacado: «Buen estudiante —sin grandes esfuerzos, porque su clarísima inteligencia le ahorraba excesivas torturas mentales»[85]. En 1921 salvó a Melilla del «siniestro» Abd-el-Krim, quien «estaba sostenido y dirigido» por una serie de países, pero principalmente Rusia, «que querían empezar una nueva guerra mundial» con el objetivo de «sovietizar el mundo»[86]. Así es como Franco salvó al orbe del comunismo por primera vez en 1921, y las mentes infantiles no dejarían de notar que no fue la única vez, como acababa de ocurrir en la recién terminada Guerra Civil. Pero los paralelismos y las pruebas de esta revelación sensacional no acabaron aquí. Tanto en 1921 como en 1936, los malos, por cobardía, habían sido los obreros, que por algo eran obreros:

> [...] los rifeños, que aprovechaban cualquier descuido, y sobre todo las sombras de la noche, para infiltrarse por barrancos y cañadas y así llegar hasta las puertas mismas de Melilla, para desde ellas disparar sus armas y producir el consiguiente pánico entre las pacatas familias obreras, gentes fofas, sin espíritu y muy dadas a que se les figurasen «los dedos huéspedes»[87].

Después de derrotar la conjura bereber-bolchevique, el gran héroe se casó, ganó medallas y ascensos pero, curiosamente, el hombre que fue padrino de la boda del Caudillo y de su carrera meteórica, Alfonso XIII, no aparece en el relato del «Tebib». ¿Por qué habría de hacerlo? La explicación es que al Caudillo lo forjaron Dios y sus méritos propios. Por eso el autor afirma otra vez que cuando Franco llegó a general ya era el CAUDILLO indiscutido e indiscutible, y eso «sin haber salido ni un solo día de

[85] *Ibidem,* p. 12.
[86] *Ibidem,* pp. 20-23.
[87] *Ibidem,* p. 26.

Marruecos, ni haber hecho jamás antesala ni en los Palacios ni en los Ministerios»[88]. Lo que sí cuenta el escritor a los niños de la España liberada es que Franco viajó a Francia y a Alemania «para estudiar a fondo la moderna ciencia militar»[89]. En octubre de 1934, él solo acabó con la revolución. Después vino su nombramiento en el Estado Mayor Central por «un excelente patriota» (Gil Robles), desde donde intentó salvar a España de «los desmanes monstruosos perpetrados por el funesto Azaña». Luego lloró al dejar el puesto, viendo cómo la esperanza de salvar a España partía con él mismo[90]. Y así, con «el alma desgarrada» marchó a las Canarias y, desde aquel momento, «con un puñado de amigos leales» (Goded, Sanjurjo, Mola, Orgaz y Yagüe) empezó a preparar la salvación de España —sabiendo que se jugaba la vida y la hacienda—, empresa con la que también contó con la ayuda de otro «tan patriota como él», José Antonio Primo de Rivera. «Y con esta confianza, Franco [...] establecía sus enlaces con la Península y, sobre todo, con el Ejército de Marruecos [...] Y ello fue tal y como lo ideó»[91]. Y tras explicar cómo el Caudillo de España desde 1926 organizó el Movimiento Salvador de 1936, «El Tebib» se despidió por el momento de sus jóvenes lectores con tres vivas a su héroe sin par.

Pero su prolífica pluma se había prometido contarle a los niños más sobre el Caudillo y, apenas un año más tarde, siguió «El Tebib» con su relato de cómo empezó el Movimiento Salvador. Para ello su mente llevó a la de los infantes de la Nueva España al Tenerife de 1936, donde el héroe no solo estaba castigado, sino que además se había urdido «una sorda y siniestra conspiración» contra él, que se materializó en varias «intentonas» de asesinato. Allí, el pérfido gobernador civil intentó forzarle a brindar por la República durante un banquete, algo a lo que el bravo general se negó, haciéndolo en

[88] *Ibidem,* p. 48.
[89] *Ibidem,* pp. 51-52.
[90] *Ibidem,* pp. 56-59.
[91] *Ibidem,* pp. 61-63.

cambio solo por España[92]. Pero aunque los marxistas le creían prisionero, el Caudillo estaba informado de todo lo que acontecía, en especial con su querido ejército de África. Sabía, por ejemplo, que Heli Rolando de Tella, jefe de la Legión de Melilla, «se veía a diario perseguido por la turba marxista», y que la situación allí y en Ceuta,

> [...] se hacía cada día más insostenible, porque entre masones, judíos, bolcheviques, comunistas, socialistas y republicanos vergonzantes, estaban aquellas ciudades totalmente infestadas, y la vida se hacía materialmente imposible para todo el que no tuviese un carnet sindical [...] diariamente se colocaban pasquines, y hasta carteles, que decían cosas tan 'insignificantes' como estas: Ciudadanos: Dentro de poco, carne de legionarios a tres perras gordas el kilo. Republicanos: Se venden *asaúras* de Regulares[93].

Si las hordas judeomarxistas estaban planeando el asesinato y la subsiguiente degustación caníbal del ejército de África, era evidente que había llegado la hora de actuar. Por fortuna, fue fácil engañar a los incompetentes militares republicanos. Al fin y al cabo no tenían sus puestos por ser los mejores, sino por ser masones. La ocasión llegó con motivo de unas importantes maniobras militares cerca de Ketama, en un paraje conocido como el Llano Amarillo. Acudió a observarlas el Alto Comisario «un tal Buylla, en unión del General jefe superior de las tropas de Marruecos, Gómez Morato»[94]. «El Tebib» pretendía no acordarse muy bien de Arturo Álvarez-Buylla, quien fue ejecutado en 1937. También conocía al general Agustín Gómez Morato, quien apenas escapó con vida después de ser arrestado en julio de 1936 por sus subordinados y condenado a una pena de prisión. Pero el relato de Ruiz Albéniz no era sobre el destino trágico de los republicanos asesinados o el de aquellos cu-

[92] Víctor Ruiz Albéniz [«El Tebib Arrumi»], *Así empezó el Movimiento salvador,* Madrid: Ediciones España, 1940, p. 57.
[93] *Ibidem,* pp. 10-12.
[94] *Ibidem,* p. 13.

yas vidas fueron destrozadas. Lo que él quería contar en este episodio era la gloria de sus amadas tropas mercenarias y en particular de su ídolo Yagüe. Para ello deleitó a sus influenciables lectores con el chiste macabro que —según él— Yagüe y los suyos gastaron a sus víctimas inminentes. La broma fue entonar una canción donde le daban café a una niña hermosa (la República) y el café era Camaradas Arriba Falange Española, y cómo el Alto Comisario y Gómez Morato supuestamente rieron la gracia, sin saber que era el primer rezo del funeral del primero y la ruina del segundo, y que los guiños que les dirigía Yagüe eran su sentencia[95]. ¿Se reirían también los niños leyendo al «Tebib»?

Mientras tanto, el héroe estaba ya a punto de actuar porque se sabía que la Olimpiada Popular de Barcelona, organizada «por orden de Moscú para oponerse a la Olimpiada alemana y restarle elementos valiosos, podía muy bien pasar a ser ensayo de la primera representación del gran drama del triunfo comunista en España»[96]. Luego llegó, el 13 de julio, la noticia del asesinato de Calvo Sotelo, primera de una lista de víctimas porque el Gobierno pensaba dejar «libre el desate de los apetitos bestiales de la chusma marxista»[97]. Así que, tras valorar los pros y los contras, «se puso a Mola un telegrama [...] que fijaba para el día 18 la fecha definitiva del Alzamiento [...] Franco no había perdido el tiempo. En la Península tenía un poderoso colaborador, absolutamente identificado con él: el general don Emilio Mola»[98]. Había saltado «la chispa» para empezar la salvación de España y esta «chispa» fue «la palabra de Franco, la llamada que hizo Franco a Mola en nombre de la salud de la Patria, y a la que Mola contestó, como no podía serlo por menos, con todo entusiasmo, diciendo: «A tu lado siempre y para servir a España». Y es así como los niños aprendieron que el Caudillo no solo dirigió el Alzamiento, sino que lo organizó a través de

[95] *Ibidem,* p. 15.
[96] *Ibidem,* p. 16.
[97] *Idem.*
[98] *Ibidem,* pp. 17-18.

Mola, quien de esta forma quedaba ya para siempre relegado a «colaborador» a las órdenes de Franco, como también serían colaboradores «Queipo de Llano en Andalucía, Dávila en Burgos, Cabanellas en Zaragoza, Saliquet en Valladolid y Goded en Mallorca»[99]. Nótese la ausencia de Sanjurjo, cuyo papel simplemente no cabe en este cuento. Sí aparecen, en cambio, pero no bien parados, los anónimos oficiales que permanecieron leales a la República, «paniaguados [...] masones y mal calificados de antiguo entre sus compañeros», a los que al ser reducidos se les decía «Los oficiales del ejército español no son asesinos. Entregue el mando y nada le sucederá»[100].

Los oficiales leales asesinados o encarcelados fueron olvidados pero, al mismo tiempo, la relación del Caudillo con sus antiguos superiores, patronos y rivales —como Alfonso XIII, Berenguer, Millán Astray, Sanjurjo, Primo de Rivera, Gil Robles, Goded y Mola— fue alterada o ignorada para crear esta narrativa hagiográfica del salvador. Los hechos más triviales de su vida se convirtieron en señales de su grandeza, y los más dramáticos, en prueba irrefutable de la intervención de Dios. Franco había ido a África a luchar contra los moros, pero en realidad fue hasta aquel lugar porque estaba siendo preparado para una lucha mucho más importante y decisiva: salvar a España de los masones, judíos y marxistas que la emponzoñaban y que planeaban destruirla. Ahora ya todo tenía sentido: la bala que milagrosamente no le mató en 1916, sus heroicas victorias sobre el siniestro Abd-el-Krim en Melilla en 1921 y Alhucemas en 1925, el reto del perverso Azaña en 1931, los asesinatos fallidos en 1936... eran parte de un mismo plan divino. Así lo explicó en 1938, usando el lenguaje providencialista del fascismo, el otrora escritor vanguardista Ernesto Giménez Caballero —quien también glosó la sonrisa de Franco— desde la oficina de propaganda del Caudillo:

[99] *Ibidem*, pp. 20-21.
[100] *Ibidem*, pp. 22, 28.

> Y por eso, en la siega trágica de nuestros mejores hombres, Dios, desde el primer momento, fue con su mano de providencia salvando a este UNO, a ese hombre que toda España aclama hoy con este nombre único, en él se resume todo: FRANCO[101].

A Giménez Caballero se le pagaba por decir estas cosas, pero hasta el vicario de Cristo estaba de acuerdo con él. El día 1 de abril de 1939, Pío XII envió al Caudillo un telegrama de felicitación por su victoria. Decía el santo padre que España, la nación elegida por Dios, había sido guiada por Franco hacia su grandeza católica[102]. Los prelados españoles repitieron más o menos lo mismo. Por ejemplo, el arzobispo de Granada, Agustín Parrado, dijo a sus feligreses unos días después de la victoria que detrás de todo lo que había pasado, y de Franco, estaba el dedo de Dios *(«Digitus Dei est hic!»)*[103]. Parrado fue uno más de los curas, frailes y monjas que cantaron misas y rezaron oraciones por España y su Caudillo, entonces y muchos años después. Y, por supuesto, tampoco faltaron libros, artículos y panfletos escritos por cientos de clérigos y laicos que explicaron a grandes y chicos que quien estaba en la Jefatura del Estado era un Caudillo, un guía mandado por Dios, a quien había que obedecer porque era «el ciudadano mejor, el más selecto, el superior e indiscutible»[104].

Visto desde el extranjero

La Guerra Civil fue la tragedia de los españoles pero también el prisma por el que el mundo les interpretó. Y fue un prisma que se sumó a otros previos, a menudo llenos de ignorancia y prejuicios,

101 Ernesto Giménez Caballero, *España y Franco,* S.l., Ediciones Los Combatientes, 1938, p. 11.

102 Saturnino Rodríguez, *NO-DO. Catecismo social de una época,* Madrid: Editorial Complutense, 1999, pp. 30-32.

103 *Boletín Oficial Eclesiástico del Arzobispado de Granada y de las Diócesis de Almería, Guadix y Jaén,* número 7, abril de 1939.

104 *Así quiero ser (El niño en el Nuevo Estado),* Burgos: Hijos de Santiago Rodríguez, 1940, p. 11.

pero que tuvieron impacto en las actitudes futuras de Gobiernos extranjeros y de sus respectivas opiniones públicas hacia la España franquista. Las noticias sobre el estallido de la guerra aparecieron súbitamente en las ediciones de los periódicos de los días 19 o 20 de julio de 1936, y durante varias semanas el conflicto fue un tema central, aunque luego se convirtiera en algo rutinario y otras noticias atrajeran más la atención de los diarios. Al principio, tres bloques de noticias acapararon las páginas de prensa de las naciones democráticas. Una fue la lucha por el control del estrecho de Gibraltar, donde la fuerza aérea y la marina republicana intentaban impedir el paso del ejército colonial sublevado[105]. Una vez que este consiguió llegar a la Península, la prensa documentó los avances de las tropas de Queipo de Llano y de Franco. Otro foco de atención importante fue la lucha en los puertos de montaña al norte de Madrid, donde, en contra de las expectativas, las tropas de Mola serían detenidas en su avance hacia la capital[106]. Pero el tema más importante era la carnicería que se estaba produciendo en todo el país, y cómo se interpretaba esta. Por ejemplo, la mayor preocupación inicial de la prensa británica, y la de otros países de habla inglesa, no era tanto la muerte de los españoles —que por supuesto fue ampliamente documentada y lamentada— como la suerte de sus connacionales atrapados en medio del caos. Para repatriarlos, la mayoría de las grandes potencias enviaron barcos de guerra a los puertos españoles. Esto se convirtió en una ocasión para explorar el significado de la guerra y la violencia que desgarraban a España, pues, a menudo, eran las historias de los refugiados las que conformaron la narrativa de las realidades en las retaguardias republicana y rebelde. Pero, además, cuando contaban la violencia, los diarios también discutían sobre el supuesto carácter español. Por ejemplo, *The Globe and Mail,* el periódico conservador de Toronto, se preguntaba el día 21 cómo iban a ser rescatados los británicos, americanos y otros atrapados en, ese era el título del artículo, «La enigmática España»,

105 «Spain checks rebels' drive», *Chicago Daily Tribune,* 21 de julio de 1936.
106 «Madrid's fall seen by Saturday», *The Globe and Mail,* 24 de julio de 1936.

porque «en ningún sitio existe una ilustración más espectacular de las contradicciones más extrañas del carácter nacional que en la España de hoy [...] El español medio cambia de opinión a cada rato»[107].

Este racismo patético —tan frecuente y aceptado en el mundo antes de que se asumiese el significado del horror del Holocausto— permitía incluso hacer con las desgracias ajenas lo que puede pasar por intentos de chistes. Mientras la miseria y el horror traumatizaban a los españoles, el citado periódico canadiense, el mismo día, publicaba cosas como «Revueltas y revoluciones parece que se han convertido en una vieja tradición española» o «En el mundo de los boxeadores España parece estar golpeando con la izquierda»[108]. Al día siguiente, el tópico racista se vistió de cultura: «España parece estar sufriendo de demasiados Don Quijotes. Necesita unos cuantos más Sanchos Panza»[109]. Este diario no fue el único, ni mucho menos, en mostrar este tipo de insensibilidad pedante. La misma actitud también apareció en el Reino Unido —un país que era la clave de la posible supervivencia de la República— y no solo en la prensa, sino también entre los diplomáticos. Entre estos existía un extendido y apenas disimulado doble desprecio por lo español y por las clases bajas, que sirvió primero para justificar la no intervención, y algunos años después, cuando ya estaban apagadas las pasiones momentáneas del anti-fascismo de la Segunda Guerra Mundial, para racionalizar la aproximación a la dictadura de Franco[110].

Es dudoso que lo que los diplomáticos escribieron en sus informes confidenciales para sus Gobiernos cambiasen nada. Pero lo que la prensa conservadora publicó conformó la opinión de sus lectores sobre qué hacer respecto a España. Aquella se volcó en la

107 «Enigmatic Spain», *The Globe and Mail,* 21 de julio de 1936.
108 «Notes and comments», *The Globe and Mail,* 21 de julio de 1936.
109 «Notes and comments», *The Globe and Mail,* 22 de julio de 1936.
110 Véase, por ejemplo, Maria Thomas, «The front line of Albion's perfidy. Inputs into the making of British policy towards Spain: The racism and snobbery of Norman King», *International Journal of Iberian Studies,* 20, 2 (2007): 105-127.

demonización de la República y en la promoción de su aislamiento internacional, a menudo diciendo buscar solo la más estricta neutralidad. Esto lo hizo a base de publicar una mezcla de noticias distorsionadas, artículos de opinión sesgados y cartas al director que aparecieron sin contrastar antes su veracidad. Por ejemplo, el 21 de julio el diario londinense *Daily Telegraph* publicó una carta, que pronto aparecería como panfleto, que negaba la victoria del Frente Popular en las elecciones de febrero y que, por lo tanto, convertía en ilegítimo al Gobierno republicano. El libelo acabó siendo llevado al parlamento, donde algunos diputados conservadores instaron al primer ministro Stanley Baldwin a romper las relaciones diplomáticas con Madrid[111]. Otro tema, especialmente querido por los amigos de los rebeldes en el Reino Unido, fue que el alzamiento había impedido una revolución comunista que estaba a punto de desatarse. Prestigiosas plumas, como la del general J. F. C. Fuller, el teórico militar (que luego visitaría a Franco en abril de 1937), y el *Sunday Times* apoyaron esta fábula, que este periódico repetiría en sus páginas al menos hasta finales de 1938[112]. Pero la historia que realmente galvanizó las simpatías conservadoras por el bando rebelde fue la de las atrocidades —unas reales, otras inventadas— en la retaguardia republicana. Estas se narrarían en detalle mientras que las cometidas por los rebeldes fueron ignoradas o cuestionadas. El efecto de estas historias de horror propagadas por periódicos como *Daily Express, Daily Mail, Daily Sketch, Evening News, Daily Telegraph, Sunday Times, The Times,* etc., fue inclinar a sectores de la opinión pública a apoyar la no intervención; una política que fue conveniente para Franco, pero mortal para la República.

Junto a los periódicos, los noticiarios documentales desempeñaron un papel clave en ofrecer al público imágenes de la tragedia y explicar su significado. El estallido de la Guerra Civil coincidió

[111] Hugo García, *The Truth about Spain! Mobilizing British Public Opinion, 1936-1939,* Brighton: Sussex Academic Press, 2010, pp. 107-108.
[112] *Ibidem,* pp. 110-112.

con la edad de oro de estos noticiarios, en un período en el que ir al cine se había convertido en un pasatiempo de masas, especialmente para las clases medias y bajas. Los nombres de compañías como Gaumont, Movietone o Pathé, que ahora casi nada nos dicen, o Universal, aún famosa, eran muy populares en las décadas de 1930 y 1940. Una parte del contenido de los noticiarios trataba de atraer la atención del público occidental con imágenes frescas de lugares remotos y exóticos como España. Estos fotogramas iban acompañados por voces masculinas profundas, llenas de autoridad, que no dejaban ningún resquicio de duda de que lo que se veía y oía era la única verdad. El mensaje era normalmente conservador, nacionalista y a menudo xenófobo. Esto se explica porque aquellas compañías estaban en manos de multimillonarios míticos por su poder, ambición y convicciones reaccionarias. Por ejemplo, lord Rothermere, el dueño de Movietone, era una voz cantante en la política británica (fue incluso ministro) y apoyó con su imperio mediático al líder fascista británico Oswald Mosley y la política de apaciguamiento hacia la Alemania nazi, de la que era un admirador.

El primer noticiario documental de la Guerra Civil en los cines británicos fue hecho por Gaumont. Se llamó «La revolución española», y se centró en los acontecimientos en la España peninsular, olvidando por completo su causa: la revuelta militar en Marruecos. Mientras que ignoraba el origen de la guerra, el documental incitaba al público a sentir simpatía por el sufrimiento de los españoles[113]. Ya en este noticiario, y en los que comenzarían a ser exhibidos en los días siguientes, era patente la distinción entre el caos que reinaba en España y el orden que los británicos disfrutaban en casa. Como dijo un noticiario de Pathé del 3 de agosto:

> Mientras vemos esta penosa lucha podemos dar gracias de que vivimos en un país donde los hombres son libres para expresar sus opi-

[113] Anthony Aldagate, *Cinema and History. British Newsreels and the Spanish Civil War*, Londres: Scholar Press, 1979, pp. 105-106.

> niones sin que les disparen, donde los conflictos internos son virtualmente algo desconocido[114].

Otras noticias que documentaban la llegada de repatriados a Gibraltar, un oasis de civilización, reforzaban esta idea del «nosotros» frente al «ellos»[115].

Los noticiarios gráficos contribuyeron a hacer la imagen y la voz de Franco famosas. En uno, producido por Movietone el 14 de septiembre de 1936, en el que Franco aparecía hablando, se afirmaba que «si los rebeldes vencen, el general Franco se convertirá en una figura mundial, por lo que, independientemente de sus simpatías, este pequeño discurso debería interesarle a usted»[116]. Pero la personalidad de Franco se diluía dentro de una narrativa más amplia sobre la incomprensible España, un lugar donde, en el bando republicano, campaban el terror y el comunismo, mientras que en la zona rebelde reinaba el orden. No faltaban «testigos» que lo probasen. Uno de los más famosos durante las primeras semanas de la guerra fue una tal Miss Williams, llamada la «La Rubia Amazona» en los noticiarios. Su piel pálida y voz delicada presentaban un contraste apropiadísimo con el aspecto que se suponía a los españoles. Gaumont contó la historia, y otras que ella decía haber visto u oído, de esta repatriada, quien se mostraba muy satisfecha de encontrarse a salvo en Inglaterra después de sobrevivir en la España roja a los desmanes revolucionarios. Mientras hablaba, sus palabras iban acompañadas de imágenes de gentes con puños cerrados en alto y edificios religiosos quemados[117].

Lo que los noticiarios no enseñaban nunca era qué había detrás del orden en la España rebelde, de las misas y las procesiones, y ni siquiera cuando este orden resultaba en masacres. El caso más claro

[114] *Ibidem,* p. 107.

[115] K. W. Watkins, *Britain Divided. The Effect of the Spanish Civil War on British Political Opinion,* Westport: Greenwood, 1976, pp. 63-70.

[116] Aldagate, *Cinema,* p. 127.

[117] Angela Jackson, *British Women and the Spanish Civil War,* Londres y Nueva York: Routledge, 2002, p. 128.

fue el que se produjo después de la toma de Badajoz el 14 de agosto, cuando los legionarios y los Regulares de Yagüe mataron, después de rendirse, a unos 4.000 milicianos. La masacre apareció recogida en varios periódicos, y los cámaras de Pathé filmaron los cadáveres. Sin embargo, la compañía decidió no proyectar esas imágenes en los cines, y eso que sus corresponsales en España fueron amenazados de muerte por Bolín y encarcelados cuando este tuvo noticia de la existencia del documento gráfico[118]. Los noticiarios también tendieron a menospreciar o ignorar la intervención de las potencias fascistas[119]. Y, por último, pasados los primeros meses, ayudaron a olvidar la guerra y la resistencia cada vez más desesperada de los republicanos. A medida que el Reino Unido se implicaba más en la política de apaciguamiento, la Guerra Civil española se convirtió en una historia inconveniente para los grandes magnates de la prensa, los gobernantes y, por supuesto, el sector del público que apoyaban esta política.

A pesar de las informaciones tendenciosas y el olvido parcial impuesto por los medios de comunicación, la opinión pública británica siguió con pasión el desarrollo de la Guerra Civil. Los argumentos, aun cuando eran honestos, demostraban tanto un desconocimiento de la realidad española como una proyección de las preocupaciones locales en la guerra, sobre la que habían sido publicados al menos 148 libros para finales de 1937. La inmensa mayoría de estos, 127, fueron pro republicanos y solo 5 pro Franco[120]. Algunos se convirtieron en verdaderos éxitos de ventas. En solo una semana de 1938 el libro *El Foco en España* de la duquesa de Atholl (una política conservadora pero que estaba contra el apaciguamiento y era pro republicana) vendió 100.000 copias[121]. Al mismo tiempo, figuras prestigiosas, como Winston Churchill o el

118 Herbert R. Southworth, *Guernica! Guernica! A Study of Journalism, Diplomacy, Propaganda, and History,* Berkely: University of California Press, 1977, p. 415.
119 Aldagate, *Cinema,* pp. 129, 135, 142, 160.
120 Richard Overy, «Parting with Pacifism», *History Today,* 59, 8 (2009): 23-29.
121 Duchess of Atholl, *Searchlight on Spain,* Harmondsworth: Penguin, 1938.

teórico militar Basil Liddell Hart, no dudaron en condenar a Franco y a los rebeldes. Pero los partidarios del Caudillo, aunque en clara minoría, también eran muchos y no solo se encontraban entre los poderosos barones de prensa o los políticos del ala derecha del conservadurismo, sino también entre el público. Otro éxito comercial de 1938, pero proveniente del campo ideológico pro rebelde, fue el libro de William Foss y Cecil Geraghty *La Arena Española,* que vendió unos 50.000 ejemplares[122]. Este libro fue publicado por el Club del Libro de Derechas (The Right Book Club). Este club comenzó sus actividades en 1937 y contó con un número regular de entre 10.000 y 25.000 lectores suscritos[123]. Entre los nombres famosos asociados con el Club estaba lord Halifax, uno de los padres del apaciguamiento y ministro de Asuntos Exteriores con Chamberlain; Leo Amery, prominente político conservador que fue varias veces ministro; artistas tan conocidos como Siegfried Sassoon and Clive Bell; y el ya citado Arthur Bryan, historiador popular pro nazi y amigo de Bolín. Para esta gente, Franco era su ídolo, por las razones que explicaron Foss y Geraghty:

> Hace dos años España preocupaba poco [y] Francisco Franco era un nombre poco conocido excepto por quienes se relacionaban con él profesionalmente. Hoy, la tragedia española aparece ligada a los asuntos internacionales, y el nombre de Franco, especialmente en Inglaterra, aparece, muy erróneamente, asociado a la imagen de un odiado o temido 'Dictador' [...] Esta es una 'guerra civil' pero no una guerra cualquiera [...] España ha sido una tierra infortunada elegida para ser el último campo de batalla [...] Esta guerra se debe al intento de imponer el yugo extranjero sobre España [...] Franco es benditamente consciente de lo que la gente piensa de él. Para sí mismo, él

122 William Foss y Geraghty, Cecil, *Spanish Arena,* Londres: The Right Book Club, 1938.

123 Ese mismo año, el Club sacó el primer libro a favor de Franco, *La marcha de una nación*, escrito por Harold Cardozo, periodista del *Daily Mail.* Véase Harold Cardozo, *The March of a Nation,* Londres: The Right Book Club, 1937.

> solo es un soldado normal que hace su trabajo. Ambiciones personales no tiene; ni ha pedido recompensa alguna [...] He aquí, sentimos, un hombre incapaz de realizar una acción mala, egoísta o engañosa [...] No muestra vanidad personal [...] Su mayor preocupación es (después de su país) la devoción hacia su mujer y su hija[124].

Para estos autores, los británicos deberían ver lo que realmente estaba pasando en España y quiénes manipulaban la verdad:

> Acusamos al Gobierno Soviético y a aquellos que le ayudan en sus planes de ser instigadores premeditados de todas las desgracias mayores que han ocurrido en España desde 1925 [...] Tres de los líderes políticos más importantes [...] Indalecio Prieto, Caballero y, quizás, de una manera menos conspicua, Azaña, fueron los emisarios de la Comintern [...] La maquinaria de noticias es grande, y hay causas detrás del apoyo [a aquellos]. Por ejemplo, hay una influencia judía notable en nuestra prensa, en parte directa y en parte ejercida a través de gentiles, y hay muchos judíos o parcialmente judíos que son periodistas y propietarios [de medios de comunicación] en distintos grados...[125].

Además de en los círculos conservadores y antisemitas, la figura de Franco encontró apoyo en los sectores católicos internacionales; aunque estos distaron mucho de tener una opinión unánime. De esto se quejaba, por ejemplo, el historiador americano y sacerdote Joseph B. Code al comentar en 1938 para *The Catholic Historical Review* la primera edición en inglés de la biografía del Caudillo de Arrarás. Por un lado, el padre Code llamó a Franco «genio militar que quizás más que nadie ha salvado a España de la anarquía, y de paso ha rendido a toda la civilización occidental un servicio demasiado enorme para ser apreciado todavía...», pero, por otro lado, acto seguido denunciaba que «es una desgracia que hay incluso católicos que por una razón u otra» consideraban a Franco «un

124 Foss y Geraghty, *Spanish,* pp. 15-16, 60, 62.
125 *Ibidem,* pp. 95-96, 435.

monstruo fascista»[126]. En efecto, aunque la jerarquía y poderosas organizaciones, como los Caballeros de Colón, apoyaron decididamente a Franco, la mayoría de los laicos católicos americanos se inclinó por la República[127]. Esta división de opiniones fue más notable en el país católico más cercano e importante para España: Francia. Allí, para irritación del Vaticano, el concepto de cruzada religiosa y el maniqueísmo de la Iglesia española no fueron aceptados por la mayoría de la prensa confesional e incluso por la jerarquía[128]. De hecho, el libro que más hizo para desvelar al mundo la crueldad detrás del orden y de la religión que imperaban en la España rebelde, *Los grandes cementerios bajo la luna,* fue publicado en 1938 por el escritor católico francés Georges Bernanos. Este fue testigo de las matanzas que rebeldes e italianos llevaron a cabo en Mallorca durante los primeros meses de la guerra[129].

La batalla de las ideas la ganó la República, pero fue una victoria pírrica al no conseguir forzar a los Gobiernos francés y británico a cambiar su política de no intervención en la guerra de España. Aunque no hay datos precisos de Francia, sabemos que en el Reino Unido, a pesar de lo leído y de lo visto, la mayoría de la población siempre fue, de acuerdo con las encuestas (entonces una novedad reciente, bastante imperfecta en sus aspectos técnicos) pro republicana. En marzo de 1938, el 57% de los británicos decía apoyar la República y solo el 7% a Franco. Esta disparidad entre las simpatías del público se incrementó aún más en los meses siguientes. En octubre —es decir, justo después del Acuerdo de Múnich que en la práctica dejó Checoslovaquia a merced de Hitler— una encuesta mostraba que ahora el 71% de la población apoyaba a la República, mientras que la simpatía por Franco se limitaba al 10%. La opinión pro republicana era incluso mayoritaria entre los votantes del Gobierno (que estaba domi-

126 Joseph B. Code, reseña de «Francisco Franco by Joaquin Arrarás; translated by J. Manuel Espinosa», *The Catholic Historical Review,* 24, 2 (julio de 1938): 203.

127 Eric R. Smith, *American Relief Aid and the Spanish Civil War,* Columbia y Londres: University of Missouri Press, 2013, pp. 78-95.

128 Pike, *France,* pp. 122-129.

129 Georges Bernanos, *Les grands cimetières sous la lune,* París: Plon, 1938.

nado por el Partido Conservador): en enero de 1939, el 64% de estos declaraban ser partidarios de la República[130]. La ironía del momento es que mientras que la política de no intervención de ese mismo Gobierno había condenado a muerte a la República, los horrores de España y la resistencia de los enemigos de Franco habían contribuido a cambiar la opinión de los británicos respecto al apaciguamiento, y alejarse del pacifismo para inclinarse hacia una política de firmeza frente a la amenaza de Hitler. Pero ya era demasiado tarde para España, donde el Caudillo tenía la victoria al alcance de la mano.

Tal y como se percibía la realidad mundial a finales de los años treinta, lo que decidieran Francia e Inglaterra dictaba el curso del mundo y del futuro. Pero el león dormido, destinado a ser la gran superpotencia, era Estados Unidos, que entonces vivía ensimismado por la política de aislamiento y por las consecuencias de la depresión económica. Nadie lo sabía entonces, pero ese iba a ser el país decisivo para la supervivencia futura de la dictadura de Franco. A diferencia de lo que ocurrió en el Reino Unido y en Francia, la mayoría de los ciudadanos americanos vieron la guerra desde una indiferencia generalizada. En una encuesta de Gallup de enero de 1937, solo el 22% de la población decía apoyar a la República, mientras que el bando franquista contaba con las simpatías del 12%. Los neutrales, indiferentes o completamente ignorantes de la situación eran el 66%. Esta indiferencia aumentó y, a finales de ese año, solo una minúscula proporción del público americano decía estar interesado en la guerra de España[131]. Las inundaciones en Ohio, la guerra chino-japonesa, las disputas de la Corte Suprema, el matrimonio de los Windsor, o la desaparición de la aviadora Amelia Earhart, por poner algunos ejemplos, se situaban mucho más alto en las preocupaciones del público[132].

[130] Tom Buchanan, *Britain and the Spanish Civil War,* Cambridge: University Press, 1977, pp. 23-24.

[131] George H. Gallup, *The Gallup Poll. Public Opinion 1935-1971. Volume One, 1935-1948,* Nueva York: Random House, 1972, p. 49.

[132] *Ibidem,* p. 80.

La tendencia de la opinión pública americana a ignorar la Guerra Civil cambió de dirección en 1938 como consecuencia directa de las tensiones en la escena internacional, que se agudizaron con la anexión nazi de Austria (marzo), la crisis de Checoslovaquia (septiembre) y la Noche de los Cristales Rotos (noviembre). En diciembre de 1938, aunque la mayoría de los americanos seguía apoyando la inhibición internacional de su país, ahora solo el 33% decía no tener una opinión sobre la guerra de España. Entre el resto, tres cuartos apoyaba a la República y un cuarto a Franco; pero tan solo un 21% decía que se debería ayudar militarmente a la República[133]. La opinión pública americana estaba, evidentemente, a favor de la democracia, pero su nivel de concienciación política y de información era bastante bajo, y era más influenciable que, por ejemplo, la británica. Es un dato que conviene retener para entender el cambio futuro de las actitudes de los ciudadanos americanos hacia Franco y su dictadura, cuando el Gobierno de aquel país decidió que necesitaba al Caudillo en su lucha contra el comunismo. Pero entre esto y aquello transcurrió una guerra mundial, en la que Franco hizo y dijo cosas que luego su maquinaria de propaganda tendría que reescribir, y que a Washington le convino olvidar.

[133] *Ibidem*, p. 138.

CAPÍTULO 3

HOMBRE DE PAZ, 1939-1947

Los significados de la Victoria

El 19 de mayo de 1939, el Generalísimo Franco, escoltado por la Guardia Mora, llegó a una tribuna en el paseo de la Castellana de Madrid. Poco después, el «héroe supremo» de España recibió por fin la tan deseada Laureada, que le fue impuesta por el general Varela, el único militar español vivo que tenía dos de estas medallas[1]. A esta ceremonia siguió el desfile militar de la Victoria que duró seis horas y en el que participaron soldados españoles, mercenarios marroquíes, tropas alemanas, italianas y portuguesas. Al día siguiente, en la iglesia de Santa Bárbara tuvo lugar una solemne ceremonia religioso-militar —más cercana a los conceptos medievales del poder divino que a los contemporáneos— en la que los padres de la Iglesia española y representantes del Vaticano bendijeron al Caudillo en el nombre de Dios.

[1] «Franco, Padre de la patria y héroe supremo de la guerra, recibe la Gran Cruz Laureada de San Fernando», *Abc*, 20 de mayo de 1939.

Depende de dónde y cómo se estuviese, los actos descritos podían ser interpretados de manera muy diversa. En primer lugar, porque la Victoria marcaba un camino para los españoles muy distinto del que habrían de recorrer otros europeos. Durante las décadas siguientes, estos, y el público norteamericano, verán a Franco y a España a partir de sus prejuicios, intereses y (escasos) conocimientos, pero también a partir de la realidad democrática que triunfó en Europa occidental en 1945[2]. Pero entonces, en 1939, fascistas y muchos conservadores o católicos del mundo entero, jóvenes y viejos, vieron a un héroe anticomunista en Franco[3]. Por el contrario, para las personas de orientación progresista o izquierdista el Caudillo nunca dejará de ser un tirano cruel. Los españoles también analizaron la victoria de Franco a partir de realidades y esperanzas muy distintas, determinadas por las terribles experiencias de la Guerra Civil. De entrada, en España, a diferencia del resto de Europa en 1945, no hubo un «año cero», un empezar de nuevo, sino la continuación de un sentimiento de fracaso colectivo: el de haber sido incapaces de convivir en paz; que no solo fue alimentado por el régimen, sino que se convirtió en su razón de ser. Este sentimiento de zozobra histórica, junto a la memoria reciente de las matanzas y crueldades, el miedo colectivo a que se repitiesen, y el terror que la dictadura generaba en una parte de la sociedad, dieron lugar a que el valor político más importante de los españoles de posguerra y hasta el final de la vida de Franco fuese la paz. Pero esta no era paz de la esperanza y el progreso, sino la del «nunca más»: la de mirar atrás y al presente con miedo y aceptar un mañana impuesto, mediocre y cruel. Todo el mundo sabía que ese futuro pasaba por la permanencia de Franco en el poder, y que cualquier alternativa a esa permanencia —en caso de plantearse— significa-

[2] Tony Judt, *Postwar: a History of Europe since 1945,* Nueva York: Penguin, 2005. En este libro, Judt reconoció con pesar lo poco que podía decir sobre España, entre otras cosas por la falta de buenos trabajos en inglés que explicasen la evolución de la sociedad española bajo el franquismo.

[3] Antonio Cazorla Sánchez, *Cartas a Franco de los españoles de a pie,* Barcelona: RBA, 2014, pp. 233-266.

ba más violencia, incluso quizás otra guerra. Este es el sentido del «apoyo» popular mayoritario y pasivo al Caudillo. Sin embargo, había razones más concretas detrás del apoyo comprometido y hasta entusiástico de amplios grupos sociales. Estos eran los sectores que habían visto sus valores culturales y religiosos amenazados por la República y la revolución que desencadenó el golpe militar de 1936; quienes vieron peligrar sus intereses materiales; y, finalmente, quienes se aprovecharon de la guerra y la posguerra para vivir mejor que el vecino, e incluso para explotarlo y despreciarlo.

La paz fue durísima y no solo en términos espirituales o políticos, porque, con todo, la miseria más dura fue la social. El hambre, la malnutrición y las enfermedades se cebaron, ante la indiferencia, la complicidad y la ineficacia oficiales, en los más pobres, y en particular en los trabajadores urbanos, el campesinado desposeído y los familiares de los represaliados por el régimen. Los salarios de posguerra no fueron bajos, sino de hambre. Eran el producto de un castigo político y de una revancha social en la que el Gobierno tuvo muchísimos cómplices en la sociedad. El sistema de racionamiento nunca fue tal, sino un proyecto mal diseñado, peor ejecutado y a menudo corrupto, para complementar la dieta de la población. Por eso fue incapaz de erradicar la terrible hambruna que sacudió al país, que en algunas zonas llegó hasta bien entrada la segunda mitad de la década de 1940. El hambre, junto a la falta de higiene y la precariedad de los servicios sanitarios, abrió las puertas a la expansión de la tuberculosis, el tifus y otras enfermedades infecciosas, con el resultado de que es posible que unas 200.000 personas pereciesen por estas causas entre 1939 y 1945. Pero, aún después, los españoles más pobres siguieron viviendo en la miseria y muriendo, enfermando o quedándose raquíticos por culpa del hambre[4]. Mientras tanto, muchos otros progresaban, ganaban dinero legal o ilegalmente, tenían criados y trabajadores a cambio de casi nada, disfrutaban de la paz social

[4] Cazorla, *Fear*, pp. 58-78.

y eran miembros respetados, y algunos temidos, en sus comunidades[5].

Paradójicamente, la miseria y la división social contribuyeron a consolidar el régimen de Franco en general y la figura de este en particular. La miseria afectó mucho más a los enemigos del Nuevo Estado que a quienes lo apoyaban, creando entre estos un sentimiento de medroso agradecimiento hacia el dictador, pues temían lo que pudiera pasar si la situación política cambiaba. También contribuyó a que la gente, con independencia de sus ideas políticas, se centrase más en los asuntos personales, esto es, la supervivencia, que en disquisiciones sobre lo público o el interés general. Esto no quiere decir que los españoles no fuesen conscientes de la responsabilidad de las autoridades en que no se resolviesen o empeorasen los problemas de la vida cotidiana; pero no tenían ni las energías ni los deseos de abrir canales de protesta, que en todo caso serían reprimidos de inmediato. Además, como veremos un poco más adelante, los españoles a menudo hicieron una distinción entre, por un lado, Franco y, por otro, su régimen —y en particular sus representantes locales—, en la que el dictador salió bastante mejor parado que este. Los españoles, más que protestar abiertamente, se limitaron a quejarse, y con cuidado, pero también, para sobrevivir, tuvieron que participar en la corrupción, las irregularidades y en el mercado negro; con lo cual, en cierto modo se convirtieron en cómplices del régimen. En suma, la miseria de la dictadura minó los valores colectivos de una sociedad ya de por sí traumatizada y, no podemos olvidar, fieramente reprimida[6].

La represión franquista fue eficaz y, antes de atenuarse en algunos aspectos a partir de 1943, implacable. La violencia del Estado no estuvo dirigida a imponer paz o justicia, sino a destrozar y aterrar

[5] Cazorla, *Políticas,* pp. 67-110, 201-243.

[6] Dos estudios imprescindibles en Conxita Mir Cucó, *Vivir es sobrevivir: justicia, orden y marginación en la Cataluña rural de posguerra,* Lérida: Milenio, 2000; y Óscar Rodríguez Barreira, «Cambalaches: hambre, moralidad popular y mercados negros de guerra y posguerra», *Historia Social,* 77 (2013): 149-174.

a quienes lucharon contra el bando sublevado y a quienes luego no estaban de acuerdo con la dictadura. Con ello mandaba una clara señal al resto de la sociedad: no habrá tolerancia para la disensión. Entre 1939 y 1942, el régimen fusiló quizás a 50.000 personas. Cientos de miles más pasaron por las cárceles, campos de concentración y colonias penitenciarias. Aun cuando lo peor ya había pasado, en febrero de 1943, el número de presos políticos era todavía 97.886[7]. Además, las palizas, los robos, las violaciones, las afrentas y humillaciones hacia los vencidos gozaron de impunidad casi absoluta. Y, por último, tampoco hay que olvidar a esos cerca de 300.000 españoles que tuvieron que exiliarse. El terror no se limitó a los hechos, sino que se perpetuó en el lenguaje diario y en la memoria de los acontecimientos. Quienes sufrieron la represión, sus familiares y los que con ellos se identificaron fueron calificados de criminales, u otras cosas peores, tanto en el discurso oficial como en el de un sector de la sociedad. Los que se alinearon con la dictadura solo reconocieron un tipo de víctimas, las propias; y con la misma contundencia responsabilizaron del conflicto únicamente a los republicanos. Cuando estos eran recordados, solo era para ser vejados, nunca para cuestionar qué había sido de ellos o para intentar cerrar la herida. Así, por ejemplo, las compensaciones materiales y espirituales del Nuevo Estado fueron solo para los de su bando, cimentando el apoyo de estos y dividiendo la sociedad. Por un lado, estaban quienes querían preservar sus privilegios y este reconocimiento oficial. Por otro, quienes se resentían de esta situación, pero sabían que era imposible cuestionar en público la mentira y la realidad impuestas por el Nuevo Estado. En suma, que mientras los disidentes y los más o menos neutrales tenían razones para callar, los partidarios del régimen tenían muchos motivos para expresar su conformidad[8].

[7] Cazorla, *Políticas,* p. 103.

[8] Javier Rodrigo, *Cruzada, Paz, Memoria. La Guerra Civil en sus relatos,* Granada: Comares, 2013; Jorge Marco y Gutmaro Gómez, *La obra del miedo: violencia y sociedad en la España franquista,* Barcelona: Península, 2011.

Franco fue el principal beneficiario de esta situación, que contribuyó a crear nuevos mitos sobre el Caudillo. En esta sociedad traumatizada, con millones de españoles aterrorizados por el régimen y muchos más atemorizados sobre el futuro, donde reinaba la miseria social y espiritual, la despolitización, y las divisiones de intereses, la figura del dictador pasó a ocupar un lugar central: era la principal canalizadora de los miedos y esperanzas de la población. Esto fue así por dos razones. Una, porque todo el mundo sabía que la voluntad de Franco era el elemento fundamental para cualquier decisión, mejorar una situación, o al menos para que no empeorase. La segunda razón era que, mientras la gente podía comprobar directamente las acciones de las autoridades locales, el Caudillo era una figura remota que no podía ser examinada de forma crítica en un país sin medios de comunicación o una opinión pública libres. Por el contrario, Franco era descrito por la propaganda en términos irreprochables. Combinando ambos factores, la mayoría de los españoles quiso creer que el Caudillo era tan bueno, o al menos lo bastante benéfico, como la propaganda decía. Él, en definitiva, era la única esperanza para poder escapar a la durísima realidad diaria. Toda sociedad necesita tener una esperanza, y Franco fue justo eso, como lo han sido otros dictadores —en Corea del Norte, la Unión Soviética o la Alemania nazi— cuya popularidad, expresada a veces en términos histéricos, vemos como improbables o incomprensibles desde la mentalidad de una sociedad libre. No por casualidad, el contexto del nacimiento de la popularidad mayoritaria del Caudillo fue precisamente uno que cuestionaba el valor político más importante y precario de los españoles en 1939: la paz. Hablamos de la Segunda Guerra Mundial y de cómo Franco, por no entrar en el conflicto, se convirtió en el improbable Caudillo de la Paz a partir de la falsa neutralidad española que siguió a la caída de Francia en junio de 1940. Esto quiere decir que los miedos de los españoles creados por la Guerra Civil y por el conflicto mundial dieron lugar a un apoyo genuino hacia Franco. De este mito de la paz y de su historia hablaremos más tarde. También veremos cómo la dictadura cambió el pasado a partir de 1945, conectando durante este proceso la memoria oficial con los sentimientos reales de la población. Mientras tanto, sigamos con la imagen popular de Franco como el hombre de la esperanza en un país destrozado y mal administrado. Esta es otra reedición actualizada del viejo mito político absolutista del buen rey y los malos consejeros.

Muchos españoles quisieron creer que Franco no sabía lo que pasaba, que le engañaban los chaqueteros o que tenía tanto trabajo que, sencillamente, había muchas cosas —abusos, corrupción, ineficacia— que necesariamente escapaban a su atención. Si él las hubiese sabido, pensaban, las habría arreglado al instante. El Caudillo de la propaganda era así; el de las esperanzas populares tenía que ser así también. Era esta una mentira piadosa que los españoles se decían a sí mismos, y que aún hoy algunos creen. No hay duda de que lo que le decían a Franco quienes le rodeaban o quienes trabajaban para la dictadura en las provincias era lo que les convenía, y lo que creían que a Franco le gustaría oír. Pero el dictador estaba muy bien informado, especialmente sobre los asuntos que a él le importaban más. Sobre estos temas era sobre los que él decidía actuar, y dejaba los que menos le interesaban a la suerte de sus ministros y funcionarios, o en el olvido y la inacción. ¿Quién iba a decir en público la verdad si esta era inconveniente? ¿Quién iba a forzar al Caudillo a actuar o al menos a dar cuentas?

A Franco no solo le informaban sus cortesanos y colaboradores. A su despacho llegaban sin cesar informes y boletines de noticias confidenciales. Y, aunque distorsionada, en ellos estaba la realidad del país, que era muy distinta de la verdad oficial que el propio Franco difundía y personificaba. Muchos de los informes, normalmente en forma de boletines, que la policía y los servicios de información de la Falange enviaban al Caudillo, se encuentran hoy en el archivo de la Fundación Francisco Franco. En ellos se pueden ver a veces líneas y hasta párrafos subrayados por el dictador, con anotaciones en los márgenes. Los textos que suelen estar subrayados son los referidos a las conspiraciones de sus enemigos, que fueron abundantes en la primera mitad de los años cuarenta.

Pero en estos boletines se puede apreciar mucho más, especialmente sobre lo que los españoles no podían leer o incluso hablar en público. Un informe policial típico, fechado en enero de 1941, empezaba describiendo la opinión de los trabajadores como «francamente desfavorable y pesimista», debido a los altos precios, bajos salarios y las mentiras. La razón era que la propaganda había anunciado una mejora del racionamiento del pan que no había tenido lugar. Pero es que además, continuaba el informe, el paro seguía creciendo y el número de mendigos aumentaba de forma alarmante. Decía la policía que revestía especial tristeza ver a los niños vagar sin control porque los padres no solo no podían permitirse tenerlos en la escuela, sino, peor aún, porque se morían de hambre. Este mismo informe explicaba que los empresarios, sobre todo los que dueños de grandes compañías, tenían pocas quejas porque estaban disfrutando de «excelentes beneficios»[9].

Franco sabía lo que quería saber y usó esa información principalmente para mantenerse en el poder. Mientras que contra sus enemigos actuó con rapidez y certeza, él nunca se planteó en serio cambiar las condiciones de funcionamiento del sistema económico autárquico. Este era corrupto y cruel, y convirtió la vida diaria de los más débiles en un infierno. Y no solo eso, pues dada la falta de educación y de salud, a los españoles pobres que vivieron este período se les robó el futuro. Franco sabía que la otra cara de los salarios bajos y del hambre era el privilegio. Otro informe, fechado en Barcelona en noviembre de 1941, decía otra vez con claridad que mientras los trabajadores caían colapsados de hambre y agotamiento en las fábricas de aquella provincia, «algunas compañías han obtenido beneficios fabulosos»[10]. Si el Caudillo no vio o se le olvidó lo de los niños de la Nueva España sin escuela y hambrientos, otro informe, fechado en agosto de 1942, en este caso en Asturias,

[9] «Pesimista informe de la DGS», *Documentos Inéditos para una Historia del Generalísimo Franco (DIHGF),* enero de 1941, vol. II, Madrid: Azor, 1992, pp. 19-22.

[10] *Boletín Informativo de la S.G. de Falange: Información, comentarios, bulos, ambiente,* noviembre de 1941, Archivo de la Fundación Francisco Franco (AFFF) 27032.

se lo debió recordar, pues decía que la situación social en esa región no hacía más que deteriorarse por la «insuficiencia de los salarios», que era la principal responsable de la presencia ubicua de niños en las calles buscando qué comer[11].

El Caudillo sabía perfectamente no solo que las reglas del juego estaban trucadas a favor del capital, sino que la corrupción iba acompañada de impunidad para los más fuertes. He aquí dos ejemplos correspondientes a dos casos muy distintos. En noviembre de 1941, el Ministerio de Justicia explicaba a Su Excelencia la lenidad de las sanciones impuestas a varios grandes estraperlistas de Barcelona, que se hacían de oro a cambio del hambre de los pobres. Se trataba en este caso de una red de industriales y comerciantes. De los 188 imputados, solo 69 fueron encontrados culpables. Todos, menos diez, recibieron penas de arresto domiciliario, y los diez que fueron a la cárcel estuvieron allí un tiempo mínimo[12]. Contrástese la indolencia y tolerancia hacia estos estraperlistas con la dureza con la que las autoridades castigaron a una almeriense madre de tres hijos. Esta fue condenada en 1944 a varios años de cárcel por un tribunal militar por guardar en su casa dos cajas de jabón robadas por unos soldados. El marido de esta mujer estaba inválido y los niños, según la petición de clemencia de su abuela al Caudillo, estaban «desnudos, descalzos y enfermando poco a poco de hambre». El pago de los soldados a la mujer había sido 10 kilos de jabón «para que los vendiese y diese de comer a los niños». Sin embargo, esta mujer no fue indultada[13]. Las voces críticas ante este tipo de injusticas solo podían venir desde dentro del régimen, y por ello mismo eran ineficaces. Por ejemplo, en 1942, un alto cargo de los sindicatos únicos falangistas, Fermín Sanz Orrio, elaboró un informe reservado sobre la labor de la fiscalía de Tasas durante el año anterior. Según este documento, de las 5.000 personas conde-

[11] *D.G. de Seguridad. Serv. de Información: División del ambiente político en Asturias...*, 20 de agosto de 1942. AFFF 27177.
[12] *Boletín Informativo...*, noviembre de 1941, *doc. cit.*
[13] Cazorla, *Cartas*, pp. 328-333.

nadas ese año por estraperlo, casi todos eran de muy modesta condición porque «los grandes tiburones de la especulación» siempre escapaban como mucho con castigos leves[14]. Pero nada cambió. Este alto cargo continuó escalando los puestos del régimen hasta llegar a ser ministro de Trabajo en 1957. Mientras tanto, el mercado negro siguió haciendo ricos a unos pocos, corrompiendo a muchos y aprovechándose del hambre de millones de españoles.

A pesar de la incompetencia, el hambre, la corrupción y la indiferencia ante las injusticias, la posición de Franco estaba a salvo. No solo por el miedo y el cansancio de la población, o por el papel de los mitos políticos, sino porque él controlaba la clave última del poder: el ejército. Fueron varias las razones por las que este fue tan leal al Caudillo. Aparte de los generales más viejos, muchos de los cuales hubiesen preferido, e incluso intentaron, acabar con el poder de Franco, la inmensa mayoría de los jefes, oficiales y suboficiales debían sus ascensos y su nueva posición privilegiada a quien les había mandado durante la guerra. Gracias a Franco, el ejército tuvo un papel político, social y cultural sin precedente en la historia española. Por ejemplo, hasta 1945, aproximadamente un tercio de los altos puestos de la Administración del Estado, incluyendo la mitad de las carteras ministeriales, fueron desempeñados por militares. Además, estos, y a menudo sus familiares, ocuparon cargos en compañías públicas y privadas, desde donde se beneficiaron y practicaron el patronazgo y la corrupción con la impunidad que los poderosos disfrutaban en la España de posguerra. En un país azotado por el hambre y la escasez, incluida la de vivienda, los economatos militares (y la comida destinada a los reclutas) y las casas para militares eran privilegios de los que carecían la mayoría de la población. El material, el armamento, las instalaciones y la preparación del ejército eran pésimos, pero la ideología oficial decía, y los militares creían, que tenían una moral muy superior a la del resto de la sociedad y a la de sus colegas de otros países, en especial los de las democracias.

[14] *Secretaría General del Movimiento. Informe de Fermín Sanz Orrio sobre Abastos,* 31 de agosto de 1942, Archivo General de la Administración, Sección de Presidencia (AGA-P) 9.

En resumen, el ejército era, por ideología, disposición y capacidad de combate, una fuerza de ocupación interior[15].

El poder y el papel del ejército resultaron en que los prejuicios africanistas —reforzados por los católicos y fascistas— que se desarrollaron y entrelazaron durante la Guerra Civil, acabaron impuestos sobre la sociedad española, cuyos valores cívicos fueron despreciados y perseguidos. No hay mejor ejemplo de esta ideología superpuesta que el que creó el propio Franco al escribir el guion, asesorado por el periodista Manuel Aznar, *Historia de Jaime de Andrade,* que luego sería llevado al cine como *Raza.* Producida en 1941 —el año del gran hambre— y estrenada en enero de 1942, la película, además de reflejo de la ideología oficial, es también una visión del pasado saneado que el Caudillo hubiese querido para sí y su familia[16]. En esta película, su padre no es un libertino adúltero, sino un héroe naval muerto en combate en Cuba; y el capitán José, el alter ego del Caudillo, no vuela a Marruecos en un avión disfrazado de árabe y con pasaporte diplomático, sino que se enfrenta a los «rojos» directamente en Madrid, por lo que es fusilado, aunque sobrevive de forma milagrosa. Quien muere es su hermano Pedro, inspirado en Ramón Franco, un hombre que ya de niño no pintaba nada bueno. Tanto el personaje real como el de ficción fueron republicanos y anduvieron con pésimas compañías, pero Pedro —el de ficción— es asesinado y convertido en un héroe, después de haberse arrepentido de sus crímenes, por sus antiguos camaradas. El otro hermano, Jaime, es un fraile asesinado por las turbas en Barcelona. Al final de la historia gana Franco y Jaime desfila por la Castellana ante el Caudillo admirado. España celebra así ese día la victoria del ejército y de su espíritu de la raza[17].

La ideología militarista y clerical del nuevo régimen excluyó las ideas y experiencias de millones de españoles que se sentían otras

15 Véase Juan Carlos Losada Malvárez, *Ideología del ejército franquista, 1939-1959,* Madrid: Istmo, 1990.

16 Jaime de Andrade [Franco], *Raza,* Barcelona: Planeta, 1997.

17 Alberto Reig Tapia, «La autoimagen de Franco: la estética de la raza y el imperio», en Vicente Sánchez-Biosca (coord.), *Materiales para una iconografía de Francisco Franco. Archivos de la Filmoteca,* 42-42 (2002-2003), I, pp. 97-121.

cosas, como era el caso de, por ejemplo, los nacionalistas periféricos, los laicos y no católicos, y los demócratas. El daño sería duradero, pues España quedó identificada con una visión muy particular de Castilla y con la religión, y estos con la represión del régimen. También serían duraderos los efectos negativos de la política económica autárquica del Caudillo, que retrasó la recuperación del país al menos una década más de lo que hubiera sido necesario. Pero eso no es lo que los vencedores veían en la inmediata posguerra. Los militares soñaban el viejo sueño africanista de que ellos sabían más y mejor que los civiles. Estaban convencidos de que ahora sí iban a tener ejércitos de millones de hombres, decenas de miles de aviones, o más acorazados que la mismísima Inglaterra. El propio Caudillo creía eso, lo que ya es grave, pero lo peor es que siguió diciendo que lo creía aun cuando el sueño tornó en pesadilla. El precio de esta no lo pagó él ni sus oficiales o los que tenían propiedades o capital. Tampoco lo hizo la Iglesia o quienes estaban bien conectados con el régimen. Lo pagaron íntegramente los pobres y los vencidos. Por eso el régimen contó con los apoyos necesarios para mantenerse. Solo esta mezcla de fanatismo y de egoísmo explican que el lenguaje de la victoria se difundiese sin rubor en el país de la miseria, o que, por ejemplo, el principal asesor económico de Franco, Higinio París Eguilaz, le enviase a este en septiembre de 1940 uno de esos informes reservados que a veces decían la verdad, pero que en esta ocasión no tenía empacho en declarar que las dificultades de la economía española eran culpa de las «políticas liberales capitalistas del pasado». Era una interpretación intelectualmente deshonesta. Pero más dañina aún era la miseria moral que le seguía, pues París Eguilaz le dijo al Caudillo «que no podemos decir que hay hambre en España». No sabemos si Franco le creyó, pero este era el tipo de cosas que decía el Caudillo entonces y que, como veremos, repitió el resto de su vida. La verdad no era otra que la que a él le conviniese que fuera[18].

[18] *Informe de Higinio París Eguilaz sobre los fallos en la política económica...*, 20 de septiembre de 1940, Archivo de la Fundación Francisco Franco (AFFF) 27070.

En una sociedad más libre y menos traumatizada y dividida, la corrupción, ineficacia y falta de atención de los políticos, empezando por el jefe del Estado, habría provocado algún tipo de cambio. No sería así en España. Es más, precisamente por las razones ya explicadas, esta situación benefició al Caudillo mientras que el desgaste político ante el público lo sufrieron sus colaboradores. El caso más claro y temprano de esta transposición de las culpas de Franco a otros fue el de su cuñado Ramón Serrano Súñer. Este, de mano derecha del dictador, pasó a ser el opuesto negativo —orgulloso, ambicioso y errado— del modesto, abnegado y cauto gobernante. Serrano empezó a colaborar con Franco a comienzos de 1937, después de haber escapado del Madrid republicano, donde fueron asesinados sus hermanos José y Fernando. Fue ministro desde enero de 1938 hasta su destitución en septiembre de 1942, tiempo durante el que en realidad actuó como segundo de Franco en materias no militares. Aunque era un antiguo cedista, Serrano abrazó el fascismo y apoyó de forma decidida la alianza con las potencias del Eje durante la Guerra Mundial, así como el experimento autárquico, convencido de que si había funcionado en la Alemania nazi y —eso creía él— en Italia, por fuerza debía ser superior al liberalismo. Cuando estas políticas, sobre todo las internas, fracasaron, a Serrano se le hizo responsable del hambre, la represión, el caos administrativo y los enfrentamientos entre la Falange y el ejército. Más adelante se le responsabilizó también en solitario de haber intentado que España entrase en la Guerra Mundial al lado de Alemania. Todo esto es más o menos cierto, como Serrano mismo reconocería en sus memorias, pero también es verdad que él actuó bajo las instrucciones de Franco[19]. Es decir, Serrano pagó con su reputación por las acciones del infalible Caudillo. Y no hubo un asunto en el que la imagen pública de este se beneficiara más por la desgracia de aquel que el de la no entrada de España en la Guerra Mundial. Este aspecto cimentó la imagen popular, luego

[19] Ramón Serrano Súñer, *Entre el silencio y la propaganda, la Historia como fue. Memorias,* Barcelona: Planeta, 1977.

reciclada por la propaganda oficial, de Franco como un hombre de paz.

Una paz precaria

Poco después de acabar la guerra, Franco recibió invitaciones del Vaticano, Alemania e Italia para realizar un viaje internacional, con asistencia de multitudes garantizada, para celebrar su victoria. La gira nunca se celebró. El Caudillo no fue un gran viajero, en parte porque, especialmente después de 1945, no era bien recibido en casi ningún sitio. Durante sus treinta y seis años de dictadura visitó varias veces Portugal para entrevistarse con su colega Antònio de Oliveira Salazar. Salió de España dos veces más. Una de ellas, muy breve, para el famoso encuentro con Hitler en Hendaya, en octubre de 1940. La otra, en febrero de 1941, para ver a Mussolini en Bordighera, ocasión que el Caudillo aprovechó para entrevistarse con el mariscal Pétain en Montpellier. La cercanía y la escasez de sus visitas reflejan la nimia influencia internacional de la España franquista, que no hacía justicia a las enormes ambiciones del Caudillo. El hombre que se había encontrado con el poder absoluto sin esperárselo estaba, al final de la Guerra Civil, convencido de su propia suerte y misión mesiánica; y se dispuso a explotarlas para crear un nuevo imperio español. Fracasó en el intento, que luego hubo de ocultar y tergiversar, pero una vez más, como ya ocurriese en el frente de Madrid en noviembre de 1936, fue capaz de convertir su fracaso en capital político.

La apuesta, sobre la que el régimen tuvo que mentir y fabular durante treinta años comenzó en Hendaya, justo al otro lado de la frontera en la Francia ocupada. La propaganda franquista, empezando por el Caudillo, diría luego que Franco, astuta y valientemente, resistió la presión de Hitler —el fiero dictador al que nadie se atrevía a llevarle la contraria— para que España entrase en la Guerra Mundial al lado del Eje. Franco fue tan hábil, se dijo, que incluso empezó a poner nervioso al Führer al llegar tarde a propósito a la estación ferroviaria. La verdad, como Serrano Súñer explicó después, es que el dictador estaba avergonzado por un retraso causado por el penoso estado del sistema ferroviario español. Cuando la reunión concluyó, Hitler estaba furioso y frustrado, pues el cauteloso Caudillo, al que no quería volver a ver, había conseguido zafarse de la celada y mantener a España fuera de la Segunda Guerra Mundial, calculando que el destino de esta distaba de estar sellado, en contra de lo que todo el mundo creía. Este todo el mundo incluía al presunto filo-nazi Serrano Súñer, que seguía aconsejando a su cuñado echarse en brazos de Alemania. Pero el Caudillo sabía más, y por eso en Hendaya y después siguió dando respuestas ambiguas a Hitler y pidiéndole cosas que sabía que el austriaco nunca le iba a dar. Franco era un hombre de paz.

Lo anterior es lo que la mayoría de los españoles quiso creer, y lo que la propaganda dijo a partir de 1945. Pero no pasa de ser una fábula. La verdad fue más ambigua y turbia. Franco viajó a Hendaya el 23 de octubre de 1940 con una larga lista de la compra, porque sabía que para conseguir sus objetivos necesitaba una ingente cantidad de suministros. A los alemanes la lista les pareció excesiva, en comparación con lo poco que España podía ofrecer, y oportunista, pues tanto ellos como el Caudillo esperaban que el Reino Unido se rindiese pronto. Es decir, Franco quería entrar en la guerra en el último minuto, sin apenas correr riesgos, con recursos regalados y demandas enormes. Quería un nuevo imperio español en África, y esperaba que Hitler se lo quitase a Francia para dárselo a él a cambio de nada: Marruecos, el Oranesado, reajustes de fronteras aquí y allá. El listado general es un catálogo tan largo como improbable, pero que sería publicado de forma semioficial por dos de sus diplomáticos más famosos en 1941[20]. Hitler ni podía ni quería dar a Franco lo que pedía. Para el dictador alemán era más importante mantener tranquila a la Francia de Vichy que avivar las ambiciones de la maltrecha España. En todo caso, esos territorios

[20] José María de Areilza y Fernando Castiella, *Reivindicaciones de España,* Madrid: IEP, 1941.

en África podrían convenir a Alemania una vez que la guerra hubiese acabado, cuando ya Hitler no tuviera necesidad de apaciguar a nadie. Lo que pasó en Hendaya es que un gobernante lleno de autosatisfacción, y un exagerado sentido de su importancia, logró exasperar a otro que se creía dueño del futuro. Franco forzó su mano al pedir a Alemania que le financiase y le armase para lo que esperaba que fuese una breve pero fructífera participación española en el conflicto. Esto es, exactamente lo que aquel explicó a Serrano Súñer por carta unos días antes del encuentro en Hendaya, el 24 de septiembre de 1939[21]. Si la jugada no salía, podría esperar. Por su parte, Hitler tenía otros cálculos. Él sabía que la mejor manera de acabar con Inglaterra era destrozar a la Unión Soviética, la última esperanza que a aquella le quedaba de poder ganar la guerra. Cegado por su sentido de superioridad racial, el Führer estaba convencido de que sus ejércitos aplastarían a los soviéticos en unas semanas. Luego, si hiciese falta, volvería a plantearse la invasión de Inglaterra o incluso el asalto a Gibraltar, con o sin la aquiescencia española, para cerrar el Mediterráneo a la Royal Navy. Mientras tanto, sus técnicos siguieron trabajando en este proyecto con los españoles[22].

Hasta aquí las ambigüedades impuestas. La historia turbia, que culminaría con el mito de Franco el prudente hombre de paz, se basó en la idea de que el Caudillo dijo e hizo cosas que parecían pro alemanas cuando en realidad solo buscaba ganar tiempo. Muchos años después, un diplomático norteamericano incluso le llamaría un «aliado silencioso»[23]. Pero Franco no fue ni silencioso ni prudente. En sus discursos públicos durante la guerra, especialmente en los meses que siguieron a la invasión de la Unión Soviética el 22 de junio de 1941, no vaciló en insultar a los aliados y profetizar su derrota. Él estaba convencido de la victoria alemana y la muerte

[21] Palacios, *Cartas,* pp. 136-139.
[22] David Wingeate Pike, *Franco and the Axis Stigma,* Houndmills: Palgrave, 2008, pp. 39-55.
[23] Willard L. Beaulac, *Franco: Silent Allied in World War II,* Carbondale: Southern Illinois University Press, 1986.

de las democracias, y no paró en mientes al decirlo explícitamente en público, aun cuando resultaba evidente que era mejor callar o hablar de otra manera. Por ejemplo, en diciembre de 1942, el Sexto Ejército alemán estaba rodeado y a punto de sucumbir en Stalingrado, el Afrika Corps retrocedía a toda velocidad desde su derrota en El Alamein, los angloamericanos habían desembarcado en el norte de África francés y, por último, Italia se agotaba a ojos vistas. Sin embargo, el Caudillo, el hombre que supuestamente no se equivocaba y al que luego se le alabó la prudencia, dijo en el Consejo Nacional de la Falange:

> Sucumbe el mundo liberal, víctima de sus propios errores, y con él se derrumba el imperialismo comercial, los capitalismos financieros y sus millones de parados [...] el genio de Mussolini da cauce y solución fascistas a cuanto justo y humano existía en la rebeldía del pueblo italiano [...] es Alemania la que da nueva solución a las inquietudes populares con el nacionalsocialismo, que sujeto a las peculiaridades de la raza une por segunda vez en Europa lo nacional con los social, estimulado por su sed de justicia en lo internacional [...] Se engañan, por lo tanto, quienes sueñan con el establecimiento en el occidente de Europa de sistemas demoliberales fronterizos con el comunismo ruso[24].

Cuando Franco hizo estas profecías fascistas, Serrano Súñer ya llevaba meses fuera del poder. Pero, hasta casi el final de la Guerra Mundial, la realidad en los campos de batalla solo le sirvió al Caudillo para afirmar sus ideas, no para adaptarlas, usando la lógica y el cinismo del fanático. Cuando los hechos le desmintieron, Franco echó mano, como ya hizo durante la Guerra Civil, de la negación y las supuestas conspiraciones como tácticas para reconciliar prejuicios con realidades. Las suyas no fueron las palabras de un neutral, por muy taimado que fuese. Pero los hechos admiten menos margen para la interpretación. Por ejemplo, no parece que se pueda

[24] Francisco Franco Bahamonde, *Discurso del Caudillo ante el III Consejo Nacional,* Madrid: Art. Graf. Larra, 1942, pp. 6, 7, 8, 12.

incluir en el capítulo de supuestas intenciones benignas su declaración de no beligerancia tras la caída de Francia en junio de 1940; una política que imitaba lo que hizo Mussolini justo antes de atacar a aquella. En su momento, todo el mundo entendió que la neutralidad podía acabar en cuanto Franco lo considerase oportuno. No fue necesario ni prudente tampoco el envío, un año más tarde, de los casi 50.000 supuestos voluntarios de la División Azul a combatir en el frente del Este. La Unión Soviética podía haber declarado la guerra a España y esto podría haber acarreado una medida similar, aunque posiblemente desganada (como ocurrió con Finlandia), por parte del Imperio británico. Ni se puede calificar de ambiguo o inteligente el esperpento peligrosísimo de permitir que la embajada española en Washington fuese utilizada por los espías japoneses después del ataque a Pearl Harbor[25].

Hubo mucho más pero quedémonos, por último, con el turbio plan que Franco no pudo ejecutar contra su colega Salazar. Ambos dictadores se encontraron en marzo de 1939, cuando acordaron —al modo de Stalin o Hitler con sus víctimas futuras— un pacto de Amistad y No Agresión que fue validado durante otro encuentro bilateral en julio de 1940. No es que se pueda tachar aquí al Caudillo de agradecido a quien tanto le ayudó en la Guerra Civil pero sí, de nuevo, de afortunado. Aún no debía estar muy seca la tinta del acuerdo cuando el ejército español comenzó a preparar un plan de invasión de Portugal. Este quedó ultimado en diciembre de 1940; y debía haberse llevado a cabo en cuanto el Reino Unido, tradicional protector del país vecino, hubiese capitulado. Una copia del plan apareció hace unos años en el archivo de la Fundación Francisco Franco (donde curiosamente está catalogado como un plan para una invasión «desde Portugal»)[26]. Salazar, un hombre culto e inteligente, seguramente sabía o al menos sospechaba qué le tenía deparado su colega, pero prefirió jugar las bazas más con-

[25] Pike, *Franco,* pp. 70-72.
[26] *Alto Estado Mayor. Plan de Campaña n.º 1, previniendo una invasión* [sic] *desde Portugal,* diciembre de 1940, AFFF 2803.

venientes para su dictadura e, ignorando la perfidia de Franco, siguió una política oficial de amistad. Los dos tiranos se encontraron de nuevo en Sevilla en febrero de 1942, donde decidieron la creación de un Bloque Ibérico. Era una póliza de seguro de incierto valor ante el posible rumbo adverso de la política mundial. En 1949, cuando el polvo anti-fascista de la posguerra se había asentado, la Universidad de Coimbra, el alma mater de Salazar, concedió al Caudillo el doctorado *honoris causa*.

Franco tuvo suerte de que los Aliados fueron más prudentes que él y de que tuvieran preocupaciones más serias que la anémica España. En todo caso, las consecuencias de las ambiciones, prejuicios e imprudencias inequívocas, factuales y verbales, de Franco las sufrieron los españoles. En términos generales, la alianza político-económica con Alemania significó que España quedó atada a la suerte de este país —que tenía una economía de guerra depredadora—, lo que ya era de por sí grave[27]. En términos concretos, las represalias económicas angloamericanas contribuyeron al hambre y la miseria de los españoles al limitar durante la guerra los permisos para los envíos por mar *(navicerts)* de petróleo y de trigo que España necesitaba y que Alemania no podía proporcionar. Para los Aliados, los *navicerts* fueron un instrumento para mantener a Franco bajo un relativo control, pero para los súbditos del Caudillo fue un castigo adicional inmerecido. Para Franco, el semibloqueo aliado fue también una nueva excusa para justificar por qué su paz no conseguía traer prosperidad.

Franco podía decir lo que quisiese y acomodar la versión oficial de los eventos a sus intereses, pero no podía cambiar la realidad. Y esta era que estaba ganando el bando que él detestaba. Su respuesta y la del régimen, antes que reconocer el error, fue dar pábulo a una paranoia aparentemente sincera y aferrarse a esperanzas vanas. Su nuevo hombre de confianza desde 1941, el marino Luis

[27] Véase Jordi Catalán, *La economía española y la segundo guerra mundial*, Barcelona: Ariel, 1995; Adam Tooze, *Wages of Destruction: The Making and Breaking of the Nazi Economy*, Londres: Allan Lane, 2006.

Carrero Blanco (1904-1973), expuso esta manera de ver el mundo en un informe que envió al Caudillo en noviembre de 1944. Carrero aceptaba ya como inevitable la derrota de Alemania, y acertaba al describir el hecho obvio de que las grandes superpotencias que emergían del conflicto eran Estados Unidos y la Unión Soviética. Pero el análisis de las razones del conflicto y de su desarrollo no podían ser más autocomplacientes y banales. Según él, la culpa de la miseria inminente era de Inglaterra, que había combatido al enemigo equivocado en vez de haber llegado a un acuerdo con Hitler en 1940. Los ingleses, añadió Carrero, habían sido manipulados para llevar a cabo el «Plan de Lenin» para la conquista comunista del continente. Dicho plan había tenido como fases previas la formación de los frentes populares. De esta forma, incluso la crisis checoslovaca de septiembre de 1938 dejaba de ser un resultado de las ambiciones territoriales de Hitler para convertirse en un producto imaginario de la conjura comunista. La solución desesperada que Carrero proponía era que los aliados occidentales cambiasen súbitamente de bando y atacasen junto a la Alemania nazi a la Unión Soviética y al Japón, lo que salvaría a la civilización cristiana y al dominio de «la raza blanca» sobre los pueblos colonizados[28]. Este era el plan anti-Lenin de los presuntos aliados silenciosos ante el derrumbe del otrora invencible Tercer Reich. Un plan que coincidía, no por casualidad, con las esperanzas que Hitler y Goebbels abrigaron hasta casi el mismo momento de suicidarse en el tristemente famoso búnker de Berlín. Pero mientras los líderes nazis murieron atrapados por las tropas soviéticas, los políticos franquistas —con su Caudillo a la cabeza— todavía tuvieron una salida: aguantar en el poder y, mientras tanto, reinventarse un pasado conveniente. Así nacieron las mentiras que la dictadura iba a repetir durante los treinta años siguientes, y que algunos aún quieren creer.

Aunque desde finales de 1943 la propaganda franquista había estado dando una visión menos comprometida de la posición de

28 «Consideraciones sobre una futura constitución política del mundo», *Informe de la Secretaría de Carrero Blanco,* 19 de noviembre de 1944, AFFF 105.

España de cara al exterior, la ruptura clara y pública con las posiciones pro alemanas no llegó hasta que se cursaron órdenes en este sentido en febrero de 1945[29]. En consecuencia, durante los últimos meses de la guerra, se comenzó a contar a la ansiosa población española, que temía que los Aliados cruzasen las fronteras del país, una versión nueva del pasado y del presente. No solo no se había querido la victoria alemana, sino que la llegada de la paz no hacía más que confirmar el camino y la obra emprendidos por el Caudillo en abril de 1939. Un mundo agotado seguía ahora, aunque tarde, la estela del profeta. Por eso, el hasta entonces belicoso diario *Arriba* explicaba que la llegada de la paz iba a ser el amanecer de un tiempo nuevo que, en pago a su «escrupulosa neutralidad», iba a elogiar a Franco[30]. El mismo periódico publicó también que Franco había manifestado en todo momento su desaprobación de la guerra entre pueblos cristianos europeos y americanos. Lo cual era verdad para 1945 (si es que a los nazis se les puede considerar cristianos) pero ciertamente no cuando empezó la guerra en 1939. Por entonces, el mismo *Arriba* culpó a la catolicísima Polonia de haber causado el conflicto. Es más, el periodista Manuel Aznar, quien presumía en público del aprecio del Caudillo, recomendó a los polacos que se rindiesen cuanto antes para evitar una intervención soviética[31].

Todos los periódicos, con independencia de su color —falangista, católico, monárquico—, machacaron a partir de ahora el mismo mensaje: no solo Franco había sido un hombre de paz durante la Guerra Mundial, sino que él era el único que podía garantizar la paz en España. En mayo, al dar la noticia de que la guerra acababa de terminar, *Abc* publicó en primera página un retrato dibujado a mano del Caudillo. La noticia que seguía explicaba que este había sido elegido por la benevolencia divina para mantener

[29] *Nota adjunta a la memoria complementaria sobre propaganda exterior de España,* 24 de febrero de 1945, AFFF 6634.

[30] Citado en Pike, *Franco,* p. 126.

[31] *Ibidem,* pp. 16-19.

desde el principio la neutralidad de España[32]. *Arriba,* usando un tono más directo, lo rebautizó como «El Caudillo de la neutralidad»[33]. La amenaza apenas implícita era que las alternativas no podían ser otras que una intervención extranjera y otra Guerra Civil. Desinformados, manipulados, reprimidos, angustiados y temerosos de más violencia, los españoles veían los horrores de la guerra y el caos de la posguerra europea y no tenían más opción que estar de acuerdo[34].

El mejor compendio de estos intentos de justificación y manipulación del pasado fue publicado en 1947, cuando —como se verá más adelante— España era un paria internacional. El título de este libro es *España, rumbo a la post-guerra. La paz Española de Franco.* Se trata de un resumen de las presuntas acciones pacíficas y bienintencionadas del régimen, especialmente hacia las democracias, durante la guerra. El argumento principal del texto era conectar la supuesta neutralidad española (esto es, la del Caudillo) con la reconstrucción de Europa, en la que España (el Nuevo Estado) debería desempeñar un papel crucial aportando su experiencia pasada y su estabilidad política presente. Dicho de otra manera: el Caudillo era un líder indispensable para la reconstrucción de Europa. La segunda cita que abre el libro no tiene desperdicio. Según el Caudillo, en un discurso dado el 5 septiembre de 1939, con «la autoridad que me da el haber sufrido durante tres años el peso de una guerra para la liberación de nuestra Patria, me dirijo a las naciones en cuyas manos se encuentra el desencadenamiento de una catástrofe sin antecedentes en la Historia». El hombre que lideró al bárbaro ejército de África y que derrotó a la República a sangre y fuego se presentaba como el administrador moral de la tragedia española. Además ahora ponía al agresor, la Alemania nazi, al mismo nivel que su víctima, Polonia. La siguiente cita del Caudillo en

32 «Ha sido firmada la rendición de todas las fuerzas alemanas», *Abc,* 8 de mayo de 1945.

33 Pike, *Franco,* p. 130.

34 La Delegación Nacional de Prensa y Propaganda envió instrucciones a los Gobiernos Civiles y Jefaturas de FET-JONS indicando el nuevo discurso. Francisco Sevillano Calero, *Ecos de papel. Propaganda y medios de comunicación en el franquismo,* Madrid: Biblioteca Nueva, 2000, pp. 115-116.

este libro es de noviembre de 1944. El salto temporal no es casual, pues intenta ignorar los cinco años precedentes, cuando el dictador había dicho y hecho lo que ahora se quería maquillar. En este discurso, Franco dijo que no atacó a Francia en junio de 1940 porque tal hubiera sido una acción «incompatible con la hidalguía»[35]. Y así se olvidó de las peticiones a Hitler en Hendaya de un imperio norteafricano a costa de Francia; o de que Mussolini, cuyo ejército era menos deficiente que el español, había intentado invadir Francia cuando ya estaba vencida y que hizo el ridículo. También se olvidó de que, más que por la hidalguía, sus ardores guerreros estuvieron paralizados por el miedo a la Royal Navy, que estaba lista para golpear y tomar las islas Canarias. Pero el golpe maestro del descaro llegaba a continuación, cuando Franco desvelaba algo que luego diría otras veces y con más detalle. Era una bomba informativa mundial ofrecida por el mismísimo Caudillo en un discurso de marzo de 1947: Franco y España habían sido también víctimas de Hitler, pero no desde 1939, sino... ¡desde la misma Guerra Civil!:

> [...] la publicación de los documentos de Nüremberg, lo que da un solemne mentís a las gratuitas y calumniosas manifestaciones vertidas en la Organización de las Naciones Unidas [...] quedó de una manera palpable demostrado, por documentos incontrovertibles alemanes [...] la independencia de España [...] y la presión y amenaza que representaban los ejércitos alemanes victoriosos en su frontera y el disgusto que nuestra conducta producía en el propio jefe de la nación alemana; apareciendo igualmente en documentos sobre nuestra guerra de Liberación el interés y el propósito alemán de prolongar nuestra guerra y de que el Jefe español no obtuviera una victoria completa[36].

Un poco más abajo, el mismo hombre que había ordenado a su Estado Mayor elaborar un plan para invadir Portugal y que en octubre

[35] Agustín del Río Cisneros, *España, rumbo a la post-guerra. La paz Española de Franco,* Madrid: Afrodisio Aguado, 1947, pp. 11-12.
[36] *Ibidem,* p. 13.

de 1943 había mandado una felicitación a José Laurel, el nuevo presidente títere de Filipinas, entonces ocupadas por Japón, decía:

> Hemos de recordar con especial complacencia la fecha de liberación de Manila: 4 de febrero de 1945, así como el desembarco americano en Timor el 9 de agosto de 1944, que dio como resultado la liberación de esta isla y con ella la vuelta a su vinculación con Portugal[37].

Curiosamente, porque es una contradicción con lo que se pretendía demostrar, este libro incluyó las directrices (llamadas «orientaciones») dadas a la prensa española en agosto de 1945 para que esta reflejase la nueva política oficial del régimen. Este documento implicaba claramente que los insultos a los Aliados y elogios al Eje del pasado habían sido, también, producto de otras «orientaciones» (que, en realidad, en documentos oficiales eran llamadas con mucha más honestidad «consignas»). Ahora los periódicos tenían que difundir ideas como: «Se pondrá de manifiesto la satisfacción del pueblo español con la terminación de la contienda bélica en el mundo»; «Se señalarán los esfuerzos cumplidos por Norteamérica e Inglaterra para conseguir la victoria sobre Japón, y cómo esta victoria favorece a la cultura occidental y cristiana a que pertenecemos»; «Comienza la era de la paz mundial. España, que ha conservado su paz durante todo el conflicto...». Las «orientaciones» del mes de septiembre exigían a los periódicos que explicaran las ideas siguientes: los «jalones recorridos bajo el caudillaje de Franco»; «los bienes inmensos de esta conducta de apartamiento de la guerra, evitando la catástrofe de nuestra patria y la desgracia de las familias españolas»; «No hay posible elevación de vida [...] sin la continuidad de orden y eficacia en el trabajo español; y, por último, «La seguridad de la evolución política española conducida por Franco»[38]. Detrás de tantas palabras de paz el mensaje era en realidad solo uno: o Franco o la guerra.

[37] *Ibidem,* p. 68.
[38] *Ibidem,* pp. 357-358 y 361-362.

Las historias del Caudillo no impresionaron mucho fuera de España, aunque sí dentro. Y pese a que la situación distaba de ser ideal, eso era lo importante. El miedo colectivo a que la Guerra Mundial acabase envolviendo al país hizo que el mito de la paz de Franco, que ahora espoleaba la propaganda, fuese aceptado, aunque no necesariamente en su integridad, ni de manera unívoca, por una mayoría social. La paz era lo que los españoles deseaban desde el estallido de la Guerra Civil, lo que se había preservado de algún modo durante la Guerra Mundial y lo que esperaban que continuase en la posguerra. Lo importante era que el Caudillo no había llevado el país a la guerra. Pese a que los españoles no vivían estrictamente en paz —asistían cotidianamente a la imperativa tranquilidad de los cementerios— esta era, al fin y al cabo, más paz que la del trienio 1936-1939. Al capitalizar este sentimiento, Franco emergió de la posguerra mundial no como el pseudofascista, imperialista y ambicioso de 1940 a 1944, sino como el gobernante cuyo derrocamiento acarrearía un grave peligro para el país. Y eso lo percibían —en distintos grados y con matices— desde quienes le adoraban desde 1936 hasta quienes más o menos se habían resignado a vivir bajo su corrupta tiranía. En definitiva, este sentimiento cimentó el mito político legitimador más importante de la dictadura, el de la Paz de Franco, cuya capacidad de cooptación social era mucho más amplia que la fábula del Caudillo como heroico salvador de una España en peligro de muerte. A diferencia de esta, el mito de la paz incluía los deseos tanto de los partidarios del régimen como los de aquellos que eran indiferentes e incluso moderadamente hostiles. Este nuevo Caudillo se presentaba como un hombre sabio y prudente en una España pobre, pero todavía mejor que la Europa occidental durante los años difíciles de 1945 a 1947, o la Europa oriental controlada por el comunismo. Los deseos, miedos e ignorancia de los españoles se habían aunado con las intenciones del dictador de aguantar en el poder a cualquier precio, incluyendo el de la verdad.

Europa fue liberada en 1945 pero los españoles siguieron prisioneros de sus miedos. Es más, la promesa de libertad europea de ese año era para un importante sector de españoles una amenaza. Fue una realidad difícil de comprender o de aceptar para los exiliados, para quienes estaban en la cárcel o para los que, aun formalmente libres, sentían España como un presidio. Franco se había apoderado del futuro de los españoles y no solo, como se creía fuera o en los círculos de la oposición, por la fuerza. El Caudillo podía representar en Europa el pasado fascista que el continente se esforzaba ahora en olvidar, pero en España significaba diferentes y encontradas cosas, en primer lugar evitar lo peor de una historia de violencia que no se quería repetir. Algunos observadores extranjeros se dieron cuenta de ello. Tal fue el caso del embajador americano, Norman Armour, quien en octubre de 1945 escribió un informe para el Departamento de Estado que decía:

> No hay actualmente en la escena política ningún otro factor más influyente que el miedo a la guerra de la gente. Es un estado mental que no se puede describir simplemente en términos de letargo o cansancio: es una convicción activa y afirmativa de que no se podrá aguantar más violencia social y que, por ello, esta no puede suceder[39].

El embajador Armour tenía razón, y eso que no era un enemigo frontal de Franco, sino que, por el contrario, el diplomático estaba formulando sin saberlo la teoría que luego sería conocida como la del «aliado silencioso»:

> Por los hechos que conocemos en esta embajada concluimos que, al menos durante el período de beligerancia americana, los Aliados recibieron mucha más ayuda y muchas más facilidades de España para su esfuerzo bélico que recibió el Eje[40].

[39] *Embassy of the United States of America, Subject: An appreciation of the Spanish Political Situation,* 8 de octubre de 1945, National Archives College Park (NACP), State Department, Lot Files 6635, 59/250/852/8.

[40] *Embassy of the United States of America, Transmitting memorandum on «Allied-Axis Wartime Balance Sheet with Spain»,* 6 de noviembre de 1945, NACP, State Department, Lot Files 6336, 59/250/852/8.

El período a que se circunscribía el análisis del embajador Armour —un hombre que tenía razones personales para detestar el comunismo y que estuvo en Madrid durante solo ocho meses— era muy corto. Otros testigos, incluso tan anticomunistas como aquel, pero que habían visto más, no estaban de acuerdo. Su colega británico, Samuel Hoare, que había estado en España durante cuatro años, desde los días aciagos de la caída de Francia en junio de 1940, y que además había sufrido el escarnio frecuente de Franco y de Serrano Súñer, dejó escrita en sus memorias una historia muy distinta[41]. Pero incluso a Armour, a pesar de su generosidad con el régimen, la petulancia y las falsedades del Caudillo le resultaban excesivas. A comienzos de diciembre de 1945 escribía otro informe en el que daba cuenta de su conversación con aquel con motivo de su vuelta a Washington (su puesto quedaría vacío durante varios años). Según el embajador, cuando le preguntó a Franco por la falta de evolución de su régimen, este comenzó una «larga arenga» sobre los peligros del comunismo. Cuando, veinte minutos más tarde, el Caudillo «paró para respirar», Armour comentó de nuevo su insatisfacción por la ausencia de un proceso democrático en España. «Franco expresó sorpresa y dijo que se había hecho un progreso real. Dijo que su régimen no tenía intención alguna de permanecer más de lo necesario, pero que tenía que completar su trabajo» y añadió que se habían realizado progresos «particularmente en el terreno social, en el cual él estaba particularmente interesado»[42]. El teatro no se limitó al embajador, y alcanzó nuevas cotas de ridículo en la entrevista que el Caudillo concedió por esas mismas fechas al agregado militar norteamericano, el teniente coronel Abert Ebricht, quien también estaba a punto de partir. A este le explicó que mientras Estados Unidos tenía una gran democracia,

[41] Samuel Hoare, *Ambassador on Special Mission*, Londres: Collins, 1946.

[42] *Embassy of the United States of America, Ambassador Armour's Farewell Conversations with General Franco and Foreign Minister Martin Artajo; Reception of Military Attaché by General Franco,* 3 de diciembre de 1945, NACP, State Department, Lot Files 6336, 59/250/852/8.

> [...] en Europa, y particularmente en España, las cosas son diferentes, dijo, pues en el mismo momento que a uno le dan un puesto de autoridad todo el mundo intenta desbancarlo en vez de apoyarlo, y si uno no es capaz de hacer su trabajo es porque está continuamente agarrándose a su silla para evitar que lo tiren de ella[43].

Los americanos podían ver en privado lo que muy pocos españoles vieron en público: al cínico narcisista. Los españoles ni tenían información ni podían elegir. Los americanos sí, y sabían que este gobernante egocéntrico les podía ser útil. Y viceversa, pues también el Caudillo sabía que, en los intereses de Estado, la moral ocupa siempre un papel real muy secundario, y que en esto Estados Unidos, a pesar de lo que pensase de sí mismo, no era demasiado distinto de ningún otro país.

Hay un último aspecto de la actuación del régimen que la propaganda franquista explotaría a posteriori —y con bastante éxito— para mostrar la humanidad del Caudillo y de cómo era diferente de los líderes del Eje. Se trata del Holocausto judío y del papel que la dictadura española desempeñó en el mismo; ocultando, claro está, el que estuvo a punto de tener. Después de la guerra, Franco dijo haber ayudado a los judíos a escapar de Hitler. Muchos de los supervivientes corroboraron esta historia, hasta el punto de que, por ejemplo en Norteamérica, no era infrecuente hasta hace unos años que su nombre fuese bendecido en algunas sinagogas. Pero aquí, como en otros aspectos de la política internacional del Nuevo Estado durante la Guerra Mundial, los hechos fueron más ambiguos y contradictorios de lo que la historia oficial franquista pretendió. Por una parte, decenas de miles de judíos salvaron su vida al conseguir cruzar la frontera franco-española, pero a otros se les impidió el paso y acabaron así en manos de los nazis. Además, en los últimos meses de la guerra, algunos diplomáticos españoles acreditados en la Europa del Este, en especial en Hungría, salvaron a miles de judíos dándoles documentación o alojándolos en pre-

43 *Idem.*

suntas dependencias diplomáticas españolas. Pero estos individuos, personas muy de derechas y muy decentes, actuaron con independencia de Madrid y a veces contra las instrucciones que de allí recibían. De hecho, en el tema del Holocausto, el Gobierno de Franco mantuvo sus opciones abiertas. En mayo de 1941 ordenó la elaboración del llamado Archivo Judaico, el censo de los 6.000 judíos que vivían en España. Los resultados del censo fueron entregados a los nazis, que usaron estos datos en la Conferencia de Wannsee, que tuvo lugar en enero de 1942, donde se preparó la Solución Final, esto es, el exterminio. A finales de 1945, el Archivo Judaico fue destruido, aunque algunos de sus documentos sobrevivieron y fueron descubiertos en 1997[44].

Una anomalía de posguerra

La necesidad de Franco de reinventarse un nuevo pasado conveniente coincidió con un período de ansiedad e inseguridad en Occidente. A la impresionante victoria militar soviética se añadieron las serias dificultades en Europa Occidental, cuya economía no despegó hasta 1948. Además, el futuro político de las democracias era más que incierto. Mientras tanto, en el Este, el resultado sería el contrario, porque allí los partidos comunistas acosaron, destruyeron o cooptaron a las demás fuerzas políticas para instalar dictaduras modeladas en la de Stalin. Como resultado, el fin de la guerra no solo no acabó con la violencia política en el continente, sino que además trajo su división, que pronto desembocó en la Guerra Fría[45]. Este era, precisamente, el resultado que el régimen franquista había estado esperando desde 1945. Franco sabía que, con

[44] Jacobo Israel Garzón, «El Archivo Judaico del Franquismo», *Raíces,* 33 (1997): 57-60.

[45] Véase Ian Buruma, *Year Zero: a History of 1945*, Nueva York: Penguin, 2013; y Anne Applebaum, *Iron Curtain: The Crushing of Eastern Europe, 1944-1956,* Nueva York: Boubleday, 2012.

un poco de suerte, podría aguantar en el poder hasta que las diferencias entre los aliados occidentales y los soviéticos acabasen con la colaboración coyuntural que habían establecido en la lucha contra el enemigo común. Esta esperanza había sido alimentada por algunos gestos políticos de los Aliados durante la Guerra Mundial. Churchill, el símbolo del desafío orgulloso a los nazis, había mandado mensajes indirectos, en público y en privado, a Franco en los que venía a decirle que, si se portaba bien, sería posteriormente correspondido. El primer ministro británico era ante todo un imperialista y un anticomunista que anteponía los intereses estratégicos de su país a su opinión personal sobre Franco o a su deseo de ver un restablecimiento de la monarquía en España. Estos intereses británicos en España eran en esencia dos: proteger sus importantes inversiones económicas e impedir que el comunismo se estableciese en la Península ibérica. Cuando, a finales de 1944, el embajador británico en Madrid, Samuel Hoare, consiguió convencer a su ministro de Asuntos Exteriores Anthony Eden de que le pidiese a Churchill un plan para instaurar una monarquía liberal en España, la respuesta de este fue sintomática: «Lo que usted me pide es poco menos que alentar una revolución en España». Los intereses de Churchill coincidían con un tema central de la propaganda del régimen franquista: la alternativa al Caudillo era otra guerra y el comunismo[46].

En 1945 el Reino Unido era una potencia victoriosa en lo militar pero arruinada. El socio mayor de los Aliados occidentales era ahora Estados Unidos que, tras dejar por detrás su tradicional aislamiento internacional, se disponía a imponer sus intereses estratégicos. Y eso era un problema para Franco porque, durante la presidencia de Franklin D. Roosevelt y en los primeros años, a partir de abril de 1945, de Harry Truman, Estados Unidos era oficialmente una potencia antifascista. Pero la geografía y el tiempo jugaban a favor del Caudillo. Por un lado, España está situada a las puertas de

[46] Richard Wigg, *Churchill and Spain. The Survival of the Franco Regime, 1940-1945*, Brighton: Sussex UP, 2008, p. 181.

Mediterráneo y su territorio ofrecía una magnífica base de apoyo para cualquier despliegue militar contra la Unión Soviética. Por otro lado, la desintegración de la coalición antifascista era una cuestión de tiempo[47]. Además, incluso antes de que la Guerra Fría hiciese su aparición, los americanos disponían de argumentos ideológicos y raciales para justificar su tolerancia hacia la dictadura española. Ya en marzo de 1945, en un informe confidencial, el agregado militar americano en Madrid había identificado entre las razones para «la continuación del régimen actual» el «individualismo y la falta de responsabilidad de los españoles», que él justificaba por razones históricas y raciales: «la herencia racial y el individualismo transmitidos por 800 años de dominación mora y la falta de responsabilidad salvo en unos pocos individuos, hacen que los españoles como grupo sean incapaces de establecer y de operar una democracia»[48]. No era una opinión aislada. En febrero de 1946, en medio de una tormenta diplomática internacional contra la dictadura, el sucesor interino del embajador Armour, el agregado William W. Butterworth, envió al Departamento de Estado un informe sobre la supuesta amenaza comunista en España, que él vinculaba a la idiosincrasia de la población:

> El comunismo como tal va contra el carácter nacional español, con sus marcadas tendencias anarquistas y grueso individualismo. Pero es ese mismo individualismo intenso el que destruye a los partidos políticos más abiertos, dejando de ese modo a la disciplina comunista un campo amplio de acción en cualquier momento de crisis violenta[49].

Butterworth era un racista y un anticomunista furibundo pero también un realista que sabía muy bien el posible efecto de sus

[47] Véase Joan María Thomás, *La batalla de Wolframio: Estados Unidos y España del Pearl Harbor a la Guerra Fría (1941-1947)*, Madrid: Cátedra, 2010.
[48] *Military Intelligence Division W.G.G.S.*, 23 de marzo de 1945, NACP, State Department, Lot Files 6634, 59/250/852/8.
[49] *Incoming telegram 936*, 15 de febrero de 1946, NACP, State Department, Lot Files 6337, 59/250/852/8.

palabras, y que estas favorecían los planes del Caudillo. En su informe anual sobre el país, fechado también en febrero de 1946, explicó que el control del poder de Franco era «firme» y que, a pesar de «alguna concesión a la opinión democrática» exterior, «estaba apostando con confianza por una ruptura entre la Rusia soviética y los aliados occidentales», que «transformaría su animadversión sin compromisos con aquella en una baza que garantice a España su aceptación en un bloque anti-ruso occidental»[50]. Tenía razón, pero antes de que las esperanzas de Franco se materializasen en lo básico —su supervivencia— se produjeron una serie de crisis internacionales que parecieron fatales para la dictadura.

Mientras Butterworth escribía estos informes, la comunidad internacional condenaba, con aparente vigor, a Franco y su régimen. En febrero de 1946, Francia cerró su frontera con España. En marzo, una declaración conjunta de Estados Unidos, Gran Bretaña y Francia hizo público su repudio a la dictadura y expresaba el deseo de que la democracia volviese a España. Estos y otros gestos, no solo no hicieron mella en el régimen, sino que incrementaron su popularidad debido a que fomentó en la gente una mezcla de sentimientos nacionalistas (y xenofóbicos) y de miedo a otra guerra que, como informó la embajada americana en Madrid más de un año más tarde, se superpusieron al malestar social reinante[51]. Así, las condenas internacionales tuvieron como principal beneficiario al Caudillo, quien apareció ante sus súbditos no como el problema de España, sino como la garantía de su estabilidad. Esto no quiere decir que Franco no fuese rechazado por amplios sectores sociales, o que los españoles se olvidasen de la miseria cotidiana a la que el régimen los condenó. Los diplomáticos americanos eran conscientes de estas ambigüedades y contradicciones. Al analizar el desarro-

[50] *Embassy of the United States of America, Subject: Transmitting Embassy's Political Report for Year 1945,* 15 de febrero de 1946, NACP, State Department, Lot Files 6337, 59/250/852/8.

[51] *The Foreign Service of the Unites States of America, American Embassy,* 1 de mayo de 1947, NACP, State Department, Lot Files 6340, 59/250/852/8.

llo de algunos de los viajes del dictador a las provincias aquel año —Murcia y Alicante en abril, Asturias en mayo y San Sebastián en agosto—, aquellos observaron las no muy numerosas multitudes que —organizadas por la Falange— lo recibieron. Su conclusión fue que «mientras que Franco no es una figura extremadamente popular, tampoco es el objeto de la detestación unánime entre los españoles que mucha gente pretende o quiere creer»[52].

La causa del Caudillo fue reforzada por las cínicas mentiras de algunos de sus enemigos, en particular las de los países comunistas del este de Europa, que la propaganda del régimen no tardó en explotar. Los españoles sabían de los horrores reales o supuestos de las dictaduras comunistas; y por eso lo que los diplomáticos de estos regímenes dijeron contra el Nuevo Estado solo contribuyó a hacer más creíbles, o al menos relativizar, las mentiras y excusas del Caudillo. Los comunistas españoles se prestaron a este juego, cuando en 1946 no dudaron en decir que había en el país entre 100.000 y 500.000 nazis exiliados, incluidos 6.000 científicos y técnicos. Algo más cauto, el tristemente famoso líder comunista francés André Marty dejó la cifra en solo 100.000 nazis exiliados. Siguiendo instrucciones de Moscú, el poco popular régimen comunista polaco retomó la idea y, con cierta ayuda de la imaginación, reveló a un mundo asombrado que estos nazis le estaban construyendo a Franco una central nuclear en Ocaña, que además estaría vigilada por 600.000 o 700.000 soldados. El delegado polaco en las Naciones Unidas, el economista Oscar R. Lange, concluyó su informe declarando que la España de Franco era «una amenaza a la paz mundial»[53]. Se trataba de una tontería, pero estas palabras constituían una amenaza a la paz de los españoles. Sí, era cierto que había algunos científicos alemanes en España, pero muy pocos —y entre ellos no faltaban farsantes y chiflados— comparados con los que estaban en la propia

[52] *Embassy of the United States of America, Subject: Transmitting Embassy's Political Report for 1946,* 8 de mayo de 1947, NACP, State Department, Lot Files 6340, 59/250/852/8.

[53] Pike, *Franco,* pp. 136-139.

Unión Soviética o en Estados Unidos. También hubo muchos nazis, fascistas y otros prófugos de la derrota del Eje que, a menudo con la ayuda del Vaticano, usaron España para refugiarse o para huir a Latinoamérica. Pero en Ocaña no había más que una destilería y un tejar. Los españoles sabían muy bien cuál era el nivel tecnológico de la nación, del que se reían con poco disimulo, como lo hacían de las declaraciones de Lange, por no poder hacer otra cosa. La risa no siempre es subversiva, especialmente cuando incluye nervios y miedo.

Lo que se decía en las Naciones Unidas reflejaba en parte la opinión pública del mundo libre, donde la antipatía hacia el Caudillo era extensa e intensa, pero no siempre mayoritaria. Tal era el caso de Estados Unidos, el país verdaderamente importante para el futuro del Nuevo Estado. En una encuesta Gallup llevada a cabo en abril de 1946, el 43% de los norteamericanos se declaraba a favor de romper las relaciones diplomáticas con España, pero otro 43% estaba en contra, y un 14% no se pronunciaba. Los norteamericanos que querían boicotear a la dictadura de Franco daban como motivos que: había científicos nazis en España; que era un régimen fascista; que había ayudado al Eje durante la guerra; y que España era una amenaza a la paz mundial. Expresaban, en suma, la mezcla de trazos verdaderos, medio mentirosos y fantasiosos que dibujaron la posguerra[54]. Lo anterior no quiere decir que la población norteamericana estuviese informada, mal o bien, sobre España, sino más bien lo contrario. Si ahondamos en la encuesta citada antes, nos encontramos con que solo el 53% de los americanos decía saber quién era Franco o dónde estaba España. Había, pues, amplio margen para instruir y manipular a esta opinión pública[55].

Las llamadas internacionales para que Franco dejase el poder llegaron a su punto culminante en diciembre de 1946. El día 2, el senador Tom Connally, representante de la delegación estadounidense en las Naciones Unidas, propuso la exclusión de España de la organización e hizo una llamada a Franco para que cediese todos

[54] Gallup, *Gallup...*, vol. 1, pp. 520, 579-580, 612-613, 661.
[55] *Ibidem*, p. 151.

sus poderes a un Gobierno provisional representativo del pueblo español. Esto es, que si España deseaba no quedar aislada tenía que librarse antes de su Caudillo. Franco no le hizo caso, por lo que el 12 de diciembre las Naciones Unidas excluyeron a la España «fascista» de todos sus órganos y llamaron a una retirada masiva de embajadores de Madrid, a lo que se negaron el Vaticano, Portugal, Irlanda, Argentina y otros pequeños países. La infectiva declaración de las Naciones Unidas tuvo un efecto contrario al deseado, y se convirtió en una ocasión que la dictadura no dejó pasar por alto. Por eso organizó manifestaciones masivas que pretendieron ser en defensa de España, pero en realidad sirvieron de apoyo al Caudillo. Con su popularidad cimentada, este solo tuvo que esperar tres meses más para ver cómo su suerte cambiaba. En marzo de 1947, el presidente Truman inauguró formalmente la Guerra Fría con el anuncio de la nueva doctrina geoestratégica que estipulaba que Estados Unidos ayudaría a todo Gobierno que se viese amenazado por el comunismo. La doctrina Truman fue lanzada para ayudar al Gobierno monárquico griego a ganar la Guerra Civil de aquel país, pero significó el comienzo de la rehabilitación internacional, que nunca dejó de ser solo parcial, de Franco.

Una de las respuestas más importantes de Franco a las críticas internacionales fue la organización de un referéndum que le diese legitimidad «democrática». Además, el plebiscito le serviría para sentar las bases jurídicas de la estructura del Estado, que eran muy deficientes, y que lo seguirían siendo, pues el franquismo nunca se preocupó de dictar una constitución. El referéndum tuvo lugar el 6 de julio de 1947. Con él, la dictadura pidió a sus súbditos que aprobasen la transformación de España en un reino. Este reino tendría a Franco como regente de por vida, concediéndosele, además, el poder para elegir a su sucesor sin que fuera necesario que se tratara de un rey. Esto es, se les pedía a los españoles que le diesen una pátina legal al poder de Franco. Como, entre muchos otros, señaló el cónsul americano en Málaga, la propaganda a favor del sí fue ubicua, y en ella se mezclaron exhortaciones a votar por el Caudillo con recordatorios de los horrores de la Guerra Civil. Los españoles, por supuesto, dijeron que sí, aunque no de la forma masiva que la propaganda de la dictadura hizo pública, pues los votantes fueron intimidados y los datos finales manipulados. En este estado policial, los españoles tuvieron que caminar hasta las mesas electorales con el voto en el bolsillo, ya que en los colegios no había cabinas cerradas para marcar la papeleta. Además, en un país donde había gente muriéndose de hambre, se corrió el rumor, que resultó ser cierto, de que la cartilla de racionamiento iba a ser sellada en la mesa electoral y de que no votar, aquella quedaría invalidada[56]. Lo que los observadores extranjeros, o la mayoría de los españoles, no sabían es que los resultados ya habían sido decididos por el Ministerio de la Gobernación y que los presidentes de las mesas electorales llevaban las actas rellenas en el bolsillo antes de que los colegios abriesen. El Caudillo habría ganado sin necesidad del fraude, pero él, como todos los dictadores, no necesitaba mayorías sino unanimidad, y su régimen se la dio[57].

La presunta legitimidad popular de la Paz del Caudillo se unía ahora al apoyo, previo e incondicional, de Dios y de la Victoria. Franco se dispuso a esperar a que amainase el vendaval exterior. Ni él ni sus ayudantes pagaban el precio del aislamiento, sino sus súbditos; y estos no mostraban ningún deseo de rebelarse, más bien todo lo contrario. El tirano sabía que el viento soplaba a su favor. Cada día se hacían más evidentes las señales de un debate que, de espaldas al público, había estado sacudiendo a la Administración norteamericana desde los últimos días de la Guerra Mundial: ¿era preferible llegar a un acuerdo con Franco antes que forzar su salida? El Departamento de Defensa decía que sí, pero hasta 1947 el Departamento de Estado se resistió[58]. Sin embargo, a partir de la adopción de la doctrina Truman, el anticomunismo se convirtió en

[56] *American Consulate, Malaga, Subject: Spanish Referendum,* 10 de julio de 1947, NACP, State Department, Lot Files 6340, 59/250/852/8.

[57] Más detalles en Cazorla, *Políticas,* pp. 234-238.

[58] Mark Byrnes, «Unfinished Business: the United States and Franco's Spain, 1944-47», *Diplomacy & Statecraft,* 1 (marzo de 2000): 129-162.

una prioridad frente a lo que quedase de antifascismo en el Gobierno de Estados Unidos. Por su parte, desde Madrid, el encargado de negocios Paul Culbertson se encargó de dar una coartada realista a lo que en realidad no dejaba de ser una mentira cínica, pero conveniente. Repitió una y otra vez que los españoles no estaban hechos para la democracia, que no se la merecían. Por ejemplo, después de ocho años de dictadura y cerca de 150.000 fusilados, Culbertson escribió en un informe para Washington redactado a finales de diciembre de 1947 que:

> Los elementos de la oposición dentro y fuera de España han vivido con la falsa expectativa de que nosotros y otras potencias íbamos a desbancar a Franco y a ponerlos a ellos en control. Ninguno de estos se ha imaginado la mecánica de este cambio. De hecho, nunca lo han intentado[59].

Este caballero olvidaba por completo la historia, y la propia ciencia política comparadas. Hasta 1945, poca gente en Alemania, y hasta 1943 en Italia, había diseñado mecanismos de cambio para sus dictaduras. Y, sin embargo, ambas naciones fueron liberadas primero por los Aliados, y luego estos se dispusieron a crear estructuras democráticas, sin contar con que además la economía de estos países fue ayudada de forma masiva; probablemente como nunca se ha dado en la historia. Lo mismo se podía decir de otros estados de mejor pedigrí democrático liberados en 1945: Francia, Bélgica, Holanda, Noruega, Dinamarca, etc. Pero ahora era conveniente que España se sacrificara y fuese diferente; y desde luego, acabó siéndolo, junto a la vecina Portugal. En consecuencia, la población española vivió bajo una dictadura cruel e ineficaz que la condenó al subdesarrollo y a un sentimiento de inferioridad en medio de una Europa que se autodenominaba el Mundo Libre. Una fórmula a la que Franco pronto apuntó a los españoles como meritorios.

59 «The Chargé in Spain (Culberston) to the Secretary of State», *Foreign Relations of the United States (FRUS)*, 30 de diciembre de 1947, Europa, vol. III, pp. 1099-1101.

Estos pagaban los riesgos estratégicos, pero no disfrutaban ni de la libertad ni del progreso. Es más, el Caudillo adoptó gustoso la cínica mirada orientalista del país existente en un sector de la opinión occidental: España, ese país romántico, donde todo era posible y distinto, pues no conseguía librarse de siglos de Inquisición, imperio y violencia. Franco, esa figura extraña en el cuerpo político de la Europa liberada, era el problema de esa gente exótica, los españoles, que quizás no se merecían nada mejor. Todo era una cuestión de perspectivas y de oportunismos. Donde los extranjeros veían intolerancia y atraso, el Caudillo exhortaba al catolicismo del país, a la senda imperial y la tradición frente a los enemigos internos y externos. En suma, la coincidencia de prejuicios, estereotipos e intereses sirvió para justificar la dictadura de Franco o, lo que es lo mismo, la falta de libertad y de progreso de los españoles.

Franco dijo muchas veces que el comunismo no había perdonado que España (él) le hubiese infligido su primera derrota. No era cierto, pues ya en 1918-1919, tres revoluciones comunistas habían sido derrotadas en Finlandia, Alemania y Hungría. Pero él necesitaba ser el primero y el mejor, además de la víctima propiciatoria para un mundo lleno de conspiradores. Sería fácil ver detrás de esas afirmaciones solo a un cínico astuto que utilizaba el heroísmo y el victimismo con el objetivo de preservar su poder. No era tan sencillo. Franco era astuto y cínico pero creía firmemente en muchas de las cosas que decía. En verdad tenía una noción paranoide de la historia y de la política. Sus obsesiones eran Francia, Inglaterra, la masonería, el comunismo y los judíos. Todos ellos enemigos inveterados de España —y de él— que se infiltraban y escudaban hábil y peligrosamente detrás de sus críticos. Esto explica la serie extraordinaria de artículos que publicó entre 1946 y 1951 en el diario *Arriba* bajo el seudónimo de Jakin Boor (es una historia más que extraña, ya que en cierto momento se dio la noticia de que el señor Boor había sido recibido en audiencia por el Caudillo). Los artículos luego aparecieron recogidos en un libro publicado en 1952 con el título *Masonería*. He aquí tres ejemplos de lo que Jakin Boor tenía que decir. El primero en el prólogo:

> La masonería es un producto inglés, al modo del comunismo lo es ruso [...] la masonería española cumplía aquellas consignas que partían de Londres o de París. Que la masonería fue la activa socavadora de nuestro Imperio nadie puede negarlo [...] Para Inglaterra fue el medio de activar la desmembración de un imperio que le hacía sombra; para Francia, el mejor sistema para eliminar de su frontera sur y una rival. A ninguna de las dos naciones le convino jamás una España fuerte, y jugaron 'al limón' para lograrlo[60].

En diciembre de 1946, en el primer artículo publicado en medio de las condenas de la ONU a Franco:

> Todo secreto de las campañas desencadenadas contra España descansa en dos palabras: 'masonería' y 'comunismo' [...] El hecho no puede ser más natural [...] La pasión personal de determinados miembros masones hizo olvidar la conveniencia de la secta para enrolarse al carro de Moscú [...] Existe un poder internacional secreto mucho más terrible que todos los fascismos habidos y por haber, pues se mueve en la clandestinidad, maniobra y hace y deshace a su capricho de los que pomposamente se titulan representantes de la democracia[61].

Y, por último, en julio de 1950, cuando buscaba con ansia una alianza con Estados Unidos:

> No pudo pasar inadvertido para Moscú quiénes eran los que mandaban en el mundo de los occidentales, la filiación masónica de Roosevelt y de sus consejeros; quiénes decidían, con o sin responsabilidad, en Europa y América, y puso su sitio a la fortaleza, y evidentemente la conquistó. Rusia dispuso en el círculo masónico de Roosevelt y de

[60] Jakin Boor (Francisco Franco Bahamonde), *Masonería. El libro secreto,* Barcelona: Ojeda, 2003, p. 9 (1.ª ed., 1952).
[61] *Ibidem,* pp. 11-12.

> los gobernantes americanos durante mucho tiempo de una influencia decisiva[62].

Este hombre escribía cosas así precisamente cuando los americanos, como veremos en el próximo capítulo, estaban a punto de decidir que era un buen dictador cristiano. Pero este hombre era Franco, desdoblado como Jakin Boor, no la imagen del gobernante que el mundo y los españoles conocían como el Caudillo.

Dueño del presente y del pasado

¿Quién era el Caudillo para los millones de españoles que activa o pasivamente le apoyaron en estos años tan difíciles? En primer lugar, era el gobernante de la Victoria para una minoría, pero también el de un país acongojado por sus miedos, por un fracaso histórico reciente de la libertad y de la convivencia que nada tenía que ver con las experiencias previas a 1936. Franco administró la división social y el trauma colectivo y, apoyado en su aparato de propaganda, emergió como el Caudillo. Así se convirtió en el dueño del presente y de la memoria de los españoles de su pasado reciente. Franco podía haber aprovechado su posición excepcional de poder para promover una reconciliación nacional, perdonando a sus enemigos, compensando a todas las víctimas de la guerra y tratando de incorporar al mayor número posible de españoles a la vida pública y política. Sin embargo, su proyecto político se basó en lo contrario: en promover y recordar —detrás de un falso mensaje de perdón— la separación entre vencedores y vencidos, negándoles a estos últimos cualquier legitimidad. El Nuevo Estado era por definición excluyente. Obrar de otro modo habría supuesto desmontar el poder del Caudillo, que estaba basado en el control del trauma, del miedo y de la mentira. Por eso el Caudillo no solo fue lo que la propaganda dijo que era, sino también lo que la sociedad

[62] *Ibidem,* p. 212.

sintió desde situaciones y expectativas muy distintas y a menudo contrapuestas. Hubo un Caudillo de España y muchos diferentes «el Caudillo» de los españoles. Sin embargo, cuando Franco hablaba, amenazaba a todos ellos con la vuelta de la violencia, recordaba a los suyos quién les protegía de los otros, y, a estos últimos, qué era lo que tenían que temer de él.

La figura del Caudillo fue excepcional en la Europa occidental de posguerra; porque ningún otro gobernante acaparó tanto poder, controlando una sociedad tan reprimida, traumatizada y escindida. La división social, inseparable del miedo y de la miseria, se aprecia en las cartas que los españoles enviaron al Caudillo en los primeros años de dictadura. En ellas, los que se sentían ganadores le pedían justicia, que para ellos era una compensación por los sacrificios o sufrimientos padecidos durante la República o, más frecuentemente, la guerra. En cambio, los que se sabían derrotados pedían clemencia o caridad, conscientes de que su suerte estaba en manos del gobernante, manifestándole arrepentimiento y sumisión y esperando, no ya un privilegio, sino seguir viviendo de la manera más normal posible (fuera de la cárcel, sin estar condenado a muerte, volver con sus familias y encontrar un trabajo, etc.). La normalidad, que tenía que ser un derecho de la gente, dependía de la sumisión del derrotado y de la voluntad omnímoda de Franco. Aunque son muchísimos los ejemplos, quizás no haya uno mejor que la carta que le escribió en diciembre de 1939 un joven de quince años a Franco desde Colomera (Granada). Después de recordarle al Caudillo que este había fusilado a su padre, un guardia de asalto, casi tres años antes en Málaga, le pedía un trabajo para poder alimentar a sus cuatro hermanos: «Me dicen que V.E. atiende a estos casos extremos por eso me dirijo pidiendo protección, ya que carezco de medios y de influencias»[63].

El resultado de la piedad franquista no era la recuperación para la Nueva España de los vencidos ni la amnistía —que estaba reservada para los del bando propio por ley desde 1939—, sino un perdón parcial, del que siempre quedaba una mancha que nunca se

[63] Cazorla, *Cartas,* p. 201.

borraba por completo. Solo este concepto de humillación constante del vencido explica que el franquismo no tuviese empacho en publicar, y pretender hacer creer que eran honestas, cosas como los poemas al Caudillo de los presos políticos. En una colección de poesías publicada en 1940, cuando las ejecuciones masivas eran frecuentes, el vocal del patronato central de Redención de Penas, José María Sánchez de Muniaín (un destacado miembro de la Acción Católica), utilizaba con vacuidad rimbombante el dolor de los presos para enardecer la figura del dictador:

> Es el verano de 1940. La fecha puede resonar con majestad en los años venideros. España está en ocasión propicia de volver a ser instrumento de la Providencia: evangelizadora, redentora de pueblos, pimpollo de la cristiandad. Somos envidia de las gentes y nos guía la espada más limpia de los siglos modernos. Esto no es fanfarronada, sino verdad certísima[64].

Los tiempos tan magníficos eran los de la caída de Francia y los excesos verbales bélicos del Caudillo, a cuya limpia espada se refería el señor Muniaín. Ante tanta excelsitud, a los presos solo les quedaba arrodillarse y esperar lo mejor. Por eso Juan Bautista Lorca acababa su poema «España» de la siguiente manera:

> ¡Honor al Caudillo que trajo fortuna!
> ¡Honra a su estirpe, a su clara cuna!
> ¡A quien abre Historia puertas de Cristal!
> ¡Por ti España es Grande, es Libre y es Una!
> ¡Franco, Franco, Franco! ¡Salve General![65].

Desde otra prisión sin nombre, Félix Paredes en su poema «Gratitud al Caudillo» expresaba las esperanzas de un preso con el lenguaje humillado que se requería:

[64] *Musa Redimida. Poesías de los presos en la Nueva España,* Madrid: Redención, 1940, p. 10.
[65] *Ibidem,* p. 94.

Y llega el perdón ¡llega! Y el preso lo recibe,
como recibe al alba quien al alba revive
y ante aquel buen augurio de paz y de consuelo
las manos del recluso se abren y salta al suelo
el minuto elocuente portador de la empresa
que introdujo en el ansia del preso la sorpresa
y que siempre seguro de la verdad que entona,
ratifica orgulloso que el Caudillo perdona[66].

Esta actitud frente a los vencidos se basaba en la convicción de que estos habían pecado contra Dios y contra España. A pesar de muchas y honrosas excepciones, sobre todo entre curas párrocos, la Iglesia católica alentó este discurso del régimen y apoyó las consecuencias que se derivaron de llevarlo a la práctica. La Iglesia respaldó la (in)justicia de Franco defendiendo el perdón espiritual frente al jurídico, en parte para hacerles pagar a los «rojos» por el asesinato de clérigos. Esto implicaba asumir e informar el lenguaje y las políticas represivas de la dictadura. Los vencidos tenían que someterse a Dios y a su espada justiciera en la tierra: Franco. El padre José A. Pérez del Pulgar, quien ocupaba un alto cargo en el Patronato de Redención de Penas, explicó que los presos políticos tenían que trabajar no solo para reparar el daño cometido durante su cooperación con la «rebelión marxista», sino «para reconciliarse ellos y sus familias con la religión, la sociedad y la patria», sin necesidad de que hubiese amnistías, ya que estas degradaban «el principio de Autoridad»[67].

Esta actitud de castigo al enemigo y de humillación ante el poder llegó incluso a proponer imágenes tan esperpénticas que hoy cuesta creerlas. El padre Martín Torrent, capellán de la prisión de Barcelona, explicó en 1942 que había visto prisioneros condenados por rebelión morir enfrente del pelotón de ejecución con el brazo

66 *Ibidem*, p. 99.
67 José A. Pérez del Pulgar, *La solución que España da al problema de sus presos políticos*, Librería Santarén: Valladolid, 1939, pp. 50-51.

en alto y dando vivas a Franco y a España. Esto probaba, según él, que los prisioneros confiaban en la «magnanimidad del Caudillo». Este clérigo también afirmaba que los condenados a muerte eran en realidad personas afortunadas, pues, a diferencia de los demás mortales, que podían fallecer de repente en estado de pecado, aquellos podían prepararse adecuadamente para la vida eterna[68]. En perfecta sintonía con el mensaje vengativo, paranoide y de falsa conciliación del Caudillo, el padre José Echeandía explicó en 1945 por qué no había que perdonar en lo material, sino solo en lo espiritual, ya que los «argumentos de conformistas inconscientes», los trucos de los enemigos ocultos, a cuyas palabras personas «generosas y olvidadizas» podían prestar atención, abrirían de nuevo la puerta a los crímenes de los republicanos[69].

La Iglesia no estuvo sola en el deseo de perpetuación de la dinámica de victimización propia y humillación-castigo del vencido. Como las cartas de los españoles a Franco muestran, gentes normales —incluidos niños— se vieron, o al menos se presentaron, a sí mismos protegidos por Franco, más que su régimen, contra un presente incierto y, en cierto modo, contra un pasado espantoso. Y no se trató de un fenómeno exclusivo de ninguna región o nacionalidad del país. Por ejemplo, según la policía, cuando el dictador visitó Barcelona en mayo de 1942, los «catalanistas de derechas» y empresarios «manifiestan que su simpatía quisieron mostrarla únicamente al Caudillo, por cuanto no quieren saber nada de la Falange, a pesar de que la gran mayoría de ellos son militantes». Por su parte, los sectores de clase media de la Ciudad Condal se quejaban de las malas condiciones económicas y del racionamiento, pero «ante la presencia del Caudillo reavivaron el recuerdo trágico del dominio rojo y alaban la sinceridad del Generalísimo al declarar que es sabedor de las penalidades que ha de atravesar esta clase so-

[68] Martín Torrent, *¿Qué me dice usted de los presos?,* Alcalá de Henares: Talleres Penitenciarios, 1942, pp. 51, 53, 67-68.
[69] José Echeandía, *La persecución roja en el País Vasco,* Barcelona: Fidel Rodríguez, 1945, p. 10.

cial». Según la policía, los obreros, por su parte, ni eran favorables ni desfavorables[70].

Estos sentimientos de agradecimiento a Franco por la paz interna estaban a menudo ligados al miedo que desataba la Guerra Mundial. El embajador americano, Carlton Hayes, escribió a finales de 1942, probablemente con exageración, en un informe para su Gobierno que «casi todos los sectores de la población española» apoyaban a Franco con la esperanza de que acabase con el caos reinante en la economía y sociedad del país, y que «España se mantuviese al margen del conflicto internacional». Opiniones similares fueron recogidas por la policía en otros lugares de España, como Melilla en 1943 o Zaragoza en 1944, y remitidas a Franco. Eran informaciones interesadas, pero en el fondo, no muy distintas de las que enviaban los cónsules y diplomáticos británicos, entonces los mejor enterados de lo que ocurría y se decía en el país[71]. Estos miedos no carecían de fundamentos muy reales. La caída de Mussolini en julio de 1943 aventó el espectro de una posible vuelta de la violencia. Desde septiembre de aquel año, Italia se sumió en una triple guerra entre los Aliados y los alemanes por un lado, los partisanos anti-fascistas y los alemanes por otro, y los partisanos y los milicianos de la República Social Italiana por otro. Esta última era una Guerra Civil dentro de la mundial, precisamente la mayor pesadilla de millones de españoles, que siguieron los asuntos de Italia con la avidez que la censura les permitía[72]. El caso italiano no fue excepcional. La liberación del continente fue a menudo un proceso violento, de forma especial en el este de Europa, sobre el que la prensa franquista informó con premura dentro de una lectura anticomunista que se refería no solo a lo que ocurría allí, sino también a lo que podía pasar en España[73].

70 «Información interior, Barcelona», *DIHGF,* 5 de febrero de 1942, vol. III, pp. 249-252.

71 Cazorla, *Políticas,* pp. 222-224.

72 Un gran éxito editorial de este período fue el libro de Ismael Herraiz Crespo, *Italia fuera de combate,* Madrid: Ediciones Atlas, 1944. De este libro se hicieron varias ediciones.

73 Keith Lowe, *Savage Continent: Europe in the Aftermath of World War II,* Londres: Penguin, 2012.

En público, Franco mostraba una calma y una seguridad que solo podía alentar las esperanzas de quienes antes que nada querían la paz. Ante los españoles, él se presentaba como un hombre abnegado y trabajador que intentaba sacar al país de siglos de decadencia y de miseria. Además, como repitió desde los primeros meses de la Guerra Civil, los problemas eran siempre culpa de otros. Este mensaje iba envuelto en un halo de falsa modestia. Por ejemplo, en una entrevista concedida a «un periodista español» con motivo del 18 de julio de 1946, el Caudillo —el mismo hombre que no paraba de dar opiniones sobre casi todo— declaró que «aun cuando soy un hombre de hechos más que de palabras, no se puede prescindir en los hombres públicos del diálogo [...]. Pregunte usted». Y luego dijo que en los diez años transcurridos desde el inicio de la Guerra Civil, se sentía «enormemente agradecido a la protección que Dios viene prestando a España» y por «la lealtad y el patriotismo de los españoles». Franco echó la culpa de los problemas económicos, que morigeradamente llamaba «dificultades», al «despojo» económico de los rojos, y que al poco de acabar la Guerra Civil comenzó la mundial (nada dijo de las consecuencias de sus decisiones económicas autárquicas y pro nazis de entonces), y a la meteorología que «nos ha impedido en seis años recoger una cosecha completa». Esto es, según él, las cosechas se perdían en los campos, no en el mercado negro. Y acabó este apartado regañando a los desagradecidos españoles que solo sabían «de las deficiencias y sacrificios» pero desconocían «en realidad los desvelos, las previsiones, los empeños y los medios casi milagrosos con que se logró su superación». Es decir, según el Caudillo, gracias a él las dificultades se habían superado porque «lo que los otros se gastan en matarse y destruirse, nosotros, lo gastamos en el resurgimiento de España y en la justicia social». Y por si los lectores no se habían dado cuenta todavía, el Caudillo terminó con un «recuerdo constante para los que cayeron por nuestro resurgir y la seguridad de que nada podrá esterilizar su sacrificio»[74]. El dictador recor-

[74] Francisco Franco Bahamonde, *Declaraciones de Franco a un periodista español,* Madrid: Publicaciones Españolas, 1946, s.p.

dó la sangre derramada en la guerra para apropiársela y para mentir. Pues en vez de invertir en paz y reconstrucción, como él dijo estar haciendo, en ese momento mantenía un ejército y una policía inflados y listos para actuar contra los españoles. En 1946, el gasto militar y en seguridad del régimen de la España en paz se llevó el 47,7% del total de los presupuestos generales del Estado[75].

A pesar de la miseria reinante, y en parte por haberse constituido en la única esperanza de muchos españoles, es evidente que la mística del Caudillo se extendió no solo entre los que ya en 1936 se habían identificado con la rebelión militar y los beneficiarios directos de su régimen, sino también entre sectores de las clases populares. Franco consiguió hacerse dueño del futuro imaginado posible de estos grupos, para los que ayudar, complacer o simplemente estar de acuerdo con el Caudillo era más relevante que lo que su propia realidad diaria les podía enseñar. Dicho de otro modo, millones de españoles ajustaron el análisis de sus experiencias personales a las necesidades y demandas del discurso de Franco. El resultado fue una comedia política colectiva, donde la gente desempeñaba papeles públicos que reflejaban retazos de su realidad acoplada a las necesidades de la propaganda. Nunca era más evidente este fenómeno que en los contactos entre el dictador y las masas. Los viajes del Caudillo y las manifestaciones de júbilo popular que le acompañaban constituían un claro ejemplo tanto de esta realidad distorsionada como de la visión con que la gente ordinaria veía su papel frente al gobernante. Por supuesto, estos viajes reflejaban no la totalidad de opiniones y actitudes populares, sino solo la que el régimen permitía, animaba y organizaba. Pero lo que también resulta interesante de estas giras es cómo el Caudillo aprovechaba las realidades más o menos virtuales creados durante estas ocasiones para presentarse ante los españoles como su voz y guía. Así ocurrió cuando, por ejemplo, el

[75] Un desglose del gasto público estatal en España durante los años cuarenta, en Cazorla, *Políticas*, p. 38.

dictador visitó la paupérrima provincia de Almería en la primavera de 1943[76].

El éxito de la visita y los engaños que escondía se prepararon semanas antes de que llegase el Caudillo. Uno de los escenarios teatrales fue el Campo de Dalías. Desde hacía mucho tiempo se sabía que en esta zona desértica, que hoy es una de las regiones agrarias más ricas de Europa, había importantes cantidades de aguas subterráneas[77]. Si se creaban las infraestructuras necesarias, el Campo de Dalías se podía convertir en un vergel. Sin embargo, cuatro años después de la «liberación» de Almería por las tropas de Franco nada se había hecho. Pero ahora venía el Caudillo y el gobernador civil decidió encontrar los medios para parecer que se hacía algo. El 10 de abril de 1943 llegaron desde Valencia un ingeniero, una cuadrilla y el equipamiento para comenzar a cavar un pozo justo al lado de la carretera Málaga-Almería para, como dijo el gobernador, mostrar al Caudillo que «los trabajos han comenzado, con la posibilidad de que los visite». Cuando Franco llegó a Almería el día 9 de mayo, el pozo ya tenía veinticinco metros de profundidad. El momento climático estaba cerca: a las seis y media de la tarde la comitiva del Caudillo se aproximaba al pozo, pero pasó de largo. El ingeniero describió así su papel en la representación: «incluso si no paró, estamos seguros que tuvo una vista perfecta de las instalaciones, porque respondió a nuestros saludos». Esa misma tarde, en la Escuela de Artes de la capital, Franco estuvo mirando durante diez minutos los planes de irrigación que le enseñaron las autoridades y que le explicó el mismo entusiasmado ingeniero. También le enseñaron los proyectos de viviendas sociales, que examinó durante cinco minutos. Al día siguiente, *Yugo,* el único periódico local, publicó las fotos de las masas de almerienses,

[76] Para esta visita, véase Óscar Rodríguez Barreira, *Migas con miedo. Prácticas de resistencia al primer franquismo en Almería, 1939-1953,* Almería: Universidad de Almería, 2008, pp. 128-131.

[77] Para una historia de la región, véase Antonio Cazorla Sánchez, *Desarrollo sin reformistas. Dictadura y campesinado en el nacimiento de una nueva sociedad en Almería, 1939-1975,* Almería: IEA, 2000.

muchos vestidos solo con harapos, vitoreando al Caudillo. Para entonces este estaba de camino a Granada. Al pasar de nuevo por el pozo, la cuadrilla, siempre según el ingeniero, creyó ver que el Caudillo sonreía «con notable placer en su cara». Unas horas más tarde, el dictador daba un discurso en Granada donde las ficciones creadas para él en Almería se convertían, gracias a sus palabras, en la nueva realidad oficial. Almería, dijo, era una «tierra sedienta con cuevas inmundas», donde él vio «la plenitud de nuestros buenos logros: los grandes barrios nuevos en construcción frenética; los ingenieros que horadan la tierra en búsqueda de la venas líquidas que fertilicen los campos»[78]. Era un espejismo preparado para el Caudillo, pero en el que gentes ricas y pobres, cultas o no, se habían prestado a participar aun sabiendo, al menos en la parte que les tocaba, que era mentira. Las viviendas sociales de Almería, pocas, pequeñas y muy mal construidas se comenzaron a repartir a mediados de la década de 1950 y los grandes regadíos del Campo de Dalías no tendrán lugar hasta la de 1960.

La captura del futuro por parte del Caudillo no hubiese sido factible sin su apropiación del pasado. Es decir, sin la imposición de una visión única, parcial y tendenciosa, de la experiencia de violencia colectiva de los españoles. Al secuestrar la memoria reciente, Franco se convirtió en su intérprete último y supremo, poniendo el pasado colectivo al servicio de sus necesidades. La represión contra los vencidos y el miedo general de la sociedad permitieron al dictador imponer su proyecto histórico. La verdad oficial no solo no se podía disputar en la calle, en los medios de comunicación, o por los historiadores, sino que incluso las familias, especialmente las de los vencidos, a menudo protegieron a sus hijos de la realidad no transmitiéndoles sus recuerdos y análisis. Ese fue otro triunfo del franquismo: muchos, quizás la mayoría, de los hijos y nietos de

[78] *Instituto Nacional de Colonización, Jefatura Nacional de Colonización, Jefatura Delegación Regional de Levante e islas-Valencia,* 17 de marzo de 1943, Archivo IRYDA, 24321. Agradezco a Sofía Rodríguez López y Óscar Rodríguez Barreira la cesión de este documento.

las víctimas no supieron qué les había ocurrido a sus padres y abuelos, o incluso qué pensaban sus mayores. Y por ello acabaron, si no aceptando, al menos no discutiendo la verdad oficial: la que escuchaban en la escuela o en la radio, leían en los periódicos, le inculcaban con brutalidad en la mili, o en el Frente de Juventudes.

La narrativa histórica de este régimen que ahora se autodenominaba de paz era de guerra y victoria. El punto de arranque era la llegada de la República, la cual, a pesar de sus falsas promesas, trajo la anarquía y abrió la puerta a una revolución que, aunque detenida por el Caudillo salvador, supuestamente costó un millón de muertos. Estos habrían sido más si el comunismo, aliado de la masonería y el judaísmo, hubiese conseguido su propósito de destruir a España y a la religión católica. El momento de redención nacional fue el 18 de julio de 1936, cuando el Caudillo de España, el hombre elegido por Dios, levantó al país contra las fuerzas espurias que intentaban subyugarlo. El precio a pagar por la redención nacional fue la sangre de los buenos españoles; muriendo unos bravamente, en combate, y otros, bárbaramente, a manos de las hordas marxistas y su Gobierno criminal. Los «Caídos por Dios y por España» eran los únicos muertos legítimos de esa guerra. Los del otro bando —de estar muertos— o no existían o eran criminales; a estos había que olvidarlos pero nunca perdonarlos. Otra cuestión era la de los «enemigos» que aún estaban vivos, y que por el propio hecho de estarlo, ya se suponía que habían sido perdonados —siempre, claro, de forma parcial—, pero a los que había que recordar continuamente sus supuestos crímenes. Dos documentos dieron cobertura jurídica a este doble rasero. Uno fue la amnistía general de 1939 para los crímenes de los franquistas, pero no para los de los republicanos; el otro, la elaboración de la Causa General, el compendio de los supuestos crímenes de los republicanos[79].

No hay mejor ejemplo visual y simbólico de este rapto del pasado y su reconstrucción al servicio del Caudillo que el Valle de los

[79] *Causa General. La Dominación Roja en España. Avance de la información instruida por el Ministerio Público,* Madrid: Ministerio de Justicia, 1943.

Caídos. Este fue construido entre 1940 y 1959, en medio de las penurias económicas del país. Sus dimensiones son enormes. La cruz que corona el monumento mide 150 metros, y la basílica, 300, con una longitud superior a la de San Pedro en el Vaticano. El complejo se completa con la gran abadía situada en la parte trasera. En su construcción participaron obreros contratados pero también prisioneros políticos, cuyo trabajo era parte de su redención mediante la contribución a la reconstrucción moral y física de España. La ultraderecha ha dicho siempre que eran voluntarios que así reducían sus penas, olvidando que nadie va voluntariamente a la cárcel. Para este proyecto, Franco no dudó en apropiarse de miles de cadáveres, casi todos sin el permiso de sus familiares, para enterrarlos en el Valle. La mayoría debían ser combatientes y militantes del bando franquista, aunque seguramente no fue así. Como el proceso se hizo de forma caótica, los restos humanos allí depositados pueden corresponder a entre 40.000 y 70.000 (mal identificados) individuos. Y aunque el monumento es un homenaje a los muertos franquistas, en el último momento se decidió enterrar allí a algunos soldados republicanos bajo el argumento de que ellos también eran víctimas de las malvadas autoridades o, como les llamaba la dictadura, «gerifaltes» republicanos.

Una vez terminado, el Valle se convirtió en el lugar central de la memoria oficial de la guerra, de la «mentira fosilizada» que diría Primo Levi. Pero, incluso antes de esto, también fue un ejemplo más del carácter mesiánico del Caudillo, quien en un momento de inspiración divina encontró en el lugar, Cuelgamuros, el emplazamiento soñado para este homenaje a los mejores[80]. Eso es lo que contó otro testigo, fray Justo Pérez de Urbel, el monje historiador, propagandista del régimen y político que fue el primer abad del Valle. Según este fraile, poco después del final de la guerra Franco, seguido por el general José Moscardó (héroe oficial del Alcázar de

[80] Véase, por ejemplo, Ministerio de Información y Turismo, *Nota informativa sobre el Valle de los Caídos,* Madrid: Ministerio de Información y Turismo, 1959, pp. 5-6, 9, 11.

Toledo) y el propio fray Justo, atisbó en la lejanía un monte. Cuando un sin resuello Moscardó le dijo a Franco que no esperaba que escalasen el monte, el Caudillo respondió que hoy no, pero que un día muchos españoles sí lo harían. Así comenzó, dice fray Justo, la construcción de esa «idea hermosa», que no era partidista, sino una conmemoración de la victoria de la España verdadera sobre las fuerzas destructivas que venían de fuera[81].

La principal víctima y mártir enterrada en el Valle, cuya sangre preciosa derramada en la guerra ahora nutría el suelo de la Nueva España, era José Antonio Primo de Rivera, fusilado por los republicanos el 20 de noviembre de 1936. Dos años más tarde, la fecha de su muerte se convirtió en un día de luto oficial: el Día del Dolor. En noviembre de 1939, el cuerpo de Primo de Rivera fue sacado de su tumba en Alicante y transportado a hombros de falangistas hasta el Monasterio del Escorial, donde permanecería enterrado a la espera de su traslado definitivo al Valle en 1959[82]. Parece ser que, al paso de su cadáver, algunos exaltados sacaron de las cárceles a republicanos y los asesinaron. Como ocurrió con miles de españoles, el cuerpo de Primo de Rivera fue apropiado por la dictadura para su programa de memoria histórica. La muerte del joven líder fascista se convirtió en un argumento para reforzar el victimismo franquista y negar la legitimidad del dolor de los republicanos. Primo de Rivera, quien como se supone que ocurrió con Jesucristo murió a los treinta y tres años de edad, se convirtió en profeta y mártir, el san Juan Bautista, que anunció la llegada de una Nueva España, que su auténtico salvador gobernaba desde 1936. Poco importaba lo que estos dos hombres pensaron el uno del otro cuando ambos vivían. Ahora los dos eran mitos, el Mártir y el Caudillo, al servicio de uno de ellos: Franco.

81 Fray Justo Pérez de Urbel, *El Monumento de Santa Cruz del Valle de los Caídos,* Madrid: Instituto de Estudios Madrileños, 1959, pp. 5-7.

82 «Por las carreteras de España, cubiertas de mirto y de flores, los restos de José Antonio, alumbrados por centenares de antorchas, reciben el impresionante homenaje de las multitudes», *Abc,* 22 de noviembre de 1939.

Las misas anuales en el Valle, todos los 20 de noviembre, en memoria de Primo de Rivera y de los «Caídos por Dios y por España», sirvieron para reafirmar la verdad oficial y la legitimidad histórica y religiosa del Caudillo. Pero también mandaron un mensaje a toda la población de que el régimen seguía alerta y no olvidaba, que la Guerra Civil había terminado pero que cuestionar al Caudillo llevaría a los españoles a una nueva guerra. Este mensaje fue explícito en el patrón propagandístico del régimen en torno al Día del Dolor. Todos los 20 de noviembre, los artículos de prensa eran sobre el sacrificio de José Antonio Primo de Rivera. El siguiente día, los titulares eran sobre la presencia del Caudillo en la misa[83]. Ceremonias similares tenían lugar en las cruces de los caídos distribuidas por las provincias españoles, en las que las autoridades locales repetían los homenajes a José Antonio y a los muertos de su bando, cuyos nombres se hallaban inmortalizados en placas y monumentos. Muchas de estas placas se hallaban dentro de iglesias, de igual modo que el nombre de José Antonio estaba labrado, en letras de color rojo, sobre las paredes exteriores de los templos. Sin embargo, y como veremos en el siguiente capítulo, la conmemoración oficial más importante en la falsificación de la verdad y la manipulación del miedo no fue el Día del Dolor, sino la presunta fiesta del 18 de Julio, que incitaba a los españoles a celebrar el día del comienzo de su tragedia colectiva como si fuese el de su liberación. Ese día había recepciones oficiales y discursos del dictador. Ni aun en un día de asueto en pleno verano dejaba el Caudillo de recordar, manipular, amenazar y celebrar sus propios mitos[84].

[83] «De la vida y de la muerte de José Antonio», *Abc,* 20 de noviembre de 1940; «El Caudillo ofrendó ayer, sobre la tumba del fundador de la Falange, la Palma de Oro», *Abc,* 21 de noviembre de 1940; «Vida breve pero infinita», *Abc,* 21 de noviembre de 1941; «Con el dolor, siempre renovado, de España, el Caudillo, Jefe Nacional de la Falange, rinde ante la tumba del Fundador el homenaje conmovido del país», *Abc,* 21 de noviembre de 1941; «El Caudillo, Jefe Nacional de FET de las JONS, rindió ayer ante la tumba del Fundador, el homenaje del dolor de España», *Abc*, 21 de noviembre de 1941.

[84] Véase Zira Box, *España, año cero. La construcción simbólica del franquismo,* Madrid: Alianza Editorial, 2010.

En las loas a Franco y en su recurso al miedo, la dictadura encontró un poderoso instrumento en los noticiarios documentales, que empezaron a producirse de forma regular en 1943 bajo el nombre de NO-DO. A partir de ese año, todos los cines tenían que exhibir el NO-DO antes de la película. Este fue, antes de la llegada masiva de la televisión en los años sesenta tardíos, el principal modo de mostrar a la población la imagen del Caudillo. El tono del tratamiento que este recibió ya se mostró en su primera emisión. Un reportaje de cinco minutos introdujo al público el nuevo programa e hizo un análisis de la realidad oficial española, en la que cada uno ocupaba su puesto en la sociedad asignado por el orden reinante sobre el que presidía el Caudillo. La cámara se acercó al palacio del Pardo, su residencia, cuyas puertas se abrieron mágicamente por primera vez a los ojos de millones de españoles. Allí estaba Franco trabajando como siempre en su despacho —sobre el que había un crucifijo— por el bien de España. La voz del narrador conectó la imagen del hombre de paz y reconstrucción con la del Redentor, explicando cómo «en los días de peligro supremo para la patria, él supo cómo salvarla». Siguieron imágenes de la Guerra Civil, del desfile de la Victoria y de las multitudes aplaudiendo a las tropas que marchaban. Otros documentales especiales producidos por NO-DO aquel mismo año estuvieron dedicados a recordar los «crímenes rojos» y la «liberación» de Madrid[85].

NO-DO también abordó con frecuencia el tema de la reconstrucción de una España en paz, en la que en el centro de todo supuesto logro estaba Franco. En total, entre 1943 y 1975, aquel apareció 154 veces inaugurando obras públicas, como presas, casas para pobres, proyectos agrícolas y de regadío, factorías, etc. También apareció en 375 noticias con motivo de sus viajes, recepciones y otras actividades. Por último, habría que añadir otras 215 apariciones con motivo de sus funciones de jefe de

[85] Rafael R. Tranche y Vicente Sánchez-Biosca, *NO-DO. El Tiempo y la Memoria,* Madrid: Cátedra, 2000, pp. 196-198.

Estado o presidente del Gobierno[86]. La imagen del dictador se trató con mucho cuidado, reservándole un tratamiento algo distinto según la función que ocupase. En las noticias sobre sus relaciones con otros países se le llamaba jefe del Estado. En las que se trataba sobre la Guerra Civil o sus consecuencias era el Caudillo. Finalmente, cuando se referían a la conquista de una localidad durante la guerra se le llamaba Libertador o Salvador. Por su parte, el papel de los españoles en estas ocasiones era el de refrendar su popularidad y la legitimidad política. Eran masa, no gente. Sus historias individuales eran ignoradas o, si brevemente se decía algo de alguno de ellos, era para contar una anécdota para mayor gloria del líder, o, a lo sumo, para hacer un comentario divertido. Este modelo de interacción entre el Caudillo y sus súbditos ya fue establecido en uno de los primeros números de NO-DO en mayo de 1943, con motivo de la visita a Zamora, donde inauguró un proyecto hidroeléctrico. En las imágenes, los trabajadores levantan sus brazos haciendo el saludo fascista ante un Franco triunfal y satisfecho. Este es el centro de la ceremonia, aquellos son actores y espectadores al mismo tiempo[87].

La manipulación del NO-DO se extendió a su tratamiento de la historia. A partir de 1945 eliminó de las imágenes y de los análisis de los documentales cualquier referencia comprometedora a las relaciones entre Franco y el Eje. La presencia de tropas italianas y alemanas en la Guerra Civil fue ignorada; y lo mismo ocurrió con la División Azul en el Frente del Este. Al mismo tiempo, repitió una y otra vez la versión oficial del encuentro entre Hitler y Franco en 1940, en la que el Caudillo habría salvado a España de los horrores de la Guerra Mundial a base de desesperar al dictador alemán. Esta narrativa se convirtió en la única que se ofreció a los traumatizados y empobrecidos españoles. Sin otras referencias y

[86] Saturnino Rodríguez Martínez, *NO-DO: catecismo social de una época,* Madrid: Universidad Complutense, 1999, p. 216.
[87] *Ibidem,* pp. 114-115, 215.

necesitando creer que el Caudillo era un hombre bienintencionado, millones de ellos —nunca sabremos cuántos— abrazaron esta fe. Naturalmente, a la dictadura no le fue tan fácil convencer a la opinión pública extranjera. Pero Franco podía esperar hasta que las circunstancias cambiasen. Al fin y al cabo, a él no le costaba nada.

CAPÍTULO 4

GOBERNANTE PRUDENTE, 1947-1961

El anticomunista solitario

La doble, y en muchos aspectos contradictoria, legitimidad de la Victoria y de la Paz bastaron al Caudillo para mantenerse en el poder. Esto era lo importante, aunque, como resultado, España quedó aislada y empobrecida. El Nuevo Estado necesitaba aliados, y confió en que el creciente anticomunismo de Occidente se los proporcionaría. Pero este fue un proceso largo, tedioso y que nunca se culminó con un éxito total. Durante la segunda mitad de la década de 1940, e incluso mucho después, el régimen de Franco tuvo pocos amigos. En esos años, el Caudillo se presentó a los españoles y al mundo con una nueva imagen: la del estadista católico anticomunista que gobernaba un país incapaz de vivir en democracia. Sin embargo, todavía en esa década el sentimiento antifascista era fuerte en Estados Unidos y, aún más persistente en Francia, el Reino Unido y otros estados que habían sufrido la agresión nazi. Desde allí, a la España de Franco se la miraba con desprecio, por ser un régimen que se creía basado en el terror; lo que era cierto, pero solo en parte.

Había también un lado oscuro en esta repulsión, pues el Caudillo, con sus plebiscitos y manifestaciones masivas de fervor patriótico, recordaba a muchos de esos países una historia propia que querían olvidar. Franco y España en realidad eran poco importantes, pero la sombra de aquel era alargada y conectaba con las de Adolf Hitler, Benito Mussolini, Philippe Pétain, Pierre Laval, Léon Degrelle, Vidkun Quisling, etc. Esta asociación de Franco con el fascismo y el colaboracionismo tuvo consecuencias económicas y políticas concretas. A la hambrienta y autárquica España se la dejó fuera de la ayuda económica del Plan Marshall, que empezó a llegar al continente europeo en 1948. También se excluyó a España de las organizaciones que, creadas en parte para canalizar esta ayuda, serían el germen de la unión económica y política de Europa.

Este doloroso aislamiento internacional explica la excitación oficial y popular ante la visita de Eva Perón en junio de 1947 (precisamente el mes en que se anunciaba el Plan Marshall). La glamurosa Evita trajo promesas de ayuda económica argentina pero, quizás más importante, recordó a los españoles que otra vida era posible. En las imágenes de la época se ve a la sensual y empática primera dama argentina junto a Franco, incómodo y rígido, y doña Carmen, adusta y distante. Eran las imágenes contrapuestas de Argentina, un país que parecía abocado a un futuro cada vez más brillante, y España, un país pobre y reprimido, al que Juan Domingo Perón había prometido trigo y asistencia financiera. Centenares de miles de españoles, a los que se les dio varias horas libres del trabajo o de la escuela, acudieron a ver y vitorear a Evita en su gira por el país. Además de organizarle manifestaciones de apoyo popular, el régimen la llevó a ver monumentos históricos y los escenarios de algunas de las batallas de la Guerra Civil. Así, de una manera directa, se usó a la «Mensajera de la Paz», como la llamaron NO-DO y los periódicos de la dictadura, para dar prestigio internacional a la Victoria[1]. Algunos años más

[1] Tranche y Biosca, *NO-DO*, p. 416; Matilde Eiroa San Francisco, *Política Internacional y Comunicación en España (1939-1975). Las cumbres de Franco con Jefes de Estado,* Madrid: Ministerio de Asuntos Exteriores y de Cooperación, 2009, p. 149.

tarde, a mediados de la década de 1950, la fraternidad entre Franco y Perón se degradó hasta convertirse en un rosario de insultos que se intercambiaron a través de periodistas y diplomáticos. Para entonces, Evita ya había fallecido[2].

El aislamiento internacional de la España franquista empezó a atenuarse a partir de 1948. Los hagiógrafos del dictador dirían que, por fin, el mundo le daba la razón a España, esto es, al Caudillo. Lo que en realidad ocurrió fue que la política mundial se partió en dos a causa de la Guerra Fría. Franco se diría precursor y líder del bando occidental cristiano, pero este era un discurso de consumo interno. A pesar de la posición que el Caudillo se otorgó a sí mismo, a España le tocó el vagón de cola de Europa (y ahí permaneció incluso durante los primeros años del restablecimiento de la democracia). La política anticomunista de Franco usó las necesidades estratégicas de Estados Unidos para asentar su régimen, mientras que el bloque occidental usó a España para obtener lo que quería a un precio de saldo. La diferencia la pagaron los únicos que no tenían nada que negociar: los españoles de a pie, y en particular los más pobres. En una cosa la propaganda del régimen tenía razón: Franco no había cambiado, pero el mundo occidental sí. Lo que ya no dijo es que la presencia del Nuevo Estado en el bloque del Mundo Libre, que en la España franquista era un motivo de creciente satisfacción, representaba una contradicción embarazosa para los Gobiernos democráticos. Estados Unidos, la nueva superpotencia mundial, tenía que justificar la aproximación primero y la alianza luego con el hasta entonces Caudillo «fascista». Para ello intentó presentar a Franco como un gobernante aceptable y a España como un país y un pueblo «diferente». Las herramientas intelectuales y culturales siempre habían estado ahí, aun antes del inicio de la Guerra Civil, pero ahora las necesidades y el lenguaje de la Guerra Fría se proyectaron sobre la

[2] *Informe confidencial de Penella sobre situación en Argentina,* 25 de octubre de 1954, AFFF 390; Francisco Franco Salgado-Araujo, *Mis conversaciones privadas con Franco,* Barcelona: Planeta, 1976, pp. 16-18, 95-96.

guerra de España y su dictadura para crear una serie de mentiras convenientes[3].

La nueva imagen de Franco y de España en Estados Unidos tuvieron su origen en necesidades políticas «objetivas». En octubre de 1947, el Departamento de Estado había decidido que «el interés nacional requiere una modificación de la política de Estados Unidos respecto a España en el sentido de la normalización» de la relaciones entre ambos países[4]. Era algo temprano, pues en Estados Unidos la hostilidad a Franco en los círculos de poder y en la opinión pública era todavía notable. Pero el deterioro de las relaciones con la Unión Soviética y el establecimiento de dictaduras comunistas en la Europa del Este (proceso que culminó en Checoslovaquia en febrero de 1948) y en China (en 1949) aceleró el interés oficial estadounidense por España. También hizo a la opinión pública norteamericana y europea menos hostil a Franco. En enero de 1949, el Gobierno de Estados Unidos empezó a explorar la reacción de sus socios europeos y de partidos y sindicatos anticomunistas para una abrogación formal «de la resolución de las Naciones Unidas de 1946» contra la España franquista. Según el informe que sus diplomáticos redactaron sobre Francia, en este país, los norteamericanos creían que «la cuestión española» causaba «menos interés activo entre el público del que existía hace solo unos años». Los informes desde el Benelux y el Reino Unido contenían similares análisis, mientras que el de Escandinavia constataba que el rechazo al franquismo seguía siendo muy fuerte[5]. Sin embargo, la

[3] Jill Edwards, *Anglo-American Relations and the Franco Question, 1945-1955*, Nueva York: Clarendon Press, 1999; William Buchanan y Hadley Cantril, *How Nations See Each Other. A Study in Public Opinion,* Westport: Greenwood Press, 1953, p. 120, ed. de 1973.

[4] «Suggested United States Position on Spain at April Session of United Nations General Assembly», *FRUS,* 1 de marzo de 1949, Western Europe, vol. IV, 1949, pp. 731-734.

[5] «Relations of the United States with Spain: The Spanish question at the United Nations; United States economic policy towards Spain; United States interest in the activities of various Spanish exile groups; attempt to coordinate policy toward Spain with France and the United Kingdom», *FRUS*, 19 de enero de 1949, Western Europe, vol. IV, 1949, pp. 721-724. Para la evolución de la política oficial francesa en este

verdadera batalla de la Administración Truman no era la de la opinión pública europea, sino la doméstica, y cómo los votantes reaccionarían ante el abandono del antifascismo. Todavía faltaba casi un año para que el senador Joseph McCarthy lanzase, en febrero de 1950, su famosa caza de brujas; y un año y medio para que Corea del Norte invadiese a la del Sur en junio de 1950.

Ante la escalada de la Guerra Fría, el Gobierno norteamericano y los medios de comunicación guiaron a la opinión pública hacia posturas más comprensivas con las dictaduras de derechas, incluida la franquista. En una encuesta de 1950, el 57% de los norteamericanos decía que Estados Unidos debía enviar ayuda militar y económica a España, a cambio de que esta prometiese colaborar en caso de una confrontación armada entre Estados Unidos y la Unión Soviética. Solo un 23% de los encuestados se manifestó en contra. Al año siguiente, el número de los norteamericanos que favorecían una eventual alianza con Franco subió al 65%, aunque también creció algo menos, hasta un 26%, los que estaban en contra[6]. Una proporción pequeña pero constante de la opinión pública norteamericana siempre se resistió a aceptar a Franco, a pesar de la excusa oficial de que los intereses nacionales tenían que primar y que el anticomunismo justificaba este tipo de alianzas. Pero la mayor parte de la población siguió al Gobierno y a los medios de comunicación en su, cada vez mayor, comprensión para el presunto dictador moderado y cristiano. El Caudillo, por su parte, no tuvo ningún problema en añadir a la Victoria y a la Paz la legitimidad de defender al mundo occidental. De hecho, él y sus cortesanos reclamaron el primer lugar en la lucha, en la historia y en la política anticomunista de su tiempo para el héroe salvador incomparable, líder de una nación vieja, sabia e imperial. Eso fue lo que la propaganda del Nuevo Estado dijo a los españo-

período, véase Anne Dulphy, *La politique de la France à l'égard de l'Espagne de 1945 à 1955. Entre idéologie et réalisme,* París: Direction des Archives et Documentation Ministère des Affaires Étrangères, 2002.

6 Gallup, *Gallup...*, vol. 2, pp. 938, 986.

les, porque para el exterior el mensaje fue más amable y los alegatos algo menos ridículos.

El Caudillo lanzó su ofensiva para encantar al Mundo Libre precisamente cuando Jakin Boor le estaba insultando y llamando, entre otras lindezas, esclavo de las logias y de Moscú. Pero Jakin Boor era Franco sin las multiformes máscaras del Caudillo. Para el extranjero, el mensaje de este era muy distinto. En febrero de 1947, Su Excelencia concedió una entrevista al diario de Washington *Evening Star*, en la que se esforzó en demostrar la injusticia cometida por los vencedores de la Guerra Mundial contra su régimen. Franco se presentaba, de entrada, con su habitual y poco sincera modestia: «Soy un hombre que jamás ha abrigado ambiciones de mando ni de Poder». Y volvía a insistir:

> Desde mi juventud, la vida me sometió a dura prueba, desempeñando cargos de mando y de responsabilidad muy superiores a mi edad y empleo [...] Si yo creyese que el interés de mi Patria estaba en que yo resignase mi mando, no dude usted que lo haría sin vacilación.

Después de establecer sus credenciales humanas y profesionales, el Caudillo exigió respeto para el carácter diferente de España, esto es, su dictadura: «No puede juzgarse a unos países comparativamente con los otros». Y siguió con un par de mentiras mezcladas con una gran autofelicitación:

> Hemos procurado reparar los daños físicos como espirituales [causados por la Guerra Civil]. Yo me atrevo a afirmar que España es el país que se encuentra hoy mejor, en la mayoría de los aspectos, entre todos los pueblos.

En caso de que los ojos de los observadores extranjeros viesen diferente, el Caudillo tenía excusas excelentes:

> En diez años, en cerca de tres millones de españoles ha aumentado nuestra población. Por ello las demandas son superiores a las ofertas, y la escasez y las dificultades para la importación hacen surgir el mer-

> cado negro [...] Pero el Estado gobierna a favor de las clases medias y humildes[7].

Y, por último, unas lecciones de historia para norteamericanos:

> En Nuremberg [...] los mismos documentos que han servido para justificar la más terrible de las sentencias contra Alemania, acusan de una manera clara y terminante el disgusto y esfuerzos de los países del Eje para obligar a España a entrar en la guerra, sin lograrlo [...] Más de cien mil comunistas de las brigadas internacionales [constituyeron el núcleo del ejército republicano] mientras en la España nacional los voluntarios extranjeros representaron una minoría exigua [...] y solo representó una ayuda más simbólica que real [...] Y durante esta otra guerra universal han sido muchos los españoles que combatieron en las filas de ingleses y americanos contra las naciones del Eje[8].

Esto es, Franco era víctima de los nazis, que nada tenían que ver con su victoria en la Guerra Civil. Pero es que, además, ¡el Caudillo se acababa de apropiar de la sangre de los republicanos que lucharon por la liberación de Europa! Aunque los que combatían en España eran otra cosa: «Lo que en el extranjero suelen llamar presos políticos son verdaderos forajidos, delincuentes comunes, en la más vulgar expresión de la palabra»[9].

Dos meses más tarde, un encantador Caudillo concedió otra entrevista al británico *Sunday Times*. El tema central de la conversación giró en torno a la aprobación por las Cortes de la Ley de Sucesión. Al oír a Franco, quien habló usando a veces el «nos» mayestático, nadie podría decir que España no era un estado liberal más:

[7] Francisco Franco Bahamonde, *Declaraciones de Su Excelencia el Jefe del Estado Español al periódico norteamericano «The Evening Star»*, Madrid: Publicaciones Españolas, 1947, s.p., *passim*.
[8] *Idem*.
[9] *Idem*.

> Las injusticias exteriores estimulan la unidad interior de los pueblos, y en este sentido, los injustos ataques de la O.N.U. han dado ocasión al pueblo español para expresar de una manera rotunda e inequívoca su unidad y adhesión hacia el jefe del Estado [...] Esta ley de Sucesión [...] La acogida en el país no puede ser más grata [...] la prensa española ha expresado con libertad sus opiniones, y hemos de reconocer que la mayoría de los estudios y comentarios que con este motivo se han hecho han rayado a una gran altura [...] Respecto a la libertad de prensa a que usted alude, en España tiene pocas limitaciones. Se ejerce sobre la prensa una vigilancia exclusivamente para que esta no se desvíe [...] Entiendo que todos los problemas de nuestra nación son problemas de educación del pueblo; de ilustrarle y perfeccionar sus grandes cualidades naturales [...] Yo saludo con este motivo a los ingleses de buena voluntad y les pido que antes de emitir juicios sobre nuestra nación, la visiten y la conozcan por sí mismos[10].

Nadie creía de verdad que en 1947 había libertad de prensa en España, pero lo que más preocupaba a la población era la situación social y no lo que decían los periódicos. El régimen del hombre que decía gobernar para las clases modestas, mientras retaba al mundo a decir la verdad sobre la realidad de España, en realidad había hundido al país en una profunda miseria social. Por ejemplo, ese mismo año, el gobernador civil de Valencia, que no era ni mucho menos la provincia más pobre de España, decía que la situación de

[10] Francisco Franco Bahamonde, *Declaraciones de Su Excelencia el Jefe del Estado al «Sunday Times»*, Madrid: Publicaciones Españolas, 1947, s.p., *passim.* El discurso de Franco era muy similar al que en esos mismos años estaba empleando su colega portugués, Oliveira Salazar. En 1945, este había dicho: «Visto el problema por esta luz, que es su luz verdadera, se imponen desde luego dos conclusiones: una, en el orden de los hechos, y es de que se goza hoy en Portugal de más libertad que anteriormente; otra, en el terreno de los principios, y es que el grado de las libertades públicas efectivas depende de la capacidad de los ciudadanos y no de la magnánima concesión del Estado. Si no se pudo hasta hoy ir más lejos de lo que se fue, pocas verificaciones serán más gratas a nuestro espíritu, ningún resultado acreditará más a nuestra propia obra de reeducación política que el poder avanzar sin recelo en un dominio del que en todas partes está excluido lo absoluto, esto es, lo ilimitado». Antònio Oliveira Salazar, *Portugal y la Paz,* Lisboa, SNI, 1945, pp. 25-26. Le agradezco a Óscar Rodríguez Barreira el haberme proporcionado esta cita.

«descontento» iba a llevar a la «pasividad» de la clase trabajadora y la clase media porque no comían bastante, ya que el sistema de racionamiento apenas conseguía que estos grupos obtuviesen el 50% de las calorías necesarias para sobrevivir. La gente, decía este servidor de la dictadura, «está hambrienta y desesperada» porque faltaba comida, ropa y alojamiento y otros artículos de primera necesidad que se asocian con «una vida decente»[11]. Por supuesto, el Caudillo no iba a reconocer esta realidad, ni ante los españoles ni ante los extranjeros. A los primeros le hablaba de paz, esto es, de la amenaza de otra guerra, mientras que para los segundos su tema favorito era su impagable contribución —no reconocida ni apreciada— en la lucha contra el comunismo. En 1948, cuando *The New York Times* le preguntó qué tenía España (él) que ofrecer a la alianza militar en ciernes (la OTAN se creó formalmente en abril de 1949), el Generalísimo dijo, parece ser que sin sonrojarse, que «Esta alianza, sin España, es como una tortilla sin huevos». Y luego preguntó que dónde, salvo en España, podría Estados Unidos encontrar bases y lugares de almacenamiento en caso de una guerra en Europa. Además, añadió, España era el único país europeo que luchaba contra el comunismo sin pedir nada a cambio[12].

Franco sabía que esta amistad sí tenía un precio, o más bien dos: el que tendrían que pagar los americanos por tener bases en España y el que tendrían que pagar los españoles al despertarse un día en un país con armas nucleares. El único que en esta transacción no pagaba nada era él. De cualquier manera, el Caudillo no se quedó esperando a que los americanos le reconociesen su papel de anticomunista meritorio. Por el contrario, utilizó los recursos del Estado para promover su imagen en Estados Unidos, donde financió un *lobby* pro dictadura española en los ambientes políticos, empresariales y de comunicación. El coordinador de esta campaña fue el diplomático José Félix de Lequerica, antiguo embajador en Vichy y

[11] *Informe del Gobernador de Valencia sobre difícil situación en este provincia por la elevación de precios...*, 1947, AFFF 789.
[12] Eiroa, *Política*, pp. 53-54.

amigo de Pierre Laval (al que abandonó cuando este buscó refugio en España en 1945) y ministro de Asuntos Exteriores entre 1944 y 1945. Franco intentó hacer a Lequerica embajador en Washington, pero los americanos no lo aceptaron. En vez de rectificar, decidió instalarlo allí en marzo de 1948 con el cargo ficticio de inspector de embajadas. Para financiar sus actividades, el régimen puso a disposición de Lequerica un fondo anual de unos 200.000 dólares, una cifra enorme entonces, máxime para un país que tenía escasez de divisas.

Desde el lado norteamericano, nadie hizo más por la normalización internacional de Franco que el encargado de negocios en Madrid, el ya citado Paul Culbertson. Este y otros representantes diplomáticos asumieron la línea argumental del franquismo de que España era diferente, y el Caudillo, lo mejor que le podía pasar al país. Este diplomático defendió incluso la idea de que el dictador era mejor persona que la mayoría de los españoles. De este modo, los prejuicios contra los súbditos de la dictadura sirvieron para justificar las necesidades de la Guerra Fría, como muestra el informe sobre España que Culbertson envió a Washington en junio de 1949:

> Yo no comparto la idea de que nuestra política ha de basarse en modelar al resto del mundo según nuestra imagen de la democracia [...] Las gentes del mundo no son iguales y no van a ser iguales. Desde luego no los españoles [...] a Franco no se le puede echar la culpa de todo lo que va mal aquí en España y, mientras que él es un católico devoto, no hay indicación alguna de que él o los miembros de su Gobierno apoyan el viejo espíritu de la Inquisición que se encuentra en la Iglesia Católica y entre la gente [...] Franco puede ser un dictador pero nunca se embarcará en una cruzada contra los protestantes. Entonces, en el tema de la religión, démosle al Diablo lo que es suyo[13].

Esto es, que además de ser un anticomunista, Franco era un moderador de los instintos represivos y retrógrados de su pueblo. El destinatario último de este mensaje era el presidente Truman, quien a

[13] «The Chargé in Spain (Culbertson) to the Secretary of State», *FRUS*, 22 de junio de 1949, Western Europe, vol. IV, 1949, pp. 750-753.

estas alturas tenía como mayor reparo contra Franco no su persecución de demócratas e izquierdistas, sino de los escasos protestantes españoles y proselitistas extranjeros. En todo caso, los argumentos raciales, culturales y religiosos fueron excusas y problemas menores comparados con un factor mucho más real y determinante: los intereses geoestratégicos de Estados Unidos. Los americanos sabían que el Nuevo Estado había echado raíces firmes, y optaron por ver en Franco a un buen dictador católico donde hasta hacía poco habían visto a un fascista sanguinario. El propio Culbertson resumió esta perspectiva tan conveniente en el informe anual del año 1949:

> Franco definitivamente tiene una sensibilidad por lo que él cree que la gente quiere [...] Él se considera una especie de padre de su gente y parece que cree que los está haciendo más felices de lo que nadie podría hacer.

Y en cuanto a la intolerancia religiosa en España, Culbertson añadió que esta se debía «a factores no enteramente bajo el control del general Franco»[14]. Ahora resultaba que el mismo hombre que presumió varias veces de poder destruir a sus enemigos cuando quisiera era incapaz de impedir que las capillas protestantes fuesen vandalizadas y que personas de esa religión fueran maltratadas por su propia policía. Estaba naciendo un nuevo mito, el del buen dictador: el gobernante autoritario católico que daba estabilidad a un país que no sabía vivir en democracia.

El buen dictador

No fue difícil para la dictadura leer las aguas de Washington. Los norteamericanos habían decidido que Franco iba a estar en el poder durante muchos años más, y se aprestaron a preparar un trato.

[14] *Foreign Service of the United States of America, Subject: Annual Political Report for Spain: An Estimate of the Situation in 1949,* 26 de enero de 1950, NACP, State Department, Lot Files 3704, 59/250/40/9/4.

El régimen había vencido y —como ya ocurrió en el verano de 1940— se dispararon de nuevo las expectativas sobre el valor de España para la superpotencia dominante del momento. Carrero Blanco, mano derecha de Franco, se lo explicaba a su Caudillo en un informe de abril de 1951. Según aquel, los norteamericanos «necesitaban» a Franco y esta urgente necesidad se incrementaría con el paso del tiempo, por lo que la posición negociadora de la dictadura solo podía ir a mejor. Ciertamente, la situación interna era mala. La economía no mejoraba lo deseable, la gente no vivía bien, pero los españoles (se suponía, pues nadie les había preguntado) estaban «dispuestos a aceptar los sacrificios» necesarios antes que someterse a los dictados del exterior. Por ello la batalla que se avecinaba iba a ser «completamente ganada», compensando así al Caudillo por su «trabajo extraordinario» durante los duros años pasados de aislamiento e incomprensión. Es más, Carrero estaba convencido de que los americanos habrían de dar a España una ayuda económica masiva e incluso iban a ofrecerle Gibraltar[15]. Para prepararse para el nuevo período de prosperidad que se avecinaba, Franco hizo una remodelación de su Gobierno en julio de 1951. El año siguiente, este Gobierno adoptó una serie de medidas que desmontaron en parte el sistema autárquico.

En el proceso de acercamiento entre Estados Unidos y el Nuevo Estado hubo mucho de cinismo por ambas partes. Los norteamericanos pusieron al Caudillo por encima de su pueblo, pero eso no quiere decir que se engañaron sobre las cualidades de aquel. Al fin y al cabo, Franco también era español. Culbertson, por ejemplo, explicó en 1950 que el Caudillo era un «gallego que oye lo que quiere oír, y luego cierra su mente y sus oídos si le conviene». Además, «es el tipo de español que le gusta ir al cine sin pagar la entrada. Él ciertamente no parece estar dando ninguna muestra de querer pagar precio alguno por ser admitido en el Oeste». Con esta metáfora se refería Culbertson a las insinuaciones sobre una hipo-

[15] *Nota, seguramente de Carrero, sobre situación política y necesidad de cambiar el Gobierno,* 4 de abril de 1951, AFFF 807.

tética apertura política. Pero lo que no decía este diplomático es que el precio de la entrada, el aislamiento y la represión, no lo pagaba Franco, porque nadie se lo pedía, sino los españoles. Acababa Culbertson señalando que los españoles tenían opiniones negativas y positivas del sistema vigente, pero que también temían las incertidumbres del cambio, y que, en todo caso, muchos distinguían entre Franco y su régimen, algo que no se apreciaba desde el extranjero[16].

La crítica norteamericana a Franco nunca pasó de ahí, y siempre tuvo cuidado de ponerle en el contexto de la clase de país que gobernaba. Es más, los diplomáticos estadounidenses tuvieron más cosas buenas que malas que decir sobre el dictador. Este fue el caso del embajador Stanton Griffis, quien llegó a España en febrero de 1951. Poco después enviaba un informe a Washington donde, como había ocurrido con sus predecesores, hacía notar que el Caudillo hablaba mucho y sin parar, pero que era un hombre «muy trabajador» y que se «notaba una mejora reciente de la libertad religiosa». También añadió que parecía hablar con sinceridad cuando le dijo que, en caso de invasión soviética, él mandaría tropas españoles más allá de los Pirineos[17]. ¿Sabía Griffis que Franco, durante la Segunda Guerra Mundial, había hecho la promesa en los periódicos de mandar dos millones de bayonetas españolas a defender Berlín de las tropas soviéticas? Otro diplomático que mostró una actitud comprensiva ante las dificultades y buenas intenciones del «buen dictador» fue el británico John Balfour, quien llegó a Madrid en 1951 con la intención de cambiar la política de «incesante hostilidad» del anterior Gobierno laborista[18].

En todo caso, ni las mentiras ridículas del Caudillo ni la miseria social de España iban a impedir que Estados Unidos le ofreciese

[16] «The Chargé in Spain (Culbertson) to the Secretary of State», *FRUS,* 10 de junio de 1950, Western Europe, vol. III, 1950, pp. 1563-1566.

[17] «The Ambassador in Spain (Griffis) to the Secretary of State», *FRUS*, 24 de abril de 1951, Western Europe, vol. IV, 1951, pp. 814-816.

[18] John Balfour, *Not Too Correct and Aureole. The Recollections of a Diplomat,* Wilton: Michael Russell, 1983, pp. 151-164.

una alianza desigual pero suficiente para ambas partes. El Gobierno y los medios de comunicación estadounidenses necesitaban que el Caudillo se convirtiera en un buen dictador anticomunista, y en eso acabaron convirtiéndolo. Por su parte, Franco supo adaptarse a este desagradable inconveniente de lidiar con la libertad de opinión de un país democrático que él también necesitaba. Mientras que en España metía a sus críticos en la cárcel y los torturaba, a los que le denunciaban en Estados Unidos les llamaba mal informados. Al mismo tiempo, la prensa de aquel país ayudó al Gobierno al informar a la opinión pública de quién era en realidad el Caudillo de España.

En enero de 1951, la poderosísima CBS ofreció al dictador una oportunidad de presentar su versión de la realidad directamente a sus espectadores en una entrevista que fue emitida en Estados Unidos. El Caudillo se mostró como un hombre paciente y tolerante ante las críticas. «Yo comprendo que es difícil para algunos sectores del pueblo americano, por la característica en que se desenvuelve su vida y su sentido democrático, comprender los sucesos políticos que pasan bajo otros meridianos». Y luego explicó que España era un país que, en el mundo peligroso de la Guerra Fría, se sentía seguro de sí mismo, pues «para someter al yugo a veintiocho millones de españoles, son varios millones los que han de caer en el camino»[19]. Esto es, la defensa de la gran democracia americana sabía que podía contar con el sacrificio del bravo pueblo español liderado por su Caudillo. Justo un año más tarde, en enero de 1952, el periódico liberal por excelencia, *The New York Times,* abrió sus páginas a Franco. Una de las preguntas que le hizo fue cuál sería la actitud de España ante un ataque soviético a las naciones europeas fronterizas con la URSS. Franco contestó que su país sentía el peligro como el que más, pero que por desgracia no podía responder a la pregunta, ya que España no era parte de la OTAN, y que solo tenía un compromiso con Portugal. Eso iba a cambiar

[19] Francisco Franco Bahamonde, *Discursos y Mensajes del Jefe del Estado, 1951-1954,* Madrid: Publicaciones Españolas, 1955, pp. 22-23.

con el proyectado acuerdo bilateral con Estados Unidos pero, dijo el Caudillo, el mundo occidental tenía un problema en su lucha con el comunismo: aunque disponía de medios sobrados, le faltaba el «espíritu que requieren las grandes empresas». Eso era lo que España ofrecía. Por último, el periodista le preguntó si aceptaría una visita de sindicalistas norteamericanos. «Con gusto», respondió el tirano, pues «deberá interesarles a los americanos la marcha social de nuestra Nación y el progreso que en ella han alcanzado nuestros trabajadores»[20].

Ante la opinión pública norteamericana, Franco se presentaba como el líder moderado de una nación unida y valiente en defensa de Occidente. Él era quien tenía que ser cortejado por el mundo occidental, tan abundante en medios pero tan falto de espíritu. En realidad, como el Departamento de Estado sabía muy bien, era Franco quien deseaba ser invitado a ingresar en la OTAN. Incluso había ofrecido los servicios de su país a la defensa de Occidente por mucho menos que esto. En mayo de 1951 —solo unos meses antes de darse importancia y dejarse querer en *The New York Times*— el dictador había dicho a un representante norteamericano que, si su ejército era reequipado, España se sentiría vinculada por todas las obligaciones de pertenecer a la OTAN, incluidas las que se derivasen de un ataque contra un miembro de la organización por parte de la Unión Soviética[21]. Era una oferta extraordinaria por desigual, en la que Franco ofrecía la paz de su nación a cambio de armas. Pero también era el máximo que ambas partes sabían que el Caudillo podía esperar. Varios miembros de la OTAN se oponían entonces, y seguirían haciéndolo después, al ingreso de España en la organización, y tanto Franco como el Departamento de Estado querían evitar la humillación de sufrir un rechazo[22]. El senador

[20] *Ibidem*, pp. 133-135.

[21] *Foreign Aid Presentation to Congress, Spain,* 24 de mayo de 1951, NACP, State Department, Lot Files 1400, 59/250/49/28/4, caja 8.

[22] *Confidential, Position of NATO members on Spain's Joining NATO,* NACP, *c.* 1956, State Department, Lot Files 3094, 59/250/49/28/4, caja 8.

republicano Owen Brewster resumió en la CBS en 1951 la nueva versión oficial estadounidense del problema: «Pienso que todo esto es emocional. Los Gobiernos francés y británico ahora en el poder, han sido muy críticos con Franco y hay mucha gente en este país que está de acuerdo». Pero estaban equivocados, y, para demostrarlo, Brewster citaba nada menos que a Churchill «quien estuvo en el poder toda la guerra, conoce muy bien el tema de España, que hemos estado discutiendo este verano, y yo sé que él está completamente de acuerdo con la gente que en este país consideramos España como la piedra angular de la defensa europea»[23].

Esta fue la opinión que triunfó en Estados Unidos, pero que no arrastró un número suficiente del resto de los aliados. Una vez despejadas las fantasías que Carrero le había descrito solo unos años antes, Franco ya sabía hasta donde podía llegar la rehabilitación internacional de su régimen. Por eso envolvía en orgullo lo que no era sino impotencia. La alianza entre España y Estados Unidos solo podía ser desigual y bilateral, y así quedó plasmado en los acuerdos de cooperación económica y militar que ambos países firmaron en 1953. Por supuesto, Franco no había pagado el billete de la democracia para ser aceptado en el club occidental —los españoles lo pagaron y seguirían pagando— pero nunca se le permitió igualdad con el resto de los socios. El Caudillo era cosa de los norteamericanos, y no solo de los del partido republicano. Muchos miembros destacados del partido demócrata acabaron aceptando que la necesidad es la madre de la virtud. Por ejemplo, a comienzos de 1953, la CBS ofrecía unas declaraciones de Adolf A. Berle, antiguo vicesecretario del Departamento de Estado americano en tiempos de Roosevelt:

> Por supuesto que sé que hay mucha gente que cree que los Estados Unidos no deben negociar tratados con gobiernos con los que no está de acuerdo, pero eso limita la capacidad de actuación en asun-

[23] *Sen. Owen Brewster (R-ME) from Chronoscope* (Columbia Broadcasting System, 1951), 14:40.

> tos internacionales [...] Ahora, en el caso español, los españoles sin duda alguna quieren estar protegidos contra la agresión rusa sea militar o a través de una revolución empaquetada y enviada contra ellos. Tenemos un interés común en protegerlos [...] Hasta este extremo y punto, el interés del pueblo español y el americano es el mismo[24].

Así pues, los súbditos de Franco y los ciudadanos norteamericanos tenían los mismos intereses y el mismo enemigo, y eso que eran gentes muy distintas. Era una cuestión de geografía e historia. Como explicaba un documento confidencial preparado para el embajador americano en la ONU en 1956, España tenía «una situación estratégica incomparable» pero:

> Situada en la periferia de Europa y ocupada durante varios cientos de años por pueblos africanos [...] España ha sido influenciada solo ligeramente por las tres experiencias que son fundamentales para los rasgos filosóficos, políticos y sociales de los Estados Unidos y la mayor parte de la Europa Occidental: la Reforma protestante, las ideas racionalistas del siglo XVIII y la Revolución Francesa, y, finalmente, la Revolución Industrial del siglo XIX[25].

Lo que acabamos de leer era el discurso oculto, muy diferente de las lisonjas diplomáticas con las que gobernantes y burócratas se dirigían entre ellos. Sin embargo, la función de ambas —racismo y pleitesía— era la misma: servían para justificar una alianza de difícil encaje que ligaba a la nación que se declaraba campeona de la democracia occidental con la dictadura de un país empobrecido y atemorizado.

Por su parte, la narrativa que se ofrecía a los ciudadanos norteamericanos era tan simplista como la que se usaba en secreto, pero

[24] *Adolf A. Berle from Chronoscope* (Columbia Broadcasting System, 1953), 14:36.

[25] *Notes on Spain (From briefing for use by the Ambassador with the U.S. Delegation in the 10th UN General Assembly in December* [sic] *1955),* diciembre de 1956, NACP, State Department, Lot Files 5295, 59/250/852/8, caja 1.

era más luminosa, positiva y superficialmente altruista. Por ejemplo, también en 1956, el público de aquella nación veía y oía en los noticiarios mensajes sobre España en tonos triunfalistas como estos:

> El embajador John Lodge y jefes militares españoles asisten a la llegada de tanques y otro equipamiento militar a Cartagena. Como parte del acuerdo entre América con España para el uso por los Estados Unidos de bases para la Sexta Flota, este moderno material de guerra refuerza de forma sustancial a la fuerzas armadas españolas. América cumple su parte del trato, tanques por bases para detener la Agresión Roja[26].

La defensa común frente a la agresión soviética fue utilizada no solo para justificar los acuerdos de 1953, sino que además sirvió para explicar la historia de España y legitimar la dictadura de Franco. El Caudillo que se presentó ante el público norteamericano no era ya un dictador, sino un campeón de la libertad, independencia, paz y progreso de su país desde 1936. Así fue como este mismo noticiario describió el Desfile de la Victoria franquista de abril de 1957:

> España celebra el dieciocho aniversario del fin de la revolución española y de la victoria sobre el comunismo. El poderío militar español, mucho del cual es americano y proviene del acuerdo para el uso de bases, se muestra en esta ocasión. La señora de Franco y su hija se encuentran entre los distinguidos huéspedes, así como el mismo Generalísimo. Uno de los coloridos contingentes está formado por la Guardia Mora. Mientras desfila una unidad de élite de paracaidistas, el Caudillo contempla orgulloso: dieciocho años de paz y de reconstrucción[27].

[26] *Universal Newsreels,* emisión 18, 27 de febrero de 1956, Universal Newsreel, Hollywood, CA, Universal Pictures Company Inc., 1956, 6:43.
[27] *Idem.*

La admiración de muchos medios de comunicación norteamericanos pudo ser sincera y estar basada en la creencia de que Franco era ante todo un campeón anticomunista. Pero también hay pruebas de que no estuvo exenta de intereses espurios, porque el régimen pagó directamente a las compañías a cambio de recibir un tratamiento informativo favorable. Por ejemplo, en enero de 1955, el vicepresidente de United Press envió un informe a Franco pidiendo tener una mayor presencia en España. El tono del mismo era el de un halago exagerado: «el enorme cambio en la opinión mundial respecto a España, el incremento de su prestigio en el extranjero, todo ello es el resultado del significado esfuerzo de Su Excelencia para el renacer nacional». Los piropos no eran gratis. En el mismo texto, el ejecutivo daba las gracias al Caudillo por el tipo de cambio de divisas (que entonces era fijado por el Gobierno) tan favorable que gozaba su compañía. United Press estaba repatriando sus dólares a un tercio del coste de cambio real con la peseta. La compañía solicitó seguir disfrutando de este privilegio en el futuro[28].

El Caudillo invitó retóricamente a los extranjeros a venir a España y ver por sus propios ojos y juzgar la realidad. Algunos intelectuales extranjeros lo hicieron. La España de los años cincuenta era un país barato, exótico, seguro, misterioso, y, en suma, atrayente. Entre los que vinieron había quienes lo hicieron con pretensiones científicas. Uno de los más famosos fue el antropólogo británico Julián Pitt-Rivers. Hombre de convicciones conservadoras y actitudes aristocráticas, Pitt-Rivers se casó con una conocida dama de la alta sociedad andaluza. Quizás no sorprendentemente, en su estudio sobre el campesinado del este de Andalucía, Pitt-Rivers abrazó la teoría de que la democrática Segunda República había sido una aberración en la historia española mientras que la dictadura de Franco era necesaria para que España, «un país distinto de cualquier otro», cuya tradición natural era el autoritarismo, siguiese funcionando. De signo político muy distinto fue el enfoque del

[28] *Memorándum confidencial presentado al Jefe del Estado: Oferta de United Press, por medio...*, enero de 1955, AFFF 16139.

conocido escritor Gerald Brenan, quien volvió en 1953 al país en que ya había vivido antes de la guerra. Ya en 1943 Brenan publicó su *Spanish Labyrinth* [El laberinto español], un intento serio de explicar los orígenes del conflicto basándose en factores políticos y culturales[29].

Además de los escritores británicos, en los años cincuenta, las explicaciones de la singularidad de la España franquista fue también un tema de preocupación entre los intelectuales norteamericanos. La evidencia de que el Nuevo Estado había conseguido estabilizarse y que la represión masiva era cosa del pasado llevó a algunos autores a preguntarse el porqué. Estos análisis no se pueden aislar del ambiente anticomunista que había resultado en una aceptación de una moralidad política comprometida por las alianzas con regímenes autoritarios de derechas que, como hemos visto, se extendió incluso a sectores liberales de la sociedad americana. Una representante de este compromiso fue Mildred Adams, la célebre crítica literaria y feminista que, entre otros, escribió para *The New York Times* y *The Economist*. Adams tenía un interés previo en España. Había conocido a Federico García Lorca y traducido obras de José Ortega y Gasset. En 1959 escribió un artículo para la prestigiosa revista *Foreign Affairs* en el que analizó los veinte años del Nuevo Estado de Franco. Su argumentación se centraba en decir que aunque no se podía dudar del origen violento del poder de Franco y de que su régimen era represivo o, como ella señalaba, «un estado policial», había que preguntarse si la dictadura constituía una forma de gobierno afín al «temperamento latino». La respuesta era que:

> España en el fondo, en su historia y religión está conformada como una sociedad jerárquica con escaso movimiento entre sus niveles. La tradición ejerce un enorme peso, lo que hace que la democracia pa-

[29] Véanse Julian A. Pitt-Rivers, *The People of the Sierra*, Nueva York: Criterion, 1954; Gerald Brenan, *Spanish Labyrinth: An Account of the Social and Political Background of the Spanish Civil War*, Cambridge: University Press, 1943; y Tom Buchanan, *The Impact of the Spanish Civil War on Britain. War, Loss and Memory*, Brighton: Sussex Academic Press, 2007, pp. 158-168.

rezca a la gente ajena y difícil. El sistema actual [...] es un reconocimiento de este factor antiguo del carácter nacional[30].

No todos los críticos norteamericanos que se preocupaban de España estaban de acuerdo. Richard Wright representaba un liberalismo muy diferente del de Adams. Wright era un famoso novelista afroamericano que había crecido en el sur de Estados Unidos y sufrido el racismo que permeaba la vida diaria y la oficial de aquella sociedad. A él no le valían las explicaciones históricas, culturales o, menos aún, las raciales que se usaban para justificar la denegación de los derechos humanos tanto a los afroamericanos como a los españoles. En ambos casos, el argumento era el mismo, y los objetivos, también: justificar el sufrimiento del otro basándose en su supuesta naturaleza inferior y su incapacidad para ser un adulto con plenitud de derechos. Para Wright, que publicó en 1957 su *Pagan Spain,* lo que pasaba en España era muy simple: se trataba de un país en el que una dictadura, con la ayuda de la Iglesia católica, reprimía y humillaba a sus habitantes[31].

La rehabilitación parcial de la dictadura de Franco no llegó solo por los intereses políticos de los estadounidenses o los sesudos análisis justificadores de los intelectuales anticomunistas extranjeros. Tuvo también un componente popular y espontáneo ligado a un fenómeno nuevo en el mundo de posguerra, y en especial a partir de la prosperidad de los años cincuenta: el turismo de masas. Ya en 1951 visitaron España 1.260.000 turistas, que diez años más tarde fueron 6.100.000, y que siguieron aumentando sin cesar. A los turistas les podía no gustar el régimen de Franco, pero venían a España a pasarlo bien y no a hacer política. En todo caso, el hecho de que pasaran sus vacaciones en España y que comprobaran que el país, aunque más pobre que los suyos, no era tan diferente en muchos otros aspectos, contribuyó a normalizar la existencia de la dictadura. Esta normalización relativa quedó reflejada en las encuestas. Por ejemplo, en una llevada a cabo en Gran Bretaña en 1946, el 60% de los entrevistados estaban a favor de cortar las relaciones diplo-

30 Mildred Adams, «Twenty Years of Franco», *Foreign Affairs,* vol. 37, n.º 2 (enero de 1959): 257-268.

31 Richard Wright, *Pagan Spain,* Nueva York: John Hawkins and Associates, 1957.

máticas con España, mientras que solo el 16% se manifestaba en contra. Para 1961, los datos se habían invertido. Mientras que solo el 14% no «quería saber nada» con España, el 29% decía que este país debía ser tratado como cualquier otro, el 29% creía que las relaciones bilaterales debían ser más intensas[32].

Durante los años cincuenta el régimen consiguió su medio de normalización internacional: España fue admitida en la ONU en 1955. Pero el verdadero punto climático personal para Franco se produjo en diciembre de 1959, cuando el presidente de Estados Unidos, Dwight Eisenhower, recaló en Madrid durante su gira de despedida por Europa. Según la exultante prensa nacional, un más que improbable millón y medio de personas (la población de la ciudad era unos dos millones) se congregaron en las calles para vitorear a *Ike*. Los periódicos se esforzaron en presentar el encuentro entre Franco y Eisenhower como el de dos hombres comprometidos con la preservación de la paz y la libertad del mundo occidental, y que era una de las entrevistas más importantes de las que iba a celebrar el presidente americano durante el viaje[33]. La calurosa recepción oficial y popular terminó afectando la actitud del visitante, que al llegar había sido bastante reservada. Antes de partir, Eisenhower y Franco se dieron un abrazo que la prensa gráfica inmortalizó. Con este, la historia cerraba con profunda ironía un ciclo histórico. El hombre que tan cálidamente saludó a Hitler en Hendaya en 1940 y el que lo derrotó en 1945 eran ahora amigos.

Palabras sin futuro

Una persona que haya vivido toda su vida en una sociedad democrática y próspera tendrá serias dificultades para entender el poder real o simbólico de las palabras de un dictador en una sociedad traumatizada

[32] Buchanan, *Impact,* p. 160.

[33] «El viajante de la paz», *Abc;* 22 de diciembre de 1959, «La entrevista Eisenhower-Franco una de las más importantes celebradas por el Presidente», *Abc,* 22 de diciembre de 1959.

y empobrecida como fue la española de posguerra. También le costará comprender cómo percibían los españoles la repetición de supuestas verdades, profecías y amenazas del Caudillo. A diferencia de la España democrática de hoy, y pese a todas las dificultades y desencantos, donde la gente puede soñar cómo construir un mundo mejor, la franquista era una sociedad que tenía que aceptar, quisiera o no, el futuro único que el dictador ofrecía. Y esa oferta tenía dos componentes inamovibles: el Caudillo al frente del Estado y la amenaza de violencia. El resto de la retórica del régimen giraba en torno a esos dos principios. Por eso las palabras de Franco eran siempre escuchadas y, en caso de ser rechazas, temidas. Y por eso también sus discursos eran siempre circulares. Tocasen el tema que fuera, él siempre era el juez supremo de la verdad, y su justicia se remitía irrevocablemente a la Guerra Civil, de cuya memoria él era dueño último. El lenguaje político de Franco era banal, repetitivo y maniqueo, pero a través de él podemos ver lo que los españoles habían de esperar del Caudillo.

Franco hablaba usando la técnica que George Orwell llamó «hablar doble». Cuando hablaba de una cosa en realidad se refería a otra bien distinta, y a menudo siniestra. Además, como hemos visto, el Caudillo tenía un discurso muy distinto según se dirigiese al público extranjero, principalmente americano, o a los españoles. Para aquellos, su mensaje era no ya de tolerancia ante la diversidad política y cultural, sino de respeto, valores que él hacía comunes a todos los que luchaban contra el comunismo. A los españoles, Franco les decía que no había compromiso político posible con los asesinos que tanta sangre habían derramado y que casi destruyeron al país. En ambos casos, él se decía representante de todos los españoles, pero en el mensaje interno excluía las realidades, memorias y aspiraciones de millones de personas. Para estos solo había una verdad a la que, sin siquiera ser nombrados, tenían que someterse. Cuestionar esta verdad oficial era ir contra Franco, o lo que era lo mismo, reiniciar la Guerra Civil. Y esto, el Caudillo Salvador y Hombre de Paz, no podía permitirlo.

Luego estaba la realidad económico-social. Hasta los años sesenta, España era un país con condiciones de vida bajísimas y que, en todo caso, mejoraban mucho más despacio que en la mayoría del resto de Europa. Pero era además (y seguiría siéndolo mucho después) un país profundamente injusto, en el que los trabajadores cobraban poco, pagaban mucho por los bienes y servicios que compraban, y, por último, recibían escasas transferencias del Estado en educación, sanidad, vivienda, obras públicas, etc. Esto se debía a que el Gobierno manejaba unos presupuestos misérrimos, y no solo por culpa de las permanentes dificultades económicas, sino también porque se negaba a que las clases altas pagaran impuestos, y porque las partidas más importantes del presupuesto se dedicaban a mantener los ejércitos y la policía. España era en definitiva un país al servicio de las élites que apoyaron el golpe militar de 1936. En sus discursos, Franco negaba estas realidades, las presentaba distorsionadas o achacaba las dificultades a personas y fuerzas ajenas a su régimen. Para ello construía una metanarrativa histórica nacionalista, en la que los fracasos de su régimen se presentaban como otra batalla de una guerra que ya se vislumbraba victoriosa contra los enemigos externos e internos de España. De este modo, la historia y la Providencia se disponían a restablecer a la sacrificada España a la posición de grandeza que siempre le había estado destinada, y que estaba recuperando bajo el mando del Caudillo. La preciosa sangre de los mártires había regado ese renacimiento. Por eso Franco nunca dejó de recordar que no le temblaría la mano para derramar de nuevo la sangre de los enemigos de España.

Cuando, como ocurría con frecuencia, las circunstancias y el discurso oficial diferían, el dictador apelaba como último argumento a «la verdad de España». Según esta, Franco siempre tenía razón; y la mejor prueba de que esto era así es que el Caudillo lo decía. Este era el mejor testigo de Franco, quien citaba a aquel continuamente, a veces usando el nos mayestático. La verdad acababa siempre confirmando al Caudillo, o imitándolo, pero raras veces, al menos fuera de España, reconociendo honestamente su grandeza. Era solo dentro de España donde su sacrificio y gloria se veían recompensados, aunque nunca lo bastante. El pueblo, la España verdadera, hablaba votando en los referéndums, participando en las elecciones a Cortes, en las municipales y en las sindicales, en las manifestaciones de adhesión o durante sus visitas a las provincias. El pueblo confiaba en él porque nunca le había defraudado, porque su sufrimiento y sus desvelos eran solo por España, porque él era un profeta y un artífice de milagros, porque él, decía Franco, era el Caudillo. En diciembre de 1948, por ejemplo, España era un país aislado por un boicot diplomático, excluido del Plan Marshall, empobrecido y donde el hambre y la desnutrición atenazaban millones de vidas. Sin embargo, en su mensaje de fin de año, el Caudillo explicaba a los españoles que «los sucesos del mundo han continuado durante este año acrecentando nuestro prestigio y autoridad y aumentando la fuerza de nuestra razón». Por el «nuestros» él quería decir «míos». Luego, a pesar del fracaso estrepitoso de la economía y de sus terribles consecuencias para los asalariados, dijo:

> Los planes que hoy en muchos órdenes vemos realizados o en camino de realización en Burgos fueron confeccionados. Ni uno solo de los problemas que España tiene hoy planteados dejó de considerarse y de buscársele adecuado remedio [...] si el jornal ha de ser elevado, la producción ha de mejorar en proporción. Si así no se hiciese, la máquina forzosamente vendría a apartar y a sustituir al hombre[34].

Si querían comer mejor, las leyes de la economía, decía el hombre sabio, dictaban que los trabajadores españoles debían antes trabajar más. En 1948, los salarios aún no llegaban a la mitad de los de 1936.

Las disquisiciones sobre la historia de España eran constantes en los discursos del Caudillo; aunque sus argumentos resultaban extremadamente simplistas y falaces. Tampoco se limitaban a los tiempos modernos, sino que Franco se empeñó en demostrar que su régimen entroncaba con la tradición española, a la que recuperaba y fortalecía. Él era el supremo historiador y el guardián del

[34] Francisco Franco Bahamonde, *Mensaje de Su Excelencia el Jefe del Estado a los españoles,* Madrid: Publicaciones Españolas, 1949, pp. 6, 12, 16.

pasado, que manipulaba a su antojo para demostrar los logros de su régimen. Por ejemplo, en la apertura de las Cortes en 1949, dijo: «Por primera vez en nuestra Historia da comienzo un tercer período legislativo»[35]. Obviamente esto no era cierto. Hasta la denostada República había tenido tres períodos legislativos, siendo el tercero el que cortó la rebelión de julio de 1936. Y aquellos fueron aún más durante la Restauración cuando, si bien las elecciones estuvieron amañadas, siempre fueron más honestas que los referéndums y elecciones del franquismo. Solo el monopolio de los medios de comunicación, y que las Cortes eran un parlamento de pega, permitían al Caudillo presumir de sus propias mentiras. Estas incluían presentarse como un modelo que el mundo admiraba e imitaba:

> La calidad y la cantidad de las disposiciones legislativas, el comentario favorable que algunas de las principales vienen suscitando en las publicaciones técnicas del extranjero y el que algunas de ellas hayan sido recogidas por el exterior en posteriores legislaciones, son muestra clara de la eficiencia de un sistema...[36].

En este mismo discurso, el Caudillo no tuvo empacho en decir que si Fernando VII hubiera tenido su Ley de Sucesión (la de Franco), el siglo XIX no hubiera sido tan calamitoso, y, continuando con su disquisición, llegó a la conclusión de que la Segunda República no habría llegado jamás[37].

El gobernante que sabía de todo y al que el mundo envidiaba acudió al año siguiente, en junio de 1950, a Vizcaya. Habían pasado tres años desde la gran huelga industrial en esa provincia, que fue tan duramente reprimida. Además de las detenciones, torturas y despidos en masa, el régimen, entre otras medidas punitivas, castigó a los trabajadores con una rebaja temporal de los salarios de

[35] Francisco Franco Bahamonde, *El Caudillo dice... Discurso del Jefe del Estado en la inauguración de las Cortes Españolas. Año 1949,* Madrid: Hidalgo, 1949, p. 3.
[36] *Ibidem,* p. 4.
[37] *Ibidem,* pp. 5-6, 37-40.

casi un 30%[38]. Pero el Caudillo no estaba allí para hablar de torturas y de hambre. En su discurso a los bilbaínos, el 19 de junio, ofreció su versión xenofóbica y paranoica de la historia lejana y de la reciente, y afirmó la superioridad de su régimen sobre las democracias:

> No es un secreto para nadie que, frente a nuestro progreso y a nuestro resurgir, se viene levantando la incomprensión extranjera [...] España llevaba siglo y medio que no contaba [...] Cuando hemos ido nosotros a los países extranjeros a buscar asistencia y patentes [...] nos han dicho con toda franqueza que en sus planes entraba que España no se industrializase [...] Nosotros entendemos la democracia yendo a buscar en las entrañas del pueblo sus necesidades [...] Por primera vez en nuestra Historia se ha ido a todas las provincias y a todos los pueblos españoles a indagar sus necesidades [...] Y con todo ello se confeccionan los programas españoles de ordenación económica que [...] nos permiten desarrollar una obra de gobierno para redimir a esos pueblos practicando una verdadera democracia, no la gárrula y formalista [...] España, que dictó en un tiempo las leyes al Universo, que se adelantó en muchos siglos a las otras naciones en la práctica de la democracia [...] mientras los demás, unos andaban bajo la tiranía medieval y otros con sus taparrabos por la selva[39].

El día 21, en el exclusivo *Club Marítimo del Abra,* Su Excelencia deleitó a la selecta audiencia con un tema menos populachero, pero no se abstuvo de dar una perorata inmodesta sobre su callado y abnegado sacrificio en el mundo bipolar de la Guerra Fría:

> Yo no sé si por excesivamente amante de los hechos y huir muchas veces de las palabras, hayamos pecado de parcos y se necesite una divulgación mayor [...] Se está librando lo que se ha dado en llamar

[38] Cazorla, *Políticas,* pp. 175-176.
[39] Francisco Franco Bahamonde, *El Caudillo habla en Vizcaya,* Bilbao: Escuela Gráfica de la Santa Casa de Misericordia, 1950, pp. 3-7.

> la guerra fría [...] Y en esto pasa como en las batallas militares: que los soldados duermen a pierna suelta, mientras el jefe vela y está pendiente y previniendo todos los peligros y amenazas que pueden presentarse [y aunque] por no crearos preocupaciones [conviene que] en algún momento tengáis conocimiento de la gravedad y circunstancias por el que el mundo atraviesa[40].

Y, cambiando de tema, añadió: «En nuestros trabajos por el resurgimiento industrial no perseguimos una utopía autárquica». Historiador, estadista mundial y... embaucador. Al final de la Guerra Civil, Franco había rechazado las ofertas de británicos y americanos para industrializar España. En cambio, optó por Alemania y la autarquía. Ahora, después de que España hubiese sido excluida del Plan Marshall, él y sus colaboradores estaban empeñados en un nuevo esfuerzo autárquico llamado Planes de Ordenación Económico-Social que, elaborados en 1947 y 1948, supuestamente seguían los que se habían elaborado, «Ya desde Burgos, el año 38», y que iban a «ser un río de oro que caerá sobre esta tierra»[41]. Los prohombres vascos que le escuchaban estaban encantados, no porque necesariamente creyesen lo que su Caudillo les decía sobre el extranjero o la utopía autárquica, sino porque el río de la dictadura llevaba mucho tiempo regando de oro los bolsillos de los empresarios. La economía iba mal, pero los negocios y los beneficios de estos iban muy bien.

Franco se presentaba como el certificador de la realización de sus profecías. El mundo iba como él había dicho que iría, le diese la razón o, por motivos nefarios, se la negase. Rechazar esta verdad era exponerse a la guerra otra vez. En el discurso de fin de año de 1950, de nuevo usando el nos, dijo:

> El año que termina ha confirmado, una vez más, que el Régimen español ha cumplido en el orden de la historia universal una misión de adelantado, en la que un espíritu profético daba aliento a nuestras empresas y a nuestros afanes [...] Lo que para muchos puede tener catego-

[40] *Ibidem,* pp. 14-15.
[41] *Ibidem,* p. 17.

> ría de sorpresa, para nosotros constituye una antigua lección que no hemos de olvidar. Aprenderla nos costó la sangre de los mejores hijos de la Patria, y el ser fieles a su memoria nos ha hecho servir a nuestro destino, por solitario que pareciese el sendero que habíamos de recorrer[42].

Después de felicitarse y de amenazar, hacía un listado de sus victorias/verdades:

> Rectificación internacional del acuerdo de las Naciones Unidas; pero sin que ningún cambio sustancial de posiciones doctrinales se haya producido en nuestra Patria [...] Los éxitos de la política exterior [...] son consecuencia lógica de una sabia política interior [...] El año transcurrido ha sido [...] acaso el más fecundo en la lucha titánica de nuestra recuperación nacional en el horizonte de las realidades económico-sociales [...] tanto más empeñada y activa cuanto más desasistidos nos hemos visto por un extenso sector internacional, precisamente el más pujante en medio y poderío [esto es: Estados Unidos y el Plan Marshall] ¡Es muy fácil reconstruir y recuperarse cuando llueven los auxilios económicos de todo orden! [...] Si no hemos podido dar a España mayor bienestar, quede bien claro que lo ha sido por la incomprensión extraña [...] En el área de las mejoras sociales ha continuado el empuje audaz y progresivo de nuestra legislación, que con satisfacción vemos seguida por las modernas reformas de algunos países extranjeros [...] Bloques y barriadas que han brotado en todos los sectores de la nación [...] otras 4.000 escuelas [...] En orden de nuestra preparación militar [...] mejora y perfeccionamiento de nuestros medios de combate [...] en las aguas del Estrecho, tuvo lugar la concentración más importante de barcos españoles que la Marina ha realizado de Trafalgar a nuestros días[43].

Esto decía el Caudillo del país occidental que menos había progresado en la última década, pese a haber vivido seis años más de (su) paz que la mayoría de los demás. Claro que dudar de él era cuestionar la Victoria de unos y la Paz del miedo colectivo de la mayoría.

42 Franco, *Discursos y mensajes... 1951-1954,* pp. 7-8.
43 *Ibidem,* pp. 8-17.

Por eso, a los suyos con frecuencia les recordaba el Caudillo lo que estaba en juego. El 19 de octubre de 1952, Franco habló a los excombatientes de su ejército en el Alto de los Leones, donde tan duras batallas habían tenido lugar en las primeras semanas de la guerra. El Caudillo empezó diciendo a «todos los excombatientes de la Nación» que el monumento que allí se construía y el no muy lejano del Valle de los Caídos eran en «honor de los héroes y de los mártires de nuestra Cruzada, donde han de descansar sus gloriosos restos». Luego, contradiciendo lo dicho, explicó que «no se trató de la victoria de un grupo o una clase, como pretenden hacer ver los cabecillas exiliados». La victoria «fue de todos» porque «el nervio del ejército contrario lo constituyeron las brigadas internacionales». Más tarde Franco invocó la sangre de los caídos porque ellos velaban en el cielo por «nuestra victoria». Había que tener cuidado, «el velar que no se pierda» con las «disensiones internas» que siempre vinieron «de fuera, a través de las logias y de los servicios secretos de las otras naciones». Por último, explicó a quién estaba hablando de verdad, a ese «millón doscientos mil combatientes en la Cruzada [que] se alistaron bajo nuestras banderas, que unidos a los miles de mártires y de cautivos componen, con sus familias, la inmensa mayoría de la sociedad española [...] A vuestra lealtad corresponde mi plena confianza»[44]. Con estas palabras Franco recordaba a sus seguidores su posición privilegiada mientras que se apropiaba del sufrimiento colectivo de los españoles, dejando bien claro que cualquier disensión interna pondría en peligro, como según él había ocurrido siempre en el pasado, la Paz.

El pasado pertenecía al Caudillo, y el futuro no podía escapar a este pasado. Todo progreso, mejora o cambio estaba en sus manos. Él no dudó en presentarse como un hombre que sabía lo que era mejor para sus súbditos, a los que trató como recipientes pasivos, y no siempre agradecidos, de los dones y esfuerzos que les dispensaba. La pedantería y el egocentrismo a veces emergían entre

[44] Francisco Franco Bahamonde, *Alto de los Leones de Castilla. Concentración regional de excombatientes de las Dos Castillas,* Valladolid: Gerper, 1952, *passim.*

las vaguedades y lugares comunes de sus discursos, rozando incluso el insulto a sus oyentes. Así ocurría en octubre de 1959, por ejemplo, en una concentración de campesinos castellanos. De este grupo habían salido centenares de miles de soldados de su ejército. Estos hombres constituían un foco de lealtad al Nuevo Estado, posiblemente sin parangón en el país. El motivo del discurso del dictador era la concesión de títulos de tierras que habían sido redistribuidas después de un proyecto de concentración parcelaria. Franco se atribuyó el mérito del proyecto a costa de despreciar a quienes le oían: «Esta obra, preñada de dificultades, y que por iniciativa del Movimiento nacional en su afán de redención de nuestro campo, *que no se había concebido siquiera por los propios beneficiarios* [cursivas añadidas], es una de las obras más importantes de nuestro régimen». Y luego, después de haber hecho tanto bien por el campesinado, el Caudillo exigía y se daba su recompensa:

> Sin embargo, y pese a esa comunicación constante con el pueblo, en el mundo se nos tacha todavía de dictadores [...] Por lo menos en España jamás se ha conocido más fructífera democracia[45].

El dictador tenía pena y orgullo infinitos de sí mismo. Todos los problemas venían de otros o de las circunstancias y todos ellos caían sobre sus hombros. Todas las soluciones eran las suyas pues detrás de él estaba Dios. En 1959, el Gobierno del Caudillo aprobó por fin abandonar la autarquía con la adopción del Plan de Estabilización. Este, aunque beneficioso a medio plazo, causó una inmediata y severa contracción de la economía —y del empleo y del poder adquisitivo de los trabajadores— hasta 1961. En la Navidad de ese año, y como tenía costumbre, Franco se dirigió a los españoles. La introducción a su discurso consiguió elogiar la modestia verbal del Caudillo mediante un lenguaje lisonjero y ampuloso:

[45] Ministerio de Agricultura, Servicio Nacional del Trigo, Delegación Nacional, *Viaje por Castilla de S.E. el Jefe del Estado, Señor Don Francisco Franco Bahamonde...*, Madrid: Ministerio de Agricultura, 1959, sp.

> Una vez más, la palabra sobria del Caudillo, ajena a la retórica hueca y a la pomposa pretensión lírica, pulsa aquí, con agudeza y claridad, la situación española en todos los órdenes y la realidad del mundo agitado que determina nuestro presente histórico[46].

Franco habló no de las dificultades pasadas y presentes de la gente, sino de cómo su régimen había hecho un «alegato irrefutable de un amplio período de estabilidad política, de progreso social y económico». Dijo que ello se debía a «la pericia del capitán y la unidad y disciplina de los que la tripulan» y la «voluntad de Dios» a la que no eran «indiferentes ni la rectitud y virtudes del capitán ni los merecimientos de los beneficiarios». Esta protección de Dios al capitán de la nave España contrastaba, por ejemplo, con la que le había negado el Todopoderoso a las potencias del Eje en la Guerra Mundial «pues pese a los primeros triunfos deslumbrantes, Dios no pudo permitir la victoria de los que obraban contra su ley». Por otra parte, añadió, «en nuestra misma Cruzada y los años que inmediatamente la siguieron, que constituyen una muestra clara del favor y protección del Cielo sobre los españoles»[47].

Solo un hombre tan convencido de la protección divina y de su sacrificio heroico podía ser tan mundano en su tratamiento del pasado y el presente. Pero podía ser peor. Así describía el dictador en el mismo discurso uno de los logros sociales de su régimen:

> La influencia de nuestra obra social sobre la disminución de la delincuencia es importantísima, y así lo acusan elocuentemente las estadísticas. En uno de mis viajes me detuve en un pequeño pueblo de Andalucía a visitar una pequeña obra social de casas para braceros y huertos familiares, y en aquel acto el juez y las autoridades locales me manifestaban su satisfacción por el cambio que ha-

[46] Francisco Franco Bahamonde, *Ante 1962. Mensaje de Franco al pueblo español,* Madrid: Ediciones del Movimiento, 1962, p. 5.
[47] *Ibidem,* pp. 10-11.

> bía sufrido el pueblo, que de 350 delitos contra la propiedad registrados en los juzgados anualmente habían descendido a cinco los que ahora se registraban después de realizada aquella pequeña obra social[48].

Era una prueba luminosa, otra más, de un balance de un cuarto de siglo en el poder que él presentaba como único. Así lo explicó él mismo, el 3 de junio de 1961, durante el discurso de apertura de las Cortes:

> La principal conquista de estos años ha sido la unidad de un país dividido antes por los separatismos y por la lucha de clases [...] La grandeza de la Cruzada, que solo gentes cortos de alcance no han sabido ver, está en haber conseguido la activa y mutua participación de todos los buenos españoles, sin distinción de matices [...] en la epopeya más gloriosa de nuestra Historia [...] Por eso yo creo que jamás hubo en la Historia de España un Estado más legítimo, más popular y más representativo que el que empezamos a forjar hace casi un cuarto de siglo [...] Sin nuestra Victoria el curso de la última conflagración hubiera sido bien distinto, como vieron claramente los aliados en momentos que pudieron ser decisivos, aunque en sus palabras y en sus obras no hayan luego correspondido suficientemente para saldar la deuda que ellos en particular, y el mundo cristiano, en general, continúan teniendo con España. No somos deudores, sino acreedores[49].

Según el Caudillo, no solo los españoles, sino todo el ingrato Occidente estaba en deuda con Franco. No podía ser de otro modo. Él era dueño del presente, del pasado y del futuro. Los tiempos empezaban y acaban con él.

[48] *Ibidem,* p. 13.

[49] Francisco Franco Bahamonde, *Discurso de apertura de la VII etapa legislativa de las Cortes Españolas,* Madrid: Imprenta BOE, 1961, pp. 7-9, 16.

Nuevas hagiografías

En 1954 se publicó una selección de discursos del Caudillo. En la página uno de la introducción, el comentarista decía: «La vida del Caudillo de España ha sido, desde sus comienzos y sin interrupción, una entrega total y permanente al servicio de los más altos destinos de la Patria»[50]. Pero para entonces, en medio de la Guerra Fría, al héroe abnegado España se le había quedado chica. La Victoria y la Paz de la patria no eran suficientes. Hacía tiempo que, aunque muchos se negaran a verlo, su misión se había revelado universal: el Caudillo era la encarnación del mundo cristiano frente al comunismo orientalizante. Otra cosa es que los malvados, los necios y los ciegos de Occidente le disputasen la gloria y la deuda que eran suyas. Afortunadamente, había en España hombres que sí sabían honrar a su capitán y decirle al mundo lo que no quería oír. Fueron muchos, pero nadie resumió mejor la nueva interpretación de la figura de Franco que el periodista (y dos veces procurador en Cortes) Luis de Galinsoga en su libro *Centinela de Occidente* publicado en 1956. Galinsoga escribió este libro con la ayuda del primo y perenne ayudante del Caudillo, Francisco Franco Salgado-Araujo, llamado Pacón por sus íntimos[51]. Ambos contaron también con la colaboración esporádica de Francisco Franco, principal autoridad en el tema del Caudillo. Este libro es importante no solo porque refleja la memoria selectiva de quienes colaboraron en él, sino porque constituye una nueva hagiografía mayor de Franco. Este texto fue escrito antes de que se produjese el milagro económico de los años sesenta y de que el Caudillo acabase siendo, según la propaganda de su régimen, el modernizador de la España del progreso y el bienestar. Por eso, a falta de desarrollo económico, el supuesto liderazgo en la defensa del Mundo Libre desde mucho

[50] Francisco Franco, *Pensamientos políticos de Francisco Franco,* Madrid: Delegación Nacional de Sindicatos, 1954, p. I.

[51] Luis de Galinsoga, con teniente general Franco Salgado, *Centinela de Occidente (Semblanza biográfica de Francisco Franco),* Barcelona: AHR, 1956.

antes del comienzo de la Guerra Fría se convirtió en otro logro sin igual de Franco.

La palabra centinela en el título del libro proviene de una de esas frases de autoelogio y autoindulgencia que el Caudillo usaba con frecuencia. En un discurso en el Museo del Ejército en marzo de 1947 dijo: «Yo soy el centinela que nunca se releva, el que recibe los telegramas ingratos y dicta las soluciones; el que vigila mientras los otros duermen»[52]. Junto al título del libro aparece una foto de Franco vestido de capitán general de la Armada en la cubierta de un buque, con la Laureada sobre su pecho, retocada, para que resalte. En cuanto al contenido, las dos ideas claves del texto no son exactamente modestas. Una, que ocupa casi todas las páginas, era presentar a Franco como el Caudillo que España esperaba desde mucho antes de 1936. La segunda, desarrollada hacia el final del libro, intenta afirmar que las acciones de Franco, durante y después de la Guerra Civil, impidieron que la Unión Soviética se apoderase del continente europeo.

Según Galinsoga, Franco fue un héroe desde su más temprana juventud. Pero el autor no comienza su relato de las cualidades excepcionales del Caudillo con sus primeros combates en África en 1912 como hicieron Arrarás y Ruiz Albéniz. Por el contrario, el mesías de Galinsoga ya realizó proezas incluso antes. Por ejemplo, un día él y su primo Pacón querían ir en un barquito de Ferrol a La Coruña para incorporarse a las tropas que marchaban a Marruecos. Pero hacía mal tiempo y el patrón y las autoridades de Marina se negaron a hacerse a la mar. Franco insistió y convenció a las autoridades y a la tripulación, quienes finalmente se rindieron a la determinación del joven alférez. En unos días el héroe ya estaba en África, donde inmediatamente comenzó su carrera de proezas. Sin embargo, ya desde los primeros momentos fuerzas ocultas y envidiosas trataron de interponerse entre el Caudillo y su destino. En 1916, por ejemplo, cuando el capitán Franco fue herido en Biut, esas fuerzas nefarias conspiraron para negarle la Laureada. A cam-

[52] *Ibidem*, p. [9].

bio, Franco fue ascendido al despacho de comandante con solo veintitrés años —y eso que «en la época en la que Franco fue herido [...] era dificilísimo un ascenso»— y se le dio otra medalla menos prestigiosa, la de María Cristina. En todo caso, el hecho de que sobreviviese de forma milagrosa a su herida, que todos creían mortal, era parte de un plan de Dios para darle la Laureada más tarde por salvar a España: «Los médicos estaban admirados de un caso tan insólito. ¿Qué sabían los médicos ni qué sabía nadie entonces de cómo el dedo de Dios trazó la trayectoria de aquella bala paralelamente a la vida de Franco?». Poco después, el Caudillo fue enviado a Oviedo, donde además de comenzar su cortejo a Carmen, dedicó su tiempo al estudio de la historia, la economía, la política y la sociedad, con el resultado de que en aquellos meses «podrá encontrar mañana la Historia el arcano secreto embrionario de esta personalidad sobremanera relevante en la diplomacia del mundo que se llama Francisco Franco, hombre de Estado»[53].

Cuando ocurrió el desastre de Annual en julio de 1921 y no se sabía ya «¿A quién acudir?» la nación descubre que tiene «¡Ansias de Franco!», y por eso el sereno general Berenguer «sabe situar inmediatamente al comandante de la Primera Bandera de la Legión. La orden es fulminante. Franco con el teniente coronel Millán Astray...» es enviado a salvar la plaza. La población de Melilla recupera el ánimo mostrando con su júbilo, por si al lector se le hubiese olvidado, también sus «¡Ansias de Franco!». Sus hechos heroicos se multiplicaron en aquellos días y, sin embargo, el Caudillo tuvo tiempo para escribir tratados fundamentalísimos en la historia del pensamiento militar. En 1922, por ejemplo, redactó uno sobre el uso de tanques que como «verá el lector especializado y técnico en la materia el tiempo ha dado la razón a la doctrina que expuso Franco». Esto significa que el Caudillo se adelantó a otros pensadores militares, a los que el autor no cita, en el uso de tanques, como Basil Liddel Hart, Mijaíl Tujachevski, Heinz Guderian o Charles de Gaulle. Y es que Franco, más que un pensador, era un «gran

[53] *Ibidem*, pp. 28-31, 34.

capitán» para quien las «reglas de esta ciencia [militar] ni están escritas ni pueden escribirse; es a los genios militares como Alejandro, Aníbal, César, Napoleón a quienes corresponde llevarlas cabo». En sus tiempos en África, cuando no se sabía cómo resolver una situación «se llamaba a Franco y entonces se decía: "Ya está en manos de Franquito". Su nombre fue sinónimo de éxito en la dificultad o en el peligro». Pero precisamente porque era un genio «los Gobiernos fueron cicateros y sórdidos» con él. A pesar del mal pago y las envidias, Franco profetizó en 1921 el éxito del desembarco de Alhucemas de 1925, del que dudaban muchos de sus jefes y compañeros. Este se llevó a cabo solo después de que el Caudillo consiguiese convencer personalmente —pues nadie más que Franco tenía «su ciencia, su autoridad y la sabiduría» para hacerlo— a Primo de Rivera[54].

En los años siguientes, el héroe incomparable siguió preparándose para regir un día los destinos de la patria. Sus conocimientos en todas las materias eran ya enormes; algo que quedó en evidencia en 1927, durante un encuentro casual en la playa de Gijón con el dictador y con «su ministro de Hacienda el glorioso Calvo Sotelo», con quienes luego se fue a comer. Durante el ágape hablaron de economía:

> Dejó sorprendido a Calvo Sotelo el conocimiento que el General Franco mostró en aquella ocasión sobre tales cuestiones y hasta hubo un chispeante diálogo entre ambos interlocutores en el cual el que parecía menos autorizado en el problema dio luminosos consejos al glorioso estadista y financiero[55].

La llegada de la República en 1931 fue nefasta pero a la vez providencial, pues permitió al salvador encontrar su destino. Hasta los que no creían se le rindieron; solo tenían que verle. Cuando Franco —«el capitán de una guerra anticomunista [...] el futuro e inmi-

[54] *Ibidem*, pp. 52-54, 68-69, 75-76, 81, 110-111.
[55] *Ibidem*, pp. 126-127.

nente libertador»— llegó a Tenerife en marzo de 1936, había en el puerto «una turba» que le recibió con «expresiones plebeyas casi zoológicas», pero que cayó rendida de admiración al verle descender del barco. Se encontraban entre «los patibularios reclutados por las organizaciones comunistas», antiguos soldados de Franco y madres de reclutas, que pronto se dieron cuenta de su error. Pues ahí estaba «la mirada serena y clara y la proverbial sonrisa de Franco» que bastaron para:

> [...] que se disiparan los rencores fundidos al calor de la actitud bondadosa del héroe de España. ¡Insospechable mutación! La multitud prorrumpió en ovación al general [...] el pueblo [...] reaccionaba así [...] conmovido ante la figura que era ya leyenda [...] Su prestigio había logrado el milagro.

Desde Tenerife Franco organizó el movimiento salvador de julio. Si el lector busca a Mola en las páginas que describen la conspiración, no lo encontrará más que desempeñando el papel de «informador» de otros implicados. Y, por último, de forma natural, el héroe, el «general jefe del Alzamiento» voló a Tetuán, donde al descender del avión se entera del combate que había tenido lugar allí contra «los aviadores rojos que lo ocupaban». Poco después, «El pueblo y el Ejército, fundidos en las calles, le aclaman como General en Jefe»[56].

Franco consigue pasar su ejército a la Península, a pesar de que todo estaba en contra de él. A partir de ahí todo son milagros y profecías. Por ejemplo, en abril de 1937, él dijo que la guerra duraría dos años más, y con precisión matemática, la guerra acabó en abril de 1939. Tal era el amor por su pueblo que el Caudillo no quiso tomar Madrid, defendida por los aventureros de las Brigadas Internacionales, para no destruir la ciudad y causar «víctimas en la población civil». Más aún, profundamente preocupado por el alto número de españoles que tendrían que ser corregidos, el Caudillo se hizo un experto en Derecho, y, no queriendo cometer injusti-

[56] *Ibidem*, pp. 192-194, 196-197, 209, 233.

cias, devolvía sin cesar expedientes para que fuesen re-examinados. Negó al sueño las horas que dedicó al estudio, discutiendo con su asesor jurídico hasta altas horas de la madrugada, «haciendo comentarios con Martínez Fuset sobre el Código de Justiniano, los motivos por los cuales el Derecho Privado había alcanzado en Roma más progresos que el Público, Fuentes del Derecho...»[57].

Llegó la Victoria. Hasta 1939 la primera gran misión de Franco había sido salvar a España. Ahora, explicó Galinsoga, llegaba la segunda. Al poco de acabar nuestra guerra, la Providencia ponía en sus manos el futuro de Europa, y quizás del mundo. La primera prueba llegó en la famosa entrevista de Hendaya, donde el Caudillo gallardamente defendió la neutralidad de España en la guerra, pues él no temía a nadie, ni al Eje ni a los Aliados. Es más, si Hitler se hubiese atrevido a atacar a España, Franco habría comenzado una guerra de guerrillas como ocurrió en tiempos de la invasión napoleónica. La segunda gran prueba vino cuando el Caudillo no se unió a Hitler cuando este invadió la Unión Soviética. Fue una decisión fundamental. Si lo hubiese hecho, los comunistas habrían ocupado toda Europa. La tercera prueba llegó en noviembre de 1942, cuando los Aliados desembarcaron en el norte de África y las tropas españoles se abstuvieron de atacarles. Estas tres pruebas fueron superadas porque el Caudillo tuvo durante la Guerra Mundial la clarividencia de saber que el Occidente se equivocaba, al luchar alemanes e italianos contra los aliados. Por desgracia, nadie le escuchó, pero su sabiduría permitió a España salvar todos los escollos. Él sabía qué vendría después y se mantuvo alerta. En suma, fue su prudencia, durante toda la Guerra Mundial, la que eventualmente salvó a Europa. Y por eso, en 1956, era evidente lo que debía haberlo sido mucho tiempo atrás: que el despacho de Franco en el palacio del Pardo era el «eje de Occidente y mediador con Oriente», por el que pasaban gobernantes de todo el mundo para reconocer los errores cometidos contra España desde 1939. Sus países,

[57] *Ibidem,* pp. 273-284.

liderados por Estados Unidos, por fin habían descubierto que «mientras los estadistas de las Naciones Unidas dormían, el centinela de Occidente vigilaba...»[58].

A pesar de sus descabelladas pretensiones, la hagiografía de Galinsoga no fue ni mucho menos la obra que, durante los años cincuenta, dijo las cosas más ridículas sobre el Caudillo. Estas se encuentran en los libros para niños que siguieron la tradición, creada durante la guerra y que nunca desapareció, de usar el lenguaje y las imágenes del catecismo para contar la vida y hazañas del dictador. En estos libros, Franco continuó siendo presentado como un nuevo Jesucristo. Este fue el caso de uno publicado en 1957 sobre «un niño bueno que iba a la escuela todos los días y rezaba todas las noches». Un día, a su madre, doña Pilar, se le apareció la Virgen anunciándole el nacimiento de un hijo «que irá en lenguas de romance» y al que ella le daría una espada, un caballo blanco —como a Santiago Matamoros—, «el corazón de un César y entendimiento de un sabio», la gracia y la sonrisa que darían fe «en el alma de todos los españoles». Por su parte, a Paquito le explicó su venerado padre un día que «Hay hombres malos de países remotos que no quieren que recemos y amemos las cosas buenas del Señor». Para salvar a los españoles de esos señores, la Virgen volvería otra vez para hablarle —ahora directamente— al elegido y darle, como había prometido, «esta espada imperial y este caballo blanco» que un día no habría de dejar «¡ni un hogar sin lumbre ni un español sin pan!». Y así la Virgen misma le habría dictado a Franco uno de los eslóganes de su régimen. Pero, mientras tanto, el héroe habría de ir a África donde «crece el laurel de la corona cesárea que ha de tejer España para tu frente de Caudillo». Y ya puesto, el autor informó a los jóvenes lectores de que Franco ganó la Laureada ¡en 1916! y tras múltiples hazañas tuvo que enfrentarse «a los malos españoles de la República» que «persiguió al maestro general Franco». Eso fue antes de que la Virgen se le apareciese por tercera vez y le ordenase salvar a España[59].

58 *Ibidem,* pp. 367-386, 445-463.

59 J. Manuel Useros, *El hombre en el paredón,* Valencia: Bello, 1957, pp. 54, 58, 59-61.

Junto a esta falsa religiosidad, o si se prefiere una politización de la religión consentida y animada por la Iglesia, también se recrearon representaciones de la vida del Caudillo mucho más formales y llenas de una reverencia servil. Por ejemplo, en octubre de 1961, al cumplirse los veinticinco años de su nombramiento como jefe del Estado, los órganos de propaganda prepararon —entre otros— lo que entonces era un producto audiovisual moderno, compuesto por un panfleto explicativo, diapositivas y un disco llamado *Vida de un Caudillo joven*. Como el título indica, se trataba de una representación satinada de la vida de Franco, contada a través de imágenes acompañadas de música popular y clásica (muñeiras, Himno de la Academia de Infantería, música árabe, Wagner, Schubert, etc.). Los textos que incluía el audiovisual repetían aspectos de la biografía canónica del Caudillo: «En cristiano ambiente fue creciendo Francisco junto a sus hermanos Ramón y Nicolás», «era Franco un joven [...] con unos ojos grandes y curiosos». También repetían supuestas frases trascendentales que el Caudillo habría dicho, así como los episodios de su comportamiento heroico en África[60].

El culto oficial del Caudillo no estuvo completamente desconectado de la percepción popular del gobernante entre los españoles; aunque es dudoso que los discursos del amigo americano y los halagos desmedidos de Galinsoga y otros hagiógrafos cambiasen de forma sustancial la percepción popular del dictador, tal y como cuajó en los angustiosos y difíciles años cuarenta. En la década siguiente, la Guerra Civil, la Victoria y la Paz siguieron siendo los prismas esenciales a través de los cuales la gente entendió la imagen de Franco. Además, los españoles sabían muy bien lo poco que contaba el país en el mundo. Lo que les preocupaba realmente eran los asuntos domésticos. En los años cincuenta se instaló en la imaginación popular no la imagen de un país heroico defendiendo Occidente, sino algo

[60] *Vida de un Caudillo joven. Rasgos biográficos del Excmo. Sr. D. Francisco Franco Bahamonde, Jefe del Estado español y Generalísimo de los Ejércitos al cumplir el XXV aniversario de su exaltación a la Jefatura del Estado,* Madrid: Sánchez y Estades, 1961.

más prosaico: la continuidad. De esta realidad mediocre formaba parte la figura del dictador que se había convirtiendo en una rutina diaria, y por ello en parte de la identidad cotidiana de amplias capas de la sociedad. En este proceso tuvo un papel clave la repetición casi ritual de las actividades públicas de Franco, como la inauguración de obras públicas, las visitas a las provincias, su presencia en las festividades oficiales del régimen, en acontecimientos deportivos, sus vacaciones estivales, sus discursos de fin de año, y, por supuesto, sus apariciones en NO-DO. Para muchos españoles, quizás una mayoría, su presencia representaba normalidad, orden y seguridad en un tiempo en el que los traumas de la Guerra Civil seguían vivos bajo una capa superficial de orden y paz. Tal vez no haya mejor ejemplo de la conexión entre ambos aspectos, rutina y trauma, que en las dos celebraciones más importantes del régimen: la celebración de la Victoria el 1 de abril y el Día del Movimiento Nacional y Fiesta de Exaltación del Trabajo del 18 de Julio[61].

El momento culminante de la celebración de la Victoria era el desfile militar, que a partir de 1958 fue desplazado de abril a mayo para evitar el impredecible tiempo primaveral de la capital. En cierto modo, este desfile era un museo moviente de la historia militar de la dictadura, pues hasta los años cincuenta casi todo el material que se exhibía era de origen alemán e italiano, que luego fue sustituido paulatinamente por armamento de origen americano. El paso de las tropas ante Franco era un recuerdo de quién estaba al mando y de los medios que poseía para mantener su poder. Esta fiesta suponía la negación de la memoria de los españoles que habían luchado en el otro bando, pero justo por ello era una reafirmación de la posición de privilegio, moral al menos, de quienes apoyaban la dictadura. Este mensaje se hizo de nuevo patente el 1 de abril de 1959, cuando se inauguró oficialmente el Valle de los Caídos en una ceremonia presidida por Franco. El día anterior se habían traslado hasta allí los restos de José Antonio Primo de Rivera. En este acto, Franco, como

[61] Véase Zira Box, *España, año cero. La construcción simbólica del franquismo,* Madrid: Alianza Editorial, 2010.

era su costumbre con los entierros, no estuvo presente. Luis Carrero Blanco representó al Gobierno.

Mucho más importante aún era la conmemoración del 18 de julio. Por un lado, se celebraba la reconstrucción material de España mediante el trabajo, y por otro, el principio de su salvación espiritual con el estallido de la Guerra Civil. Era una festividad extrañamente siniestra, una celebración de la muerte que, se decía, había de ser alegre. Tenía lugar en verano, hacía calor y la gente disfrutaba del día en la playa o bajo una buena sombra porque se trataba de una jornada no laborable y, además, era el mes en que se cobraba doble salario (la «paga del 18 de julio»). Sin embargo, no dejaba de ser el día en que comenzó todo. Nunca sabremos con precisión qué pensaban los españoles de la «fiesta», aunque seguramente había una gran variedad de sentimientos. Los periódicos y la radio, y luego la televisión, preparaban la ocasión desde algunos días antes para recordar el papel central y providencial del Caudillo, y sus logros, empezando por la paz. Llegado el día, las autoridades inauguraban, cuando las había, obras nuevas; mientras que los medios explicaban a los españoles qué se celebraba. Por ejemplo, el 18 de julio de 1956, *Abc* publicó en su portada una foto del Caudillo —regordete y rígido en su uniforme— que ocupaba casi todo el espacio, y que acompañó con este comentario:

> Hoy se celebra en España el XX aniversario del Glorioso Alzamiento Nacional; alzamiento armado contra las turbas y trágicas intrigas que en nuestro país tramaban los elementos heterogéneos del Frente Popular. Es fecha inolvidable en nuestra Historia. Desde ese día, los destinos de España, regidos sabia y prudentemente por el Generalísimo Franco, así en la paz como en la guerra, caminan esplendorosamente hacia una plena regeneración espiritual y material. Si no hubiese habido en 1936 un 18 de julio, si Franco no hubiese guiado a España en las horas de lucha y en las horas de rehabilitación interior e internacional, nuestra historia...[62].

[62] «XX Aniversario», *Abc*, 18 de julio de 1956.

Al día siguiente, el mismo periódico presentó en primera plana una foto de Franco vestido de falangista, con gafas de sol, entregando viviendas sociales a los agradecidos obreros, o «productores» como el régimen les llamaba, de Madrid. Sin embargo, la otra intención de la celebración, la de recordar la violencia y qué era lo que se jugaban los españoles, nunca se llegó a esconder. El primer artículo de ese día estaba firmado por Joaquín Arrarás, y se tituló «Hace veinte años. El Gobierno del Frente Popular arma a las turbas». Estaba repleto de fotografías de Madrid en julio y agosto de 1936[63]. El mensaje era obvio: el derramamiento de sangre de «los buenos españoles» era el inicio de la reconstrucción moral y material de España guiada por el Caudillo.

A Franco de nuevo se le volvía a festejar cada 1 de octubre, el día de su «exaltación» a la Jefatura del Estado. Pero era una celebración elitista, con recepciones oficiales a dignatarios españoles y extranjeros. Mucho más importante desde el punto de vista de su imagen popular era otra fiesta que se comenzó a celebrar en 1958: la de San José Artesano. Esta tenía como objetivo secuestrar la memoria de la tradicional celebración reivindicativa de la Fiesta del Trabajo del Primero de Mayo, reemplazándola por otra de adhesión a un Franco paternalista, impulsor de los supuestos principios cristianos de la legislación laboral de la dictadura. Ese día, en el estadio del Real Madrid, los trabajadores hacían una «demostración sindical» de sus habilidades deportivas, acompañada de números folclóricos, que daban una imagen del «productor» regimentado, limpio y feliz con su puesto en la estructura social y política del país. El festival acababa con fuegos de artificio y mensajes de gratitud a Franco[64].

[63] «El Caudillo entrega viviendas en Madrid», «Hace veinte años. El Gobierno del Frente Popular arma a las turbas», *Abc*, 19 de julio de 1956. Cinco años más tarde, el 18 de julio de 1961, se llevó a cabo el entierro de los restos de Sanjurjo y Mola en Navarra. A Franco le representó en el acto el capitán general de la región. «Los restos de Sanjurjo y Mola a su sepultura definitiva», *Abc*, 19 de julio de 1961.

[64] María Dolores de la Calle Velasco, «El Primero de Mayo y su transformación en San José Artesano», *Ayer*, 51 (2003): 87-113.

El papel del Caudillo como protagonista de los espectáculos de masas se acrecentó con la popularización del fútbol en la posguerra. Más que de los resultados de la mediocre selección nacional, el deporte se benefició de los éxitos internacionales del Real Madrid en los años cincuenta y sesenta. Lo que era bueno para el Real Madrid lo era también para Franco. En los partidos de este equipo en la capital, la presencia del Caudillo era una victoria simbólica, especialmente si iba acompañada de una real contra un equipo de algún país democrático, esos que seguían tratando a España como una nación de segunda, o, más aún, contra una escuadra de Europa del Este. Otro momento estelar, quizás el más importante para la mayoría de los aficionados españoles, era la entrega de la Copa del Generalísimo, que el Caudillo en persona solía hacer en medio del aplauso, en apariencia unánime, del público. En esta competición, el equipo con más tradición y que más se asoció con la presencia de Franco fue el Athletic de Bilbao, que entonces era el representante ideal de la raza española.

Las vacaciones del Caudillo se convirtieron también en una rutina predecible. En cierto modo eran un mensaje optimista, eso de que alguien tuviese vacaciones y más si eran junto al mar. El supuesto trabajador incansable se relajaba en el norte de España. Normalmente, y esto era la parte semiprivada de su reposo, iba primero a su nativa Galicia, donde poseía el famoso Pazo de Meirás —otrora la mansión señorial de la escritora Emilia Pardo Bazán— que le fue donado al Caudillo durante la guerra mediante una colecta que se quiso presentar como popular y voluntaria. A su disposición tenía el yate *Azor*, con el que pescaba y hacía travesías. La mar y la caza eran sus dos auténticas pasiones. Pero los españoles también podían ver las imágenes, cuidadosamente editadas por NO-DO, de su Caudillo jugando al golf, pintando, montando a caballo o en compañía —más que jugando— de sus nietos. Su hija se había casado en una boda semirreal en 1950 con el médico aristócrata andaluz Cristóbal Martínez Bordiú, con el que tuvo siete hijos. De todas formas, de mayor difusión pública era la segunda parte de las vacaciones, que transcurrían sin variación en San Sebastián, con lo que se recobraba así una tradición de la monarquía española. Su presencia revolucionaba la ciudad. Ahora se recuerda, con razón, cómo a los sospechosos habituales se les detenía, desterraba o atemorizaba, cada vez que el Caudillo iba a esa ciudad. Menos se recuerda, quizás por la razón contraria, el entusiasmo popular que acompañaba la presencia de Franco en las regatas, juegos de pelota y eventos folclóricos vascos, que tanto gustaban al dictador[65].

Parte de la popularidad rutinaria de Franco se debió a que los españoles podían ver que estaba envejeciendo. Su cuerpo y su rostro reflejaban el paso de los años, pero también podían significar el peso de los desvelos, del trabajo incansable y de las preocupaciones que la propaganda y el Caudillo mismo decían que ocupaban sus días. La imagen del Caudillo triunfador y desafiante, a la que sus propagandistas ya en la Guerra Civil tuvieron que adjudicarle unos ojos soñadores y una sonrisa hermosa, estaba dejando paso a la de un hombre abnegado que solo podía tener como ambición servir y ser amado por ello. Franco era ya un abuelo, que además parecía ser bondadoso. El viejo estaba allí solo por su pueblo, y por eso el decaimiento físico parecía fomentar su estatura moral y su sabiduría. La propaganda, y en especial NO-DO, contribuyó a popularizar esta nueva imagen que, por razones obvias, se afianzó en los años sesenta y primeros setenta. Como en otras anteriores del Caudillo, aquella conectaba con unas expectativas reales de un amplio sector de la población que quería ver bondad en el gobernante y que se sentía protegida por su permanencia en el poder.

La realidad era muy distinta, pero eso solo lo pudo saber la mayoría de la población después de la muerte del dictador, cuando comenzaron a publicarse multitud de testimonios de distinta calidad e intención sobre él y su círculo íntimo. El más interesante de todos ellos es el pseudodiario escrito por su primo y estrecho cola-

[65] Javier Sada Anguera, *Franco en San Sebastián a través de la prensa guipuzcoana,* Donostia: Xertoa, 2009.

borador Pacón entre 1954 y 1971[66]. Este relato empieza un par de años antes de la publicación de *Centinela de Occidente,* pero la visión que da del Caudillo es muy diferente a la que muestra la hagiografía de Galinsoga. El Franco en privado que describe Pacón es, como en sus discursos, un pedante egocéntrico seguro de sí mismo y que tenía opiniones sobre todo. Su juicios tenían una rotunda firmeza que, a menudo, cambiaba y se convertían en su supuesta opinión desde siempre. Franco era, como Jakin Boor, un xenófobo obsesionado por las conspiraciones, en especial las masónicas. También Franco era un celoso de los mitos del Caudillo, y parecía creer, por ejemplo, en la verdad oficial de su papel en la conspiración y en la revuelta que llevaron a la Guerra Civil, y en la interpretación que se dio a partir de 1945 de sus relaciones con Hitler y su papel en la Guerra Mundial. Franco se sentía particularmente irritado cuando se enteraba de que alguien cuestionaba la ortodoxia de estos y de otros episodios históricos. Además, este control del pasado le permitía hacer comentarios despectivos y a menudo llenos de resentimiento contra sus antiguos jefes y protectores en el ejército o contra el rey Alfonso XIII. En definitiva, que el mito del Caudillo había pasado a formar parte de la personalidad de Franco.

La vida privada del abuelo y presunto trabajador incansable tenía poco que ver con lo que la propaganda presentaba y millones de españoles creían. Franco era un hombre distante y frío que se había alejado de sus antiguos amigos y familiares. Esta frialdad se acentuaba en presencia de su mujer. Esta, por su parte, era una persona con pretensiones aristocráticas, con escasa empatía hacia los demás y adusta incluso con sus amistades y conocidos, y que tenía una pasión apenas disimulada por acumular antigüedades y joyas, que no siempre se acordaba de pagar. La familia de la hija de ambos no era tan modélica como parecía. El yerno, Cristóbal, era un hombre ambicioso que, junto a familiares y asociados, se embarcó en diversos negocios y actividades aprovechando su posición privilegiada. Tenía, además, reputación de mujeriego. En general,

[66] Franco Salgado-Araujo, *Conversaciones, op. cit.*

el círculo del dictador en el palacio del Pardo, estaba compuesto por cortesanos chaqueteros. Por último, el hombre que decía que se pasaba el tiempo en su despacho sacrificado por los españoles en verdad pasaba poco tiempo allí. Franco trabajaba muy poco y dedicaba mucho tiempo a sus aficiones ociosas, en especial a la caza. En 1955, Pacón calculó que su primo no trabajaba más de diez días al mes, mientras que dedicaba a la caza una media de doce. A menudo, estas cacerías incluían a ministros y otros altos cargos, que obviamente también faltaban a sus obligaciones laborales. En 1959, el Caudillo le dijo a Pacón que había batido un récord en su última cacería: había matado cerca de cinco mil perdices[67].

Veinte años de paz

En 1959 se cumplieron veinte años de dictadura. Franco era un hombre satisfecho que se relajaba y disfrutaba de su posición. En la década de los cuarenta, el Caudillo había asegurado con mano de hierro la estabilidad interna de su régimen. En los años cincuenta, a base de concesiones en la soberanía del territorio nacional a Estados Unidos, había conseguido la suficiente estabilidad exterior. Ahora, cualquier observador imparcial se daba cuenta de que Franco se mantendría en el poder muchos años más. Pero lo que los españoles obtuvieron a cambio del triunfo político del Caudillo fue poco y distribuido de forma muy desigual. En realidad, detrás de la fachada de orden y muy modesto progreso, había un Estado pobremente estructurado e ineficaz, una economía al borde del colapso y una sociedad empobrecida y traumatizada.

Las deficiencias en las estructuras políticas del país, que afectaban a todas las demás, comenzaban en la cúspide del Estado y del Gobierno; y esto por una razón muy simple: el sistema político no podía ser separado de la persona de Franco. El Caudillo era jefe del Estado y presidente del Gobierno. Además, era Generalísimo de

[67] *Ibidem*, pp. 131-132, 143-144.

los ejércitos y jefe de FET-JONS, el partido único. No había ninguna constitución que limitase sus poderes. En este sentido, solo en 1958 el régimen adoptó una ley orgánica, la Ley de Principios del Movimiento Nacional, sobre las bases legales e ideológicas del Estado. Esta ley fue complementada en 1967 por otra, la Ley de Orgánica del Estado, que definía los poderes de la Jefatura del Estado. Hasta entonces, Franco había gobernado con leyes y decretos puntuales, que eran refrendados por las Cortes —un falso parlamento escogido según las necesidades del dictador— que abrieron sus puertas en 1943. España tenía una carta de derechos fundamentales, el Fuero de los Españoles, que estaba supeditada a las decisiones del Gobierno, que podía suspender a voluntad su aplicación. La inseguridad institucional y jurídica se extendía al futuro. Desde la aprobación en el referéndum de 1947 de la Ley de Sucesión en la Jefatura del Estado, España era en teoría una monarquía pero tutelada por un regente de por vida, Franco, que podía elegir tanto a su sucesor como, en vez de establecer un monarca, a otra persona que continuara la regencia. España era, pues, un reino y, gracias a las Cortes, una democracia orgánica, cuando en realidad no era ninguna de las dos cosas. Pero lo que las leyes no regulaban era el carisma de Franco en las fuerzas armadas y entre amplios segmentos de la población. Este carisma, que estaba libre de límites constitucionales, daba a Franco un margen de maniobra y un poder inigualado por ningún gobernante moderno en España y mucho más extenso que el de otros dictadores contemporáneos como, por ejemplo, Mussolini. Pero precisamente este poder multiforme constituía el principal fallo del régimen. La ignorancia de Franco, sus prejuicios e intereses no tenían suficientes contrapesos internos y se transmitían, con resultados a menudo desastrosos, a las políticas del Gobierno y al funcionamiento de las instituciones del Estado.

En términos económicos, los resultados de la dictadura hasta 1959 fueron catastróficos, y los peores años, con mucho, los de la década de 1940, a la que los economistas llaman «la década pérdida» o la «Gran Depresión» de nuestro país. La autarquía deprimió la producción industrial, que no recuperó sus niveles de 1935 hasta 1950-1952. En comparación, Austria e Italia consiguieron recuperar sus niveles industriales prebélicos en solo cinco años; Grecia y Bélgica, en cuatro; y Alemania Occidental, Francia y Holanda, en tres. En las nacientes dictaduras comunistas de Polonia y Checoslovaquia los resultados fueron mejores aún[68]. Por su parte, la agricultura no solo no se modernizó, sino que revirtió a técnicas y modos de explotación que ya estaban abandonados mucho antes de la guerra. La agricultura de subsistencia y la basada en el trabajo intensivo ganaron terreno a la comercial y tecnificada. La productividad del sector bajó. Incluso la población empleada en la agricultura creció durante un tiempo. En el siglo XX, solo en Rusia/Unión Soviética durante la Guerra Civil de 1917-1923 pasó algo similar. Además, el comercio de productos agrarios se vio gravemente afectado por el desarrollo desbocado del mercado negro. Hasta finales de los años cincuenta, productos básicos como los cereales y el aceite se comercializaban en mayor cantidad por los canales ilegales que por los oficiales. El resultado fue la corrupción generalizada, pingües negocios para algunos y hambre para millones de españoles[69]. Finalmente, el comercio interior, y aún más el exterior, de todo tipo de productos se vio estrangulado y distorsionado por la intervención del Estado, incluyendo los controles de divisas y tipos de cambio, que eran flexibles. Como resultado los sectores no exportadores y menos competitivos se desarrollaron mejor, mientras que los cupos y licencias de exportación, importación y divisas se convirtieron en terreno abonado para la especulación, el favoritismo y la corrupción. El retraso con respecto al resto de Europa era patente en 1950, y afectó a cómo vivían los españoles. Veinte años antes, el ingreso per cápita español era un 13% inferior al de Italia, ahora la diferencia era del 40%[70].

[68] Mark Mazower, Jessica Reinisch y David Feldman (eds.), *Post-war Reconstruction in Europe: International Perspectives, 1945-1949,* Oxford: University Press, 2011.
[69] Rodríguez Barreira, «Cambalaches», *op. cit.*
[70] Carlos Barciela (ed.), *Autarquía y Mercado negro. El fracaso económico del primer franquismo, 1939-1959,* Barcelona: Crítica, 2003.

Esto no era solo pobreza relativa, sino para muchos miseria absoluta. La economía franquista fraccionó la sociedad y dejó a millones de españoles a su suerte. El hambre que mataba empezó a irse a mediados de los cuarenta pero el que arruinaba los cuerpos y las almas siguió atrapando a los más pobres durante los años cincuenta. Ellos apenas consiguieron escapar de esta miseria emigrando o/y sacrificando el futuro de sus hijos, a los que pusieron a trabajar en vez de mantenerlos en la escuela[71]. En 1953, un informe oficial sobre la situación de los jornaleros de la provincia de Sevilla revelaba que el salario medio representaba solo un 25% del necesario para comprar los alimentos básicos. La desnutrición, frecuente en esta población, dio como resultado la senilidad prematura en los adultos y el subdesarrollo físico e intelectual de los niños[72]. Esta canallada ocurría mientras que quienes producían excedentes de comida o tenían capital y empleados, y quienes tenían conexiones oficiales y/o negocios corruptos, a menudo acumulaban beneficios extraordinarios. Las disparidades sociales no eran accidentes, sino producto de una realidad creada y fomentada por el Nuevo Estado. La autarquía era la base macro-estructural de esta miseria, ya que cerraba el país a la competición y a la eficacia a costa de los consumidores, pero hubo decisiones políticas directas que reflejaban tanto el deseo de castigar a los pobres como indiferencia hacia las consecuencias que del castigo se derivaron. Principalmente, porque el Estado autoritario y represivo de Franco permitió o dictó que los salarios redujesen su poder adquisitivo en algunos casos, como el de los trabajadores rurales, a menos del 50% del que tenían en 1936. Este nivel no se alcanzó hasta 1960-1962 y solo porque los jornaleros habían emigrado en masa y la mano de obra comenzó a escasear. Otra política contra los pobres fue la fiscal, que beneficiaba al capital y a las rentas altas, a las que apenas gravaba. El dinero que los ricos no pagaron fueron los servicios y ayudas sociales que los pobres nunca tuvieron.

[71] Cazorla, *Fear*, pp. 57-94.

[72] Acción Católica, *Los problemas sociales del campo andaluz,* Madrid: Acción Católica, 1953, pp. 204-242.

Esta tragedia fue parte de un proyecto de darle la vuelta a la historia, que, detrás de la retórica ampulosa del Caudillo sobre la salvación de la patria y su renacimiento y reconstrucción, apenas escondía el resentimiento, el miedo y la venganza contra quienes habían propuesto, apoyado y, brevemente ejecutado, un proyecto social y político distinto durante la Segunda República. Entre otras políticas, la República intentó mejorar las condiciones laborales de obreros, jornaleros y aparceros. Además, después de la victoria del Frente Popular en febrero de 1936, se inició un movimiento masivo de ocupación de tierras en lo que pudo ser una redistribución de la propiedad a una escala nunca vista en España. El golpe militar de julio detuvo este proceso allí donde triunfó, y lo hizo de forma en extremo sangrienta. Las autoridades militares primero y luego las del Nuevo Estado legislaron una serie de medidas que hicieron retroceder radicalmente la legislación laboral republicana. El naciente régimen franquista, usando una mezcla de retórica falangista y católica, argumentó que tenía un plan de reformas propio mejor, más eficaz y humano, que el que acababa de destruir. Este plan haría a España un país socialmente armónico, sin conflictos pero justo, como supuestamente lo habría sido durante la Edad Media. Era mentira. La nueva legislación de los salarios y de las condiciones laborales de los trabajadores industriales y de los servicios resultó en un serio deterioro de la situación de estos grupos sociales. Pero dado que al final de la Guerra Civil más del 50% de la población laboral española trabajaba en el sector agrícola, el proyecto social del franquismo afectó al agro en general y en particular, y de forma desastrosa, a los trabajadores rurales.

La piedra angular de la transformación del campo fue una reforma técnica de la agricultura. Esto es, la mejora de las infraestructuras y en especial la extensión de los regadíos. A pesar de lo que la propaganda dijo, y de la imagen icónica de Franco inaugurando obras hidráulicas que aún pervive, el Nuevo Estado invirtió muy poco en el campo hasta 1952. A menudo, las imágenes de NO-DO y de los periódicos mostraban a un Caudillo satisfecho abriendo las compuertas de presas o las llaves de paso de pozos y canales. Eran estas la representación de una parábola del dictador como hombre de la reconstrucción; pero ocultaban la escasez de inversiones de un Estado con limitadísimos recursos. La propaganda no daba a los españoles referencias contextuales para poder valorar lo que veían, pues muchas de esas obras habían sido comenzadas por la República y habían languidecido sin terminar durante años. Esta utilización propagandística del fracaso reformador para afirmar lo contrario, que España renacía y progresaba, era particularmente cruel en el segundo aspecto de la reforma del campo: el social. La misma dictadura que había detenido la reforma agraria republicana insistió en que estaba llevando, a través de su política de colonización, una auténtica y permanente transformación de las condiciones de vida de los campesinos. Era otra mentira. Los beneficiarios de casas y tierras fueron muy pocos. La media anual de colonos asentados y de tierra repartida durante el Nuevo Estado fue de 1.366 familias y de 12.133 hectáreas, respectivamente. En comparación, entre febrero y julio de 1936, unos 225.000 campesinos habían ocupado entre 900.000 y 1.000.000 de hectáreas[73].

Uno de los ejemplos más hirientes de la utilización de la supuesta reforma económica y social del campo fue el llamado Plan Badajoz (1952-1965). El régimen hizo de este un ejemplo del mundo feliz rural que estaba consiguiendo. Por ejemplo, un panfleto publicado en 1958 incluyó varias fotografías de la vida diaria en Guadiana del Caudillo, uno de los pueblos de colonización que, como en otras zonas de España, llevaba el nombre del dictador. Esas fotos daban la imagen de una comunidad sin conflictos, austera pero digna y feliz: una misa con la iglesia llena de feligreses; unos cuarenta niños sentados en sus pupitres en una clase en perfecto orden, sobre la que presiden las fotos de Franco y de José Antonio y un crucifijo; una madre demasiado bien vestida mientras cocina junto a la chimenea, mientras el padre, en su traje de

[73] Nicolás Ortega Cantero, *Política agraria y colonización del espacio,* Madrid: Ayuso, 1979, pp. 244-245. Edward Malefakis, «Los campesinos, la política y la Guerra Civil en España», *Agricultura y Sociedad,* 8 (julio-septiembre de 1978): 9-60.

domingo, da de comer a dos niños sentados en su regazo; niños vestidos de trajes regionales bailando en la plaza del pueblo; la cabalgata de los Reyes Magos pasando frente a la iglesia; campesinos vestidos con trajes folclórico, etc.[74]. Era la Arcadia feliz fotografiada, pero los protagonistas y supuestos beneficiarios de las preocupaciones del Caudillo sabían más. A pesar del Plan, centenares de miles de campesinos extremeños siguieron emigrando en los años cincuenta y sesenta (solo en esta última década, la pérdida demográfica neta de Badajoz fue de unas 235.000 personas) conscientes de que un futuro mejor no llegaría de manos benéficas de las autoridades, sino de su trabajo en otras partes de España o del extranjero donde se les pagaría más y donde sus familias tendrían más servicios y quizás menos demagogia.

A finales de los años cincuenta, las reformas sociales del régimen eran escasas. En ningún caso compensaban ni la mediocridad del desarrollo económico del país ni las injusticias de un modelo de capitalismo salvaje apoyado por un Estado represor e intervencionista. Los salarios crecían con rapidez pero solían hacerlo por detrás de una inflación desbocada. El dictador sabía muy bien lo que pasaba. Por ejemplo, en octubre de 1956 recibió un informe policial sobre precios, salarios y condiciones sociales. Los cálculos estaban basados en las estadísticas oficiales, que sistemáticamente ignoraban los precios reales que se pagaban por culpa del mercado negro. Este informe concluía que los comentarios de las clases bajas y medias eran «verdaderamente desagradables» y que le echaban la culpa de esta situación al régimen. La gente comparaba sus condiciones de vida con lo que sabían de otros países europeos y veían que aquellas mejoraban constantemente, que los trabajadores podían ahorrar y que incluso tomaban vacaciones en el extranjero sin arruinar «la economía nacional»[75]. Ese

[74] Instituto Nacional de Industria, Secretaría del Plan Badajoz, *El Plan Badajoz,* Madrid: E. Casado, 1958.

[75] *Dirección General de Seguridad. Boletín de Información: Comentarios al aumento de precios y al desnivel...,* octubre de 1956, AFFF 24804.

año y el siguiente, España vivió una oleada de huelgas. La economía estaba al borde del colapso[76]. Al final, y muy a su pesar, Franco autorizó a sus expertos, muchos de ellos ligados al Opus Dei, a preparar un plan para abandonar su muy querida autarquía. En julio de 1959 se aprobó el Plan de Estabilización, la base del espectacular crecimiento económico español de los años sesenta y primeros setenta.

Pero antes de que la vida mejorase (a partir más o menos de 1961) para la mayoría, empeoró aún más de forma tan aguda como súbita. Ni este contratiempo ni las dos décadas previas de miseria fueron impedimento para que el Nuevo Estado celebrase, como siempre con una retórica desmedida, los grandes beneficios que el Caudillo había traído a España. En este contexto se desarrolló la campaña de los Veinte Años de Paz, que fue, no había más, relativamente modesta en medios. Consistió en charlas, mítines y actos de masas y, sobre todo, en la elaboración por las jefaturas provinciales del partido único de libros donde se recogía la labor del régimen desde 1939. Abundaban los datos y a veces parecían impresionantes porque no estaban verificados por fuentes independientes o creíbles, y a menudo se habían inflado y sacado de contexto (sobre todo, si el lector olvidaba que se referían a veinte largos años)[77]. He aquí cómo lo resumían los falangistas de la misérrima provincia de Albacete:

> [...] fecunda paz [...] gradualmente, se ha ido operando una honda transformación de la vida de nuestra nación [pero] son muchos, sin embargo, los españoles, que a estas alturas, no se dan cuenta de esta

[76] *Informe con comentarios sobre la situación del problema de divisas y abastecimientos*, ¿1959?, AFFF 25074.

[77] Secretaría General del Movimiento, *Veinte años de Paz en el Movimiento Nacional bajo el mando de Franco: resumen general,* Madrid: Delegación Nacional de Provincias de FET de las JONS, 1959. Unos sumarios de estos datos preparados para Franco en *Ejemplar de la revista Documenta del Ministerio de Información y Turismo,* 19 de noviembre de 1960, AFFF 2892. *Breve referencia para el Jefe del Estado sobre libro «Veinte años de Paz en el Movimiento Nacional bajo el mando de Franco», c.* 1959, AFFF 24390.

> transformación que nuestra Patria ha experimentado [gracias a] una labor excepcional, sin precedentes en nuestra historia patria, al hombre providencial [...] a nuestro Caudillo entrañablemente preocupado siempre por el resurgir de todos los pueblos de España[78].

Los informes propagandísticos de esta campaña fueron una competición para conseguir el halago más extravagante del Caudillo. El de Logroño comenzaba así: «Bajo vuestro mandato y la égida del Movimiento Nacional el erial se ha trocado en jardín y, en el trabajo diario, los pueblos y ciudades han visto renacer su esperanza al multiplicarse las fuentes de riqueza»[79]. El tono cuasi religioso de multiplicación de los panes y los peces fue corriente. Como también lo fueron las autofelicitaciones de las autoridades de Logroño por haber invertido dinero en iglesias y otros edificios para el clero, hasta el punto de no tener reparo en reconocer que el Estado había gastado más en estos que en escuelas (10.234.975 y 10.149.603 de pesetas, respectivamente). Lo mismo, pero peor, ocurrió en Salamanca, donde los falangistas decían haber gastado la friolera de 210.464.934 millones de pesetas en templos y edificios religiosos frente a 15.339.890 pesetas en escuelas[80].

Los libros-resumen de los Veinte años de Paz eran un recorrido retórico y vacío de norte a sur de España. Desde Guipúzcoa, «hermosa parcela vascongada del común solar español» donde sus habitantes eran «siempre audaces, siempre honestos, siempre tesoneros», se certificaba «que la razón fundamental, la causa y origen real de este simpar desarrollo y progreso, reside en la era de paz y continuidad que la Historia conocerá, y esto nos llena anticipadamen-

78 Jefatura Provincial del Movimiento de Albacete, *Veinte años de Paz en el Movimiento Nacional bajo el mando de Franco,* Albacete: Jefatura Provincial del Movimiento, 1959, s.p.

79 Jefatura Provincial del Movimiento de Logroño, *Veinte años de Paz en el Movimiento Nacional bajo el mando de Franco,* Logroño: Jefatura Provincial del Movimiento, 1959, s.p.

80 Jefatura Provincial del Movimiento de Salamanca, *Veinte años de Paz en el Movimiento Nacional bajo el mando de Franco,* Salamanca: Jefatura Provincial del Movimiento, 1959, s.p.

te a todos de orgullo, como la "Era de Franco"»[81]. En el corazón de Castilla, en Segovia, se certificaba que «Hoy muchos hogares humildes tienen comodidades [...] asequibles y abundantes y no reservadas a unos pocos privilegiados»[82]. En Murcia, «a pesar de la inmensa tarea de reconstrucción que exigían los naturales destrozos de nuestra Guerra de Liberación» (Murcia fue «liberada» pacíficamente en 1939) se hacía notar «la dificultad de recoger exhaustivamente» tanto logro alcanzado en los últimos veinte años bajo «la dirección providencial de su Caudillo y Jefe Nacional»[83]. Y, finalmente, desde el norte de África, Melilla, la Adelantada del Movimiento Nacional, «en insobornable fidelidad a los Principios que personifica el invicto Caudillo», se conseguía ver, entre otros espejismos, cómo «las urbes son rodeadas por extensos cinturones de nuevas viviendas, fruto de un meditado plan»[84].

La campaña tuvo lugar antes de que el verdadero, pero muy desigual social y geográficamente, desarrollo económico de España tuviese lugar. Por ello, lo que la maquinaria propagandística dijo en público no se correspondió con los comentarios internos de las autoridades. Conscientes de los puntos débiles en la posición oficial, aquellas diseñaron una estrategia desinformativa, o de reafirmación de la memoria oficial, para los medios de comunicación destinada a contrarrestar «las campañas insidiosas» de los enemigos del régimen. Según estas instrucciones, la Victoria tenía que ser presentada como el resultado de un milagro de armas, ya que Franco creó un ejército prácticamente de la nada, sin apenas medios ni

[81] Jefatura Provincial del Movimiento de Guipúzcoa, *Veinte años de Paz en el Movimiento Nacional bajo el mando de Franco,* Guipúzcoa: Jefatura Provincial del Movimiento, 1959, s.p.

[82] Jefatura Provincial del Movimiento de Segovia, *Veinte años de Paz en el Movimiento Nacional bajo el mando de Franco,* Segovia: Jefatura Provincial del Movimiento, 1959, s.p.

[83] Jefatura Provincial del Movimiento de Murcia, *Veinte años de Paz en el Movimiento Nacional bajo el mando de Franco,* Murcia: Jefatura Provincial del Movimiento, 1959, s.p.

[84] Jefatura del Movimiento de Melilla, *Veinte años de Paz en el Movimiento Nacional bajo el mando de Franco,* Melilla: Jefatura del Movimiento, 1959, s.p.

ayuda (esto es, había que olvidar a Hitler y a Mussolini). Había también que explicar la reconstrucción como parte de un programa que se había iniciado durante la Guerra Civil, cuando el Caudillo reunió en Burgos a un grupo de especialistas que planearon el renacimiento de la nación. Las destrucciones de la guerra tenían que ser descritas como masivas, en buena parte por culpa de los dirigentes «rojos» quienes, supuestamente, al retirarse de España derrotados hicieron lo posible para hacer «inviable» y «vacío de vida» al país, para que no resurgiese y, pasado un tiempo, volver a tomar el poder con la ayuda de potencias extranjeras[85].

En 1959, como en 1936, las necesidades políticas del Caudillo eran más importantes que la verdad. Pero dentro de España nadie, salvo las autoridades, podía tener una idea clara de qué era esta verdad. Los españoles sabían lo que vivían pero ignoraban lo que no veían, o les llegaba distorsionado o simplemente manipulado. Solían protestar de forma individual y cuidadosa, pero también a veces de forma colectiva, sufriendo entonces la ira de las autoridades. Así sucedió, por ejemplo, en las huelgas del País Vasco en 1947, de Barcelona en 1951 y en varias zonas del país en 1956 y 1957. Pero aunque había una minoría importante que despreciaba al régimen y al dictador, la mayoría se sentía apolítica y confiaba, al igual que los partidarios acérrimos del Nuevo Estado, en el Caudillo[86]. Este sabía que la vida era tan mala que incluso muchos de sus partidarios apoyaban o al menos simpatizaban con las protestas que se dieron en el país en los años cincuenta[87]. También le llegaban informes que indicaban cómo el descontento estaba dando lugar a un realineamiento y recuperación de la oposición política, que ahora incluía a sectores nuevos. Por ejemplo, los servicios de

[85] *Notas sobre distintos puntos que la prensa debe tratar en una labor de contrapropaganda a las campañas insidiosas y de olvidos que fomentan nuestros enemigos,* 1959, AFFF 24861.

[86] Sobre las opiniones de los trabajadores sabemos muy poco, pero hay un pequeño y seguro aunque muy imperfecto estudio contemporáneo en «Un sondeo en el alma del trabajador», *Ecclessia,* 542 (1951): 11-12.

[87] Cazorla, *Políticas,* pp. 183-200.

información hicieron saber al dictador que grupos privilegiados, que debieran ser sus más firmes seguidores, como los estudiantes estaban volviéndose paulatinamente contra el régimen. Ya en 1955 llegó un informe a su despacho que revelaba hasta qué punto el desencanto hacía mella entre aquellos. El 38% de los estudiantes universitarios de Madrid se declaraba progresista en términos políticos; casi el mismo número, 40%, que se denominaba conservador. El 85% se decía liberal en términos culturales. Esa misma proporción acusaba a las élites políticas de incompetencia. El 74% las consideraba corruptas. Y, por último, el 55% de los estudiantes se pronunciaba en contra de la situación socioeconómica y política del país[88]. Un año más tarde, este descontento se traducía en enfrentamientos violentos entre estudiantes, por una parte, y policías y falangistas, por otra.

Este era el país real que Franco ignoraba en público. Por el contrario, el Caudillo manifestaba impertérrito su fe en sí mismo y su desprecio, unas veces velado y otras más que explícito, por sus críticos. Nadie, ahora o antes, era mejor que él. Así es como describió el balance de las dos décadas de dictadura en su mensaje a la nueva legislatura de las Cortes en 1958:

> El balance arroja un haber que, no ya relativamente a los errores registrados, inevitables en toda obra humana, y a la línea cero de que partimos, sino en sus niveles absolutos, nadie anterior a nosotros fue capaz, no ya de conseguirlos, sino de sentirse en la obligación de intentarlos [...] Por eso cuando, debido a circunstancias imprevisibles, adversas o simplemente en virtud de la misma crisis de crecimiento, a la que gracias a Dios nos cabe la fortuna de hacer frente, se registran determinadas dificultades, que nuestros clásicos y bien localizados enemigos se apresuraron a explotar, o surgen situaciones transitorias de desequilibrio en algunos aspectos de la vida nacional, no hay motivo razonable para dar abrigo al pesimismo que conduce a la desorientación. [La] población trabajadora. Tuvimos y mantendremos

[88] *Informe sobre «Las actitudes sociales de los universitarios de Madrid in 1955»*, 1955, AFFF 22962.

> siempre la fe en ella. Pueden en alguna ocasión ser sorprendidos y momentáneamente desorientados, pero frente a las manipulaciones oscuras de quienes desde la sombra y la distancia quisieran utilizarlas nuevamente para sus turbios fines, saben reaccionar en la dignidad y el buen sentido que suele caracterizar a quienes han de ganarse el pan de cada día con el trabajo y el sudor de su frente[89].

La economía estaba a punto del colapso, la inflación disparada, los salarios seguían siendo de hambre, las escuelas eran insuficientes y estaban mal dotadas, faltaban viviendas dignas, su Estado conseguía ser a la vez represivo e indolente, sus súbditos permanecían atrapados por los miedos creados por la Guerra Civil y los años violentos que siguieron, y la libertad era una palabra que empezaba en los Pirineos. Pero, por suerte para los españoles, el incomparable Caudillo que les gobernaba desde hacía dos décadas nunca se equivocaba y todavía confiaba en ellos.

[89] Francisco Franco Bahamonde, *Discurso pronunciado por Su Excelencia el Jefe del Estado ante las Cortes Españolas al inaugurar la VI Legislatura y Promulgación de los Principios del Movimiento Nacional,* Madrid: Publicaciones Españolas, 1958, pp. 10, 25.

FOTOS

1. El comandante Francisco Franco posa con la Cruz de María Cristina, condecoración militar obtenida tras resultar herido en combate en Buit, Marruecos, hacia 1917. © Efe.

2. El jefe del Tercio, coronel Francisco Franco, acompañado del teniente coronel Juan de Liniers, recorre los puestos avanzados en el macizo Malmusí, durante las operaciones posteriores al desembarco de Alhucemas, septiembre de 1925. © Efe.

3. El general Mola, a la derecha, vitorea al general Franco durante su primera visita a la capital burgalesa, acompañado del general Cavalcanti, a la izquierda, y del coronel Francisco Franco Salgado, Burgos, agosto de 1936. © Efe.

4. Primer desfile de la Victoria después de la Guerra Civil. En el mismo acto, el general Varela impuso la Cruz Laureada de San Fernando a Franco. En la foto, momento en que el conde de Jordana lee el decreto de imposición, Madrid, mayo de 1939. © Efe.

5. Franco en su despacho, *c.* 1940. © Roger Viollet/Getty Images.

6. El dictador acompañado por el jefe de su Casa Militar, general José Moscardó, visita la barriada de casas para obreros que se construyeron en el barrio de Usera en sustitución de las que fueron destruidas durante la Guerra Civil, Madrid, enero de 1940. © Efe.

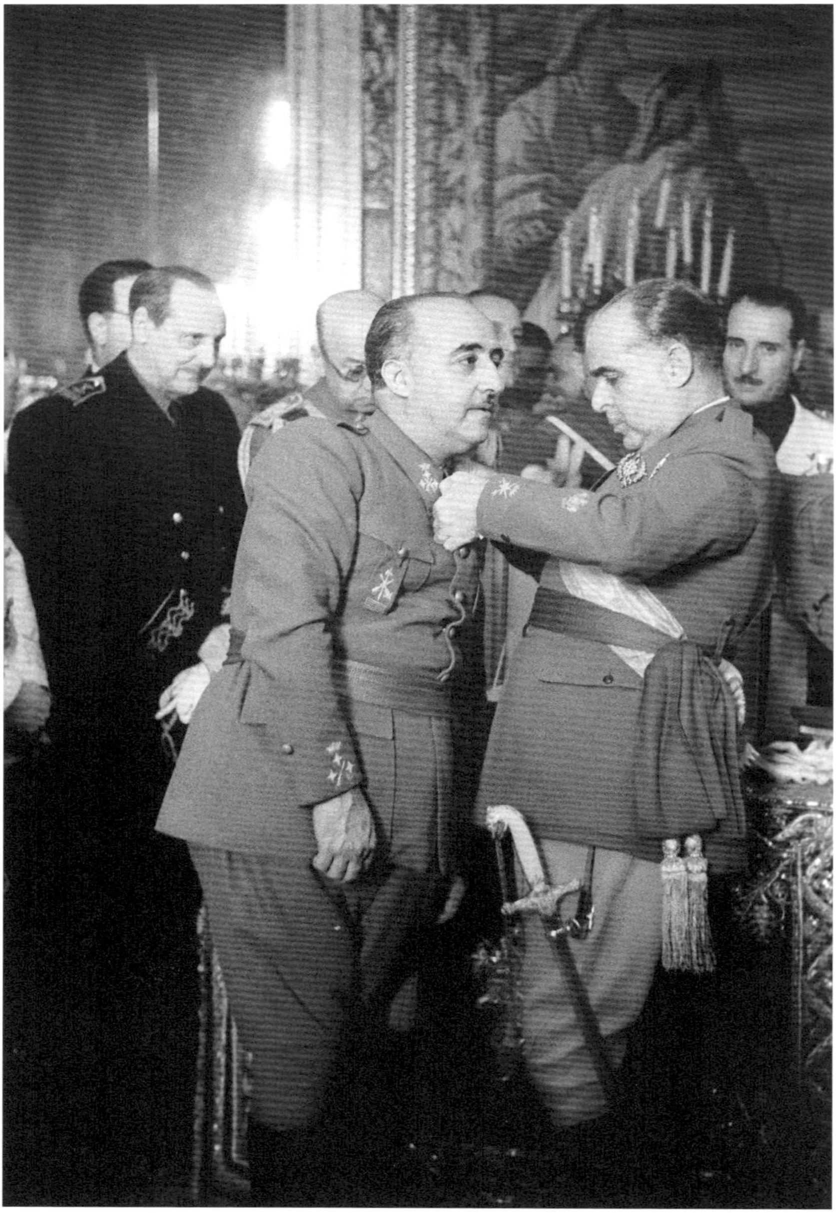

7. El ministro del Ejército, José Enrique Varela, impone a Franco, en nombre de los tres ejércitos, las insignias de la Gran Cruz Laureada de San Fernando en el Palacio Nacional, Madrid, julio de 1940. © Miguel Cortés/Efe.

8. El dictador tomando medidas en un globo terráqueo, Madrid, 1950. © Mondadori/ Getty Images.

11. El dictador, acompañado por su mujer, Carmen Polo, conversa con sus nietos tras regresar del Hospital Central del Aire donde había sido atendido después de sufrir un accidente con su escopeta de caza durante una cacería, Madrid, diciembre de 1961. © Jaime Pato/Efe.

12. Franco, acompañado por el príncipe de España, Juan Carlos de Borbón, durante el XXXVI Desfile de la Victoria, Madrid, mayo de 1975. © rba/Efe.

13. Último homenaje al Caudillo. Acompañado por el príncipe de España, Juan Carlos de Borbón, el dictador corresponde a los vítores y aplausos de la multitud desde el balcón principal del Palacio de Oriente, Madrid, octubre de 1975. © Efe.

14. Los reyes de España presidieron en la Basílica de la Santa Cruz del Valle de los Caídos una solemne misa por el alma de Francisco Franco, al cumplirse un mes de su fallecimiento. En la foto, los reyes, Juan Carlos y Sofía, junto a Carmen Polo de Franco, Madrid, diciembre de 1975. © aa/Efe.

CAPÍTULO 5

MODERNIZADOR, 1961-1975

Veinticinco Años de Paz

Lo que se ha llamado la edad de oro del franquismo no empezó bien. El 24 de diciembre de 1961, el dictador sufrió un serio accidente mientras cazaba cerca de su palacio que le dejó gravemente dañada la mano izquierda[1]. Era una mala manera de acabar un año que le había traído algunas noticias buenas. La mejor, con mucho, fue que la economía había entrado en una fase de fortísimo crecimiento que continuó hasta 1974. En ese período, el producto nacional bruto se incrementó en una media anual cercana al 7%, el segundo más alto de la OCDE después del nipón. Este fue el

[1] Véanse más detalles en Ramón Soriano, *La mano izquierda del Caudillo,* Barcelona: Planeta, 1981. El informe de la investigación técnica oficial sobre la causas del accidente en abril de 1962, *Ministerio del Ejército, D.G. de Industria y Material: Informe del Director General sobre el accidente sufrido con una escopeta de caza por S.E. el Generalísimo...* AFFF 20972.

«milagro económico español», del que tanto presumirá la dictadura, obviando que llegó al menos quince años tarde, y de forma muy desigual, a los españoles. Las tres décadas gloriosas de la economía occidental de posguerra se quedaron en solo una y media en España. Al año siguiente, durante la primavera de 1962, quizás a causa de las nuevas expectativas económicas, pero sin duda por los años de sufrimiento y de opresión, se produjo una súbita explosión de descontento laboral. La oleada de huelgas comenzó en Asturias, una región donde la memoria e identidad obrera había resistido los embates de la dictadura. Los mineros dejaron de trabajar en abril, exigiendo que los salarios y otros derechos se equiparasen con las subidas de precios. Sin embargo, para el Nuevo Estado no había huelgas laborales, que además estaban prohibidas. Cualquier protesta era un desafío político, explícito o potencial, al régimen. Pero esta vez la represión de las autoridades y de las compañías mineras no fue suficiente para acabar con el conflicto, que se extendió a otras zonas de España, como el País Vasco, Cataluña e incluso Madrid. El Gobierno decretó el estado de excepción y suprimió varios artículos del Fuero de los Españoles. Los arrestos se multiplicaron y con ellos los malos tratos y abusos de las fuerzas de orden público[2]. La dictadura echó la culpa de los sucesos a los «masones», «comunistas», «rojos exiliados» e incluso a «Europa», que supuestamente se habían conjurado en una «estrategia contra el régimen español»[3]. Al final, la represión se vio acompañada de algunas concesiones. Para septiembre la mayoría de los huelguistas habían vuelto al trabajo, aunque en los meses siguientes siguieron produciéndose algunas protestas aisladas. Durante el conflicto, Franco había sido el principal impulsor de la estrategia represiva.

Mientras el régimen intentaba controlar la situación laboral, en junio de 1962 se le abrió un nuevo frente de preocupación. Algo más de un centenar de miembros de la oposición democrática (los

[2] Véase Rubén Vega García (coord.), *Hay una luz en Asturias: las huelgas de 1962,* Gijón: Fundación Muñoz Zapico, 2002.

[3] *Informe sobre la estrategia contra el Régimen español,* 1962, AFFF 3068.

comunistas estuvieron excluidos) se reunían en Múnich en el contexto de un congreso europeísta. Entre los asistentes había personalidades que habían estado en los dos bandos de la Guerra Civil. Ahora reclamaban una solución pacífica y democrática para España, que acababa de ser excluida de la recién nacida Comunidad Económica Europea. La reacción del régimen ante lo que denominó «el contubernio de Múnich» fue tan histérica que solo causó un aún mayor rechazo internacional al franquismo. En sus discursos, el dictador pretendió que todo era falso: se trataba solo de una campaña de «desdichados que se conjuran con los rojos» para «explotar las diferencias formales que pueda haber entre nuestro sistema político y los que predominan en Europa»[4]. Pero él sabía que la dictadura había salido malparada internacionalmente, y en julio se deshizo del hombre al que designó como responsable del fiasco, el ministro de Información y Turismo Gabriel Arias-Salgado. Le reemplazó el joven y dinámico Manuel Fraga Iribarne. No obstante, los primeros pasos de Fraga, ante lo que se convirtió en el tercer problema del año 1962 para el Caudillo, no fueron muy acertados.

Justo cuando los españoles empezaban a disfrutar de la buena marcha de la economía, la Guerra Civil se les plantó delante otra vez. En noviembre de 1962, el líder comunista Julián Grimau fue capturado en Madrid. Allí había sido enviado por su partido desde Francia para hacerse cargo de la dirección interior del mismo. Los interrogatorios policiales fueron brutales. Grimau fue acusado de haber sido un chequista durante la guerra en Barcelona y de haber cometido crímenes horribles. Pese a ser un civil, fue sometido a un consejo de guerra lleno de irregularidades. Por ejemplo, el fiscal militar luego resultó no tener la preceptiva licenciatura en Derecho. La actitud del Gobierno, y en particular de su portavoz, Manuel Fraga, fue la de condenar e insultar a Grimau antes de que el tribunal dictase sentencia, lo que confirmó ante la opinión pública

[4] *Discursos del Excmo. Sr. Presidente de la Diputación y de S.E. el Jefe del Estado en el solemne acto inaugural del Nuevo Hospital Provincial de Valencia,* Valencia: Imprenta Provincial, 1962, p. 20.

internacional que el resultado del consejo de guerra estaba decidido de antemano. Grimau fue condenado a muerte y, a pesar de la campaña mundial pidiendo clemencia —que, entre otros incluyó a la reina Isabel II y al papa Juan XXIII—, fue ejecutado el 20 de abril de 1963.

El mundo podía despreciar a Franco por la ejecución de Grimau o por la represión de las huelgas, pero él siempre podía atemorizar a los españoles recordándoles las reglas del juego. En su discurso de final de año de 1963 dijo: «No tenéis más que mirar atrás, a los años que precedieron a nuestra Cruzada, a los mártires de nuestra causa, a sus persecuciones y sufrimientos en la zona roja». Y luego explicó cómo las críticas eran parte de la vieja leyenda negra de los enemigos de España que «fue siempre alimentada por españoles resentidos que habían fracasado en su vinculación a la comunidad nacional». Si alguien tenía dudas sobre el asunto Grimau, él no las admitía, pues «Jamás en España, ni en nación alguna, disfrutó de mayor independencia la justicia»[5].

Muchos en España estaban de acuerdo, y no faltaban quienes fuera del país también veían en el Caudillo a un honesto gobernante cristiano y a un luchador contra el comunismo injustamente maltratado. En octubre de 1963 tuvo lugar un encuentro en el Valle de los Caídos y en Madrid de una organización internacional de ultraderecha llamada la Confederación Europea de Antiguos Combatientes. A esta reunión acudieron delegados de Francia, Alemania, Italia, Bélgica y Luxemburgo, y observadores de Portugal y de Estados Unidos. Los excombatientes franquistas se habían unido a la asociación en 1961. La idea detrás del congreso era mostrar el «neto espíritu cristiano, anticomunista y de unión entre los pueblos de la Europa libre», y por ello incluía a combatientes de España y de ambos bandos de la pasada Guerra Mundial. Por ejemplo, el gaullista y muy activo pro sionista general Marie-Pierre Koening se sentaba no muy lejos del general Hugo H. von Chol-

[5] Francisco Franco Bahamonde, *Ante 1964. Mensaje de Franco al pueblo español,* Madrid: Ediciones del Movimiento, 1964, pp. 9, 24-25.

titz, más conocido por haber sido el último gobernador militar nazi de París y, menos, por sus masacres de judíos en la Europa del Este. En su discurso al plenario, el presidente de la asociación, el francés M. Rigoine de Fougerolles, estableció un paralelismo entre las recién terminadas luchas (fracasadas) de Francia en Vietnam y Argelia, y la causa de los rebeldes españoles en 1936, al afirmar que el «General Franco y los que lucharon en su bando lo hicieron por la libertad del Mundo Libre del que ellos son quizás los primeros combatientes». En su mensaje (traducido al inglés) a los congregados un agradecidísimo Caudillo habló de los valores que todos ellos compartían:

> Cuando hablamos de libertad y de dignidad humana, del respeto al individuo y de la superioridad del bien común, de las normas objetivas de la justicia y el requerimiento de un comportamiento moral al Estado, sabemos que nos referimos al denominador común de nuestra fidelidad Europea [...] Sabemos que solo si somos capaces de rescatar las reglas de la Ley y el espíritu del amor, que son la herencia mayor de nuestro legado histórico común, justificaremos el dolor causado y la sangre derramada en tantas batallas[6].

Eran palabras hermosas para el consumo exterior. Dentro de España, el Caudillo hablaba en un tono muy distinto. Pronto iba a hablar mucho, y por una vez con razón, de un nuevo tema: el progreso del país. Era esta una realidad emergente que los servicios de propaganda, dirigidos por Fraga Iribarne, se apresuraron a explotar y manipular para servicio del dictador. En este nuevo contexto nació la campaña de los Veinticinco Años de Paz de 1964, que hasta entonces había sido interpretada en una concepción estrecha: evitar (o amenazar con) otra Guerra Civil y seguir con la heroica y paciente reconstrucción de un país destrozado. Ahora cobraba un nuevo sentido: el de la rápida transforma-

[6] Confederación Europea de Antiguos Combatientes, *Asamblea de la Confederación Europea de Antiguos Combatientes,* Madrid: Sección española en la Confederación Europea de Antiguos Combatientes, 1964, pp. 13, 43, 172.

ción de España, bajo la mano sabia y firme de Franco, en un país moderno y próspero.

Esta nueva interpretación del Caudillo fue la última que la propaganda ofreció a los españoles. Culminaba un discurso que se creó en los primeros meses de la Guerra Civil sobre su misión providencial. Ahora, el abuelo real y figurativo que era el dictador, se convirtió en el vencedor final de las terribles dificultades por las que había pasado España. En esta narrativa, el sufrimiento específico de muchos se maquilló como el de toda la nación y el de su Caudillo abnegado. Es decir, la reinterpretación triunfal del pasado ignoró a los cientos de miles de personas que murieron de inanición y de enfermedades, y a los millones más que pasaron hambre durante los años cuarenta y miseria durante los cincuenta. La idea abstracta de España y su Caudillo suplantó la experiencia de los pobres, cuya historia, menos aún sus voces, no tuvieron cabida ni en el mensaje oficial de los Veinticinco Años de Paz ni en la retórica del progreso. Al contrario, la lógica del discurso empezaba y acababa en el Caudillo: él salvó a España en 1936 y ahora una España en deuda tenía que rendirle homenaje. Este giro interpretativo, como ya observaron algunos en su momento, presentaba riesgos, y no solo porque el consumismo y el turismo masivos de los años del desarrollismo eran canales por los que se colaban nuevos valores culturales en la sociedad española[7]. Más importante era el hecho de que, al ligar la legitimidad política de Franco y su régimen a la prosperidad material —rebajando con ello el papel de los principios fundamentalistas religiosos, históricos y nacionalistas que se habían usado en el pasado—, la popularidad de la dictadura quedaba en cierto modo a merced de la evolución de la economía.

Detrás de la glorificación del progreso en la campaña de los Veinticinco Años de Paz hubo mucha improvisación. El proyecto se organizó apresuradamente a finales de 1963. La razón de esta fecha tan tardía fue que la adopción del Plan de Estabilización de 1959

[7] Cazorla, *Fear*, pp. 149-172.

acarreó importantes recortes del gasto público. Esto conllevó a su vez la cancelación de los planes existentes, aprobados en dos decretos de 1958 y 1959, para celebrar el cuarto de siglo del final de la guerra. Los proyectos originales incluían la construcción de varios edificios por un montante de 2.000 millones de pesetas, una cifra enorme en aquellos tiempos. La cancelación y la no elaboración de una alternativa no solo reflejaban la falta de fondos, sino que evidenciaban que las autoridades no contaban con una mejora de las finanzas públicas a corto plazo. Solo en el último minuto, después de que se produjese el éxito del Plan de Estabilización, fue posible retomar el proyecto pero a una escala mucho más modesta de lo inicialmente pensado. El impulsor de la campaña no fue otro que el energético Fraga. En septiembre de 1963, su ministerio redactó un informe para que se adoptasen medidas urgentes para celebrar «el Movimiento Nacional y sus años de paz». Según Fraga, el Movimiento había creado y desarrollado las fundaciones para la coexistencia entre los españoles que no habían existido en más de un siglo. En estas instrucciones ya estaba el tema central de la campaña. Se trataba de la historia de cómo Franco había desarrollado material y espiritualmente a los españoles. Dicho de otro modo: no se iban a celebrar los logros y las penas de los españoles, sino la gloria del Caudillo[8].

La primera reunión del comité organizador se celebró el 13 de noviembre de 1963[9]. Este decidió que la celebración de la Paz iba a tener lugar entre del día de la Victoria, el 1 de abril, y el del comienzo de la guerra, el 18 de julio. Pero como no había mucho dinero, los eventos conmemorativos iban a ser relativamente modestos: programas especiales de radio y televisión, una exposición, la publicación de artículos, libros y poemas, películas y documen-

[8] Ministerio de Información y Turismo. Dirección General de Información, *Informe para el Consejo de los Señores Ministros sobre la conmemoración de los XXV Años de Paz,* 20 de septiembre de 1963, AGA-C 38668.

[9] Junta interministerial para la conmemoración del XXV aniversario de la Paz española, *Conclusiones de la Comisión nombrada por la Junta para estudiar el programa de la Exposición,* 27 de noviembre de 1963 *[circa],* AGA-C 38668.

tales, conciertos musicales y algunas competiciones deportivas. Tal y como estaba planeado, el 1 de abril de 1964 la televisión y la radio —en este último caso, tanto las cadenas públicas como las privadas— volvieron a emitir el famoso parte de guerra del 1 de abril de 1939. Esa misma mañana, el Caudillo presidió una misa en el Valle de los Caídos.

El mayor evento de la campaña fue la exposición «España 1964: 25 Años de Paz», que mostró los logros del régimen durante este período. Hubo muchas indecisiones sobre dónde ubicar la muestra, su contenido y quién iba a exponer. Al final, se decidió que se colocasen bajo las arcadas de los Nuevos Ministerios (un proyecto de la Segunda República) fotografías y gráficos con información de los distintos ministerios, y que algunas grandes compañías privadas también estuviesen representadas. La exposición estuvo abierta al público madrileño los meses de mayo y junio, y luego se trasladó a otras ciudades. Los principales mensajes de esta fueron la presentación de «un país unido», «un país en paz» y «una patria mejor». Para ilustrar estos mensajes se incluyeron fotos de la vida cotidiana, de las obras que se habían realizado y del buen funcionamiento de las instituciones. Entre estas fotos estaban las del papa Pablo VI y, cómo no, la del abrazo entre Franco y Eisenhower. También había gráficos mostrando el progreso de la economía y de la sociedad española: factorías, escuelas, hospitales, embalses, afluencia de turistas extranjeros, etc. El mensaje era claro: gracias al Caudillo España era ahora un país feliz, ordenado y en pleno desarrollo. Y por eso había que pagar al acreedor de tan enorme deuda. Para darle las gracias, el 1 de mayo se celebró en el estadio del Real Madrid la tradicional «Demostración Sindical». Según cifras oficiales, 200.000 personas participaron en lo que oficialmente se planeó como «un homenaje a su Excelencia el Jefe del Estado por parte del pueblo español». Unas semanas más tarde, el 24 de mayo, el ejército desfiló por las calles de Madrid celebrando ante su Caudillo los veinticinco años de su Victoria[10].

[10] *Minuta del acta de la tercera reunión de la Junta interministerial para la conmemoración del XXV aniversario de la Paz española,* 3 de diciembre de 1963, AGA-C 38668.

Las publicaciones desempeñaron un papel importante en la campaña. La más importante de estas fue el libro *España cumple veinticinco años de Paz,* en el que se hizo un sumario de todos los logros espirituales, materiales y políticos del régimen. Según la comisión organizadora, se iban a imprimir 300.000 copias del mismo[11]. El libro silenció el fracaso económico de las dos décadas precedentes. En las instrucciones para la redacción de este y de otros textos similares, escritas por Higinio Paris Eguilaz —el mismo que había negado que hubiese hambre en España en los primeros años cuarenta—, se dejaba claro que «bajo ninguna circunstancia» se debería dar la impresión de que «algunos Gobiernos han sido más eficaces que otros», porque siempre habían tenido al mismo presidente del Gobierno (el Caudillo). Por otra parte, los textos tenían que resaltar «todas las dificultades del pasado» por la situación heredada de la guerra y la falta de recursos[12].

En este libro ya se encuentra una de las características más destacadas de la propaganda en torno a la celebración de los Veinticinco Años de Paz: el uso de las vidas y obras de los enemigos del régimen para avalar la supuesta labor benefactora de Franco. El volumen incluyó poemas, hasta entonces prohibidos y ahora sacados de contexto, de poetas exiliados y oficialmente ignorados. Este singular rescate respondía a una idea: mostrar el dolor de estos autores por los seculares problemas de España y compararlos con la supuesta paz y la felicidad reinantes. La utilización de los enemigos de la dictadura para glorificar al Caudillo continuó con el llamado «Concierto de los XXV Años de Paz», para el que se encargaron trabajos a conocidos compositores españoles. El concierto final incluyó la pieza «La Atlántida», basada en el poema escrito en catalán por Jacint Verdaguer a finales del siglo XIX. El poema fue adaptado y musicalizado por Manuel de Falla, quien nunca completó el tra-

[11] Ministerio de Información y Turismo, *España cumple veinticinco años de Paz,* Madrid: Edicolor, 1964.

[12] *Nota sobre las publicaciones conmemorativas de los XXV Años de Paz, por Higinio Paris Eguilaz,* 6 de noviembre de 1964, AGA-C 38668.

bajo. Falla se exilió de España profundamente afectado por el estallido de la Guerra Civil que, entre otras, había segado la vida de su amigo Federico García Lorca. Murió en Argentina en 1946. Sin embargo, el panfleto explicativo del concierto presentaba su fallecimiento en tierra extranjera como una mera coincidencia[13]. Lo mismo pasó con la poesía. En diciembre de 1964 se celebraron unas justas poéticas en Madrid, cuya reina fue María del Carmen, la nieta mayor del Caudillo, asistida por otras señoritas de familias distinguidas. El primer premio fue para un poema del falangista malagueño Manuel Alcántara en el que homenajeaba a Antonio Machado, quien había muerto exiliado, y con el corazón helado, en Francia en 1939[14].

Ya que la televisión era todavía un lujo que pocos españoles podían permitirse, las principales imágenes de la campaña fueron las que ofreció NO-DO en los cines. NO-DO hizo ocho documentales que, bajo el título genérico de los *Veinticinco Años de Paz,* trataron los principales «éxitos» de la dictadura en aspectos como el arte, la agricultura, la industria, relaciones exteriores, vida cotidiana, la reconstrucción, la cultura, etc. Todos ellos dejaron bien claro que los logros se debían a Franco. En estos documentales, la realidad de la larga posguerra de hambre, miseria y estancamiento económico era representada como un período de trabajo incesante y unidad bajo el Caudillo. La manipulación del pasado de NO-DO al servicio del dictador también se extendió a la política exterior. Por ejemplo, en el documental titulado *España y el Mundo,* se contó la versión oficial, creada a partir de 1945, del papel de España en la Segunda Guerra Mundial. La idea central del mensaje era que Franco había resistido las presiones de Hitler en Hendaya en 1940, solo para luego ser calumniado y despreciado por los ingratos aliados a partir de 1945[15].

[13] Ministerio de Información y Turismo, *Concierto de la Paz. XXV Aniversario,* Madrid: Ministerio de Información y Turismo, 1964.
[14] Ministerio de Información y Turismo, *Justas Poéticas de la Paz,* Madrid: Ministerio de Información y Turismo, 1964.
[15] Tranche, Biosca, *NO-DO*, pp. 429-432.

Estos documentales prepararon el terreno para el gran homenaje al dictador: el largometraje *Franco: ese hombre*. Dirigido por José Luis Sáenz de Heredia, quien era primo de José Antonio Primo de Rivera, el documental se presentó al público por primera vez, con gran publicidad, en noviembre de 1964. Este comenzaba con unas escenas matinales de un Madrid primaveral en calma, lo que era descrito por la voz del comentarista como un milagro diario. Enseguida, esa misma voz explicaba otras imágenes muy distintas: las de la ciudad durante la Guerra Civil y los crímenes de los «rojos». Hoy es diferente, seguía el comentarista, el día es a la vez normal y extraordinario, porque hoy es el día del desfile de la Victoria y «los soldados de España» van a marchar ante el Caudillo como lo han hecho durante los veinticinco años previos. Franco era, como el día del desfile, a la vez normal y extraordinario. Detrás del abuelo de gustos similares al español corriente había un héroe. Un héroe de la guerra y de la paz. Un héroe con un destino inevitable desde que, siendo solo un muchacho, ingresó en el ejército. Dios le protegió en la guerra de Marruecos, donde su coraje y sacrificio pronto mostraron que estaba reservado para una empresa mayor: salvar a España en su hora más oscura. Luego, en 1939, llegó la Victoria y con ella la Paz. Guiada por su Generalísimo, concluye el documental, España ha vivido desde entonces en calma y prosperidad, ganando fuerza interior y prestigio exterior[16].

Como tantas otras veces, Franco fue el mejor propagandista de la nueva imagen del Caudillo. En su discurso de fin de año de 1964, incorporó la nueva realidad del progreso económico a su arsenal de autoelogios. Él, como administrador único e insustituible de un legado de sangre y sacrificio, había sido capaz de transformarlo en paz y prosperidad. Empezó su discurso explicando que 1964 era un jalón en «una época fecunda de labor y mejoramiento de la Patria». Durante los anteriores veinticinco años, dijo, «hemos gobernado [...] fieles a los principios que justificaron nuestra inter-

[16] Véase José Luis Sáenz de Heredia y José María Sánchez-Silva, *«Franco... ese hombre» (1892-1965)*, Madrid: Difusión Librera, 1964.

vención en la vida pública del país [...] El general asentimiento que me habéis venido mostrando, revela sustancialmente que el camino seguido era el por vosotros deseado». Esto es, su historia era la de un éxito y un apoyo popular constantes. El aislamiento internacional del pasado era solo una apariencia, o el problema de «los otros»: «durante mucho tiempo las imperiosas necesidades de nuestra supervivencia nos hicieron aparecer desfasados e incomprendidos por el mundo». Un mundo ingrato a pesar de «el gran servicio que le habíamos prestado». Hoy, sin embargo, afirmaba el Caudillo, el mundo evolucionaba «hacia realidades político-económico-sociales muy similares a las que nosotros alumbramos». Pero había nubarrones. Estaban quienes «consciente, y otros inconscientemente» pedían aumento de salarios, o, como decía el salvador, «concesiones incompatibles con la situación económica». Por otra parte, los obreros españoles emigrantes en Europa eran la envidia del mundo: «son los que están mejor asistidos por su patria [...] son muy numerosos los comentarios de otros obreros extranjeros que se quejan de no estar asistidos en la forma que lo están nuestras compatriotas». Salir al extranjero les había servido a los trabajadores para formarse profesionalmente, pero también para «valorar las muchas cosas buenas que en España han dejado». En todo caso, emigrar era algo bueno, pues los trabajadores recibían «a la vez una lección constante de mejor disciplina en el trabajo y una muestra de como el salario del mundo hay que ganarlo minuto a minuto». Y habiendo dicho como todo va bien, con cada uno en su sitio y la suerte tan grande que algunos tienen de ser emigrantes españoles, el Caudillo se despidió, en caso de que a alguien se le hubiese olvidado de qué hablaba, recordando una vez más la guerra, pues «antes de rezar esta oración, dediquemos nuestro más cálido recuerdo a los héroes y mártires de nuestra Cruzada, forjadores de nuestra paz»[17].

[17] Francisco Franco Bahamonde, *Ante 1965. Mensaje de Franco al pueblo español*, Madrid: Ediciones del Movimiento, 1965, pp. 9, 11, 12,16, 17, 20, 21, 24.

Terminaba así un buen año para el Caudillo. Incluso el pretendiente al trono, don Juan de Borbón, quien a mediados de los años cuarenta le había pedido que restaurase la monarquía y la democracia, le envió en marzo un mensaje de felicitación[18]. También lo hizo el cardenal primado de España, Enrique Plá y Deniel, quien aprovechó la ocasión para pedirle un perdón para los prisioneros políticos y comunes. Además, Plá dio orden para que todas las iglesias de España celebrasen el 5 de abril un día de oración por la paz[19]. Franco concedió el perdón, que no una amnistía, para los prisioneros políticos. Los crímenes republicanos habrían de esperar hasta 1969 para ser amnistiados, treinta años después de que lo fuesen los franquistas.

El canon final

Las nuevas realidades socioeconómicas de los años sesenta presentaron una oportunidad para adaptar y agrandar la figura del Caudillo. Esta iba a ir más allá de las interpretaciones providenciales de héroe salvador de la patria y campeón occidental del anticomunismo para incluir ahora la de demiurgo del progreso material y cultural de España. Sin embargo, esta nueva visión del dictador no se implantó de manera inmediata, sino que se fue abriendo paso a medida que la década avanzaba, y solo al final de la misma se convirtió en parte del canon de su imagen. Por ejemplo, cuando, en 1966, José María Sánchez-Silva, un periodista que había coescrito el guion de *Franco: ese hombre,* publicó una serie de cartas dirigidas a un ficticio niño español, el tema principal de las mismas seguía siendo la paz. Sánchez-Silva también explicó el glorioso pasado del dictador, sus repulsivos enemigos (especialmente

[18] *Carta de D. Juan a Franco felicitándole por los 25 años de paz,* 30 de marzo de 1964, AFFF 4242.

[19] *Plá y* [sic] *Deniels a Franco pidiendo indulto con ocasión de XXV años de paz. Respuesta de Franco,* 26 de marzo de 1964, AFFF 1472.

Azaña), su victoria en la Cruzada y su condición de abuelo feliz. El tema del desarrollo económico, en cambio, no fue objeto de una atención particular. De hecho, la conclusión del libro pertenecía más a la tradición de pesimismo histórico de las décadas pasadas que a la nueva celebración triunfalista de la prosperidad: «La Historia de España es la historia de una larga tormenta, en la que Franco ha venido a ser el arcoíris de la esperanza»[20]. Otro libro publicado ese año también celebraba y agradecía al Caudillo la paz, pero de nuevo con un toque pesimista: la «Espada de la Victoria la llaman unos. Espada de la Paz la denominan otros [...] pedimos a Dios que sea una paz sin ocaso y que, igual que la disfrutamos nosotros, puedan disfrutarla nuestros hijos y los hijos de nuestros hijos»[21].

La inserción clara del mensaje de prosperidad y progreso en la biografía del Caudillo empezó a aparecer en la segunda mitad de los años sesenta. En 1965, el francés Claude Martin publicó en español una versión actualizada de una biografía del dictador que apareció originalmente en francés en 1959. En este libro, Franco es todavía sobre todo un gobernante católico defensor del Mundo Libre frente al comunismo, que evitó un complot para una evolución comunista en España en julio de 1936 y que luego fue un profeta ignorado en la Europa de posguerra[22]. En 1967 se publicó el ya mencionado libro de Luis Bolín *Los años vitales,* en el que el autor recordó la promesa de prosperidad de Franco a los españoles durante aquella noche en vela en un hotel de Casablanca en julio de 1936 (véase la introducción). La nueva imagen incipiente de Franco como el autor del progreso material de España apareció también recogida en dos libros claves, que fueron escritos por dos autores británicos y que contribuyeron a acotar la dimensión bio-

[20] José María Sánchez-Silva, *Cartas a un niño sobre Francisco Franco,* Madrid: Foresa, 1966, p. 202.
[21] Juan del Espino, *La espada de Franco,* Madrid: Imprenta Europa, 1966, p. 8.
[22] Claude Martin, *Franco. Soldado y estadista,* Madrid: Fermín Uriarte, 1965, pp. 154, 573-576.

gráfica del dictador dentro y fuera de España. La primera biografía a la que nos referimos fue la del periodista de la BBC George Hills, publicada en 1967 con el título *Franco: The Man and His Nation.* Tras ser traducida, purgada y publicada en España al año siguiente, se convirtió en un éxito de ventas. Hasta 1975 este libro vio cuatro ediciones en castellano y dos en inglés[23]. Hills pertenecía a esa generación de visitantes tempranos de la exótica España franquista, a la que viajó con frecuencia desde 1950. El otro libro, también publicado en 1967, fue el de Brian Crozier, *Franco: A Biographical History*[24]. Crozier, un católico de origen australiano, fue un muy conocido periodista (BBC, *The Economist*), historiador y pseudoespía, y visceral anticomunista, que luego estuvo implicado en oscuros temas políticos en Alemania y en otros lugares. Como el de Hills, su libro también fue traducido al castellano y publicado en España, en 1969, convirtiéndose también en un éxito de ventas. Además de la inglesa, se hicieron cuatro ediciones en español y una en francés. Ambos libros se mostraron claramente favorables a Franco, al que interpretaron desde la óptica de la Guerra Fría. En ambos casos, los autores buscaron la occidentalización y normalización, a través del anticomunismo, de la figura del Caudillo, presentado como el líder de un país amigo en pleno desarrollo y de moda entre los turistas, pero incomprendido y tratado de forma injusta en el extranjero por motivos históricos y políticos. Esta interpretación coincidía plenamente con la que querían dar al mundo los sectores modernizantes de la dictadura, encabezados por Fraga y su famoso lema turístico-propagandístico de aquellos años de «España es diferente» *(Spain is Different)*[25].

El libro de Hills comienza con la infancia del futuro dictador. A diferencia de otras biografías españolas, explica algo de las dificul-

23 George Hills, *Franco: The Man and His Nation,* Nueva York: MacMillan, 1967.

24 Brian Crozier, *Franco: A Biographical History,* Londres: Eyre and Spottiswoode, 1967.

25 Pack, Sasha, «Turismo y cambio político en la España de Franco», en Nigel Townson (ed.), *España en cambio: el Segundo franquismo, 1959-1975,* Madrid: Siglo XXI, 2009, pp. 23-48.

tades en el matrimonio de sus padres. Luego comienza una digresión sobre la atormentada historia de España. Hay que esperar a la página sesenta para saber de los estudios en la Academia de Toledo y la partida hacia África de Franco. En este punto, las simpatías del autor por los africanistas se hacen obvias, asumiendo sus quejas como legítimas. Una de ellas es que el ejército de África era víctima de los intereses de los políticos en Madrid. Siguiendo el canon establecido por los historiadores pro franquistas, Hills ignora por completo la colusión y amistad que ligaba a varios de estos oficiales con sus patronos y con la corte. Esta reinvención profiláctica del pasado alcanza un nuevo jalón cuando describe la estancia del comandante Franco en Asturias a partir de 1917. El muy conservador y egocéntrico joven comandante se sintió —según el propio Caudillo explicó a Hills y este incluyó en el libro— afectado «por las terribles condiciones bajo las que los empresarios hacían trabajar a los obreros [el Caudillo añadió] entonces comencé a leer libros sobre cuestiones sociales, teorías políticas y económicas, buscando una solución»[26].

Como dictaba el canon hagiográfico, los grandes momentos del héroe fueron 1921 en Melilla y 1925 en Alhucemas. En 1921, nos dice Hills, le «correspondió a la Legión salvar a la gente de sí misma». En 1923, Franco fue a ver al rey, quien estaba deprimido por la guerra sin fin de Marruecos. El Caudillo recordó este encuentro en 1966 para Hills. El rey quería dejar Marruecos, pero él le dijo que «con permiso, no estaba de acuerdo». A continuación, ambos pasaron a una sala contigua para examinar unos mapas de Marruecos. Franco señaló la bahía de Alhucemas y dijo al monarca: «Llevemos la guerra hasta el corazón del enemigo y capturemos la capital». Después de pensarlo, Alfonso XIII le contestó: «Tienes que decirle esto a Primo de Rivera». Franco le replicó que era mejor que lo hiciese Su Majestad. Poco después, Primo de Rivera le preguntó a Franco sobre «ese plan tuyo». Y así fue como se gestó, siempre según el modesto Caudillo, el desembarco de Alhucemas

26 Hills, *Franco,* pp. 97-98, 105.

de 1925 que terminó con la rebelión de Abd-el-Krim. Las ideas brillantes y el desparpajo en hacerlas saber a sus superiores del joven jefe militar acabaron con la guerra y trajeron paz a España y a Marruecos[27].

Cuando llegó la República en 1931, escribió Hills, el ministro de la Guerra, Manuel Azaña, recortó el ejército. Quizás estos cortes eran necesarios pero abrieron las puertas a un peligro que el autor hizo notar a sus lectores: «Más de 100.000 hombres acabaron en el saturado mercado de trabajo y eventualmente serían reclutados por las milicias socialistas, anarquistas, carlistas y la a punto de nacer casi fascista Falange». Es decir, para ese autor, las reformas militares de Azaña tuvieron la culpa del incremento de la violencia política durante la República. Era una acusación nueva contra Azaña que Hills no documentó, pero que está en consonancia con su curiosa teoría de que ya se veía venir la Guerra Civil desde mayo de 1931. Se refiere a la quema de iglesias, conventos y otros edificios religiosos: «Los autores españoles de casi todas las opiniones políticas y religiosas datan el comienzo de la Guerra Civil en este momento». A pesar del caos continuo, Franco se negó a levantarse contra el Gobierno porque creía que el papel del ejército era defender a la patria y no mezclarse en política. Pero la revolución y el comunismo se acercaban, lo que quedó evidente con la victoria electoral del Frente Popular en febrero de 1936. Estaba claro, la desmembración de España o la dictadura comunista estaban a punto de producirse. Esto forzó a Franco, «el rebelde a su pesar» a decirle a Mola (nótese, que no al revés) a comienzos de julio que había llegado el momento de actuar[28].

El Caudillo predijo, ya desde su comienzo, que la guerra sería larga y dura. Durante el conflicto, el Generalísimo se condujo como un estratega prudente. Según Hills, fue Hitler quien ordenó el bombardeo de Guernica en abril de 1937, del que Franco se enteró una vez producido. También fueron Hitler y Mussolini los

[27] *Ibidem,* pp. 124, 133-135.
[28] *Ibidem,* pp. 171-173, 205-206, 222.

responsables de los bombardeos de Barcelona, de nuevo sin el permiso del Caudillo. Después hubo de pacificar el país mediante «unas diez mil ejecuciones», pero el hombre responsable de la represión fue su «fanático» cuñado Ramón Serrano Súñer. Fueron años de tensión en los que Franco tuvo que resistir las presiones que venían del exterior, empezando por las que ejerció un Hitler victorioso en Octubre de 1940 para que se uniera al Eje. No obstante, Franco supo jugar bien sus cartas con Hitler. Le hizo esperar en la estación de Hendaya para ponerlo nervioso y luego, durante la reunión de ambos, le planteó unas peticiones desorbitadas a sabiendas de que Hitler nunca las aceptaría. A partir de este momento, y a pesar de todas las incomprensiones exteriores, la reconstrucción de España estaba asegurada[29].

Si Hills contó con la ayuda del Caudillo para escribir su libro, Brian Crozier tuvo la de Joaquín Arrarás y Luis Bolín. Según Crozier, el lado menos bueno del Caudillo era «su incapacidad para perdonar a sus enemigos en la anti-España, mientras que siempre ha sido muy indulgente con los amigos que le traicionaron». Esta no es, pues, una crítica al uso. Una vez dibujado moralmente su héroe, el autor informa al lector de lengua inglesa del viejo amor del Caudillo por las cosas británicas (¿sabía Crozier de Jakin Boor?). Según él, en 1920 un general del Reino Unido —del que no da el nombre— visitó el campamento de la Legión en Ceuta, donde estableció una cordial relación con Franco y Millán Astray. «Esta es prueba evidente de que el apego de Franco hacia lo británico no carece de importancia»[30].

Crozier escribió que Franco se hizo famoso por dos razones: su genio militar y su valor. Al igual que Hills, Crozier adjudicó al Caudillo la concepción del desembarco de Alhucemas, y el mérito de haber convencido al rey y al dictador Primo de Rivera. El autor reconoció que Alfonso XIII amaba a Franco y le protegía, pero no explica qué significó el favor real para la carrera del héroe. Por des-

[29] *Ibidem,* pp. 320-366.
[30] Crozier, *Franco,* pp. 10, 55-56.

gracia, llegó la República y con ella los «golpes» de Azaña contra el ejército. Fue el comienzo de lo que Crozier llamó «la enfermedad mortal de la República»: caos, crimen y subversión que llevaron al leal y apolítico Franco a rebelarse. Mirando atrás, el Caudillo nunca buscó el poder, sino que llegó a él porque su «emoción principal ha sido siempre el patriotismo, y el poder ha sido un medio para practicarlo». En esto el Caudillo no era distinto de Charles de Gaulle, argumentaba el autor, aunque el patriotismo de Franco era «menos narcisista» que el del presidente francés[31].

El Franco de los años sesenta era, según Crozier, un gobernante preocupado por su pueblo, como probaba el hecho de que negoció con los mineros asturianos en huelga en 1962. Lo que pasaba es que el Caudillo tenía «mala prensa», como se demostró cuando en 1963 su régimen ejecutó a Julián Grimau, un hombre condenado por sus «crímenes en la Guerra Civil». Este había confesado durante su «interrogatorio». La ejecución fue un error pero era un producto del triunfo del «orgullo español» sobre las fáciles conveniencias de una publicidad favorable. Crozier dijo que Franco hizo lo mejor posible de una nación compuesta por «gentes profundamente maniqueas», con una personalidad colectiva intransigente y autoritaria. De hecho, gracias al Caudillo, España era mucho más libre que el este de Europa; y, en contraste con el pasado de caos y pobreza, ahora disfrutaba de orden y progreso. Por último, no debía olvidarse que Franco siempre estuvo del lado de Occidente y que era «imposible exagerar cómo su habilidad y paciencia hizo posible el triunfo aliado» en la Segunda Guerra Mundial[32].

La aparente apertura personal del Caudillo a sus biógrafos extranjeros era un acto calculado. Sus testimonios servían para afianzar los mitos sobre su persona, de los que él era el guardián más celoso. Cuando un escritor intentaba desviarse de la ortodoxia hagiográfica, la censura actuaba con presteza. Es más, a veces fue el

[31] *Ibidem,* pp. 79-83, 122-127, 149, 448.
[32] *Ibidem,* pp. 470-471, 502-511.

propio Franco el encargado final de autorizar un manuscrito, o de corregir su contenido. Por ejemplo, en diciembre de 1965, la editorial Planeta pidió permiso a la Dirección General de Información para publicar el libro *Testimonio de Manuel Hedilla,* escrito por un equipo dirigido por Maximiano García Venero. El director del organismo, Carlos Robles Piquer —cuñado y mano derecha de Fraga, y uno de los principales responsables de la campaña de los Veinticinco Años de Paz— detectó pasajes en el libro que podían ser objetables, pues detallaban la actuación de Franco durante la unificación de las fuerzas políticas rebeldes en abril de 1937 de forma distinta de la verdad oficial. En este proceso, Manuel Hedilla, el jefe legal de la Falange, fue manipulado, acosado y finalmente hecho prisionero por negarse a la creación del nuevo partido único reaccionario con Franco a la cabeza[33]. Esta no era la historia oficial que se había contado a los españoles durante décadas. Por eso Robles Piquer mandó copias del texto a Fraga, quien a su vez envió una al Caudillo. Este corrigió y eliminó los «errores» que detectó en el libro que, una vez purgado, apareció en 1972[34].

Aunque se escribieron algunas más, otra notable biografía extranjera pro Franco fue la de J. W. D. Trythall. La obra, que apareció en 1970, no sería traducida al castellano. Este trabajo repite muchos de los clichés sobre el Caudillo, pero lo que lo hace novedoso es que intenta penetrar, más allá de las fórmulas rituales y panegiristas, en la relación entre el dictador y sus súbditos. El autor afirma que el Caudillo era muy popular, lo que es cierto, pero sus argumentos no son muy consistentes. Trythall utilizó como prueba de la popularidad de Franco el apoyo masivo y genuino (aunque reforzado por la manipulación y la coerción) que recibió el «Sí» en el referéndum de diciembre de 1966 sobre la Ley Orgánica del Estado. Para este autor, al igual que había apuntado antes Crozier, Franco era un gobernante occidental más, quizás celebrado en ex-

[33] Thomàs, *Gran Golpe, op. cit.,* pp. 351-354.
[34] *Carlos Robles Piquer a Fraga para que consulte a Franco sobre algunas páginas conflictivas...,* 21 de diciembre de 1965, AFFF 322.

ceso por los medios de comunicación oficiales, pero no mucho más que Charles de Gaulle o Winston Churchill en sus propios países. Lo verdaderamente interesante de este libro es el preceptivo instrumento de análisis del papel sociocultural del Caudillo en la España (y en la Europa) de su tiempo: «Él se ha convertido en un símbolo, y es respetado o despreciado no por lo que es, sino por lo que ha acabado representando»[35].

El libro de Trythall terminaba preguntando de forma implícita qué sería del Caudillo después de la muerte de Franco. Si no exactamente con esta dimensión histórico-cultural, al menos la parte biológica y la política de la pregunta era ya a comienzos de la década de 1970 una preocupación constante entre los españoles. Después de Franco ¿qué? El llamado «hecho biológico» se acercaba de forma evidente dado el deterioro físico del dictador, y creaba incertidumbre en la sociedad. Esto generó una cierta nostalgia, que pronto quedó reflejada en la literatura histórica y en la divulgativa. La función de estos textos consistió en afirmar una identidad colectiva que se sentía amenazada por el futuro y por la consolidación, cada vez más evidente, de la oposición política. Ante estos retos, esos trabajos buscaron afirmar la memoria del héroe salvador y benefactor de España[36]. Con mucho, el más destacado representante de este fenómeno fue el historiador Ricardo de la Cierva, un empleado del Ministerio de Información y Turismo donde, entre otras funciones, ejercía de guardián del acceso a los archivos. De la Cierva siempre se sintió profundamente identificado con la dictadura. Su padre fue asesinado por los republicanos en las matanzas de Paracuellos del Jarama en noviembre y diciembre de 1936.

En 1972, De la Cierva comenzó a publicar una serie de fascículos biográficos sobre el Caudillo. El número uno comenzaba abor-

[35] J. W. D. Trythall, *El Caudillo. A Political Biography of Franco,* Nueva York, MacGraw-Hill, 1970, pp. 263-267, 269.

[36] Véanse, por ejemplo, «El mensaje de la vida de Franco», *Tele Radio,* (18/24) de diciembre de 1972, p. 782, s.p.; Luis Moreno Nieto, *Franco y Toledo,* Toledo: Diputación Provincial, 1972, p. 401; Cecilia Meléndez de Arvas, *¿Franco predestinado?,* Madrid: Gráficas Lux, 1975, pp. 16-21.

dando lo que él llamó «El enigma histórico de Francisco Franco». Según este autor, la historiografía española no podía permanecer pasiva ante la reciente afluencia de biografías extranjeras del Generalísimo Franco (él contaba cinco solo en la Gran Bretaña). De la Cierva se decía convencido de que, a pesar de lo escrito, era muy «difícil encasillar y etiquetar políticamente como de [*sic*] caricaturizar físicamente» al jefe del Estado. Según este autor, al Caudillo se le podía «denostar, pero, hasta el momento, no [había sido] posible ni cuadricularle ni resumirle». Por eso, De la Cierva se aprestó a resolver el misterio a partir de «un sentimiento de profundo respeto por el personaje»[37].

Este primer fascículo sentó el tono de la colección, que en esencia no dejaba de ser la repetición de la narrativa ortodoxa creada a partir de la Guerra Civil. No obstante, con De la Cierva la imagen de Franco como artífice de la modernización económica de España alcanza su punto álgido. Comenzaba con el nacimiento del Caudillo en 1892 (nada dijo de la situación familiar de los Franco) y con una descripción de lo que pasaba en el mundo ese año. De la Cierva explicó el progreso económico de España durante la Restauración, pero criticó la división entre los partidos políticos (él provenía de una conocida familia de caciques conservadores). El fascículo acabó mostrando en la contraportada el progreso económico y social de España desde el siglo XIX hasta 1970. Para reforzar su argumento usó una gráfica de la renta per cápita que estaba manipulada para ignorar los atroces años cuarenta y cincuenta. El mensaje estaba claro: el progreso se debía a que Franco, a diferencia de otras épocas y de otros líderes, había conseguido la unidad y la paz entre los españoles[38].

Los trabajos de De la Cierva pertenecen a una última serie de biografías publicadas cuando la vida del dictador ya se apagaba. Dos de las más importantes fueron de nuevo escritas por extranje-

[37] Ricardo de la Cierva, *Francisco Franco. Un siglo de España. La España de 1892,* Madrid: Editora Nacional, 1972, p. 1.
[38] *Idem.*

ros, en este caso franceses, en 1974. Se trata de los libros de Jean Dumont y Alain Launay, que fueron rápidamente traducidos al castellano[39]. La intención de ambos libros era ofrecer un homenaje al Caudillo. Como escribió Launay:

> La España de 1974 es la España de Franco [...] La expresión tiene poco de forzada porque la España de hoy, tal y como se manifiesta a nuestros ojos, es la que un hombre deseó y moldeó hasta en sus más pequeños detalles, pasando la mitad de su vida, como un artesano en la Edad Media, cincelando y puliendo su obra maestra y haciéndola con paciencia, obstinación y amor. Y ese hombre se llama Francisco Franco[40].

En el resto del libro, el autor hizo un repaso de los grandes logros del Caudillo. En caso de que alguien se preguntase por la libertad, la respuesta de Launey era sencilla: «En España todo el mundo se va a dormir en paz, excepto los que conspiran. Pero son ellos los que escogieron libremente ese género de emociones»[41]. Como este libro apunta, algo no iba bien. Había gentes que, a pesar de todo lo bueno que el Caudillo había hecho por los españoles, seguían sin creer. Y Launey no estaba solo en señalar, para reprobar, tan desagradable situación. Una leve nota agridulce similar apareció en la última hagiografía de Franco escrita antes de su muerte, pero publicada cuando tanto el Caudillo como el autor del trabajo habían fallecido. Se trata del libro póstumo de Manuel Aznar, el periodista, diplomático y consejero del dictador que, con el título simple de *Franco,* apareció a finales de 1975. Este libro reciclaba y exageraba los mitos hagiográficos del Caudillo. Por ejemplo, que fue un héroe que se jugó la vida al comienzo de la Guerra Civil. Según Aznar, el *Dragon Rapide* volaba sobre Marruecos en julio de 1936

[39] Jean Dumont, *Franco y los españoles*, Madrid: Círculo de Amigos de la Historia, 1975, 2 vols.; Alain Launay, con Jean Dumont, *Franco: España y los españoles,* Madrid: Círculo de Amigos de la Historia, 1975.

[40] Launay, *Franco,* pp. 16-17.

[41] *Ibidem,* p. 272.

«Con muy poca gasolina en los depósitos y sin saber a ciencia cierta si la toma final de tierra había de efectuarse en Tetuán, en Tánger o en Larache». Lo cual no solo ignora las llamadas telefónicas de los viajeros durante las paradas en el viaje, sino que contradice la presencia del comité de recepción que, como Aznar mismo relata, esperaba al general en el aeródromo de Sania Ramel en Tetuán. Esto no es sorprendente: Aznar era un hombre tan lisonjero como poco veraz. Otro ejemplo de la falacia de este autor se encuentra en su afirmación de que el ejército de España en 1939 era «el más importante» de la historia del país, y que si tenía material alemán e italiano era «a fin de equilibrar, y si era posible superar, las ayudas a la república de la Unión Soviética, de Francia, de Méjico y de Checoslovaquia». También justificó la dictadura (palabra que, por supuesto, no usó) así: la entrega del «timón, sin condiciones» de España al Caudillo en 1939 era necesaria para reconstruir el país, y que los españoles —que él llamó «el ánimo público»— estaban de acuerdo[42]. Y por fin llegó Aznar a la gran sinfonía apoteósica del desarrollo de España bajo la dictadura de su héroe:

> Su gran compromiso con el país y consigo mismo fue el de la elevación del nivel de vida de los españoles mediante un fortalecimiento incesante y tenaz de nuestras estructuras económicas y un fuerte desarrollo industrial de España. A ese ideal subordina muchas cosas, y para servirlo con la integridad de esfuerzos que ponía en todas sus empresas consideró siempre esencial reservarse la totalidad del poder, la responsabilidad completa, la iniciativa sin límites[43].

Como hizo Launay el año anterior, Aznar dejó en este libro constancia de alguno de los nubarrones que ya se ceñían sobre la continuidad de la dictadura: «para Franco, los dos motivos de tristeza y aun de amargura han sido la actitud de una parte de la juventud universitaria y la de una parte, nada despreciable, del clero español»[44].

[42] Manuel Aznar, *Franco,* Madrid: Prensa Española, 1975, pp. 123, 141, 144-145.
[43] *Ibidem,* pp. 172-173.
[44] *Ibidem,* p. 176.

Era verdad o, mejor dicho, una parte pequeña de una verdad mucho más grande y que la dictadura había intentado reprimir, negar o silenciar desde 1936, y que en 1975 era de nuevo evidente en las calles. En ese año, la bonanza económica y la confianza del régimen en el futuro recientes parecían de pronto ser parte de un pasado extrañamente remoto.

Un gobernante satisfecho

Los halagos de hagiógrafos y cortesanos repetían lo que Franco decía de sí mismo. Los dirigentes provinciales y locales hacían lo propio. Todos ellos trabajaban para mostrar la verdad de las palabras del profeta, cuya autoridad les confería sus posiciones de privilegio. Ausentes de esta fórmula estaban la crítica honesta y las voces de los supuestos beneficiarios de los desvelos del Caudillo. El papel del «pueblo» en el discurso político público era asentir y homenajear al gran hombre, quien a su vez mostraba su «confianza» en los españoles. Esto era lo que Aznar, entre otros, llamó «ánimo público»; que es algo muy distinto de la «opinión pública». Durante la larga vida de la dictadura, hubo muchos ejemplos diarios de esta relación, siempre asimétrica y casi siempre unilateral, entre el discurso político oficial y la gente. A menudo, las afirmaciones del discurso oficial poco tenían que ver con los beneficios reales de los españoles. Hay pocos ejemplos tan sangrantes de esto como el del Plan Jaén, uno de los proyectos de desarrollo económico-social más celebrados por la propaganda durante décadas. La idea del plan fue lanzada en 1951, poco después de la decisión de lanzar otro muy similar para la también misérrima Badajoz. En ambos casos, se trataba de generar un rápido proceso de modernización de la agricultura que ayudaría al despegue industrial y, en consecuencia, a la mejora de los niveles sociales. Aquel año Franco fue a Jaén y aseguró a sus habitantes que la provincia iba a ser «la primera» en sus prioridades porque era la «más abandonada» de España. Franco dijo una frase muy emotiva, «Jaén me quita el sueño», que sus cortesanos no solo celebraron, sino que hicieron grabar en las paredes de muchos ayuntamientos de la provincia. En 1952 y 1953, respectivamente, el Gobierno aprobó los planes para Badajoz y Jaén[45].

En 1973, después de veintidós años de noches en vela del Caudillo, los resultados eran escasos. Las infraestructuras económicas de la provincia de Jaén habían mejorado en algunos aspectos como el regadío, conservación del suelo, electrificación, una limitada industrialización y algunos asentamientos de colonización agraria. Pero los niveles de vida de la población seguían siendo pésimos. En la década de 1960, cuando el plan estaba en plena implementación, una media de 15.000 jiennenses emigraba cada año. Era la tasa de emigración más alta de España. Esto no fue óbice para que el gobernador civil de esta provincia, Juan Manuel Pardo Gayoso, presumiese en la prensa local de que el plan había conseguido que la renta per cápita de Jaén entre 1955 y 1960 hubiese mejorado en proporción a la de otras provincias, ascendiendo del puesto cuarenta y siete al treinta y dos de la escala nacional. Lo que ya no dijo este servidor de la dictadura es que, en el momento de hacer esas declaraciones —a mediados de los años sesenta—, la renta declinaba de nuevo hasta alcanzar en 1967 el puesto cincuenta, el último de España[46]. Franco decía no dormir por Jaén y su gobernador soñaba despierto, pero el plan nunca fue tal. El nombre era impresionante por sencillo, pero en realidad escondía un conjunto de proyectos agrupados sin objetivos claros y mesurables. Jaén, como tantas otras provincias de la España subdesarrollada, evolucionó durante los años de la bonanza económica muy despacio, sin dejar de perder habitantes y semiolvidada por un Estado que no quería tasar e invertir dinero en remediar la miseria de la población.

El desarrollo de España se hizo a costa de los pobres. Ellos fueron los que tuvieron que emigrar y los que generaron divisas; ellos trabajaron con pocos derechos, en malas condiciones y por salarios

[45] Pedro Ortega Campos, *Dieciséis años del «Plan Jaén». Evaluación Social,* Jaén: Cámara de Comercio, 1973, pp. 152, 210.
[46] *Ibidem,* p. 201.

bajos; ellos compraron productos nacionales caros y de calidad cuestionable; ellos dejaron de estudiar para trabajar; y ellos, finalmente, pagaron los impuestos indirectos que financiaron el grueso del raquítico gasto público. Por eso el gran milagro económico de los años sesenta se sintió de forma muy distinta según la zona del país donde se viviese y la clase social a la que se perteneciese. A los pobres de las regiones atrasadas el progreso les llegó poco y tarde. Esto no impidió al dictador, a los políticos y a sus servicios de propaganda presumir del bienestar creciente en el país. Además de los planes específicos, el régimen hizo amplio uso propagandístico de los llamados Planes de Desarrollo que, copiados del modelo francés, dijo iban a coordinar el progreso de todo el país a partir de su adopción en 1964. Lo que la propaganda nunca dijo fue que estos planes no incluían partidas de gasto social. Los límites ideológicos del desarrollismo franquista nunca llegaron a contemplar la redistribución de la riqueza. Los economistas y tecnócratas que diseñaron estos planes sabían perfectamente que el gasto público en España era muy inferior al de otros países europeos, y las consecuencias de esto para los pobres. Pero el Caudillo y su círculo de colaboradores inmediatos compensaban con palabras vanas y ampulosas lo que no permitían que se tradujese en hechos[47].

Franco era un hombre satisfecho consigo mismo y con su obra. Trabajaba poco, dejando el grueso de llevar el Gobierno a Carrero Blanco, su mano derecha desde 1941 hasta su muerte en 1973. Eso no quiere decir que el dictador no prestase atención a lo que colaboradores y enemigos hacían o decían. El Caudillo siempre tuvo una gran habilidad para leer las intenciones de los demás, y fue receptivo para oír los rumores que le podían ser útiles. Pero él sabía que el ejército y la policía le eran fieles, y que nadie dentro de su régimen se planteaba en serio desafiar su poder. Además, su prestigio entre la población se mantenía alto, como todo el mundo podía observar durante sus visitas a las provincias. Por ejemplo, en abril de 1967, el Caudillo fue a Sevilla. La Falange señaló que la

[47] Cazorla, *Fear*, pp. 1-16.

visita había sido acogida con «entusiasmo» por «todas las clases sociales». Dada la fuente, esta apreciación puede ser cuestionada, pero de lo que no hay duda es de que tuvieron que ser muchos, quizás hasta cientos de miles, los sevillanos de a pie que aclamaron al dictador cubriendo los tres kilómetros de distancia que separaban al aeropuerto de la catedral de la capital andaluza. Dentro del templo, el público, ahora ya escogido, irrumpió en aplausos varias veces. Pero, como era corriente, detrás de esta recepción popular había distintas realidades y expectativas. Por un lado, las élites económicas locales especulaban con que la visita sería seguida por una serie de inversiones estatales, incluidos unos altos hornos, que reactivasen la maltrecha economía de Sevilla y paliase sus problemas de paro y pobreza. Por otro lado, muchos sevillanos sin casa —se estimaba que unas 5.000 familias vivían en inmuebles ruinosos— esperaban la caridad del Caudillo. En vísperas de la visita un niño había muerto al derrumbarse su casa. Finalmente, las autoridades locales, afianzaban su beneficio profesional: el premio por organizar tan magnífico evento y por agasajar con palabras y obras al gran hombre. En vísperas de la visita, el gobernador civil, José Utrera Molina, declaró a la prensa —para conocimiento de los sevillanos— que el régimen había construido «miles de casas», que se habían instalado «nuevas industrias» y que «los campos» habían mejorado, gracias al Caudillo. Su Excelencia quedó muy contento con el viaje[48].

El Caudillo no era solo una imagen, sino también un instrumento para negociar los intereses propios en una realidad controlada por el poder autocrático de Franco. Cuando la gente se ponía en sus manos o le pedía algo, ya fuese en sus cartas personales o en actos públicos, estaba reclamando que el gobernante cumpliese su parte de un trato: él conservaba el respeto de los españoles pero a cambio tenía que cumplir sus promesas. Cuando esto no pasaba, la

[48] *Informe del Servicio del Movimiento sobre el viaje de Franco a Sevilla,* 20 de abril de 1967, AFFF 5203; «La ciudad se dispone a expresar su adhesión entusiasta al salvador de España», *Abc,* 20 de abril de 1967.

gente no solía echarle la culpa a Franco, sino a quienes le rodeaban o representaban. Por eso era importante que él en persona oyera la voz de quien le necesitaba. Por ejemplo, en junio de 1967 hubo una protesta pública en las calles de Peñarroya (Córdoba) de unas 400 personas, en su mayor parte trabajadores de la empresa Papelera del Sur y sus familiares. Los obreros estaban inmersos en una disputa bastante dura para mejorar sus salarios. Se concentraron enfrente de la delegación local del sindicato portando pancartas que apelaban directamente al Caudillo y que reflejaban tanto su lealtad como sus expectativas: «Franco, nosotros te ayudamos con nuestro Sí en el referéndum, ahora ayúdanos a nosotros» o «Peñarroya y Pueblo Nuevo estuvieron contigo en tu triunfo, está con nosotros en nuestra desgracia»[49].

Este tipo de actitudes de apoyo popular «negociado» a la dictadura era más frecuente a finales de los años sesenta y principios de los setenta en la España rural y en las pequeñas capitales de provincia que en las grandes aglomeraciones urbanas, sobre todo si en estas últimas existían importantes sectores obreros y un sentimiento nacionalista periférico. Aquí los conflictos abiertos eran más frecuentes, intentos y hasta subversivos; pero tampoco hay que exagerar ni su frecuencia ni su intención política. Las huelgas se hicieron numerosas en el ocaso de la dictadura, pero a menudo se convirtieron en políticas menos por el deseo de los participantes que por la concepción del régimen del orden público y el laboral. Esta compleja y a menudo contradictoria realidad se manifiesta en los datos que ofrecieron los primeros informes sociológicos serios que aparecieron a finales de los años sesenta y que mostraban que, en general, la cultura política de los españoles era entonces autoritaria y conservadora[50]. Según esos estudios, la mayoría de la población tenía como primera ambición política el mantenimiento de la paz,

[49] *Información de la D.G. Prensa sobre incidentes laborales en Vizcaya y en Córdoba,* 7 de junio de 1967, AFFF 5209.
[50] Antonio López Pina y Eduardo López Aranguren, *La cultura política de la España de Franco,* Madrid: Taurus, 1976, p. 85.

y todavía se inclinaba por mantener el sistema político vigente. Pero eso no quiere decir que estuviese completamente de acuerdo con aspectos fundamentales del Nuevo Estado. En 1973, el 33% de los adultos españoles decía querer un cambio del sistema político, pero el 57% aún prefería el existente. Sin embargo, al mismo tiempo el 65% decía que el Gobierno tenía que asumir más responsabilidades sociales. Y es más, tres años antes, en 1970, el 58% de los españoles había dicho estar a favor del derecho a la huelga, prohibido por la dictadura. Eso quiere decir que, en los últimos años del régimen, no solo había una importante minoría políticamente descontenta, sino que, para una mayoría de la población, el mantenimiento de la paz —a diferencia de lo que decía e imponía la dictadura— no excluía necesariamente los deseos de más libertad y derechos, ni la existencia de un profundo sentimiento de injusticia socioeconómica[51].

La explicación a esta aparente paradoja es que la Paz de Franco no era otra cosa que un proyecto impuesto que escondía posturas sociales y morales distintas que —de darse condiciones distintas— podrían fácilmente transformarse en opiniones políticas opuestas muy alejadas de los ideales del régimen. Esto es, que la admiración popular hacia el dictador podía ser extensa, pero nunca fue incondicional u homogénea. Detrás del culto del Caudillo había experiencias históricas, realidades y expectativas diversas y contradictorias, que se mantuvieron ocultas mientras Franco vivió. Esto se debió a dos factores. El primero fue que el Nuevo Estado no dejó espacios para que se manifestasen: el franquismo nació para reprimir a un amplio sector de la sociedad española y siguió haciéndolo hasta su desmantelamiento. El supuesto consenso bajo el franquismo se basó de forma primordial en la represión, entendida esta como violencia directa, temor generalizado y ausencia de alternativas pacíficas. El otro factor —que es inseparable del primero— fue que Franco controlaba la clave política más importante para los españoles, el mantenimiento de la paz, y él la administró en bene-

[51] Cazorla, *Fear,* pp. 198-199.

ficio propio hasta el último día de su vida. De todas formas, esta era una situación que estaba abocada a cambiar. Los indicios del cambio empezaron a cobrar fuerza precisamente cuando más éxito parecía cosechar la dictadura. A comienzos de los años setenta, el apoyo popular al Caudillo era evidente y así lo recogían tanto las encuestas arriba citadas como los informes que le llegaban al Gobierno procedentes de los distintos gobiernos civiles y de otras fuentes oficiales. Pero estas últimas fuentes también dejaban claro que había dos problemas que cada vez se acrecentaban más. Uno era el ya citado «hecho biológico», esto es, la muerte de Franco, que causaba amplia inquietud entre los partidarios de la dictadura. El otro era el auge de la oposición política, cuyas ideas recibían cada vez más apoyo entre la población[52].

La sucesión de Franco había quedado regulada en julio de 1969, con la designación de don Juan Carlos como príncipe heredero del trono. El problema residía en que este era poco conocido y querido entre los españoles, incluidos importantes sectores del régimen. Muchos españoles de a pie y falangistas eran republicanos. Tampoco debemos olvidar que el carlismo contaba con algunos —poco numerosos, pero fuertes— apoyos. Además, incluso los monárquicos defensores de la rama isabelina estaban divididos entre quienes apoyaban al príncipe y los que se mantenían fieles a su padre, don Juan de Borbón. La situación se complicó aún más cuando el primo de don Juan Carlos —Alfonso de Borbón— se casó en 1972 con la nieta mayor del Caudillo. Muchos franquistas especularon con que este podría ser quien al final ocupase el trono. Era una idea que entusiasmaba a la mujer de Franco. No obstante, el dictador, aunque emitió algunas señales contradictorias, se mantuvo firme en su decisión de que le sucediese don Juan Carlos.

Desde una perspectiva posterior, parece evidente que 1970 fue el año en que la popularidad de Franco alcanzó su cenit y que a partir de entonces los problemas crecientes del régimen fueron erosionándola paulatinamente. Ese año, el Caudillo se sentía más res-

[52] *Ibidem*, pp. 196-213.

paldado y confiado que nunca. Esto explica, al menos en parte, la magnanimidad que mostró con los condenados en el consejo de guerra contra diecinueve militantes vascos que tuvo lugar en Burgos en diciembre. Dos de los acusados de terrorismo eran clérigos. Franco conmutó las nueve penas máximas impuestas por el tribunal. Él mismo explicó el porqué, usando una lógica muy distinta de la que iba a emplear casi cinco años más tarde para justificar las últimas ejecuciones de su dictadura: «La paz y el orden que venimos disfrutando desde hace treinta años despierta el odio de esas fuerzas que fueron siempre enemigas de la prosperidad de nuestro pueblo, de nuestro bienestar y del progreso de España». Pero él sabía que los españoles de bien le respaldaban:

> Las clamorosas y multitudinarias manifestaciones de adhesión que me habéis ofrecido durante este año con ocasión de mis viajes y visitas a Barcelona, Valencia, Zaragoza, Cáceres, Galicia, Guipúzcoa, Jerez, Cádiz y Salamanca, y el inmenso plebiscito de adhesión en la Plaza de Oriente de Madrid y en toda España que habéis rendido en los últimos días —no solamente a mi persona, sino al Ejército español y a nuestras instituciones— han reforzado nuestra autoridad en tal modo que nos facilita [...] el hacer uso de la prerrogativa de indulto de la última pena, pese a la gravedad de los delitos que el Consejo de Guerra de Burgos, con alto patriotismo, juzgó[53].

El gobernante satisfecho no veía ninguna razón para cambiar nada. En su discurso de Navidad del año siguiente, 1971, recordó «el entusiasmo de los hombres y mujeres de España» por él durante sus visitas, así como en la «magna concentración de la Plaza de Oriente, al cumplirse el XXXV aniversario de la fecha en que asumí el timón de la nave de la Patria». Luego explicó que «No están, pues, justificadas las objeciones de quienes, admitiendo nuestro desarrollo económico y social, preconizan, como cosa nueva, un desarrollo político». Y, por si alguien no había entendido la idea, añadió:

[53] Francisco Franco Bahamonde, *Ante 1971. Mensaje de Franco al pueblo español*, Madrid: Ediciones del Movimiento, 1971, pp. 13, 23.

> Nuestro desarrollo político es precisamente el que viene asegurando la era de paz y prosperidad más larga que ha conocido el país[54].

Y de nuevo en diciembre de 1972:

> La nación española sigue gozando de buena salud y camina a buen paso por la senda de la Historia, mereciendo cada vez más admiración, aunque no siempre confesada, de quienes contemplan con ojos limpios nuestro incesante desarrollo cultural, social y económico, la solidez del Estado nacido el 18 de Julio y el enraizamiento de sus instituciones, garantía de la continuidad de nuestra política al servicio de la paz y del engrandecimiento de España[55].

Estas palabras salían del cuerpo cada vez más enjuto del Caudillo y con una voz ya débil. La cerrazón absoluta hacia la posibilidad de cambio, la autocertificación de estar en posesión de la verdad absoluta y la presentación de toda crítica como fruto de la envidia o del odio a España dejaban claro que Franco y su régimen durarían al menos hasta la desaparición del primero. En vista de la trayectoria del hombre, no podía ser de otro modo. Pero muchos servidores de la dictadura pensaban que se debían hacer reformas y abrir el futuro a los nuevos movimientos sociales que estaban emergiendo en el país. Creían que se podía utilizar el carisma del Caudillo para asegurar la paz, antes de que Franco muriese o quedase incapacitado como había ocurrido al dictador portugués Salazar en 1968. En este sentido, en los últimos años, algunos pseudohistoriadores españoles (véase capítulo 6) han llegado a afirmar que Franco previó y de algún modo preparó la llegada de la democracia. Pero, en realidad, el dictador trató como traidores a quienes, a pesar de tener un pasado de servicio al régimen impecable, le sugirieron, con respeto y cautela, reformas. Tal fue el caso de su ministro de la Gober-

[54] Francisco Franco Bahamonde, *Mensaje de Su Excelencia el Jefe del Estado Español en la Navidad de 1971,* Madrid: Ediciones del Movimiento, 1972, pp. 5, 8.

[55] Francisco Franco Bahamonde, *Horizonte-73. Mensaje de Franco al pueblo español con motivo del nuevo año y comentarios editoriales de Prensa del Movimiento,* Madrid: Ediciones del Movimiento, 1973, p. 11.

nación, Tomás Garicano, quien a mediados de 1972 le recomendó en un informe prudencia y evitar la violencia en los tratos con la creciente oposición. Garicano creía que, gracias al nivel de desarrollo alcanzado y la prosperidad del país, era el momento del «cambio y la renovación», para integrar políticamente a esa mayoría de españoles que no experimentaron «nuestra Guerra de Liberación». La respuesta del círculo íntimo del Caudillo fue acusarle de deslealtad. Garicano dimitió al año siguiente[56].

El despertar de las ilusiones de continuidad fue brusco. El 20 de diciembre de 1973, ETA asesinaba al almirante Luis Carrero Blanco, quien era presidente del Gobierno desde junio. El colaborador con más de treinta años al lado del Caudillo era el hombre que debía vigilar la permanencia del régimen después de la muerte del dictador. Los españoles pudieron ver a su anciano Caudillo llorar al darle el pésame a la viuda de Carrero. Unos días más tarde le vieron de nuevo en televisión dando su tradicional mensaje de fin de año. Su deterioro era evidente, y su mano temblaba por los efectos de la enfermedad de Parkinson que sufría. En este discurso, el Caudillo primero recordó el asesinato de Carrero, y certificó una vez más que el régimen sería siempre él: «Después de treinta y siete años al frente del Estado, aquí me tenéis con vosotros, con la misma vocación de servicio a la Patria que siempre tuve. [Es] un deber que exige fidelidad y sacrificio»[57].

El mensaje de la Navidad de 1974 fue el último y en cierto modo resume tanto la complicada situación en la que estaba el país como la personalidad del Caudillo. Fue también el más corto de los que pronunció. De pronto, el panorama nacional se había ensombrecido. Con la llegada súbita de la crisis económica, la prosperidad reciente se desvanecía a ojos vistas, el Gobierno estaba paralizado, y la universidad, en rebeldía; mientras que su sucesión era

56 *Informe de Tomás Garicano, Ministro de la Gobernación, a Franco,* 7 de septiembre de 1972, AFFF 3537.

57 Francisco Franco Bahamonde, *Ante 1974. Mensaje de Franco al pueblo español,* Madrid: Ediciones del Movimiento, 1975, pp. 9, 14.

tan incierta como cercana. A pesar de esto, tal y como había hecho desde la Guerra Civil, Franco seguía presentándose ante los españoles convencido de que su labor perduraría. Aunque sus palabras eran apenas audibles, tampoco conseguían esconder del todo la compleja y ahora más ensombrecida realidad:

> Al término de 1974, difícil para todos y para toda la Humanidad, hemos podido comprobar cómo las instituciones han continuado ganando solidez y confianza [...] La enfermedad que me afectó el pasado verano dio providencialmente motivo para poner a prueba la serena madurez del pueblo español y el seguro funcionamiento de la mecánica prevista por nuestras Leyes Fundamentales [...] El Príncipe de España [...] asumió durante mi enfermedad la Jefatura del Estado [y confirmó] las esperanzas en él depositadas [...] La crisis económica [...] Seguramente será larga y profunda [pero] nuestro Gobierno ha venido dictando las medidas pertinentes [La] juventud, que no conoció las horas amargas del pasado y que ha vivido en el despertar y resurgir de la Patria nueva, es la que cabe ahora el honor y la responsabilidad de continuar sin rupturas la labor emprendida[58].

Como ocurría con el cuerpo del Caudillo, la verdad oficial creada por el régimen se descomponía con rapidez. Incluso comenzaba a fallar en una de sus especialidades: llenar un espacio de enfervorecidas masas patrióticas. En mayo de 1975, el presidente estadounidense Gerald Ford llegó a Madrid. Su visita no pudo contrastar más con la triunfal de Eisenhower en 1959, o con la de Evita en 1947. Ahora, ni los españoles miraban deslumbrados la riqueza del mundo exterior ni su inocencia política era tan acusada. Para darle ambiente popular al evento, las autoridades echaron mano de los viejos métodos: 590 autobuses acarrearon a unas 29.000 personas desde las provincias cercanas a Madrid, y a otras 54.000 de la capital misma. No eran ciudadanos normales, sino funcionarios y

[58] Francisco Franco Bahamonde, *Texto del mensaje de S. E. el Jefe del Estado a los españoles al finalizar el año 1974,* Madrid: Ediciones del Movimiento, 1975, pp. 9-10, 12, 15.

gentes muy conectadas con el régimen. Se les instruyó para que viniesen vestidos con ropas normales, prohibiéndoles vestir la camisa azul falangista. También se les dijo que ante cualquier mención en un discurso del nombre del Caudillo ellos tenían que gritar espontáneamente «Franco, Franco, Franco». A pesar de tanto esfuerzo, el resultado fue una recepción desangelada y artificial al mandatario americano[59].

La dictadura, retada

Una de las amenazas favoritas del Caudillo fue la referencia al enemigo. Agazapado y escondido en España, este servía a los intereses de los países extranjeros y de los movimientos enemigos de la cristiandad como la masonería y el comunismo (el judaísmo fue eliminado del lenguaje oficial). El dictador nunca dijo expresamente quién era el enemigo interno, entre otras razones porque él decía representar a todo el pueblo español. Pero todo el mundo sabía que el enemigo era cualquiera que estuviese contra el Nuevo Estado. No sabemos con exactitud cuántos españoles componían el «enemigo», pero sí sabemos que fueron una minoría importante y pertinaz. En 1946, en preparación del referéndum que hizo a Franco regente de por vida, la dictadura llevó a cabo unas «auscultaciones», que —aun siendo muy imperfectas— detectaron importantes núcleos de oposición. Estos se podían estimar aproximadamente en algo más de un tercio de la población, aunque estaban repartidos de forma muy desigual geográficamente[60]. Esto no quiere decir que el resto apoyase a la dictadura, sino que estaba dispuesto a votar «Sí» en el referéndum por razones que iban desde el miedo al régimen hasta el entusiasmo por el mismo. En todo caso, no se puede hablar de consenso o apoyo mayoritario a la dictadura sin tener en cuenta que la gente carecía de información indepen-

[59] Eiroa, *Política,* p. 367.
[60] Véase Cazorla, *Políticas,* pp. 234-236.

diente y contrastable sobre la realidad y, más importante aún, de la posibilidad de elegir.

Apenas sabemos nada de la evolución de la opinión popular durante la década de 1950 y casi toda la de 1960. Es probable que el apoyo a Franco, en sus múltiples versiones, creciese en esta última, como indican las escasísimas encuestas disponibles. Estas, por otra parte, estaban confeccionadas sobre preguntas ambiguas e indirectas que, no lo olvidemos, se hacían bajo un régimen policial. Lo que sí parece cierto es que en 1973 un tercio de los españoles se mostraba partidario de un cambio de sistema político. Cifra muy similar a la de veinticinco años antes, que refleja la permanencia, a pesar de todos los riesgos y frustraciones, de un rechazo —que no era necesariamente oposición abierta— firme, minoritario pero amplio, a la dictadura. Además, este rechazo, o si se prefiere apertura hacia el cambio a pesar de los riesgos, se amplió poco a poco. En 1966, el 68% de los españoles decía preferir la combinación de paz, orden y estabilidad, frente al 20% que se inclinaba por la trilogía de justicia, libertad y democracia. En 1975, ambos grupos y valores recogían el apoyo del 56% y el 33% de los españoles. Téngase en cuenta que ambos conjuntos no son mutuamente excluyentes. Por ejemplo, una persona puede querer la libertad pero también no estar dispuesta a poner en riesgo la paz para alcanzarla. Si a principios de los años setenta sacudirse el miedo era un claro indicio de ser demócrata, apoyar la paz no implicaba ser franquista. Estas aparentes paradojas explican por qué los españoles abrazaron la democracia con tanta rapidez y no apoyaron a la ultraderecha neo-franquista después de que el régimen fuese desmantelado. En ese más del 60% de la población que «apoyaba» a Franco cuando estaba en el poder, había una inmensa mayoría de gente que —inmediatamente después de las reformas de 1976 y 1977— votó por partidos democráticos, incluidos los de izquierda[61].

[61] Santos Juliá, «Orígenes sociales de la democracia», *Ayer,* 15 (1994): 165-188; Rafael López Pintor, *La opinión pública española del franquismo a la democracia,* Madrid: CIS, 1982.

El Proceso de Burgos de 1970 fue la primera gran señal de que la oposición directa al régimen, en este caso armada, aumentaba. El asesinato de Carrero Blanco, tres años más tarde, en diciembre de 1973, fue quizás el golpe psicológico más importante contra la dictadura durante toda su existencia. A pesar de todo, ninguno de estos dos sucesos representaron la opinión general del país, o ni siquiera la mayoritaria entre los detractores de la dictadura. Más significativo era el cambio cultural y organizativo de la oposición, que en los primeros años sesenta comenzaba a atraer a amplios grupos de población —trabajadores, estudiantes, clérigos, profesionales— algunos de los cuales hasta entonces habían rehuido la militancia y la protesta abierta. ¿De dónde venían estas personas? Para responder a esta pregunta hay que remontarse al final mismo de la Guerra Civil y los intentos de la dictadura de destruir a la sociedad civil y la diversidad política, cultural y nacional de España. A las organizaciones que el régimen no pudo o no quería controlar, las destruyó. La excepción más importante a esta regla fueron las pertenecientes a su aliado, la Iglesia católica. En el contexto semitotalitario de la década de 1940 y en los miserables años cincuenta, las organizaciones de la Iglesia, entre las que destaca la Hermandad Obrera de Acción Católica, ofrecieron un resquicio organizativo y un discurso sociopolítico alternativo al del régimen, en el que acabaron encontrando refugio militantes antifranquistas[62]. Así, la Iglesia se situó, para consternación de la mayoría de sus líderes, en el centro del retorno público de la diversidad en España. Este proceso incluyó la presencia de militantes y simpatizantes del nacionalismo periférico, en particular en el País Vasco y Cataluña. En estas zonas, además, algunas asociaciones culturales y deportivas también sirvieron de refugio para las ideas nacionalistas, especialmente a partir de la leve liberalización lingüística y cultural de finales de los años cincuenta. En este sentido, como en muchos otros, los márgenes de la tolerancia oficial fueron muy estrechos. En 1964, por ejemplo, el franquismo podía estar cele-

62 Basilia López García, *Aproximación a la historia de la HOAC, 1946-1981,* Madrid: HOAC, 1995.

brando los gloriosos Veinticinco Años de Paz y el homenaje de los españoles a su Caudillo, pero el Ministerio de la Gobernación advertía en un informe al dictador que había que tener mucho cuidado y «no tolerar o dar autorización» a las manifestaciones «vascas o catalanas» con independencia de su carácter cultural, político o de otra naturaleza. El ministro Camilo Alonso Vega también describió en otro informe la relación entre estos movimientos nacionalistas y la Iglesia; y de cómo esta se estaba dividiendo entre una mayoría pro franquista y una minoría disidente[63].

El punto de referencia para el cambio fue el Concilio Vaticano II (1962-1965), que desagradó profundamente al Caudillo y a la jerarquía de la Iglesia española. Ya en diciembre de 1962, el obispo vasco-navarro Jacinto Argaya hizo llegar a Franco un informe sobre cómo iban las sesiones. Las perspectivas no eran buenas. El concilio estaba dominado por prelados franceses y centroeuropeos que albergaban ideas progresistas y que habían conseguido el apoyo de sus colegas latinoamericanos. Y peor aún, el hombre al que todos daban como seguro próximo papa, monseñor Montini, el futuro Pablo VI, se había puesto de parte de aquellos[64]. Los resultados del concilio justificaron los temores del dictador y de los obispos españoles. Los ejemplos son muchos y se hicieron cada vez más frecuentes. Baste el siguiente, que el Caudillo revisó y anotó personalmente. En 1966, Franco recibió un informe sobre los curas de Barcelona. Él subrayó las frases que se referían a los comentarios de estos sobre «dejar la sotana y vestir de civiles», que tendrían que «trabajar en fábricas y talleres y vivir de sus salarios» y que debería haber una encuesta sobre «el celibato». Los curas conservadores decían que la diócesis era «un desastre»[65]. Sin embargo,

[63] *Informe del Ministerio de la Gobernación sobre separatismo catalán,* 1964, AFFF 4580; *Informe reservado del Ministro de la Gobernación sobre nacionalismo en Guipúzcoa y Cataluña,* 1964, AFFF 1964.

[64] *Informe que pasa Castiella a Franco sobre el Concilio Vaticano II,* 10 de diciembre de 1962, AFFF 1146.

[65] *Información de la D.G. de Prensa sobre agitación clerical en Barcelona,* 14 de febrero de 1966, AFFF 4122.

en público, el Caudillo siguió con su costumbre de ignorar no solo lo que no le gustaba, sino, en este caso, de pretender que la Iglesia no hacía más que seguirle a él. Así lo explicó con modestia en abril de 1964:

> Hay quienes hoy descubren como una novedad las encíclicas de Juan XXIII y olvidan que desde el año 1938 España viene practicando, y en muchos aspectos rebasando, las doctrinas sociales de *Rerum Novarum* y del *Quadragesimo Anno,* fundamento claro de las posteriores promulgadas. Pero aún hay más. ¿Quién viene predicando desde hace veinticinco años que toda concesión pagana es anuladora de libertades? ¿Quiénes aceptan la educación como la base más firme de la libertad dentro de la vida del Estado? ¿Qué regímenes estimulan más las virtudes y la acción espiritual para la paz entre los hombres? ¿Quiénes han intentado casar mejor la ética y la política?[66].

De nuevo en 1967, durante su tradicional mensaje de fin de año, el dictador pretendió mostrar sintonía, y hasta admiración, con la nueva encíclica de Pablo VI *Populorum progressio,* sobre los derechos sociales y laborales, que había sido publicada en marzo. Una vez más, el Papa seguía los pasos del Caudillo profeta:

> Hemos tenido una gran satisfacción en el año que termina con la promulgación [de la encíclica], que vino a respaldar cuanto veníamos practicando durante treinta años [...] ¡Qué alegría no ha de producirnos el ver tan altamente confirmadas nuestras soluciones![67].

Muchos católicos debieron sentirse aliviados por las palabras del Caudillo que ponían a la Iglesia detrás del régimen, precisamente porque había signos de que no era del todo así. Pero muchos curas jóvenes, y monjas, no tenían interés alguno en la palabrería del

[66] Francisco Franco Bahamonde, *IX Consejo Nacional del Movimiento... Discursos del Ministro Secretario General del Movimiento y del Caudillo de España y Jefe Nacional del Movimiento,* Madrid: Ediciones del Movimiento, 1964, p. 27.

[67] Francisco Franco Bahamonde, *Ante 1968. Mensaje de Franco al pueblo español,* Madrid: Ediciones del Movimiento, 1968, p. 18.

dictador, y de hecho empezaban a adoptar actitudes y un vocabulario muy distinto del oficial, inspirados por la emergente teología de la liberación. La policía de Franco les vigilaba. Enviaba agentes e informantes —de los que algunos eran voluntarios— a las parroquias de los barrios y a los actos religiosos y culturales, para detectar subversión. Y lo que estos descubrían era que las palabras y los gestos subversivos se extendían por toda España, desde las grandes urbes industriales a los pueblos más remotos, donde los clérigos actuaban con militantes obreros y sectores juveniles minando el prestigio de la dictadura. Era esta una nueva realidad que la dictadura no sabía cómo atajar y que aparecía incluso en las zonas más míseras y desmovilizadas del país. Por ejemplo, en 1968, la Guardia Civil de un pueblo de Almería —entonces pequeño—, El Ejido, informaba de que el cura le había dicho a los jóvenes que «toda propiedad es un robo», y que Fidel Castro tenía razón mientras que los americanos no. También decía el informe policial que otro cura les había dicho a esos mismos jóvenes que él había votado «No» en el referéndum de diciembre de 1966, y luego añadió que Franco estaba «pasado» y que «babeaba». De haber sido dichas en el País Vasco o en el cinturón industrial de Barcelona, estas palabras irreverentes hacia el Caudillo habrían sido consideradas algo malo para la dictadura, pero fueron expresadas en medio del olvido y de la pobreza del sur, y eso era mucho peor. Era una señal inequívoca de que el mito popular de Franco era atacado en lugares donde hasta entonces nadie se había atrevido a hacerlo en público[68].

La relación de Franco con Pablo VI fue muy difícil. El Papa ya se opuso a la ejecución de Grimau en 1963, que tuvo lugar poco después de su llegada a la cátedra de San Pedro. Además, en los años siguientes procedió a nombrar obispos de talante progresista

[68] Dirección General de la Guardia Civil, *Actividades de personal religioso en Almería,* 22 de abril de 1968, AGA-Cultura (AGA-C), 564. Más en Antonio Cazorla Sánchez, «Did You Hear the Sermon? Progressive Priests, Conservative Catholics, and the Return of Political and Cultural Diversity in Late Francoist Spain», *Journal of Modern History,* 85, 3 (septiembre de 2013): 528-557.

con el resultado de que, para 1973, treinta y cinco de los setenta y ocho en ejercicio en España eran considerados hostiles por el régimen[69]. Sin embargo, la mayoría de los prelados aún eran conservadores o muy moderados. En nombre de esa mayoría silenciosa, José Guerra Campos, obispo de Cuenca, describió al Caudillo en 1974, con motivo del treinta y ocho aniversario «de su exaltación» a la Jefatura del Estado, como «un hijo de la Iglesia [que] ha tratado de proyectar en la vida pública su condición de cristiano». Después de recordar a los religiosos de su diócesis asesinados durante la Guerra Civil, este obispo también denunció a los sacerdotes que ahora renegaban de la protección que el régimen había dado a la Iglesia[70].

Como ya habían señalado Aznar y otros, los estudiantes universitarios se habían convertido en otro foco de rechazo a la dictadura. Al igual que ocurrió en el resto de occidente, la juventud española se radicalizó en los años sesenta, y este descontento en España significaba, casi automáticamente, antifranquismo. La situación llegó a tal punto que el régimen disolvió el sindicato falangista de estudiantes SEU en 1965, dado el rechazo masivo que este provocaba entre la población estudiantil[71]. Ese año tuvo que cerrarse la Universidad de Barcelona, y el año siguiente, también. Aunque la mayoría de los estudiantes no eran activos participantes en las acciones contra la dictadura, una minoría muy comprometida había conseguido arrastrar al resto. A partir de 1968 el régimen comenzó a enviar a la policía antidisturbios contra los universitarios. Se entró así en una dinámica que no acabaría hasta después del final de la dictadura. Sin embargo, la población en general tenía poco aprecio por las protestas estudiantiles, pues veían a sus protagonistas como unos alborotadores privilegiados.

[69] *Radiografía urgente del episcopado español,* junio de 1973, AGA-C 560.

[70] Monseñor Guerra Campos, *Ante el 1 de Octubre. La Iglesia y Francisco Franco,* Madrid: Artes Gráficas EMA, 1971, pp. 3, 29.

[71] Miguel Ángel Ruiz Carnicer, *El Sindicato Español Universitario (SEU),* Madrid: Siglo XXI, 1996.

En parte como resultado de la rebelión de la juventud, y en parte por los cambios operados en el seno del clero, el terrorismo vasco de ETA se fue haciendo fuerte y consiguiendo más apoyos sociales en los años sesenta[72]. Su primer asesinato tuvo lugar en 1968. Así comenzó una escalada de la dinámica de acción y represión con trágicos resultados. En 1969, el Gobierno decretó el estado de excepción en el País Vasco. ETA se benefició de que el aumento de la conflictividad laboral y vecinal en la década de los setenta fue contestado por la dictadura con dureza, que incluía el uso frecuente de la tortura. La intolerancia cerril y la torpeza del franquismo llevaron a una radicalización creciente de la política y de la vida diaria de la sociedad vasca, en la que el populismo nacionalista y a menudo xenófobo se mezcló con un marxismo primitivo, entre los que ETA prosperó. Sus militantes fueron vistos por muchos como los defensores, o incluso los vengadores, del «pueblo» contra el Estado, que acabó a menudo siendo identificado con España. El resultado fue una catástrofe humana y política que la democracia española heredó y que dejaría cerca de mil muertos hasta que, ya en este siglo, muchas décadas después de la muerte de Franco, ETA dejó de matar[73].

Por último, a finales de los años sesenta se incrementó notablemente la militancia obrera, en parte ligada a un fenómeno más amplio de protestas ante las pobres condiciones de trabajo y de vida de la población, y en particular de los barrios de trabajadores. En esa década, como en la anterior, millones de españoles emigraron a las ciudades, aunque estas no estaban preparadas para recibirles. Por otra parte, la gestión de las autoridades, que representaban al régimen pero no a los españoles, fue a menudo insensible o nula,

[72] En este proceso, el pasado franquista vasco fue sustituido por otro victimista nacionalista. Véase Fernando Molina Aparicio, «Lies of Our Fathers: Memory and Politics in the Basque Country Under the Franco Dictatorship, 1936-68», *Journal of Contemporary History,* 49-2 (2014): 296-319.

[73] Fernando Molina Aparicio, *La tierra del martirio español. El País Vasco y España en el siglo del nacionalismo,* Madrid: Centro de Estudios Políticos y Constitucionales, 2005.

entre otras causas porque los recursos de que disponían eran muy limitados. Los inmigrantes prosperaron no por la ayuda de aquellas, sino a base de trabajar y de muchos sacrificios; pero empezaron a pedir más: mejores escuelas, ambulatorios, alcantarillado, calles asfaltadas, viviendas dignas etc.[74]. Del mismo modo que también empezaron a pedir mejores condiciones laborales, salarios más altos, más seguridad, etc. El Estado trató de reaccionar, pero sus medidas a menudo se percibieron como inefectivas, limitadas, corruptas y se intercalaban con frecuencia con la represión. En parte como consecuencia y en parte como causa, los trabajadores y los vecinos comenzaron a organizarse en sindicatos, partidos y organizaciones, la mayoría de ellos ilegales. Con este proceso de protesta social se abría una crisis de legitimidad política que el régimen negaba oficialmente mientras que, en privado buscaba formas de atajar. Además, en estos movimientos de reivindicación, protesta y oposición había una creciente diversidad ideológica, social y cultural, lo que hacía aún menos creíbles las denuncias oficiales ya rancias de que eran el producto de conspiraciones comunistas. Había en efecto comunistas, pero también liberales, socialistas, feministas, católicos, monárquicos etc. Todos ellos, en general, se mostraban partidarios de la paz, pero no la de Franco, sino la de la libertad, lo que les hacía aparecer ante la mayoría de la población como gente razonable, mientras que la violencia errática del régimen tenía el efecto contrario. En suma, que la Paz de Franco, de ser la única solución posible a un país traumatizado y en dictadura, empezaba a convertirse en el mayor obstáculo para la paz entre los españoles, que eran ahora mucho más afluentes y estaban mejor educados que en la posguerra, y que querían vivir en las mismas condiciones que el resto de los europeos[75].

El Caudillo no podía permitir que su Paz, la fuente principal de su legitimidad política, fuese cuestionada. Y por eso recurrió

[74] Pamela B. Radcliff, *Making Democratic Citizens in Spain: Civil Society and the Popular Origins of the Transition, 1960-1978,* Nueva York: Palgrave Macmillan, 2011.
[75] Cazorla, *Fear*, pp. 173-213.

al origen de esta: el terror. Hasta el último día de su vida amenazó a los españoles con que el comunismo y la Guerra Civil eran la única alternativa a su poder. Este era un papel que, en cierta medida, el Partido Comunista de España había desempeñado gustoso hasta mediados de los años cincuenta, al presentarse como la única oposición real al Caudillo. Pero la desestalinización parcial del PCE le llevó a buscar, ya con claridad en la segunda mitad de la década de 1960, vías para llevar a cabo una lucha común con otras fuerzas para derrocar a la dictadura. Previamente, en la segunda mitad de los años cuarenta, también los socialistas del PSOE experimentaron una evolución desde el maximalismo hasta posturas más flexibles. Fue entonces cuando asumieron, en parte al menos, los errores que el partido había cometido desde 1934. También fue en ese momento cuando aceptaron que la Europa de posguerra era muy distinta de la que ellos habían imaginado en los años treinta. Los socialistas vieron con envidia cómo, en la mayoría de los países de nuestro entorno, democristianos y socialdemócratas se alternaban en el poder, creando sistemas políticos estables, y con ello las bases para un desarrollo económico-social sostenido. Por último, concedieron que Franco iba probablemente a gobernar hasta su muerte, y que la represión del régimen había dejado de tener el carácter masivo de los primeros años cuarenta, ya que ahora se ejercía sobre todo como una amenaza que solo de forma puntual tomaba cuerpo como violencia directa[76].

Por su parte, para mediados de los años sesenta, Franco sabía —porque se lo dijeron sus servicios de información— que la izquierda española había cambiado. Como decía un informe de 1964, «La posición frente al Régimen actual de [los socialistas] es de hostilidad, naturalmente, pero de una hostilidad mucho más matizada, exenta de revanchismos y nostalgias, que les coloca curiosamente cerca de los movimientos de oposición legal en los paí-

[76] Véase Javier Tusell, Alicia Alted y Abdón Mateos (coords.), *La oposición al régimen de Franco, 1939-1975,* Madrid: UNED, 1990, 3 vols.

ses democráticos»[77]. Pero a él le interesaba pretender lo contrario, y por eso, aún en los mejores años de su dictadura, el gobernante satisfecho necesitó del miedo y la mentira. El Caudillo necesitaba una imagen de consenso detrás de él que, sin embargo, las protestas en la calle cuestionaban de forma evidente. Arrestar disidentes aislados era fácil y relativamente discreto. Quizás por eso lo que más les molestaba al dictador y a sus servidores eran las manifestaciones públicas ilegales en las grandes capitales. Por ejemplo, en un informe que le envió la policía con motivo del Primero de Mayo de 1967, se decía que llevar a cabo demostraciones públicas ese día era «el principal objetivo» de la oposición, para mostrar al mundo «que no hay paz en nuestro país». Este objetivo de los subversivos sería alcanzado si había arrestos en la calle y a los detenidos los juzgaban, como ocurría a menudo, «las autoridades militares». La policía temía que los manifestantes pudiesen traer a periodistas o fotógrafos extranjeros que documentasen los sucesos[78].

La represión fue efectiva en mantener al régimen, pero este tomó conciencia de que perdía apoyo en la calle. Después de décadas de predicar el apoliticismo, esto es, el apoyo puntual pero sumiso y la fe ciega en el Caudillo, ahora la dictadura se daba cuenta de que no contaba con masas de gentes organizadas para hacer trascender y ejercer de forma continua la hegemonía política oficial entre los españoles de a pie. Como otras dictaduras, de derechas o de izquierdas, el ejercicio del poder de arriba hacia abajo había acabado vaciando lo que de genuino pudiera tener en origen. La dinámica y el apoyo de la calle se le estaba escapando al régimen en beneficio de la oposición.

No obstante, la dictadura intentó recuperar el terreno perdido, potenciando las instituciones sindicales únicas y los mecanismos

[77] D. G. de Seguridad. Servicio de Información, *Informe sobre la situación de los distintos grupos de la oposición, y de su actitud hacia el régimen,* 19 de octubre de 1964, AFFF 19487, p. 12.

[78] *Informe comentando el ambiente general, dentro del mundo obrero, con motivo de la conmemoración...,* 28 de abril de 1967, AFFF 22690.

de la llamada democracia orgánica para dar autenticidad, siempre limitada, a su funcionamiento. Lo intentó, por ejemplo, a través de la visibilidad del discurso anticapitalista populista de los sindicatos; pero estos ya estaban infiltrados en sus órganos representativos inferiores por la oposición, por lo que el proyecto quedó más que nada en las intenciones[79]. Lo intentó también permitiendo, ya en los años setenta, una cierta apertura en la aceptación de candidatos, siempre que fuesen leales, en las elecciones municipales. Esto dio lugar a algunas polémicas y escándalos más o menos públicos en las últimas corporaciones municipales franquistas. Pero el instrumento principal para este supuesto, y fallido, relanzamiento representativo de la dictadura fue la Ley Orgánica del Estado en enero de 1967. Con esta, el régimen dijo haber alcanzado una fórmula armónica y duradera del sistema político, entre otras cosas porque ampliaba la representación popular en las Cortes. Por primera vez desde su apertura en 1943, se preveía la presencia en estas de cien representantes, o procuradores familiares, dos por provincia, elegidos directamente. Este número significaba aproximadamente un 20% del total de los miembros de las Cortes, que eran algo más de quinientos. Ni que decir tiene, las autoridades tenían la potestad de vetar a candidatos no deseados. Podían votar todos los cabezas de familia, incluyendo entre estos a mujeres viudas. Eran en total unos dieciséis millones de electores. El problema residía en que la mayoría de estos electores potenciales no querían votar, y además sabían muy poco, y les importaba menos, sobre a quién tenían que votar. Por ejemplo, en 1968 Franco recibió un informe sobre las próximas elecciones en Madrid, que no era precisamente la provincia más apática o atrasada de España. Este informe revelaba que cerca de la mitad de los interpelados no querían o no sabían responder a las preguntas de los encuestadores. De los que respondieron, el 90% no sabía el nombre de los candidatos a

[79] Antonio Cazorla Sánchez, «Orden, progreso y sindicalismo: cómo vieron las autoridades franquistas el cambio socio-económico», en Nigel Townson (ed.), *España en cambio: el Segundo franquismo, 1959-1975*, Madrid: Siglo XXI, 2009, pp. 87-102.

procurador; el más conocido de entre estos fue identificado por solo el 9% de los electores, y el 82% no tenía ni idea de por quién iba a votar[80].

Los espacios sociales y culturales que la dictadura dejaba abiertos en la calle eran ocupados por gentes y grupos que preconizaban el cambio político. A partir de 1970, estos sectores se afirmaron cada vez más claramente. La represión del régimen les contenía, pero también les hacía aparecer ante cada vez más españoles como participantes legítimos, y a veces sus únicos portavoces, en la vida pública. Así, la palabra paz, iba retrocediendo cada vez más hasta su origen de guerra y victoria. Solo el prestigio, que decrecía de forma suave, del Caudillo parecía ser capaz de mantener al régimen; algo que este no paró de recordar a sus fieles y a los más o menos tibios. No había posibilidad alguna de negociar, pues, como dijo con motivo del treinta y ocho aniversario de la fundación de la Falange: «el enemigo intenta dividirnos porque sabe que una España dividida sería una España vencida: que el enemigo está vivo y presente no lo podemos olvidar». El enemigo era visible pero innombrable; hablar de él era reconocer que había millones de españoles que no seguían, o que habían dejado de temer, al Caudillo[81].

Franco podía intentar contener la verdad pero no podía vencer al tiempo. Tres años más tarde, en 1974, Carrero Blanco estaba muerto y la bonanza económica había dejado paso a la crisis. El futuro del régimen parecía más incierto que nunca, mientras que el dictador, cuya salud estaba obviamente deteriorada, se aferraba al discurso de que su Paz era la única opción posible para los españoles. Esta era su justificación final, como lo explicó un libro propagandístico publicado ese año:

[80] Instituto de la Opinión Pública, *Actitudes y comportamientos políticos. Informe sobre la Encuesta realizada en torno a las Elecciones a Procuradores en Cortes por representación Familiar,* 1968, AFFF 16124.

[81] Francisco Franco Bahamonde, *Acto de conmemoración del XXXVIII aniversario de la fundación de Falange Española... Discursos,* Madrid: Ediciones del Movimiento, 1971, p. 44.

> Detrás de cada época histórica brillante, detrás de cada uno de esos momentos en los que el destino de una nación se salva o se entrega, detrás de cada etapa decisiva en el futuro de una comunidad, suele haber siempre dos realidades insustituibles: un pueblo en pie y un hombre que lo sirve, lo encarna y lo dirige [...] Franco ha sido y es el primer gestor, el constructor real de la paz española [...] En la base histórica de toda la nación española hay siempre la base de una contienda civil. Tal vez esa imagen sea el precio inevitable que la Historia nos exige para acceder a la plenitud de lo nacional. Este es el caso de los Estados Unidos de América del Norte, el de Francia, Alemania o Inglaterra. Este es, desde 1936, el caso de España. ¿Por qué ocurrió esto así? Evidentemente, porque el trauma sangriento, pero inevitable de la guerra, suelda para siempre las fisuras que enconan o impiden la formación del ser nacional[82].

Esto es, que la guerra había merecido la pena, pues había sido imprescindible para que España se convirtiese en ella misma durante la Paz de Franco. Este era un discurso terrible y cerrado que los españoles empezaban a rechazar en mayor número. La guerra había soldado el futuro de los españoles al Caudillo, pero a este se le apagaba la vida. Por eso, los últimos dos años de su dictadura fueron un tiempo de incertidumbre y de desorientación para sus súbditos, que empezaban a concebir un futuro inmediato sin él. Como ya hemos visto, los estudios sociológicos que se llevaron a cabo entonces muestran que la mayor parte de la sociedad española seguía estando preocupada por el mantenimiento de la paz, pero también que esta no tenía por qué ser la de Franco. La libertad, especialmente entre los más educados, se veía ya como un derecho que se podía disfrutar en paz y no como el camino hacia el caos. Además, las decisiones de la dictadura convencieron a aún más españoles de que el régimen estaba agotando su curso.

[82] [Prensa del Movimiento. Gabinete de Estudios], *La Paz, patrimonio del pueblo español. Significación del 1 de abril en la obra histórica de Franco,* Madrid: Ediciones del Movimiento, 1974, pp. 9, 57.

Uno de los últimos actos del Caudillo, el supuesto abuelo benevolente, fue autorizar la ejecución de cinco miembros de la oposición. No oyó las peticiones de clemencia que le llegaron de todo el mundo, incluida otra vez la de Pablo VI, ni las de los familiares de los reos, algunos de los cuales se declararon leales seguidores del dictador[83]. Las ejecuciones se llevaron a cabo el 27 de septiembre de 1975. Hubo manifestaciones contra el régimen en muchos países; e incluso la embajada española en Lisboa fue saqueada. Por un momento, España volvió a revivir el aislamiento y las condenas internacionales de 1946, como si tres décadas más de gobierno del Caudillo no hubiesen cambiado nada. Como en aquel triste año, el perenne e improbable «millón» de españoles de la maquinaria de propaganda aclamó a Franco en la Plaza de Oriente de Madrid el 1 de octubre, y también se sucedieron manifestaciones de apoyo al régimen en las provincias. El anciano moribundo que saludaba a la multitud desde el balcón arrastraba consigo a la esperanza de la minoría creciente que rechazaba la violencia pero que quería libertad. El Caudillo se iba dejando detrás más sangre derramada.

Muerte

La salud de Franco se había deteriorado seriamente durante 1974. En julio de ese año tuvo que ceder temporalmente sus poderes al príncipe don Juan Carlos. La sensación general del país ante estas noticias fue de pesar y de preocupación. Por primera vez en casi cuarenta años, el Caudillo no estaba en el poder. Además, esto sucedía en un año difícil, cuando España se enfrentaba a varios problemas serios: episodios de violencia política y de terrorismo, huelgas, protestas en las calles de la oposición, represión, crisis económica, creciente desempleo e inflación. Por si fuera poco, el triunfo de la Revolución de los Claveles en Portugal en abril de la mano de oficiales jóvenes del ejército, despertó miedos y expectati-

[83] Palacios, *Cartas,* pp. 559-565.

vas en España. Ese mismo año, mientras los españoles digerían la caída del Nuevo Estado portugués, en julio se desmoronó la junta militar griega. Era evidente que el tiempo de las dictaduras estaba pasando, al menos en la Europa occidental. Al final del verano el Caudillo se recuperó y retomó sus funciones, pero su enfermedad sirvió para que los españoles se fuesen haciendo a la idea de su próxima desaparición. El tema no se iría ya de sus mentes, puesto que el declive físico del dictador continuó durante el año siguiente. Su voz se convirtió en un hilo, a veces incomprensible, y su mano temblaba sin cesar. Franco se moría, pero a sus súbditos nadie les decía exactamente qué pasaba.

Después de la manifestación del 1 de octubre de 1975, o quizás como consecuencia de esta —era un día bastante frío—, la salud del dictador se desmoronó. El régimen dio noticias ambiguas sobre una gripe. El 14 de octubre Franco sufrió el primero de una serie de ataques al corazón, que quizás fueron hasta tres más. La censura no permitió que se informase de nada y los rumores se dispararon; especialmente, porque a partir del día 18 la prensa extranjera sí comenzó a dar las primeras noticias sobre la salud de Franco. Para contrarrestar los rumores, la censura permitió entonces dar noticias indirectas y difusas, sobre todo mediante la notificación de que tal o cual personalidad deseaba al Caudillo una rápida recuperación. Pronto aparecieron en la prensa los primeros homenajes de sus simpatizantes extranjeros: Brian Crozier, George Hills, el sha de Irán, Augusto Pinochet, etc.[84].

Por si la crisis económica y la agonía de Franco no fuesen suficientes, las ansiedades de los españoles se incrementaron aún más por la súbita crisis diplomática con Marruecos sobre la colonia del Sáhara Occidental. Ambos bandos comenzaron una serie de gestos amenazantes que llevaron a la puesta en máxima alerta de los ejércitos. La vida de Franco y su legado de paz podía paradójicamente acabar en una guerra contra la antigua colonia, Marruecos, que

[84] Dolores Álvarez *et al., Noticia, rumor, bulo: la muerte de Franco,* Madrid: Elías Querejeta ediciones, 1976, pp. 97-120.

hizo posible la carrera del dictador. El príncipe fue al Sáhara para levantar la moral de las tropas. Pero, en realidad, lo último que quería don Juan Carlos era empezar su reinado con un conflicto de consecuencias impredecibles. Intuyendo la debilidad española, el despótico rey de Marruecos, Hassan II, decidió jugar fuerte. El 6 de noviembre ordenó una «Marcha Verde» en la que unos 350.000 marroquíes, casi todos civiles, avanzaron hacia la frontera del Sáhara, donde se detuvieron delante de los campos de minas plantados por los españoles. La guerra se había evitado pero, en las negociaciones que siguieron, los diplomáticos españoles descubrieron que Estados Unidos apoyaba a Marruecos en la crisis. Como resultado, España abandonó el territorio en 1976, no solo sin hacer honor a los compromisos con la ONU y con los sarahauis de ofrecerles la posibilidad de crear un estado independiente, sino también dejando a estos a merced de las fuerzas de seguridad de Hassan II. El problema continúa hasta hoy[85].

Mientras que la crisis del Sáhara tenía lugar, los medios españoles comunicaron el 3 de noviembre que el Caudillo había sido operado de urgencia. Cuatro días más tarde fue intervenido de nuevo. Como la gente sospechaba, Franco estaba sufriendo una larga y dolorosa agonía en la que era mantenido apenas con vida a base de métodos cada vez más intrusivos y desesperados. Los partes médicos (de los que se hicieron públicos 560) dejaban entrever la verdad. La prensa mundial también seguía el desarrollo de la enfermedad con atención: unos 130 periodistas extranjeros estaban en Madrid esperando el desenlace. Algunos noticiarios incluyeron frecuentes chistes y comentarios macabros sobre la salud del Caudillo[86].

[85] Un excelente análisis de este período en Encarnación Lemus, *Estados Unidos y la Transición española. Entre la Revolución de los Claveles y la Marcha verde,* Madrid: Sílex/Universidad de Cádiz, 2011.

[86] Estos comentarios tenían cierta tradición. Por ejemplo, el corresponsal del *The New York Times* en Madrid publicó en 1973 su última crónica en nuestro país con un chiste sobre la longevidad de Franco. «Spanish Joke: Franco declines the gift of a baby tortoise because it will live to be only 100 and he can't bear to see a pet die», *The New*

La inminencia de la muerte de Franco se hizo patente para los españoles de a pie la noche del día 19 de noviembre cuando la televisión —solo había una emisora con dos cadenas y esta poseía un carácter institucional— cambió su programación prevista y puso en su lugar la película *Objetivo Birmania* (dirigida por Raoul Walsh en 1945). A Franco se le declaró oficialmente muerto en las primeras horas de la mañana del día 20. Su presidente del Gobierno, Carlos Arias Navarro, el sustituto de Carrero Blanco, dio la noticia en unas imágenes y con unas palabras que serían imborrables. Con voz entrecortada dijo: «Españoles, Franco [pausa] ha muerto». Franco falleció dos semanas antes de cumplir ochenta y tres años. Los periódicos nacionales ya tenían sus titulares listos: «Vivo en la Historia» *(Abc)*, «Con el amor de su pueblo» *(Arriba)*, «El dolor de España por Franco» *(La Vanguardia)*, «Silencio» *(Informaciones)*, etc. La televisión, mediante un enorme despliegue de medios técnicos y humanos hizo que el funeral y entierro de Franco y la coronación de Juan Carlos I fuesen acontecimientos inolvidables[87].

Como no podía ser de otra manera, los medios de comunicación españoles siguieron una línea muy similar en la interpretación del fallecimiento del dictador. Básicamente repitieron los elementos canónicos de su vida, tal y como quedaron fijados a finales de los años sesenta. Franco era un héroe, un hombre sencillo pero lleno de virtudes, que salvó a España primero, y luego le dio paz y prosperidad. Fuera del país, los análisis del balance de su vida fueron mucho más diversos, pero a menudo aceptaron acríticamente los mitos sobre el dictador creados durante la Guerra Fría. El muy liberal *The New York Times*, por ejemplo, distribuyó un artículo sindicado, el mismo día 20 de noviembre, bajo el título «El dictador gobernó con un puño de acero pero mejoró los niveles de vida en España». Ese mismo día, y en un tono algo más crítico, el titular de este mismo periódico era «Del crisol de la Guerra Civil, la mano

York Times, 27 de agosto de 1973 [«Franco no acepta el regalo de un bebé tortuga porque solo va a vivir cien años, y él no soporta ver morir a sus mascotas»].

87 *Los últimos días de Franco vistos en TVE*, Madrid: TVE, 1975, s.p.

de hierro de Franco forjó la España moderna»[88]. El también prestigioso *The Christian Science Monitor,* en la misma línea y en su artículo del día 21 de noviembre, dijo que: «A pesar de todo su autoritarismo desfasado, el general Franco estuvo lo bastante atento en los años cincuenta tardíos y en los sesenta para permitir la gran explosión modernizadora de España»[89]. Incluso el diario izquierdista británico *The Guardian* se sintió obligado a reconocer algunos méritos del finado, llamándolo un «dictador patriótico». Quizás para compensar, también publicó otro artículo bastante menos respetuoso titulado «España: el hombre que finalmente murió»[90]. Con más sobriedad, el conservador *The Times,* refiriéndose al testamento político de Franco que se acababa de hacer público, dijo que «El general Franco pidió perdón a sus enemigos desde su lecho de muerte»[91]. El óbito del dictador también dio ocasión para que aflorasen los viejos prejuicios contra los españoles. Por ejemplo, el *Toronto Star* explicó a sus lectores que «durante más de 36 años, el aburrido, minúsculo general Francisco Franco controló las pasiones de una nación dividida y volátil. Él gobernó con las virtudes castrenses de fuerza y disciplina y pagó tributo a un valor sobre todos los demás: orden en una tierra proclive al caos»[92].

Quizás los homenajes más intensos al Caudillo fueron los que escribieron John Davis Lodge en *The New York Times,* el mismo 20 de noviembre, y Richard Nixon, un día después. Lodge era un antiguo actor y político republicano que fue embajador en Madrid

[88] Reproducido, entre otros, en «Dictator ruled with an iron hand but improved Spain's standard of living», *The Globe and Mail,* 20 de noviembre de 1975; «Out of the Crucible of the Civil War, Franco's Iron Hand Forged a Modern Spain», *The New York Times,* 20 de noviembre de 1975.

[89] «What kind of king in Spain?», *The Christian Science Monitor,* 21 de noviembre de 1975.

[90] «General Franco, the patriotic dictator», *The Guardian,* 21 de noviembre de 1975; «Spain: the man who finally died», *The Guardian,* 21 de noviembre de 1975.

[91] «Franco appeal on deathbed for forgiveness by enemies», *The Times,* 21 de noviembre de 1975.

[92] «Francisco Franco: The iron juggler of force and guile», *The Toronto Star,* 21 de noviembre de 1975.

entre 1955 y 1961. Era un combatiente de la Guerra Fría. En su artículo dijo que nadie podía dar lecciones a España, esto es, a la dictadura, argumentando que las ejecuciones recientes estaban justificadas. También repitió los viejos mitos sobre el papel del comunismo como causante de la Guerra Civil o de las relaciones entre el Caudillo y Hitler. De la misma manera, alabó a su héroe por hacer posible «el milagro» económico de España. Finalmente, Lodge afirmó que este país era en muchas cosas superior al resto de Occidente, incluido Estados Unidos, porque «el hecho de que hay menos adicción a las drogas, menos crimen, menos alcoholismo, y menos matrimonios rotos que en Estados Unidos no significa que los españoles no han ingresado en otros aspectos en el siglo XX»[93]. Al día siguiente, el antiguo presidente Richard Nixon daba en el mismo periódico una opinión igualmente entusiasta del Caudillo: «El general Franco fue un amigo leal de Estados Unidos [...] después de la trágica y sangrienta Guerra Civil, devolvió la prosperidad económica a España. Él unificó una nación dividida mediante una política de firmeza y ecuanimidad hacia los que habían luchado contra él»[94].

La prensa extranjera reflejaba una mezcla de verdades con prejuicios sobre el Caudillo y sobre España; pero la muerte del dictador no dejaba de ser un asunto de los españoles. Tanto estos últimos como el mundo vieron cómo, a pesar de todos los miedos y los viejos prejuicios, nada grave ocurrió. Los españoles no comenzaron a matarse los unos a los otros, sino que se mantuvieron cautos y expectantes, sabiendo más lo que no querían que lo que querían. Además, dentro de esta inmensa mayoría calma, había una gran variedad de opiniones respecto al Caudillo. Esto aparece reflejado en una encuesta apresurada y limitada (se entrevistó a 1.249 adultos) hecha en Madrid, Barcelona y Sevilla el día 21 de noviembre, sobre qué sentían los españoles ante la muerte de Franco. La encuesta nunca se hizo pública; quizás porque revelaba una diversidad política inacep-

[93] «Looking at Spain», *The New York Times,* 21 de noviembre de 1975.

[94] «Nixon Asserts Franco Won Respect for Spain», *The New York Times,* 21 de noviembre de 1975.

table. Casi la mitad de los españoles —un 49%— decía sentir que habían perdido a un «ser querido», un 5% declaró sentir miedo por el futuro, un 35% dijo que su muerte era algo «normal» dada su edad, otro 5% dijo no sentir «nada», y otro 5% dio varias opiniones. De acuerdo con esta encuesta, es posible deducir que algo más de la mitad de los españoles sentían aprecio por el dictador, mientras que una minoría importante, que se escondía en los tres últimos tipos de respuestas, sentía rechazo o indiferencia. En comparación a lo que sabemos de los años previos, este dato, aunque imperfecto, revela que el rechazo a Franco había seguido creciendo en los últimos meses de su vida. En todo caso, es significativa la autoconfianza de una sociedad que después de vivir en dictadura durante cuatro décadas solo el 5% de los españoles dijese sentir, antes que nada, miedo[95].

El cuerpo de Franco fue expuesto en el Palacio Real, donde sus admiradores le habían vitoreado tantas veces, la última de ellas apenas unas semanas antes. Aunque la capilla ardiente no se abrió hasta el día 21 a las ocho de la mañana, ya el día antes se formaron largas colas de gentes que querían ofrecer sus respetos al Caudillo. Entre aquel día, que era viernes, y el domingo a las ocho de la mañana, cientos de miles de españoles desfilaron ante el cadáver. Se ha estimado que su número estuvo entre 300.000 y 500.000 personas[96]. De acuerdo con la propaganda oficial, en un momento la fila llegó a los veinte kilómetros de longitud, lo que parece poco probable. La televisión española, y otros dieciséis canales extranjeros, retransmitieron en directo las escenas que se sucedieron en la capilla ardiente, dejando imágenes a veces impactantes, como la del hombre anónimo vestido con un mono de trabajo que hizo el saludo fascista a Franco y se negó repetidamente a abandonar el lugar, o la del anciano de Granada que se desmayó y falleció de un ataque al corazón mientras él también hacía el saludo falangista. En definitiva, gentes de toda condición pasaron por el Palacio de Oriente para mostrar su

[95] *Estudio 1.088, Sondeo sobre el fallecimiento de Su Excelencia el Jefe del Estado,* Archivo del Centro de Investigaciones Sociológicas, 21 de noviembre de 1975.
[96] Preston, *Franco,* p. 779.

dolor por la muerte del dictador[97]. El 22 de noviembre, el rey Juan Carlos I y la reina Sofía también visitaron la capilla, en el que fue su primer acto oficial después de ser coronados.

El día siguiente, domingo 23 de noviembre, el funeral del Caudillo tuvo lugar en la Plaza de Oriente y estuvo presidido por los reyes. De nuevo, una muchedumbre llenó la plaza y las calles adyacentes. La mayoría de los jefes de Estado y de Gobierno del mundo se abstuvieron de estar presentes. Los pocos que vinieron procedían de países con dudosas credenciales democráticas, en el mejor de los casos: el príncipe Rainiero de Mónaco, el rey Hussein de Jordania, el dictador boliviano general Hugo Bánzer, y —siniestro en su túnica militar— el general chileno Augusto Pinochet. Estados Unidos, que se había estado preparando durante años para la ocasión, envió al vicepresidente Nelson Rockefeller. No lejos de él se sentó la extravagantemente corrupta primera dama de las Filipinas, Imelda Marcos. Cuando acabó el funeral, el cuerpo de Franco fue llevado hasta el Valle de los Caídos, en cuya basílica se había preparado su tumba a escasos metros de la de José Antonio Primo de Rivera. Una pesada losa de granito, sobre la que estaba esculpido su nombre, Francisco Franco, selló el sepulcro.

En esos días de tristeza para una mayoría, de alivio para una minoría, y de incertidumbre para casi todos los españoles, aparecieron libros y artículos que repitieron los mitos de la ortodoxia hagiográfica del dictador. Uno de estos, compuesto rápidamente en el mismo mes de noviembre, dijo que «su popularidad» y «el clamor de las masas» fueron una constante de la vida de Franco. El libro recordaba la impostura, por descontextualizada, de que ya desde su juventud a Franco se le llamaba «caudillo», y que esta palabra era la que mejor resumía la carrera de Franco, porque el nombre se lo dieron «espontáneamente los generales que dirigían las operaciones de España en África»[98].

97 *Franco. Dolor de España,* Madrid: Publicaciones Españolas, 1975, pp. 62-65.

98 Equipo Cinco, *Franco diferente. Diez perfiles históricos. Un álbum para el recuerdo,* Madrid: Sedmay, 1975, p. 159.

Franco dejó escrito un testamento político. Era breve y contenía varios errores ortográficos. En él decía que perdonaba a sus enemigos, pero que estos no eran otros que los de España. Advertía que los enemigos de la patria y de la cristiandad estaban al acecho. Por último, pedía a sus seguidores que mostraran al rey la misma lealtad que le habían dispensado a él. Casi nadie sabía entonces que el rey tenía ideas muy distintas de la de su mentor y que no confiaba en Arias Navarro. Tampoco era conocido que había tenido contactos discretos con personalidades reformistas dentro del régimen, opositores y representantes extranjeros, especialmente norteamericanos. En estas comunicaciones había expresado su intención de comenzar un proceso de cambio político en corto plazo. Sin embargo, los americanos, y muy principalmente el secretario de Estado Henry Kissinger, no estaban entusiasmados con la idea de que las reformas desembocasen en una democracia plena[99]. Por su parte, la oposición se fiaba del hombre que ocupaba el trono solo porque Franco así lo había decidido.

A finales de noviembre de 1975 nadie sabía ni cómo iba a evolucionar la política española ni cómo iba a reaccionar la sociedad española ante los cambios que se estaban produciendo. Tampoco nadie podía saber qué harían los españoles del legado de Franco ni de su memoria. Lo que ocurrió después —la relativamente incruenta restauración de la democracia en apenas año y medio— creó las condiciones de libertad y de conocimiento histórico gracias a las que los españoles pudieron al fin analizar la violencia terrible que se habían infligido unos a otros durante la Guerra Civil, y la que ejerció la dictadura franquista. Era este un pasado lleno de terror, de hambre y de mentiras, pero complejo, pues también incluía años de precaria estabilidad y de progreso económico y social tardío. Es decir, que en este pasado había situaciones personales y colectivas muy diversas y hasta opuestas. Se trataba, en suma, de la diversidad que el Caudillo había negado y tergiversado, al confundir de forma interesada el bien de España con los intereses de Franco.

[99] Lemus, *Estados Unidos, op. cit.*, pp. 19-194.

CAPÍTULO 6

MEMORIA, 1975-2014

Transiciones

Algo más de un año y medio después de la muerte de Franco, el 15 de junio de 1977, los españoles fueron a votar. Para la mayoría de ellos era la primera vez que participaban en unas elecciones libres. Pero el cambio político no supuso —no podía ser de otro modo— una ruptura clara con las opiniones del pasado, en particular, pero no solo, entre la población de ideología conservadora. Por el contrario, la figura y el legado de Franco mantuvieron un prestigio, al menos parcial, entre muchos españoles. Sin embargo, con el paso del tiempo, estas opiniones en torno al dictador se hicieron más negativas. Esto aparece reflejado en un estudio hecho público por el Centro de Investigaciones Sociológicas en el año 2000, con motivo del veinticinco aniversario de la muerte de Franco. Este estudio compara datos obtenidos en 1985, 1988, 1995 y 2000. En 1985, el 18% de los españoles pensaba que el período franquista fue positivo para el país, mientras que en 2000 el 10% todavía pensaba así. Al mismo tiempo, en 1985 y en 2000, el 46% creía que el período franquista tuvo aspectos negativos y positivos. Por último, el número de personas que consideraba totalmente negativo el franquismo se incrementó en ese período del 27 al 37%. Esto quiere decir que, años después de restaurada la democracia, un segmento mayoritario de la población —el 64% en 1985 y el 56% en 2000— estaba dispuesto a darle a la dictadura un crédito total o, más comúnmente, parcial de logros positivos. Puesto que el voto centroizquierdista en España tradicionalmente ha sido superior al 50%, esto implica que incluso muchas personas que han votado por opciones políticas progresistas también aceptan que la dictadura tuvo aspectos beneficiosos[1].

La conclusión anterior debe ser matizada algo más. Los datos no deben interpretarse llanamente como una aprobación parcial del franquismo, sino más bien como muestras de una ambivalencia creada por las preguntas que se hicieron a los encuestados. Cuando a la gente se le preguntó sobre el pasado dictatorial, se le estaba preguntando también sobre sus vidas en esos años, y está claro que casi nadie está dispuesto a decir que sus experiencias han sido totalmente negativas. Esto es más relevante para aquellos que experimentaron el desarrollo económico del país y el nuevo optimismo social en los años sesenta. Además, el cambio hacia la democracia había coincidido o acarreado aspectos que muchos ciudadanos veían como negativos. El estudio citado señalaba entre estos problemas el aumento de la criminalidad, del uso de drogas y el terrorismo. Por el contrario, otras cosas habían mejorado no ya con la democracia sino en los años previos al 2000: la economía, la situación internacional, la igualdad social y el empleo. Una encuesta hecha hoy seguramente ofrecería unas respuestas muy distintas. Lo que sí detectaba este estudio era una clara distinción entre la valoración, por un parte, que los españoles hacían de su vida bajo la

[1] Félix Moral, *Opiniones y actitudes, 36, Veinticinco años después. La memoria del franquismo y de la transición en los españoles del año 2000,* Madrid: CIS, 2000, pp. 12, 81.

dictadura y, por otra, de la figura del dictador. En el año 2000, al Caudillo se le veía claramente de una forma más negativa, pero de nuevo, no exenta de ambigüedades y mitos. El 90% de los españoles, esto es, la inmensa mayoría de gente de izquierdas y de derechas, le consideraban un dirigente autoritario y el 76% un fascista. Las ambigüedades comienzan cuando solo un 60% de los encuestados le consideraban un hombre cruel, mientras que un 68% pensaba que era un patriota. Más claro era el rechazo a su persona cuando solo el 24% le consideraba honesto, o que los que le llamaban justo eran el 15% y los que le creían un gobernante comprensivo un 14%[2].

Si algo dejaba claro este estudio es que la imagen del Caudillo creada por cuarenta años de propaganda franquista había quedado desacreditada en el nuevo siglo. No habían conseguido sobrevivir a la democracia los mitos del héroe ungido por Dios, del hombre que trajo la Paz y unió al país, el defensor incomprendido de Occidente y, finalmente, el artífice del progreso económico. El Caudillo ya no era tampoco el hombre por el que la mitad de los españoles decían, el 21 de noviembre de 1975, sentir pena por su fallecimiento. Los españoles habían cambiado, y en este proceso habían revisado su visión del pasado. Las dos claves fundamentales de esta revisión estuvieron interconectadas: fueron el establecimiento de la libertad y la expansión del conocimiento histórico.

La libertad llegó rápido, pero no sin muchos momentos tensos. Tanto el rey Juan Carlos I, como el presidente de Gobierno —desde julio de 1976— Adolfo Suárez fueron capaces de manipular los mecanismos de poder y de hacer pactos, formales e informales, con las élites del régimen franquista y con la oposición para conseguir una transición controlada a la democracia. Esta, sin embargo, no fue un regalo de los políticos a los españoles. La transición no habría sido posible sin el renacimiento de la diversidad cultural y política —algunos hablan de la sociedad civil— en los últimos años de la dictadura, y del desafío abierto de muchos espa-

[2] *Ibidem*, p. 16.

ñoles al régimen. Este apoyo claro de la minoría a la libertad se benefició del deseo de la mayoría de evitar más violencia, que ayudó a moderar las demandas de los distintos agentes del cambio. En este proceso, los españoles aprendieron a articular sus deseos e intereses pero también a buscar el compromiso. Lo referido hasta aquí quedó meridianamente claro en cuanto los resultados de las primeras elecciones generales en 1977 fueron hechos públicos. Estos mostraron que los votantes habían escogido la moderación, el compromiso y la libertad. El partido que ganó, la Unión de Centro Democrático, la coalición liderada por Adolfo Suárez, obtuvo el 34,4% de los votos. En segundo lugar, con el 29,3% (o casi el 34%, si se les suman los datos del Partido Socialista Popular), quedó el PSOE, un partido que todavía se declaraba marxista pero que ya era socialdemócrata, liderado por Felipe González. El PCE, el partido que más se había distinguido en la lucha contra la dictadura y que esta había presentado durante décadas como la única alternativa posible a la Paz de Franco, apenas consiguió el 9,3% de los votos. La derechista Alianza Popular, creada por Manuel Fraga Iribarne —junto a otros antiguos ministros y altos cargos de la dictadura—, y que era vista por muchos como representante del franquismo aperturista, se quedó en el 8,2%. Los nacionalistas moderados vascos y catalanes también obtuvieron buenos resultados. La suma de las formaciones de ultraderecha, es decir, de cada una de las distintas corrientes que componían el Movimiento y las que pretendían el regreso a un modelo antidemocrático, quedaron por debajo del 1%.

Las elecciones de 1977 marcaron un hito en la liberación de los españoles de los fantasmas de la Guerra Civil, empezando por el miedo de la sociedad a sí misma, pero también de la visión del país que el Caudillo les había impuesto durante la dictadura. Es evidente que los que habían votado por las fuerzas democráticas eran parte de la amplia mayoría social, que apenas hacía unos años parecía dividida sobre si había que cambiar de sistema político o sobre sus sentimientos hacia Franco. En todo caso, lo que había pasado en apenas unos pocos meses era un cambio radical (pacífico y rápido) de la opinión, ya sí, pública. El recién elegido parlamento hizo posible el espíritu de consenso que dio fruto a la Constitución de 1978. No fue un espejismo. En las elecciones locales, autonómicas y nacionales que siguieron, las posturas extremistas siempre salieron derrotadas. España era —y continúa siendo— uno de los pocos países europeos donde la ultraderecha sigue sin tener una presencia significativa en el parlamento. Además, los españoles también mostraron su apoyo a la Ley de Amnistía de 1977 que buscó cerrar las heridas legales de la dictadura, perdonando los crímenes de ambos bandos.

El consenso fue posible, en parte, porque los españoles sabían que la transición a la democracia estaba plagada de serios problemas. Había fuertes resistencias al cambio en los aparatos del Estado, en especial en el ejército. También la crisis económica era muy severa, dando lugar a índices de paro altísimos. Por último, estaba el terrorismo, sobre todo el de ETA. Pero lo significativo es que esta compleja realidad no llevó a los españoles a oponerse al cambio y a añorar la vuelta de la dictadura, sino que aceptaron que el pasado había quedado atrás. No obstante, sí se produjo un creciente desencanto y desapego hacia la democracia que se agudizó a finales de los años setenta. Conscientes de ello, los enemigos del nuevo sistema se dieron cuenta de que, si no actuaban pronto, su oportunidad podría pasar, y pusieron en marcha varias conspiraciones cívico-militares que desembocaron en el intento de golpe de Estado del 23 de febrero de 1981. Mucho se ha dicho desde entonces, a menudo con argumentos recurrentes y reciclados, sobre qué pasó exactamente ese día, pero lo que los españoles vieron y sintieron fue que el rey Juan Carlos I paró el golpe militar. A partir de este momento, el jefe del Estado impuesto por Franco pasó a ser a ojos de una mayoría, que incluía a antiguos escépticos, el monarca comprometido con la libertad. Así nació el llamado «juancarlismo», cuya explicación más sencilla es la del apoyo social a este rey más que a la monarquía como institución.

Por otra parte, el golpe de 1981 reavivó el aprecio popular por el sistema democrático y también el deseo de que evolucionase mediante una serie de reformas que incluyesen un mayor contenido social. Este fue el contexto en que se produjo la implosión de la centrista UCD en las elecciones de octubre de 1982 y, paralelamente, la victoria del PSOE. Este partido obtuvo una hegemonía política que le permitió mantenerse en el poder durante catorce años. Desde el comienzo, el Gobierno de Felipe González apostó por una inclusión plena de España en los organismos comunes occidentales como la OTAN y la Comunidad Europea. Además, González mostró al ejército que la izquierda podía gobernar con responsabilidad. De este modo, la amenaza de un nuevo golpe militar se evaporó muy pronto. Durante el período de hegemonía socialista, el partido de Fraga, liderado por otras personas más jóvenes y menos comprometidas con la dictadura, acabó ocupando, en parte, el espacio electoral de la UCD, transformándose en una formación de centro-derecha con el nombre de Partido Popular. Así murió otro mito fomentado y manipulado por el franquismo: el de una España diferente y perennemente dividida incapaz de escapar a la disyuntiva de caos o autoritarismo[3].

Mientras que las reformas democráticas constituyen un proceso relativamente fácil de entender, explicar y evaluar la evolución del conocimiento histórico sobre Franco en España a partir de 1975 es más complicado. Esto se debe a que este conocimiento vino de muchas fuentes y apareció literalmente como una explosión de información, de muy distinto valor y calidad, en forma de testimonios de antiguos colaboradores, libros de especialistas españoles y extranjeros, trabajos de divulgación de carácter a veces sensacionalista, novelas, películas, etc. La sociedad española del posfranquismo, en contra de lo que se ha dicho, no solo no quería olvidar sino saber más de su propio pasado, y en particular sobre la República, la guerra y la dictadura. Quería dejar por detrás el objetivo de la dictadura de imponer una verdad única, que suprimió las voces disidentes y el debate de la esfera pública.

[3] Una narrativa muy completa de este período en Charles Powell, *España en democracia, 1975-2000,* Barcelona: Plaza y Janés, 2001.

Quizás los libros más llamativos, que ni de mucho serían los más importantes o los mejores, fueron los que revelaron la intimidad del círculo del Caudillo, y al hombre detrás de la máscara del gobernante. En general tuvieron una calidad peor que mediocre, con la notable excepción de las pseudo-memorias de *Pacón* de las que ya hemos hablado. Entre otros, aparecieron libros de Pilar —la hermana de Franco—, de su sobrina del mismo nombre, de sus médicos, de antiguos miembros de la familia extensa, etc., que, en ocasiones, se cebaron en detalles un tanto morbosos. Así, por ejemplo, el público pudo saber que el yerno de Franco fue el autor de las famosas fotografías de su agonía en el hospital. También hubo libros más morbosos aún, que afirmaban haber descubierto hijos secretos o tendencias homosexuales en el dictador. Mucho más serios fueron los trabajos de antiguos colaboradores y ministros. Muy interesante fue, por ejemplo, el que Laureano López Rodó publicó en 1977 con el título *La larga marcha hacia la monarquía*[4]. Este tecnócrata miembro del Opus Dei fue un estrecho colaborador del almirante Carrero Blanco, quien le puso a cargo de los planes de desarrollo de los años sesenta. En su libro, López Rodó narró las resistencias de Franco a cualquier tipo de reforma, desde las económicas a las políticas, como fueron el Plan de Estabilización de 1959 o las leyes claves de los años sesenta, que pusieron cierto orden al caos organizativo del Estado. Si este libro dejaba algo claro fue que el supuesto artífice del progreso tardío de España había sido su principal impedimento.

Los intelectuales también contribuyeron a minar los mitos en torno al dictador. Muchos de los libros que aparecieron después de su muerte habían ya sido publicados fuera de España pero hasta entonces habían estado prohibidos en el país. Ahora, por ejemplo, los españoles podían leer documentos estremecedores, como la famosa carta de Fernando Arrabal a Franco, originalmente escrita en 1971:

[4] López Rodó, Laureano, *La larga marcha hacia la monarquía,* Barcelona: Noguer, 1977.

> Sin el más mínimo odio o rencor, tengo que decirle que es Vd. el hombre que más daño me ha causado [...] Creo que usted sufre infinitamente. Solo un ser que tanto sufre puede imponer tanto dolor en torno suyo[5].

El padre de Arrabal era un joven oficial del ejército español en Melilla cuando fue detenido y asesinado por negarse a secundar la rebelión de julio de 1936. Su cuerpo nunca ha sido encontrado.

La desaparición de la censura hizo posible que los españoles pudieran leer el primer estudio, más que biografía, crítico del Caudillo escrito por Luciano Rincón, quien usó el pseudónimo de Luis Ramírez cuando el libro fue publicado en Francia en 1964[6]. También en 1976 estuvo disponible una biografía crítica mucho más reciente del francés Philippe Nourry[7]. Ese mismo año, Amando de Miguel publicó el primer estudio sociológico de la imagen de Franco[8]. Al año siguiente le tocó el turno a un análisis de la película *Raza* por parte de Román Gubern, quien no vio en esta obra la gloria de los ejércitos nacionales, sino —sobre todo— las frustraciones y complejos del dictador[9]. Esta lista es muy incompleta, pero refleja el deseo social amplio de saber sobre un período del que se sospechaba había muchas verdades ocultas.

Los españoles no solo querían saber, sino que, por primera vez desde la guerra, comenzaban a hablar de sus experiencias. Esto fue posible solo porque el miedo colectivo empezaba a desaparecer. Ahora muchos hablaban abiertamente a sus hijos de un pasado que habían ocultado para protegerse a sí mismos y a aquellos. Pero también hablaron a los primeros historiadores que se interesaron

[5] Fernando Arrabal, *Carta al general Franco,* París: Babilonia, 1976, p. 7.
[6] Luis Ramírez [Luciano Rincón], *Francisco Franco: historia de un mesianismo,* París: Ruedo Ibérico, 1964.
[7] Philippe Nourry, *Francisco Franco: la conquista del poder,* Madrid: Ediciones Júcar, 1976.
[8] Amando de Miguel, *Franco, Franco, Franco,* Madrid: Ediciones 99, 1976.
[9] Román Gubern, *Raza (Un ensueño del General Franco),* Madrid: Ediciones 99, 1977.

en escucharles, como fue el caso de Ronald Fraser[10]. El silencio de la gente de a pie, sobre el que descansó el discurso monopolizador del Caudillo, se había roto para siempre. Las historias de estas personas fueron recogidas no solo en libros, sino también en los nuevos periódicos como *El País* y *Diario 16* que aparecieron entonces, ambos en 1976, y que describían una España muy distinta de la que la prensa había reflejado bajo la dictadura. La canción *Libertad sin ira,* que sirvió para lanzar a *Diario 16* y que fue un gran éxito, resumía bastante bien el mensaje de que los españoles podían vivir en libertad, sin miedo a la violencia pero hablando claro. Estos periódicos seguían la estela de otras publicaciones nacidas en el tardofranquismo, como *Cuadernos para el diálogo, Triunfo, Cambio 16,* y que ya habían apostado, a pesar del acoso oficial, por la democracia.

La Guerra Civil y la dictadura también se convirtieron en objeto de la atención de los artistas, que sin embargo apenas trataron la figura de Franco. Una excepción notable fue el trabajo del novelista y ensayista catalán Manuel Vázquez Montalbán, quien —en 1978 y 1992— publicó dos libros difíciles de clasificar, entre biografía y diálogo interno, sobre el dictador[11]. Por su parte, el cine produjo ocho largometrajes sobre Franco. Uno de los mejores fue el documental *Caudillo,* de Basilio Martín Patino, hecho de forma clandestina en 1975 y presentado al público en 1977. Pero hasta la década de 1980 no se hicieron películas sobre el dictador. En general, estos films fueron de calidad mediana. El mejor, con mucho, es *Dragon Rapide,* dirigida por Jaime Camino en 1986. Juan Diego, el actor que hizo el papel de Franco, supo transmitir la socarronería, el oportunismo y el odio hacia la República del personaje. Ninguna otra interpretación ha capturado mejor la personalidad del dictador.

[10] Fraser, *Blood, op. cit.* Publicado en español como *Recuérdalo tú y recuérdalo a otros,* Barcelona: Crítica.

[11] Manuel Vázquez Montalbán, *Los demonios familiares de Franco,* Barcelona: Dopesa, 1978; *ibid., Autobiografía del general Franco,* Barcelona: Planeta, 1992.

Mientras se desarrollaba esta revolución silenciosa del conocimiento y de las actitudes, en la cultura popular también parecieron cerradas defensas del legado de la dictadura y de Franco. Como demostraron los resultados electorales, la ultraderecha estaba quedando marginada en la sociedad española, y su mensaje sonaba cada vez más ajeno a la realidad de la mayoría. El argumento de este sector se centró en comparar el orden, la paz y el progreso en que se vivía hasta la muerte del Caudillo con el supuesto caos, la violencia y el deterioro socioeconómico de la naciente democracia. En esta interpretación no faltaron visiones apocalípticas que dejaban claro que, como en 1936, el país se acercaba al abismo. Un escritor, admirador explícito de la obra de Arrarás y De la Cierva, se preguntaba si «¿Es que en la Navidad de 1976, cuando escribo estas líneas, no podemos encontrar un desgraciado paralelismo con el drama político español de la anteguerra?». Y a continuación recordaba esos tiempos tan aciagos, de revoluciones, crímenes, divorcio, indultos y amnistías, para llegar a la conclusión de que «el Movimiento del 18 de Julio de 1936 fue una necesidad vital para la supervivencia de España». El autor acababa censurando a la Iglesia y a la monarquía por haber pagado mal y aun traicionado al Caudillo[12]. La traición de los desagradecidos era un tema recurrente en este tipo de literatura. El egoísmo de estos fariseos y de los enemigos de siempre de España iban a destrozar la buena obra de Franco. Como dijo otro comentarista en 1979, tirando de la retórica anticapitalista de la Falange y del pesimismo histórico que tan útil le fue al dictador:

> Porque el país —este amado y glorioso país de bestias— se halla dividido —como es habitual en su triste suerte— en dos campos antagónicos e irreductibles. Por un lado los chaqueteros de la neodemocracia burguesa y los escasos elementos de la radical oposición

[12] Juan Alarcón Benito, *Resumen político de la Paz de Franco (1 de abril 1939-20 de noviembre 1975)*, Madrid: Vassallo de Numbert, 1977, pp. 13-15, 19.

> antifranquista, enfrentados con los postfranquistas leales al recuerdo o/y agradecidos al buen gobierno de Franco[13].

Algunos sectores eclesiásticos mantuvieron también el discurso radical franquista para hablar del pasado y del presente. En 1993, una editorial católica sevillana publicaba un libro que, usando un lenguaje propio de los años cuarenta, asumía que las víctimas de la Guerra Civil habían sido solo las del bando franquista: «... del pasado inmediato que se saldó con tal número de Mártires de la Fe y de Caídos por Dios y por España en los frentes de batalla como no se había conocido jamás»[14]. Sin embargo, estos textos tuvieron escasa difusión. Sonaban, y eran, anticuados y amargos, además de muy aburridos. Solo eran leídos por los muy convencidos. Mucho más exitosos, en cambio, fueron los textos satíricos sobre la democracia del novelista y cronista falangista Fernando Vizcaíno Casas, que contrastaban los defectos de la democracia española —que supuestamente empeoraron aún más bajo el Gobierno socialista— con el pasado más simple y honesto que, según él, fue la época de Franco. Por ejemplo, su libro de 1978, *... Y al tercer año resucitó,* fue un gran éxito de ventas, que superó las expectativas que el limitado mercado de la ultraderecha permitían prever; por eso se rodó una película, con el mismo título, de muy descuidada factura. El autor redactó algunos otros títulos nostálgicos hasta ya entrado el presente siglo, que igualmente fueron bien acogidos por el público conservador[15].

Aparte de los éxitos editoriales de Vizcaíno Casas, la ultraderecha se quedó muy sola en la defensa de su héroe. Su principal reducto informativo quedó limitado al diario *El Alcázar* (que

[13] José María Fontana, *Franco. Radiografía de un personaje para sus contemporáneos,* Barcelona: Ediciones Acervo, 1979, p. 8.

[14] Faustino Moreno Villalba, *Los mártires del 36 y Franco,* Sevilla: Apostolado Mariano, 1993, p. 50.

[15] Fernando Vizcaíno Casas, *... Y al tercer año resucitó,* Barcelona: Planeta, 1978. Véase también Fernando Vizcaíno Casas, *¡Viva Franco! (con perdón),* Barcelona: Planeta, 1980.

desapareció en 1987) y algunas otras publicaciones y revistas que por lo general tuvieron una vida corta y poco gloriosa. Desde el punto de vista editorial, la preservación de la memoria del dictador quedó ceñida a la Fundación Francisco Franco, cuya presidenta es su hija Carmen. Esta institución obtuvo de forma irregular el archivo del dictador, que quedó cerrado a los investigadores independientes hasta hace unos pocos años. Mientras tanto, estuvo a disposición del historiador medievalista Luis Suárez, quien publicó cinco volúmenes de documentos seleccionados relativos a los primeros años cuarenta, y escribió varios libros sobre Franco y su régimen. Durante el tiempo en que el acceso estuvo restringido, hubo muchos rumores, difíciles si no imposibles de probar, de que el archivo fue purgado.

La Fundación Francisco Franco creó un sello editorial llamado Azor, como el yate que el dictador tanto quiso. Esta editorial publicó los libros de Suárez y de otros autores pro franquistas. Junto a los textos históricos con pretensiones de ser objetivos y científicos, Azor también sacó a la luz otros textos de carácter más combativo contra el sistema democrático y que a menudo utilizaron unos argumentos y un lenguaje de claro corte demagógico. Por ejemplo, el autor o autores de un muy voluminoso libro publicado en 1993 bajo el título *El legado de Franco* explicaba[n] que qué habría pasado si el país no se hubiera convertido en una democracia:

> Pues bien, se hubiera evitado, en primer lugar la destrucción de la moral pública y consiguientemente de la familiar y privada; No hubiera habido divorcio ni, mucho menos, el criminal aborto; No hubiera habido droga ni Sida —el castigo bíblico a la concupiscencia—. No hubiera habido prevaricación, corrupción ni robo organizado de los recursos de los españoles[16].

[16] Fundación Nacional Francisco Franco, *El legado de Franco,* Madrid: Azor, 1993, p. 749.

Los textos de Azor y de otros de signo parecido buscaban tres objetivos: conectar con el malestar social real creado por nuevos hábitos sociales entre las capas más conservadoras de la población y ampliar el grupo de nostálgicos, aprovechando el descontento general que generaron los casos de corrupción que salpicaron al PSOE en esos años[17]. Por último, querían contrarrestar los resultados de las investigaciones de historiadores y otros académicos que habían puesto de relieve las dimensiones reales de la crueldad, incompetencia y corrupción del régimen de Franco.

Historiadores

Los historiadores han desempeñado un papel crucial en la difusión del conocimiento y los valores democráticos en la España posfranquista. Hay pocos ejemplos similares en la Europa contemporánea donde la profesión haya rendido tan importante servicio a la sociedad. Sin embargo, no ha sido una tarea fácil. Lo que la inmensa mayoría de los españoles sabían sobre el pasado en 1975 era, memorias familiares aparte, lo que la propaganda del régimen, empezando por el sistema escolar, les había dicho. Además, hasta poco antes, la profesión de historiador había estado controlada por profesores universitarios pro franquistas que tenían escaso interés en analizar la Guerra Civil y casi ninguno en la dictadura. No es sorprendente que los libros que aquellos escribieron fuesen tendenciosos y a menudo anecdóticos. Como resultado, era muy difícil, aun para las personas cultas y con interés en esos temas, tener una visión no manipulada y amplia del pasado reciente del país.

Esta pobreza historiográfica es patente cuando se consultan en el catálogo de la Biblioteca Nacional las obras que se publicaron en los años sesenta y primeros setenta. Durante esos años, curiosa-

[17] Véase, por ejemplo, Manuel Garrido Bonaño, O.S.B., *Francisco Franco. Cristiano ejemplar,* Madrid: Azor, 1985.

mente, los españoles podían leer sobre una gran variedad de cuestiones polémicas. Hay, por ejemplo, un sorprendente número de libros sobre la teoría del marxismo o del imperialismo, escritos por autores nada conservadores, incluyendo a los clásicos del tema. Sin embargo, cuando se buscan libros de la Guerra Civil o de la dictadura, lo que hay es poco e invariablemente favorable al Caudillo y a su régimen. Por ejemplo, entre 1965 y 1975 solo se publicaron unos pocos libros que tratan de la guerra. La única obra con carácter general de este período fue la *Historia de la Guerra Civil Española,* publicada en 1969 por Ricardo de la Cierva[18]. Este autor, como ya se vio en el capítulo anterior, además de profesor universitario, era un funcionario del Ministerio de Información y Turismo. Los únicos buenos libros sobre la guerra aparecieron en el exterior de España —en nuestro país, naturalmente, no se permitió su distribución—, en lugares como París —sede de la editorial antifranquista Ruedo Ibérico— o en México y Buenos Aires. Fueron escritos con frecuencia por extranjeros. En 1967, por ejemplo, Ruedo Ibérico publicó la edición revisada de *La Guerra Civil Española* del británico Hugh Thomas. Ese mismo año, Grijalbo publicó en México la edición castellana del excelente trabajo sobre la República y la Guerra Civil del estadounidense Gabriel Jackson[19]. Pero el trabajo de estos autores sufría de un mal común entonces: la falta de acceso a los archivos, lo que, por cierto, no había sido un impedimento para De la Cierva.

Hasta 1969 los españoles no pudieron leer un texto ecuánime y general sobre su historia reciente. Se trató de *España, 1808-1939,* del hispanista británico Raymond Carr[20]. Pero, como las fechas del título dejan claro, mientras que la República y la guerra eran explicadas, la dictadura se quedaba fuera de este análisis. La obra de

[18] Ricardo de la Cierva, *Historia de la Guerra Civil Española,* Madrid: San Martín, 1969.

[19] Hugh Thomas, *La Guerra Civil Española,* París: Ruedo Ibérico, 1967; Gabriel Jackson, *La República española y la Guerra Civil, 1931-1939,* México: Grijalbo, 1967.

[20] Raymond Carr, *España, 1808-1939,* Barcelona: Ariel, 1969.

Carr se convirtió en una referencia pero todavía era, debido a la falta de fuentes archivísticas y los límites temporales, un trabajo que dejaba fuera muchas cuestiones clave. Las necesidades intelectuales o la curiosidad de la sociedad española de los primeros años setenta seguían sin ser suficientemente atendidas. Sin embargo, nada más fallecido el dictador, aparecieron toda una serie de trabajos que muy pronto comenzaron a suplir esta demanda. Sus autores eran españoles y extranjeros. En 1976 se publicaron en España los trabajos de Thomas y Jackson, y a estos se les sumaron otros nuevos de, entre otros, Stanley Payne, Paul Preston, Hilari Raguer, Ramón Salas Larrazábal, Manuel Tuñon de Lara, Ángel Viñas, etc., que supusieron un salto cuantitativo y cualitativo enorme. La prueba del interés del público no especialista en el tema es que estos libros fueron publicados casi todos en ediciones baratas muy asequibles.

El contexto de libertad se estaba abriendo paso, y el conocimiento general del pasado reciente también. Pero los historiadores españoles todavía no podían dar respuestas más precisas y originales a las preguntas que la sociedad española les hacía, por ejemplo, en temas cruciales como la violencia política y la represión en los años treinta y cuarenta o los fenómenos sociales y culturales bajo la dictadura. Esto se debía a dos motivos. Uno era que la historia política más tradicional había dominado en los departamentos universitarios de historia durante la dictadura. Ante esta situación, los jóvenes historiadores españoles habían intentado formarse con conocimientos que venían de fuera, mediante lecturas o estancias de investigación. Pero los medios, y hasta el conocimiento de idiomas, eran escasos. Una excepción a esta situación de aislamiento intelectual fue el seminario que organizó el historiador comunista exiliado Manuel Tuñón de Lara en Pau (Francia) entre 1970 y 1980, donde muchos historiadores españoles pudieron adquirir nuevos conocimientos teóricos y técnicas de investigación. El segundo problema era la falta de acceso a los archivos. Muchos de estos, como por ejemplo los de la policía, fueron destruidos durante la transición a la democracia. Otros permanecían desorganizados y faltos de medios y de personal. En otros, sus administradores sencillamente no querían ver a historiadores en sus instalaciones, sobre todo si eran de izquierdas. Los más difíciles de acceder eran los archivos judiciales y, en especial, los militares, que son los más importantes para entender la violencia política en España durante la guerra y después. La situación mejoró poco a poco en los años ochenta y noventa, cuando se dieron más medios humanos y materiales. También las autoridades comenzaron a dar más facilidades de acceso, pero aún hoy todavía se mantienen demasiados vacíos legales, restricciones y ambigüedades administrativas en los archivos españoles.

A pesar de las dificultades, en la década de 1980 una nueva generación de historiadores estaban produciendo narrativas de alta calidad, que explicaron a los españoles qué había detrás de las mentiras y ocultaciones de la dictadura. Uno de los primeros resultados de estos trabajos fue, por ejemplo, analizar la represión política de ambos bandos, algo que, por supuesto, el franquismo negó incluso que hubiese existido[21]. La revolución historiográfica también incluyó las primeras biografías críticas y de calidad sobre Franco. La de Juan Pablo Fusi en 1985 representó un salto cuantitativo[22]. A esta seguirían otras, como la de Javier Tusell en 1992 y la justamente famosa de Paul Preston en 1993[23]. Poco después también aparecieron los primeros libros analizando los mitos en torno al Caudillo, entre ellos cabe destacar el de Alberto Reig Tapia en 1995[24]. Luego vino un verdadero diluvio de libros, difícil de cuantificar, que han examinado al dictador desde los ángulos más diversos, incluido el psicológico. El resultado, paradójico, es que

[21] Véase, por ejemplo, J. M. Solé i Sabaté y J. Villarroya, *La represió a la retaguardia de Catalunya, 1936-1939*, Montserrat: Abadía de Monsterrat, 1989-1990, 2 vols.
[22] Juan Pablo Fusi, *Franco: autoritarismo y poder personal,* Madrid: Ediciones El País, 1985.
[23] Javier Tusell, *Franco en la Guerra Civil: una biografía política,* Barcelona: Tusquets, 1992; Preston, *Franco, op. cit.*
[24] Alberto Reig Tapia, *Franco «Caudillo»: Mito y realidad,* Madrid: Tecnos, 1995.

ahora, cuando menos importa su figura a la sociedad española, es cuando sabemos más de Franco[25].

La aparición de estas biografías de calidad no puede ser separada de la notable evolución de la historiografía española durante la democracia. En particular, los estudios sobre el franquismo han alcanzado un alto nivel de sofisticación y de detalle[26]. En la actualidad, pocos historiadores cuestionan que este fue un período muy negativo para el país. Algo menos de consenso hay, en cambio, sobre la violencia política que tuvo lugar durante la Guerra Civil, y menos aún sobre las causas de esta, que es tanto como diagnosticar cuál fue la responsabilidad de los diferentes agentes políticos en el fracaso de la convivencia durante la República. En cierto modo, este último debate llega hasta hoy día, quedando afectado por las posturas políticas en la España actual. Esto es, que las sombras de la crisis de los años treinta y el legado de la dictadura, siguen desempeñando un rol importante en la conformación de las identidades políticas de muchos españoles de la segunda década del siglo XXI. Para explicar esta función del pasado, en los últimos años ha cobrado un papel fundamental el estudio de la memoria histórica. Este tema fue introducido originariamente en España por un trabajo seminal de Paloma Aguilar Fernández, publicado en 1996, sobre la memoria y el olvido de la Guerra Civil. Aguilar, entre otras cosas, explicó cómo el franquismo manipuló la memoria del trauma de la violencia política en su beneficio[27]. Poco después aparecieron los primeros trabajos que estudiaron la relación entre la figura del dictador y la opinión de los españoles[28].

La defensa de Franco y su legado ha quedado marginada a sectores académicos muy limitados, que a menudo se encuentran en

[25] Enrique Moradiellos, *Francisco Franco: crónica de un caudillo casi olvidado,* Madrid: Biblioteca Nueva, 2002, pp. 13-21.

[26] Véase Óscar Rodríguez Barreira, «La historia local y social del franquismo en la democracia, 1976-2003», *Historia Social,* 56 (2006): 153-76.

[27] Aguilar, *Memoria, op. cit.*

[28] Véase, por ejemplo, Ismael Saz y Alberto López Roda (eds.), *El franquismo en Valencia: formas de vida cotidiana y actitudes sociales en la posguerra,* Valencia: Episteme, 1999; Sevillano, *Ecos, op. cit.;* Cazorla, *Políticas, op. cit.*

las nuevas universidades privadas y en las de la Iglesia. De la Cierva siguió muy activo hasta hace poco tiempo, pero otros historiadores han utilizado argumentos muy similares a los suyos. Uno de los casos más relevantes es el del profesor de la Universidad de Navarra, perteneciente al Opus Dei, Gonzalo Redondo. Este ha publicado voluminosos libros sobre el franquismo, en los que ha presentado al régimen como si fuese un sistema político más de la Europa de posguerra, atenuando, relativizando o ignorando sus aspectos negativos. Por ejemplo, en un libro de 1.143 páginas publicado en 1999, que se dedica a estudiar los años de 1939 a 1947, este autor prefirió definir al régimen como una «democracia orgánica». Tampoco dijo nada de los que pudieron ser 200.000 españoles muertos de hambre y de enfermedades relacionadas en los primeros años de la dictadura. De lo que sí se acordó fue de llamar «malos españoles» a los que dejaron el país al final de la guerra, que según este señor no fueron exiliados, sino personas que prefirieron emigrar. Por último, dijo que la represión franquista «era inevitable» y que así lo reclamaba la Historia de España, y que en todo caso fue similar, según afirmó en el texto principal, a la que sufrieron fascistas y colaboracionistas italianos y franceses al final de la Segunda Guerra Mundial. Solo en las notas dio el autor las cifras verdaderas, que desmentían lo que acababa de decir. En suma, para Redondo, el franquismo fue un período de paz, de moderada libertad y de progreso[29].

El padre Vicente Cárcel Ortí, un historiador con una larga carrera en Roma, compartía esta idea de la normalidad y bondad de la dictadura. Para él, Franco fue un gobernante moderado que permitió la diversidad suficiente y garantizó la estabilidad para reconstruir un país destrozado por la guerra. Este religioso no cuestionó la honradez y buenas intenciones del régimen, tal y como expresó, por ejemplo, en un artículo publicado en 1995, en una

[29] Gonzalo Redondo, *Política, cultura y sociedad en la España de Franco, 1939-1975.* Tomo I: *La configuración del Estado español, nacional y católico (1939-1947),* Pamplona: Ediciones de la Universidad de Navarra, 1999, pp. 9, 87-88, 107-108.

revista —pretendidamente seria— de la Universidad de Navarra. En este trabajo explicó cómo sucedió el referéndum para aprobar la Ley de Sucesión de 1947; cuando Franco se convirtió, gracias a más de un 90% de los votos positivos de los agradecidos españoles, en regente de por vida de algún rey por determinar. Según Cárcel, en el artículo 12 del Fuero de los Españoles «se estableció de modo taxativo que todos los españoles podían expresar sus ideas». Cuando las Cortes aprobaron la ley, después de un análisis prolongado de los expertos juristas, «quiso el Jefe del Estado que fuese el pueblo entero quien diese su asenso a la misma». Durante la campaña electoral, los partidos de oposición arrojaron numerosa propaganda «en barrios obreros y algunos cines, sin que esto fuera seguido de la detención de dichos elementos». Además, es cierto que «El Gobierno realizó su propaganda; pero los enemigos del régimen la hicieron también por medio de las radios extranjeras y corriendo de oído a oído entre elementos desafectos la consigna de la abstención». A pesar de tantas facilidades para la oposición y del calor reinante el día 6 de julio, los españoles «bajo un sol canicular y retrasando sus vacaciones [acudieron] a votar». El voto fue secreto y el escrutinio público. Y esta es la historia feliz en la que el lector encuentra: unas Cortes representativas; unos españoles con derechos y libertades; un gobernante magnánimo; una oposición si no libre al menos tolerada; las malditas radios extranjeras; las magníficas vacaciones de que disponían los españoles de la posguerra; y, por último, la limpieza sin mácula de las elecciones del Caudillo[30].

Valores comunes, memorias divididas

En el siglo XXI, a pesar de las ambivalencias sobre el legado de su régimen, pocos son los españoles que dicen admirar al Caudillo. La inmensa mayoría coincide en considerarle un dictador cruel. Sin

[30] Vicente Cárcel Ortí, «Los obispos españoles tras la Segunda Guerra Mundial: actitud ante el referéndum de 1945», *Anuario de Historia de la Iglesia,* 4 (1995): 39-77.

embargo, las opiniones están mucho más divididas cuando se trata de analizar por qué llegó al poder, o, lo que es lo mismo, qué llevó a los españoles a enfrentarse en 1936. La ideología desempeña un papel fundamental en la identificación de los culpables, pero no tanto en las razones para condenarlos. Los valores políticos de la mayoría de los españoles, de derechas o de izquierdas, son muy similares en temas como los abusos de los derechos humanos, la violencia política, la tolerancia o las libertades. De hecho, las acusaciones al papel de un bando u otro en la República están basadas en su falta de respeto hacia esos valores. Los españoles no se ponen de acuerdo sobre quién lo hizo peor durante la República, pero, al mismo tiempo, su condena alcanza plenamente a la dictadura, como conculcadora de los valores democráticos actuales de nuestra sociedad.

La bifurcación entre la relativa división de memorias en la sociedad española, por un lado, y la unidad en torno a los valores democráticos, por otro, se ve con claridad en la encuesta del CIS de 2008 sobre la Guerra Civil y el franquismo. Cuando se les preguntó a los españoles qué sentían al pensar en la guerra, el 55% dijo que tristeza y un 16% que indignación. Al mismo tiempo, solo el 4,9% se declaró indiferente, el 1,3% sintió decir patriotismo y un minúsculo 0,2% orgullo. Lo mismo ocurre cuando se les preguntó a los españoles qué sentían hacia la dictadura; pues las respuestas positivas quedaron circunscritas a una minoría exigua: solo un 3,2% declaró que sentía patriotismo, 2,5% nostalgia, y 1,2% orgullo. En total, los sentimientos positivos hacia la dictadura de Franco fueron expresados por menos del 7% de los encuestados. También son muy significativas las respuestas cuando se preguntó a quiénes mataron más en la guerra. El 30% dijo que los nacionales, el 35% señaló a ambos bandos por igual, el 29% declaró no saberlo, y solo el 4% a los republicanos. En esencia, estos datos revelan que un alto número de españoles quería que ambos bandos hubiesen matado por igual, posiblemente para poder condenar por igual a ambos, aunque en realidad los franquistas fuesen responsables de tres cuartos de todos los asesinatos. Por otra parte, es de notar que, a pesar del trabajo de historiadores y otros, solo uno de cada tres españoles pareciese saber la verdad de la represión[31].

Estos datos también revelan que las mentiras franquistas sobre la represión ya no eran creídas por casi nadie. El deseo significativo de repartir las culpas aparece de nuevo cuando se preguntó quién era responsable de que la guerra hubiese sucedido: el 40% dijo que ambos bandos, el 30% le echó la culpa a la derechas, el 7% a la izquierda y el 23% dijo no saber. En suma, estos datos reflejan un claro deseo entre los españoles de distanciarse moralmente de los crímenes y abusos del pasado; pero también muestran la existencia de lagunas importantes del conocimiento histórico. Esta prevalencia de lo moral —y de los valores democráticos y humanistas— sobre lo histórico es más evidente aún en la opinión, apoyada por el 83% de los encuestados, de que las víctimas de ambos bandos merecen reconocimiento y de que sus restos merecen ser identificados y recuperados. Estos valores también se manifiestan en la opinión del 80% de que durante el régimen de Franco se violaron los derechos humanos (solo el 3,4% no estaba de acuerdo), o del 88% que declaraba que la gente tenía miedo de dar sus opiniones durante la dictadura (4,3% en contra). Por último, como en encuestas anteriores, la gente distinguía entre lo que les pasó durante la dictadura, las prácticas de la dictadura y la persona del dictador. El 58% (2% más que el año 2000) pensaba que el régimen de Franco tuvo cosas buenas y malas. El 35% no estaba en absoluto de acuerdo[32].

A comienzos del siglo XXI, los españoles tienen opiniones ambiguas sobre los logros de la dictadura, pero sus valores políticos son muy diferentes de los de aquel régimen. También sus memorias históricas, aunque revelaban bastante ignorancia y buenas intenciones, son muy distintas de las que la dictadura intentó imponerles. Los mitos del Caudillo, repetidos y reelaborados durante cuarenta años, tienen una credibilidad escasa. Pero esto no quiere

[31] Santos Juliá (ed.), *Víctimas de la Guerra Civil,* Madrid: Temas de Hoy, 1999.
[32] Centro de Investigaciones Sociológicas, *Estudio 2760 (Abril 2008), Memoria de la Guerra Civil y el franquismo,* Madrid: CIS, 2008, pp. 6, 13, 14, 16, 18.

decir que haya unanimidad sobre qué hacer con el legado de este pasado. Esto es, cómo los valores políticos y morales habrán de transformarse en política. Dada la estructura de la política española, esto significa casi automáticamente qué quieren hacer con la administración del pasado los partidos políticos, las instituciones por ellos controladas y los medios de comunicación afines. Es así como se llegó hace menos de dos décadas al fenómeno social, político y cultural de la Memoria Histórica.

El contexto político para el nacimiento de este fenómeno está en los últimos años del Gobierno de Felipe González. Por un lado, el Partido Popular, al igual que hicieron algunos medios de comunicación, adoptaron una retórica muy dura contra aquel, que además de las acusaciones de corrupción, entre otras cosas, incluía la supuesta blandura, o algo peor, frente al terrorismo, y de ser enemigo de la familia y de la religión, etc. Esto dio lugar a un rearme del discurso españolista de la derecha española, que se mantuvo una vez que el PP llegó al poder en 1996. Por otro lado, desde sectores más a la izquierda, se achacó a los socialistas su supuesta connivencia con la continuidad de intereses y valores del franquismo en el sistema democrático. Al mismo tiempo, basándose en los trabajos de investigadores y a veces con el apoyo de estos, algunos familiares de las víctimas republicanas de la Guerra Civil comenzaron a preguntarse dónde estaban sus restos y/o por qué no se les había reconocido —con las implicaciones morales pero también jurídicas que esto acarrea— su condición de víctimas. Así se constituyeron las primeras asociaciones para la recuperación de la Memoria Histórica, en las que a veces desempeñaron un papel importante grupos de extrema izquierda.

El contexto internacional era propicio para este movimiento. En los años noventa se estaban llevando a cabo una serie de comisiones de la verdad y de reconciliación; se elaboraron informes sobre la represión masiva; y se llevaron a cabo exhumaciones de víctimas en varios países (Argentina, Chile, Guatemala, El Salvador, Sudáfrica, etc.). Muchos españoles se preguntaron cómo era posible que estas nuevas democracias de países más pobres hubiesen afrontado su pasado, mientras que la más afluente y ya asentada democracia española no había hecho casi nada al respecto[33]. Algunos vieron en esta inacción una prueba más de que la sociedad española había decidido no mirar al pasado —el famoso pacto de olvido— aun a costa de mantener una injusticia sangrante en su seno. Este supuesto pacto sería una victoria póstuma del franquismo[34]. Era un análisis injusto, que proyectaba en el pasado relativamente reciente necesidades y demandas nuevas, que hasta hacía muy poco habían sido exigidas por un número reducido de ciudadanos. La acusación del pacto para olvidar —que algunos han considerado cínico y deliberado—, entre otras cosas, ignoraba los esfuerzos de muchos historiadores y administraciones para recuperar el pasado oculto del franquismo y para compensar a las víctimas. De todas formas, sí que tenía razón en dos puntos clave: que decenas de miles de cuerpos seguían (y siguen) sin identificar en fosas comunes y que los asesinos de la dictadura han tenido total impunidad.

El mensaje neo-españolista del Gobierno de José María Aznar (1996-2004) dio crédito a los críticos de la calidad democrática y de la (no) gestión de la Memoria en España. Durante su mandato, la economía, fomentada por la especulación, estaba en plena fase expansiva, y al presidente del Gobierno se le atribuía la originalidad del eslogan «España va bien». La Iglesia, que había dejado muy atrás su papel reformista del tardofranquismo, se sentía muy a gusto en este escenario. Además, esta se presentaba acríticamente como víctima del «desgobierno» republicano y de la Guerra Civil. Desde el Vaticano, el anticomunista visceral Juan Pablo II presentaba una visión, que muchos consideraron sesgada, de la Memoria Histórica al beatificar a sus mártires, sin querer juzgar, ni el papel de los católicos en la crispación republicana ni la complacencia —y

[33] Paloma Aguilar Fernández, *Políticas de la memoria y memorias de la política. El caso español en perspectiva comparada,* Madrid: Alianza Editorial, 2008.

[34] Véase Alison Ribeiro de Menezes, *Embodying Memory in Contemporary Spain,* Nueva York: Palgrave Macmillan, 2014.

complicidad— de la Iglesia con la represión franquista. Pero muchos españoles —y en especial los miembros de las asociaciones de la Memoria Histórica— no solo cuestionaban este triunfalismo y el neocatolicismo militante de esta Memoria limitada, sino que señalaban que debajo de tanta celebración, enterrados, estaban los cuerpos de aquellos que, a diferencia de los «Caídos por Dios y por España», seguían olvidados. Por ello, sin negar el derecho de unos a santificar a las que consideraban sus víctimas, decidieron empezar a excavar para reivindicar la memoria de sus seres (oficialmente) olvidados.

El año 2000 fue clave, por dos razones. La primera fue la creación de una organización estatal de asociaciones de la Memoria, la Asociación para la Recuperación de la Memoria Histórica. La segunda porque ese año se abrió la primera fosa común. En este proyecto y en los que siguieron, familiares de las víctimas, activistas, voluntarios, historiadores, antropólogos, especialistas en ADN y otros trabajaron juntos para localizar e identificar los cuerpos. En los años siguientes, más administraciones locales y autonómicas, casi todas ellas de izquierdas, comenzaron a financiar las excavaciones. El clímax de este movimiento se alcanzó en el año 2009, cuando ya se sentían los primeros síntomas de la crisis que iba a azotar tan duramente a España. Ese año se abrieron cuarenta y tres fosas que contenían los restos de 3.239 personas. Era un número importante, pero escaso si se considera que puede haber unos 110.000 cuerpos más en miles de fosas. Al mismo tiempo, las administraciones conservadoras, en general, se mostraron indiferentes y hasta hostiles a la apertura de las fosas, siendo apoyadas, o más bien guiadas en esta actitud por determinados medios de comunicación, y en especial las tertulias populistas de la radio y de la televisión de derechas. Nótese que la actitud del PP y de estos medios de comunicación contrastan con los datos del estudio de opinión pública de 2008 antes citados, en los que el 83% de los encuestados se mostraron a favor de honrar a todas las víctimas de la Guerra Civil. A esta diferencia se le puede llamar politización, aunque no exactamente en el sentido de quienes acusan a las asociaciones de la Memoria de reabrir las heridas de la Guerra Civil y de politizar el pasado[35].

La politización del pasado es inevitable, pero la partidización no lo es. La decisión por parte del Gobierno socialista de José Luis Rodríguez Zapatero (2004-2011) de declarar el 2006 «Año de la Memoria Histórica» fue opuesta en solitario en el parlamento por el PP, argumentando la supuesta utilización partidista de la historia por parte de los socialistas. De este modo, se perdió una oportunidad para incorporar este pasado, interpretado desde los valores democráticos y humanistas de las sociedad española, como un valor común de la identidad nacional. A finales del 2007, el parlamento —de nuevo con la oposición del PP que prometió derogarla— aprobó por amplia mayoría (algunos grupos de izquierda la consideraron insuficiente) la comúnmente llamada Ley de Memoria Histórica. Esta ley garantizaba compensación material a todas las víctimas de la guerra y de la dictadura. Además, dictaba medidas para la eliminación de símbolos y monumentos públicos exaltando el golpe de 1936 o a la dictadura. La Ley no anulaba los juicios franquistas, pero preveía fórmulas para la obtención de una especie de perdón. Esta fórmula fue muy criticada por aceptar la validez de lo que a menudo no fueron otra cosa que asesinatos legitimados por un tribunal. El futuro del Valle de los Caídos y de los restos de quienes allí se encuentran enterrados, incluyendo los de Franco y José Antonio, se dejó en manos de una comisión que estudió el tema. En medio del deterioro político del Gobierno Zapatero, principalmente causado por la crisis económica, el PP se reafirmó en su oposición a estas disposiciones. Cuando Mariano Rajoy llegó al poder tras las elecciones de noviembre de 2011, no derogó la Ley de Memoria Histórica; sencillamente la dejó sin presupuesto.

Al mismo tiempo que el fenómeno de la Memoria se desarrollaba en España, se produjo otro de signo muy distinto: el de la reivindicación del franquismo. Ricardo de la Cierva siguió produ-

[35] Véase Emilio Silva, *Las fosas de Franco: crónica de un desagravio,* Madrid: Temas de Hoy, 2005.

ciendo trabajos en defensa de su héroe. Uno de ellos, publicado en el año 2000, estaba encabezado por la leyenda «Después de la venganza, la mentira, la calumnia y la incompetencia»[36]. Pero más populares y exitosos fueron los libros escritos por, frecuentemente, periodistas radicales de derechas, que decían estar combatiendo lo que según ellos eran las mentiras y malinterpretaciones de los izquierdistas profesores universitarios. Eran libros que buscaban la polémica y que no dudaban en reciclar ideas de trabajos aparecidos en la España de Franco. En cierto modo, estos textos se aprovechaban del interés que los historiadores profesionales habían prestado a la desmitificación del franquismo, en detrimento relativo del estudio de la población y los mitos franquistas. Una de las quejas, que explotarán estos populistas, es que a los historiadores no les importaba, o le restaban importancia, el «terror rojo», mientras que no escatimaban esfuerzos para denunciar y hasta aumentar la represión franquista. Era mentira, pero evidentemente había muchos españoles que deseaban creerla. A menudo, la televisión pública bajo el Gobierno Aznar dio publicidad a estos pseudohistoriadores, que contaban además con la ayudas de las ya citadas tertulias de las televisiones y radios privadas, destacando en particular las ligadas a la Iglesia.

El más exitoso de estos pseudohistoriadores fue Pío Moa, quien en 1999 publicó un libro que, anunciado gratis durante el Telediario, fue un éxito de ventas. Moa echaba la culpa a la izquierda del estallido de la Guerra Civil y sacaba a colación trapos sucios, reales o inventados, mezclados con referencias a la política del momento, de la izquierda española y en especial del PSOE[37]. Lanzado a la fama, enseguida sacó varios títulos más. En 2005 publicó una encendida defensa de Franco que pretendía ser un balance de su legado. Según él, «la realidad mostró que no había alternativa» al Caudillo y que las acusaciones contra Franco debían «ponerse

[36] Ricardo de la Cierva, *Franco. La Historia. Después de la venganza, la mentira, la calumnia y la incompetencia,* Madrid: Fénix, 2000.
[37] Pío Moa, *Los orígenes de la Guerra Civil española,* Madrid: Encuentro, 1999.

en relación con las circunstancias de la época». En todo caso, Moa encontraba tres legados incuestionables del Caudillo. Primero «Franco derrotó a la revolución en tres ocasiones: en 1934 [...] en 1936-1939 [y] en 1944-1949». Se olvidó decir que la revolución de 1936 la empezó el golpe de Estado de Franco y compañía, y que lo que él llama revolución de 1944 fue simplemente la descabellada actividad del maquis comunista. También se le olvidaron los muertos de 1934 hasta 1975. Segundo: «En circunstancias sumamente adversas libró a España de la guerra mundial». Aquí nos remitimos al capítulo 3 de este libro. Tercero: «Dejó un país próspero y, más importante aún, políticamente moderado, donde las exaltaciones del pasado estaban superadas. Gracias a lo cual han sido posibles casi treinta años de democracia». Este último punto, probablemente, no le habría hecho mucha gracia al Caudillo[38]. En todo caso, es significativo que hasta este apologeta de Franco afirme que la democracia es su mayor legado, confirmando que lo que Franco más detestó toda su vida y negó a los españoles, la libertad, es un valor fundamental para estos en el siglo XXI.

Los valores democráticos y humanistas de los españoles no han sido bien servidos por los administradores políticos de la Memoria, ni por muchos medios de comunicación. Más que fomentar un legado común en el que los ciudadanos vean reflejados esos valores, aquellos han utilizado lo que nos separa para ganar votos a costa de separarnos más. Y hay todavía mucho que nos separa, como muestra la llamada «guerra de las esquelas» de los años 2005 y 2006, o los comentarios despectivos hacia las víctimas de la violencia política que se oyen o se leen con demasiada frecuencia. Por eso no sorprende que los españoles sigan sin tener un espacio común donde discutir de su Guerra Civil y de la dictadura que tanto daño nos hicieron. Invertimos en obras y edificios suntuosos que a veces no se usan, pero no en museos y centros de divulgación histórica. Sin embargo, la Memoria está ahí, aunque no consigamos anclarla del todo a nuestra democracia. Más aún, inducida por la desgana y por

[38] Pío Moa, *Franco. Un balance histórico,* Barcelona: Planeta, 2005, pp. 188-189.

la mala fe, la ignorancia del legado de Franco se extiende entre las nuevas generaciones. Solo aquellas explican que el cuerpo del dictador esté todavía enterrado en el Valle de los Caídos, y que este monumento siga siendo expresión de la Memoria falsificada. No debe y no tiene que ser así. Hace falta construir otro discurso del pasado que afirme nuestros valores. La mayoría de los españoles del siglo XXI creen en la verdad, en la justicia, en la democracia y en el perdón. Hay que preservar esos valores, pero también hay que educar para apreciarlos y para entender nuestra historia. Por eso espero que este libro haya contribuido a que nunca olvidemos quién fue el Caudillo, quiénes fuimos, y, por supuesto, quiénes somos nosotros.

BIBLIOGRAFÍA

Acción Católica (1953): *Los problemas sociales del campo andaluz,* Madrid: Acción Católica.

Actas de las Jornadas de Cultura Árabe e Islámica, Madrid: Instituto Hispano-Árabe de Cultura, 1981.

Adams, Mildred (1959): «Twenty Years of Franco», *Foreign Affairs,* vol. 37, n.º 2, enero: 257-268.

Aguilar Fernández, Paloma (2008): *Políticas de la memoria y memorias de la política. El caso español en perspectiva comparada,* Madrid: Alianza Editorial, 1.ª ed. en 1996 bajo el título *Memoria y olvido de la Guerra Civil española.*

Alarcón Benito, Juan (1977): *Resumen político de la Paz de Franco (1 de abril 1939-20 de noviembre 1975),* Madrid: Vassallo de Numbert.

Alcázar de Velasco, Ángel (1939): *José Antonio, hacia el sepulcro de la fe,* Burgos: Cóndor.

Aldagate, Anthony (1979): *Cinema and History. British Newsreels and the Spanish Civil War,* Londres: Scholar Press.

Alonso Baquer, Miguel (2005): *Franco y sus generales,* Madrid: Taurus.

Alonso Ibáñez, Ana Isabel (2004): *Las juntas de defensa militares (1917-1922),* Madrid: Ministerio de Defensa.

Alper, Michael (2008): *La Guerra Civil española en el mar,* Barcelona: Crítica.

Álvarez, Dolores *et al.* (1976): *Noticia, rumor, bulo: la muerte de Franco,* Madrid: Elías Querejeta ediciones.
Álvarez Junco, José (1990): *El Emperador del Paralelo: Lerroux y la demagogia populista*, Madrid: Alianza.
Álvarez Tardío, Manuel, y Villa García, Roberto (2013): «El impacto de la violencia anticlerical en la primavera de 1936 y la respuesta de las autoridades», *Hispania Sacra*, vol. 65, 132: 683-764.
Applebaum, Anne (2012): *Iron Curtain: The Crushing of Eastern Europe, 1944-1956,* Nueva York: Boubleday.
Areilza, José María de, y Castiella, Fernando (1941): *Reivindicaciones de España*, Madrid: IEP.
Aróstegui, Julio (2006): *Por qué el 18 de Julio... y después,* Barcelona: Flor del viento.
Arrabal, Fernando (1976): *Carta al general Franco,* París: Babilonia.
Arrarás, Joaquín (1937): *Franco,* San Sebastián: Librería Internacional.
— (1938): *Franco,* Burgos: Imprenta Aldecoa, 6.ª ed.
— (1939): *Memorias íntimas de Azaña (con ilustraciones de Kin),* Madrid: Ediciones Españolas.
— (1939-1943): *Historia de la Cruzada Española,* Madrid: Editora Nacional, 8 vols.
Artigas Arpón, Benito (1925): *La epopeya de Alhucemas (Los alicates rotos),* Madrid: J. Pérez Impresor.
Ashford Hodges, Gabrielle (2000): *Franco: a Concise Biography,* Londres: Weidenfeld and Nicholson.
Así quiero ser (El niño en el Nuevo Estado), Burgos: Hijos de Santiago Rodríguez, 1940.
Atholl, Duchess of (Katharine Stewart-Murray) (1938): *Searchlight on Spain,* Harmondsworth: Penguin.
Aznar, Manuel (1975): *Franco,* Madrid: Prensa Española.
Bachoud, Andrée (1988): *Los españoles ante las campañas de Marruecos,* Madrid: Espasa Calpe.
Bahamonde, Ángel, y Cervera, Javier (2000): *Así terminó la Guerra Civil,* Madrid: Marcial Pons.
Balfour, John (1983): *Not Too Correct and Aureole. The Recollections of a Diplomat,* Wilton: Michael Russell.
Balfour, Sebastian (1997): *The End of the Spanish Empire,* Oxford: Clarendon Press.
— (2002): *Deadly Embrace. Morocco and the Road to the Spanish Civil War,* Oxford: Clarendon.
—, y Preston, Paul (eds.) (1999): *Spain and the Great Powers in the Twentieth Century,* Londres: Routledge-Cañada Blanch.

Baratieri, Daniela; Edele, Marke y Finaldi, Giuseppe (eds.) (2014): *Totalitarian Dictatorship: New Stories,* Nueva York/Oxon: Routledge.

Barciela, Carlos (ed.) (2003): *Autarquía y Mercado negro. El fracaso económico del primer franquismo, 1939-1959,* Barcelona: Crítica.

Bayod, Ángel (coord.) (1981): *Franco visto por sus ministros,* Barcelona: Planeta.

Beaulac, Willard L. (1986): *Franco: Silent Allied in World War II,* Carbondale: Southern Illinois University Press.

Ben Ami, Shlomó (1983): *Fascism from Above: The Dictatorship of Primo de Rivera in Spain,* Oxford: Clarendon.

Bernanos, Georges (1938): *Les grands cimetières sous la Lune,* París: Plon.

Berthier, Nancy (1998): *Le franquisme et son image. Cinéma et progagande,* Toulouse: Presses Universitaires du Mirail.

Blanco Escolá, Carlos (2000): *La incompetencia militar de Franco,* Madrid: Alianza Editorial.

Bolín, Luis (1967): *Spain: The Vital Years,* Londres: Cassell [ed. cast.: *España: los años vitales,* Madrid: Espasa Calpe, 1967].

Bosch, Aurora (2012): *Miedo a la democracia. Estados Unidos ante la Segunda República y la guerra civil española,* Barcelona: Crítica.

Box, Zira (2010): *España, año cero. La construcción simbólica del franquismo,* Madrid: Alianza Editorial.

Boyd, Carolyn P. (1997): *Historia Patria. Politics, History, and National Identity in Spain, 1875-1975,* Princeton: University Press.

— (2003): «El rey-soldado. Alfonso XIII y el ejército», en Javier Moreno Luzón (ed.) *Alfonso XIII. Un político en el trono,* Madrid: Marcial Pons, 213-237.

Brenan, Gerald (1943): *The Spanish Labyrinth: An Account of the Social and Political Background of the Civil War,* Cambridge: University Press [ed. cast.: *El laberinto español,* Barcelona: Plaza y Janés, 1985].

Buchanan, Tom (1977): *Britain and the Spanish Civil War,* Cambridge: University Press.

— (2007): *The Impact of the Spanish Civil War on Britain. War, Loss and Memory,* Brighton: Sussex Academic Press.

Buchanan, William y Cantril, Hadley (1953): *How Nations See Each Other. A Study in Public Opinion,* Westport: Greenwood Press, ed. 1973.

Buffet, Cyril y Heuser, Beatrice (eds.) (1998): *Haunted by History. Myths in International Relations,* Providence/Oxford: Berghahn Books.

Buruma, Ian (2013): *Year Zero: a History of 1945,* Nueva York: Penguin.

Byrnes, Mark (2000): «Unfinished Business: the United States and Franco's Spain, 1944-1947», *Diplomacy & Statecraft,* 1 marzo: 129-162.

Cabanillas, Alfredo (1022): *La epopeya del soldado,* Madrid: Imprenta Clásica Española.

Calle Velasco, María Dolores de la (2003): «El Primero de Mayo y su transformación en San José Artesano», *Ayer,* 51: 87-113.
Canellas Romero, Juan (2007): *El desembarco de Alhucemas. Crónicas periodísticas de Juan Luque, Diario de Barcelona, 1925,* Melilla: Comunidad Autónoma.
Cárcel Ortí, Vicente (1995): «Los obispos españoles tras la Segunda Guerra Mundial: actitud ante el referéndum de 1945», *Anuario de Historia de la Iglesia,* 4: 39-77.
Cardozo, Harold (1937): *The March of a Nation,* Londres: The Right Book Club.
Carr, Raymond (1969): *España, 1808-1939,* Barcelona: Ariel.
Carretero, José María [Caballero Audaz] (1932): *Sanjurjo, Caudillo y víctima,* Madrid: Imp. Sáez Hernández.
— (1040): *El general Sanjurjo,* Madrid: ECA.
Casares, Francisco (1938): *Azaña y ellos. Cincuenta semblanzas rojas,* Granada: Prieto.
Catalán, Jordi (1995): *La economía española y la segunda guerra mundial,* Barcelona: Ariel.
Causa General. La Dominación Roja en España. Avance de la información instruida por el Ministerio Público, Madrid: Ministerio de Justicia, 1943.
Cazorla Sánchez, Antonio (2000): *Desarrollo sin reformistas. Dictadura y campesinado en el nacimiento de una nueva sociedad en Almería, 1939-1975,* Almería: IEA.
— (2000): *Las políticas de la Victoria: la consolidación del Nuevo Estado franquista (1938-1953),* Madrid: Marcial Pons.
— (2005): «Beyond They Shall Not Pass. How the Experience of Violence Reshaped Political Values in Franco's Spain», *Journal of Contemporary History,* 40, 3: 503-520.
— (2008): «Revisiting the Legacy of the Spanish Civil War», *International Journal of Iberian Studies,* 21, 3: 231-246.
— (2010): *Fear and Progress: Ordinary Lives in Franco's Spain, 1939-1975,* Oxford: Wiley-Blackwell.
— (2013): «Did You Hear the Sermon? Progressive Priests, Conservative Catholics, and the Return of Political and Cultural Diversity in Late Francoist Spain», *Journal of Modern History,* 85, 3 de septiembre: 528-557.
— (ed.) (2014): *Cartas a Franco de los españoles de a pie,* Barcelona: RBA.
Centro de Investigaciones Sociológicas (2008): *Estudio 2760 (Abril 2008), Memoria de la Guerra Civil y el franquismo,* Madrid: CIS.
Cervera Gil, Javier (2006): *Madrid en guerra. La ciudad clandestina, 1936-1939,* Madrid: Alianza Editorial.
Cierva, Ricardo de la (1969): *Historia de la Guerra Civil Española,* Madrid: San Martín.

— (1972-1973): *Francisco Franco. Un siglo de España. La España de 1892,* Madrid: Editora Nacional, 2 vols.

— (2000): *Franco. La Historia. Después de la venganza, la mentira, la calumnia y la incompetencia,* Madrid: Fénix.

Code, Josep B. (1938): «Review of *Francisco Franco* by Joaquin Arrarás; translated by J. Manuel Espinosa», *The Catholic Historical Review,* 24, 2 julio: 203.

Confederación Europea de Antiguos Combatientes (1964): *Asamblea de la Confederación Europea de Antiguos Combatientes,* Madrid: Sección española en la Confederación Europea de Antiguos Combatientes.

Corona de Sonetos en honor de José Antonio Primo de Rivera, Barcelona: Ediciones Jerarquía, 1939.

Costa Pinto, António (ed.) (2009): *Ruling Elites and Decision-Making in Fascist-Era Dictatorships,* Nueva York: SM-Columbia University Press.

Cox, Geoffrey (1937): *Defense of Madrid,* Londres: Gollancz.

Crozier, Brian (1967): *Franco: A Biographical History,* Londres: Eyre and Spottiswoode [ed. cast.: *Franco. Historia y biografía,* Madrid: Emesa, 1968].

Cruz Martínez, Rafael (2006): *En el nombre del pueblo. República, rebelión y guerra en la España de 1936,* Madrid: Siglo XXI.

— (2014): *Una revolución elegante. España 1931*, Madrid: Alianza Editorial.

Deacon, David (2008): *British News Media and the Spanish Civil War: Tomorrow May Be Too Late,* Edinburgo: University Press.

Department of State (1946-1975): *Foreign Relations of the United States (FRUS),* Washington, US Government Printing Office.

Díaz Fernández, José (2004): *Crónicas de la Guerra de Marruecos (1921-1922). Antología,* Gijón: Ateneo Obrero.

Discursos del Excmo. Sr. Presidente de la Diputación y de S.E. el Jefe del Estado en el solemne acto inaugural del Nuevo Hospital Provincial de Valencia, Valencia: Imprenta Provincial, 1962, p. 20.

Dolor y memoria de España: En el segundo aniversario de la muerte de Jose Antonio, Barcelona: Ediciones Jerarquía, 1939.

Domínguez Arribas, Javier (2010): «L'organisation de la presse et de la propagande dans la Espagne rebelle (1936-1939)», *El Argonauta Español,* 7 [documento electrónico: http://argonauta.revues.org/314?lang=es].

Dulphy, Anne (2002): *La politique de la France à l'égard de l'Espagne de 1945 à 1955. Entre idéologie et réalisme,* París: Direction des Archives et Documentation Ministère des Affaires étrangères.

Dumont, Jean (1975): *Franco y los españoles,* Madrid: Círculo de Amigos de la Historia, 2 vols.

Echeandía, José (1945): *La persecución roja en el País Vasco,* Barcelona: Fidel Rodríguez.

Edwards, Jill (1999): *Anglo-American Relations and the Franco Question, 1945-1955,* Nueva York: Clarendon Press.
Eiroa San Francisco, Matilde (2009): *Política Internacional y Comunicación en España (1939-1975). Las cumbres de Franco con Jefes de Estado,* Madrid: Ministerio de Asuntos Exteriores y de Cooperación.
Emilio-Díez, José (1937): *General Franco. Sus escritos y palabras,* Sevilla: Tip. M. Carmona.
En Tenerife planeó Franco el Movimiento nacionalista (Anécdotas y escenas de la estancia del Generalísimo en Canarias y su salida para Tetuán), Santa Cruz de Tenerife: Imprenta El Productor.
Equipo Cinco (1975): *Franco diferente. Diez perfiles históricos. Un álbum para el recuerdo,* Madrid: Sedmay.
España en sus héroes. Historia bélica del siglo XX, serie de fascículos, n.º 14, Madrid: Ornigraph, 1969.
Espino, Juan del (1966): *La espada de Franco,* Madrid: Imprenta Europa.
Espinosa Maestre, Francisco (2002): *La columna de la muerte. El avance del ejército franquista de Sevilla a Badajoz,* Barcelona: Crítica.
Feis, Herbert (1948): *The Spanish Story*, Nueva York: Alfred A. Knopf.
Fernández Bastarreche, Fernando (1978): *El Ejército Español en el siglo* XIX, Madrid: Siglo XXI.
Fernández Duro, Enrique (2000): *Franco: una biografía psicológica,* Madrid: Temas de Hoy.
Fernández-Oxea, José Ramón [Ben-Cho-Shey] (1985): *Crónicas de Marruecos,* Santiago de Compostela: Ronsel.
Ferrer Guasp, Pere (2008): *Juan March: el hombre más misterioso del mundo,* Barcelona: Ediciones B.
Fontana, José María (1979): *Franco. Radiografía de un personaje para sus contemporáneos,* Barcelona: Ediciones Acervo.
Foss, William y Geraghty, Cecil (1938): *Spanish Arena,* Londres: The Right Book Club.
Franco Bahamonde, Francisco (1922): *Marruecos. Diario de una bandera,* Madrid: Puedo.
— (1938): *Discurso de Franco en la Fiesta de la Unificación, 19 de abril de 1938,* Granada: Delegación Provincial de Prensa y Propaganda de FET de las JONS.
— (1939): *Habla el Caudillo,* Madrid: Editora Nacional.
— (1939): *Palabras del Caudillo 19 abril 1937-31 diciembre 1938,* Barcelona: Ediciones Fe.
— (1942): *Discurso del Caudillo ante el III Consejo Nacional,* Madrid: Art. Graf. Larra.
— (1943): *The Caudillo's speech at the opening of the Spanish «Cortes»,* Madrid: Ediciones de la Vicesecretaría de Educación Popular.

— (1946): *Declaraciones de Franco a un periodista español,* Madrid: Publicaciones Españolas.

— (1947): *Declaraciones de S. E. el Jefe del Estado al «Sunday Times»,* Madrid: Publicaciones Españolas.

— (1947): *Declaraciones de Su Excelencia el Jefe del Estado Español al periódico Norteamericano «The Evening Star»,* Madrid: Publicaciones Españolas.

— (1949): *El Caudillo dice... Discurso del Jefe del Estado en la inauguración de las Cortes Españolas. Año 1949,* Madrid: Hidalgo.

— (1949): *Mensaje de S. E. el Jefe del Estado a los españoles,* Madrid: Publicaciones Españolas.

— (1950): *El Caudillo habla en Vizcaya,* Bilbao: Escuela Gráfica de la Santa Casa de Misericordia.

— (1952): *Alto de los Leones de Castilla. Concentración regional de excombatientes de las Dos Castillas,* Valladolid: Gerper.

— (1954): *Pensamientos políticos de Francisco Franco,* Madrid: Delegación Nacional de Sindicatos.

— (1955): *Discursos y mensajes del Jefe del Estado, 1951-1954,* Madrid: Publicaciones Españolas.

— (1958): *Discurso pronunciado por S. E. el Jefe del Estado ante las Cortes Españolas al inaugurar la VI Legislatura y Promulgación de los Principios del Movimiento Nacional,* Madrid: Publicaciones Españolas.

— (1961): *Discurso de apertura de la VII etapa legislativa de las Cortes Españolas,* Madrid: Imprenta BOE.

— (1962): *Ante 1962. Mensaje de Franco al pueblo español,* Madrid: Ediciones del Movimiento.

— (1964): *Ante 1964. Mensaje de Franco al pueblo español,* Madrid: Ediciones del Movimiento.

— (1964): *IX Consejo Nacional del Movimiento... Discursos del Ministro Secretario General del Movimiento y del Caudillo de España y Jefe Nacional del Movimiento,* Madrid: Ediciones del Movimiento.

— (1965): *Ante 1965. Mensaje de Franco al pueblo español,* Madrid: Ediciones del Movimiento.

— (1968): *Ante 1968. Mensaje de Franco al pueblo español,* Madrid: Ediciones del Movimiento.

— (1969): *Mensaje de Su Excelencia el Jefe del Estado Español en la Navidad de 1969,* Madrid: Ediciones del Movimiento.

— (1970): *Ante 1970. Mensaje de Franco al pueblo español,* Madrid: Ediciones del Movimiento.

— (1971): *Ante 1971. Mensaje de Franco al pueblo español,* Madrid: Ediciones del Movimiento.

— (1971): *Acto de conmemoración del XXXVIII aniversario de la fundación de Falange Española... Discursos,* Madrid: Ediciones del Movimiento.
— (1972): *Mensaje de Su Excelencia el Jefe del Estado Español en la Navidad de 1971,* Madrid: Ediciones del Movimiento.
— (1973): *Horizonte-73. Mensaje de Franco al pueblo español con motivo del nuevo año y comentarios editoriales de Prensa del Movimiento,* Madrid: Ediciones del Movimiento.
— (1975): *Ante 1974. Mensaje de Franco al pueblo español,* Madrid: Ediciones del Movimiento.
— (1975): *Texto del mensaje de S. E. el Jefe del Estado a los españoles al finalizar el año 1974,* Madrid: Ediciones del Movimiento.
— (1986): *Papeles de la Guerra de Marruecos,* Madrid: Fundación Nacional Francisco Franco.
— [Jaime de Andrade] (1997): *Raza,* Barcelona: Planeta.
— [Jakin Boor] (2003): *Masonería. El libro secreto,* Barcelona: Ojeda. Primera edición 1952.
Franco Bahamonde, Pilar (1980): *Nosotros los Franco,* Barcelona: Planeta.
Franco Salgado-Araujo, Francisco (1976): *Mis conversaciones privadas con Franco,* Barcelona: Planeta.
Fraser, Ronald (1979): *Blood of Spain: the Experience of Civil War, 1936-1939,* Londres: Allan Lane [ed. cast.: *Recuérdalo tú y recuérdalo a otros. Historia oral de la guerra civil española,* Barcelona: Crítica, 2001].
Fundación Nacional Francisco Franco (1992-1994): *Documentos Inéditos para una Historia del Generalísimo Franco,* Madrid: Azor, 5 vols.
— (1993): *El legado de Franco,* Madrid: Azor.
Fusi, Juan Pablo (1985): *Franco: autoritarismo y poder personal,* Madrid: Ediciones El País.
Galinsoga, Luis de, con la colaboración del teniente general Franco Salgado (1956): *Centinela de Occidente (Semblanza biográfica de Francisco Franco),* Barcelona: AHR.
Gallup, George H. (1972): *The Gallup Poll. Public Opinion 1935-1971. Vol. 1, 1935-1948,* Nueva York: Random House.
Gamo Ortega, Pedro (1939): *Coronas de laurel... a José Antonio, a España, mi Patria,* s.l., s.n.
García, Hugo (2010): *The Truth about Spain! Mobilizing British Public Opinion, 1936-1939,* Brighton: Sussex Academic Press.
García, P. (1977): *Los chistes de Franco,* Madrid: Ediciones 99.
Garrido Bonaño, Manuel (1985): *Francisco Franco. Cristiano ejemplar,* Madrid: Azor.
Giménez-Arnau, Joaquín (1981): *Yo, Jimmy. Mi vida entre los Franco,* Barcelona: Planeta.

Giménez Caballero, Ernesto (1938): *España y Franco,* Guipúzcoa: Ediciones Los Combatientes.

Gironella, José María (1979): *100 españoles y Franco,* Barcelona: Planeta.

Goded, general [Manuel] (1932): *Marruecos. Las etapas de la pacificación,* Madrid/Barcelona/Buenos Aires: Compañía Ibero-Americana de Publicaciones.

González Muñiz, Antonio José (1975): *Franco, dolor de España,* Madrid: Publicaciones Ministerio de Economía.

Goy de Silva, Ramón (1923): *Borrón y cuenta nueva. Crónicas de Marruecos,* Alcoy: Imprenta de E. Insa.

Graham, Helen (2002): *The Spanish Republic at War, 1936-1939,* Cambridge: Cambridge University Press, 2002 [ed. cast.: *República española en guerra, 1936-1939,* Barcelona: Debate, 2006].

Griffiths, Richard (1998): *Patriotism Perverted: Captain Ramsay, the Right Club and British Anti-Semitism 1939-1940,* Londres: Constable.

Gubern, Román (1977): *Raza (Un ensueño del General Franco),* Madrid: Ediciones 99.

Guerra Campos, monseñor (1971): *Ante el 1 de Octubre. La Iglesia y Francisco Franco,* Madrid: Artes Gráficas EMA.

Halcón, Manuel (1940): *José Antonio (3 evocaciones),* Madrid: Sucesores de Rivadeneyra.

Herce Vales, Fernando, y Sanz Nogués, Manuel (1938): *Franco el Reconquistador,* Madrid: Ediciones Sanz Nogués.

Herráiz Crespo, Ismael (1944): *Italia fuera de combate,* Madrid: Ediciones Atlas.

Hills, George (1967): *Franco: The Man and His Nation,* Nuva York: MacMillan [ed. cast.: *Franco. El hombre y su nación,* Madrid: San Martín, 1968].

Hoare, Samuel (1946): *Ambassador on Special Mission,* Londres: Collins.

Israel Garzón, Jacobo (1997): «El Archivo Judaico del Franquismo», *Raíces,* 33: 57-60.

Jackson, Angela (2002): *British Women and the Spanish Civil War,* Londres/Nueva York, Routledge [ed. cast.: *Las mujeres británicas y la Guerra Civil española,* Valencia: Universidad de Valencia, 2010].

Jackson, Gabriel (1967): *La República española y la Guerra Civil, 1931-1939,* México: Grijalbo.

Jaráiz Franco, Pilar (1981): *Historia de una disidencia,* Barcelona: Planeta.

Jefatura del Movimiento de Melilla (1959): *Veinte años de Paz en el Movimiento Nacional bajo el Mando de Franco,* Melilla: Jefatura del Movimiento.

Jefatura Provincial del Movimiento de Albacete (1959): *Veinte años de Paz en el Movimiento Nacional bajo el Mando de Franco,* Albacete: Jefatura Provincial del Movimiento.

Jefatura Provincial del Movimiento de Guipúzcoa (1959): *Veinte años de Paz en el Movimiento Nacional bajo el Mando de Franco,* Guipúzcoa: Jefatura Provincial del Movimiento.

Jefatura Provincial del Movimiento de Logroño (1959): *20 años de Paz en el Movimiento Nacional bajo el Mando de Franco,* Logroño: Jefatura Provincial del Movimiento.

Jefatura Provincial del Movimiento de Murcia (1959): *Veinte años de Paz en el Movimiento Nacional bajo el Mando de Franco,* Murcia: Jefatura Provincial del Movimiento.

Jefatura Provincial del Movimiento de Salamanca (1959): *Veinte años de Paz en el Movimiento Nacional bajo el Mando de Franco,* Salamanca: Jefatura Provincial del Movimiento.

Jefatura Provincial del Movimiento de Segovia (1959): *Veinte años de Paz en el Movimiento Nacional bajo el Mando de Franco,* Segovia: Jefatura Provincial del Movimiento.

Jensen, Geoffrey (2002): *Irrational Triumph: Cultural Despair, Military Nationalism, and the Ideological Origins of Franco's Spain,* Reno: University of Nevada Press.

Judt, Tony (2005): *Postwar: a History of Europe since 1945,* Nueva York: Penguin [ed. cast.: *Postguerra. Una historia de Europa desde 1945,* Madrid: Taurus, 2006].

Juliá, Santos (1994): «Orígenes sociales de la democracia», *Ayer,* 15: 165-188.

— (ed.) (1999): *Víctimas de la Guerra Civil,* Madrid: Temas de Hoy.

Keene, Judith (2001): *Fighting for Franco: International Volunteers in Nationalist Spain During the Spanish Civil War, 1936-1939,* Londres/Nueva York: Leicester University Press [ed. cast.: *Luchando por Franco. Voluntarios europeos al servicio de la España fascista, 1936-1939,* Barcelona: Salvat Editores, 2002].

Kowalsky, Daniel (2004): *Stalin and the Spanish Civil War,* Nueva York: Columbia University Press [ed. cast.: *La Unión Soviética y la Guerra Civil española,* Barcelona: Crítica, 2004].

— (2006): «The Soviet Union and the International Brigades», *Journal of Slavic Military Studies,* 19: 681-704.

La Paz, patrimonio del pueblo español. Significación del 1 de abril en la obra histórica de Franco, Madrid: Ediciones del Movimiento, 1974.

Launay, Alain, y Dumont, Jean (1975): *Franco: España y los españoles,* Madrid: Círculo de Amigos de la Historia.

Lemus, Encarnación (2011): *Estados Unidos y la Transición española. Entre la Revolución de los Claveles y la Marcha verde,* Madrid: Sílex/Universidad de Cádiz.

Liedtke, Boris N. (1998): *Embracing a Dictatorship. US Relations with Spain, 1945-1953,* Londres: Macmillan.

Little, Douglas (1985): *Malevolent Neutrality: The United States, Great Britain and the Origins of the Spanish Civil War,* Ithaca: Cornell University Press.

López Barranco, Juan José (2006): *El Rif en armas. La narrativa española sobre la guerra de Marruecos (1859-2005),* Madrid: Marenóstrum.

López García, Basilia (1995): *Aproximación a la historia de la HOAC, 1946-1981,* Madrid: HOAC.

López Pina, Antonio, y López Aranguren, Eduardo (1976): *La cultura política de la España de Franco,* Madrid: Taurus.

López Pintor, Rafael (1982): *La opinión pública española del franquismo a la democracia,* Madrid: CIS.

López Rodó, Laureano (1975): *La larga marcha hacia la monarquía,* Barcelona: Noguer.

Los últimos días de Franco vistos en TVE, Madrid: TVE, 1975.

Losada Malvárez, Juan Carlos (1990): *Ideología del ejército franquista, 1939-1959,* Madrid: Istmo.

Lowe, Keith (2012): *Savage Continent: Europe in the Aftermath of World War II,* Londres: Penguin [ed. cast.: *Continente salvaje. Europa después de la Segunda Guerra Mundial,* Barcelona: Galaxia Gutenberg, 2012].

Lowe, Sid (2010): *Catholicism, War and the Foundation of Francoism. The Juventud de Acción Popular in Spain, 1931-1939,* Brighton: Sussex Academic Press/Cañada Blanch.

Madariaga, María Rosa de (2002): *Los moros que trajo Franco... La intervención de tropas coloniales en la Guerra Civil española,* Barcelona: Martínez Roca.

Maíz, Félix (2007): *Mola frente a Franco. Guerra y muerte del general Mola,* Pamplona: Laaconte.

Malefakis, Edward (1978): «Los campesinos, la política y la Guerra Civil en España», *Agricultura y Sociedad,* 8 (julio-septiembre): 9-60.

Marco, Jorge, y Gómez, Gutmaro (2011): *La obra del miedo: violencia y sociedad en la España franquista,* Barcelona: Península.

Martin, Claude (1965): *Franco. Soldado y estadista,* Madrid: Fermín Uriarte.

Martínez de Baños Carrillo, Fernando (2005): *Fermín Galán Rodríguez. El capitán que sublevó Jaca,* Zaragoza: Delsan Libros.

Martínez de Campos y Serrano, Carlos (1972): *España bélica. El siglo XX. Marruecos,* Madrid: Aguilar.

Matthews, Herbert L. (1939): «Franco's Problems», *Foreign Affairs,* 17, 4 (julio): 723-731.

Matthews, James (2012): *Reluctant Warriors. Republican Popular Army and Nationalist Army Conscripts in the Spanish Civil War, 1936-1939,* Oxford: University Press [ed. cast.: *Soldados a la fuerza. Reclutamiento obligatorio durante la Guerra Civil, 1936-1939,* Madrid: Alianza Editorial, 2013].

Mazower, Mark; Reinisch, Jessica, y Feldman, David (eds.) (2011): *Post-war Reconstruction in Europe: International Perspectives, 1945-1949,* Oxford: University Press.

McGarry, Fearghal (1999): *Irish Politics and the Spanish Civil War,* Cork: University Press.
Meléndez de Arvas, Cecilia (1975): *¿Franco predestinado?,* Madrid: Gráficas Lux.
Micó España, Carlos (1922): *Los caballeros de la Legión (El libro del Tercio de Extranjeros),* Madrid: Sucesores de Rivadeneyra.
Miguel, Amando de (1976): *Franco, Franco, Franco,* Madrid: Ediciones 99.
Millán Astray, General [José] (1939): *Franco El Caudillo,* Salamanca: M. Quero y Simón Editor.
Ministerio de Información y Turismo (1959: *Nota informativa sobre el Valle de los Caídos,* Madrid: Ministerio de Información y Turismo.
Ministerio de Información y Turismo (1964): *Concierto de la Paz. XXV Aniversario,* Madrid: Ministerio de Información y Turismo.
Ministerio de Información y Turismo (1964): *España cumple veinticinco años de Paz,* Madrid: Edicolor.
Ministerio de Información y Turismo (1964): *Justas Poéticas de la Paz,* Madrid: Ministerio de Información y Turismo.
Ministerio de la Gobernación (1939): *Dictamen de la Comisión sobre ilegitimidad de poderes actuantes en 18 de Julio de 1936,* Madrid: Editora Nacional.
Mir Cucó, Conxita (2000): *Vivir es sobrevivir: justicia, orden y marginación en la Cataluña rural de posguerra,* Milenio: Lérida.
Moa, Pío (1999): *Los orígenes de la Guerra Civil española,* Madrid: Encuentro.
— (2005): *Franco. Un balance histórico,* Barcelona: Planeta.
Molina Aparicio, Fernando (2005): *La tierra del martirio español. El País Vasco y España en el siglo del nacionalismo,* Madrid: Centro de Estudios Políticos y Constitucionales.
— (2014): «Lies of Our Fathers: Memory and Politics in the Basque Country Under the Franco Dictatorship, 1936-68», *Journal of Contemporary History,* 49-2: 296-319.
Moradiellos, Enrique (1991): «The Origins of British Non-Intervention in the Spanish Civil War: Anglo-Spanish relations in early 1936», *European History Quarterly,* 21: 339-364.
— (2002): *Francisco Franco: crónica de un caudillo casi olvidado,* Madrid: Biblioteca Nueva.
— (2009): *Revisión histórica crítica y pseudo-revisionismo político presentista: el caso de la Guerra Civil española,* Madrid: Seminario de Historia de la Fundación Ortega y Gasset.
Moral, Félix (2000): *Opiniones y actitudes, 36, Veinticinco años después. La memoria del franquismo y de la transición en los españoles del año 2000,* Madrid: CIS.
Moreno Luzón, Javier (ed.) (2007): *Construir España: Nacionalismo español y procesos de nacionalización,* Madrid: Centro de Estudios Políticos y Constitucionales.

Moreno Nieto, Luis (1972): *Franco y Toledo,* Toledo: Diputación Provincial.

Moreno Villalba, Faustino (1993): *Los mártires del 36 y Franco,* Sevilla: Apostolado Mariano.

Moure-Mariño, Luis (1938): *Perfil Humano de Franco,* Valladolid: Ediciones Libertad.

Muñiz Vigo, Acisclo (1939): *El Generalísimo Franco en la escuela española. Bosquejo biográfico.-Efemérides. Lecturas.-Miscelánea,* Oviedo: F.E.T.

Musa Redimida. Poesías de los presos en la Nueva España, Madrid: Redención, 1940.

Nerín, Gustau (2005): *La Guerra que vino de África,* Barcelona: Crítica.

Nourry, Philippe (1976): *Francisco Franco: la conquista del poder,* Madrid: Ediciones Júcar.

Núñez Florencio, Rafael (2001): *Sol y Sangre: La imagen de España en el mundo,* Madrid: Espasa Calpe.

Oliveira Salazar, António (1945): *Portugal y la Paz,* Lisboa: SNI.

Ortega Campos, Pedro (1973): *Dieciséis años del «Plan Jaén». Evaluación Social,* Jaén: Cámara de Comercio.

Ortega Cantero, Nicolás (1979): *Política agraria y colonización del espacio,* Madrid: Ayuso.

Ortega y Gasset, Eduardo (2008): *Annual. Relato de un soldado e impresiones de un cronista,* Madrid: Ediciones del Viento (1.ª ed., 1922).

Osuna Servent, Arturo (1922): *Frente a Abd-el-Krim (Antes de la tragedia. En el momento de la tragedia. Las «escurriduras» de la tragedia),* Madrid: Imprenta de Felipe Samarán.

Oteyza, Luis de (2000): *Abd-el-Krim y los prisioneros. (Una información periodística en el campo enemigo),* Melilla: Ciudad Autónoma de Melilla (1.ª ed., *c.* 1922.

Overy, Richard (2009): «Parting with Pacifism», *History Today,* 59, 8: 23-29.

Pack, Sasha (2006): *Tourism and Dictatorship: Europe's Peaciful Invasion of Franco's Spain,* Nueva York: Palgrave Macmillan [ed. cast.: *La invasión pacífica. Los turistas y la España de Franco,* Madrid: Turner, 2009].

Palacios, Jesús (2005): *Las cartas de Franco. La correspondencia desconocida que marcó el destino de España,* Madrid: La Esfera de los Libros.

Payne, Stanley (1967): *Politics and the Military in Modern Spain,* Stanford/ Oxford: Stanford University Press/ Oxford University Press [ed. cast.: *Ejército y sociedad en la España Liberal, 1808-1936,* Barcelona: Akal, 1976].

— (1988): «Recent Historiography on the Spanish Republic and Civil War», *Journal of Modern History,* 60, 3: 540-556.

— (1997): *Franco y José Antonio: el extraño caso del fascismo español: historia de la Falange y del Movimiento Nacional (1923-1977),* Barcelona: Planeta.

— (2006): *The Collapse of the Spanish Republic, 1931-1936: Origins of the Civil War*, New Heaven/Londres: Yale University Press [ed. cast.: *El colapso de la República. Los orígenes de la Guerra Civil, 1933-1936,* Madrid: La Esfera de los Libros, 2006].
— (2011): *Spain: A Unique History,* Madison: University of Wisconsin Press [ed. cast.: *España. Una historia única,* Barcelona: Temas de Hoy, 2008].
Pérez de Urbel, fray Justo (1959): *El Monumento de Santa Cruz del Valle de los Caídos,* Madrid: Instituto de Estudios Madrileños.
Pérez del Pulgar, José A. (1939): *La solución que España da al problema de sus presos políticos,* Valladolid: Librería Santarén.
Pike, David Wingeate (2008): *Franco and the Axis Stigma*, Houndmills: Palgrave [ed. cast.: *Franco y el Eje Roma-Berlín-Tokio. Una alianza no firmada,* Madrid: Alianza Editorial, 2010].
— (2011): *France Divided: The French and the Civil War in Spain,* Eastbourne: Sussex Academic Press.
Pilar Amador, María (1987): *Análisis de los discursos de Franco. Una aplicación metodológica,* Cáceres: Universidad de Extremadura.
Pitt-Rivers, Julian A. (1954): *The People of the Sierra,* Nueva York: Criterion.
Porte, Pablo La (2001): *La atracción del Imán. El desastre de Annual y sus repercusiones en la política europea (1921-1923),* Madrid: Biblioteca Nueva.
Powell, Charles (2001): *España en democracia, 1975-2000,* Barcelona: Plaza y Janés.
Preston, Paul (1993): *Franco. A Biography,* Londres: HaperCollins.
— (1994): *The Coming of the Spanish Civil War: Reform, Reaction and Revolution in the Second Spanish Republic 1931-1936,* Londres: Routledge.
— (2008): *El gran manipulador. La mentira cotidiana de Franco,* Barcelona: Ediciones B.
— (2012): *The Spanish Holocaust: Inquisition and Extermination in Twentieth-Century Spain*, Londres: HarperCollins [ed. cast.: *El holocausto español. Odio y exterminio en la Guerra Civil y después,* Barcelona: Debate, 2011].
Prieto, Indalecio (1990): *Con el rey o contra el rey. Guerra de Marruecos,* Madrid: Planeta, 2 vols.
Quintana, L. (1940): *Franco. Al muchacho español,* Barcelona: Librería Religiosa.
Radcliff, Pamela B. (2011): *Making Democratic Citizens in Spain: Civil Society and the Popular Origins of the Transition, 1960-1978,* Nueva York: Palgrave Macmillan.
Raguer, Hilari (1994): *El general Batet,* Barcelona: Abadía de Montserrat.
Ramírez, Luis [Luciano Rincón] (1964): *Francisco Franco: historia de un mesianismo,* París: Ruedo Ibérico.
Redondo, Gonzalo (1999): *Política, cultura y sociedad en la España de Franco, 1939-1975.* Tomo I: *La configuración del Estado español, nacional y católico (1939-1947),* Pamplona: Ediciones de la Universidad de Navarra.

Reig Tapia, Alberto (1995): *Franco «Caudillo»: Mito y realidad,* Madrid: Tecnos.
— (1999): *Memoria de la Guerra Civil. Los mitos de la tribu,* Madrid: Alianza Editorial.
— (2005): *Franco: el César superlativo,* Madrid: Tecnos.
— (2006): *La Cruzada de 1936. Mito y Memoria,* Madrid: Alianza Editorial.
Rey Reguillo, Fernando del (ed.) (2011): *Palabras como puños: la intransigencia política en la Segunda República Española,* Madrid: Tecnos.
— (2013): «Percepciones contrarrevolucionarias: Octubre del 34 en el epistolario del general Sanjurjo», *Revista de Estudios Políticos,* 159 (enero-marzo): 77-105.
Ribeiro de Meneses, Filipe (2009): *Salazar: A Political Biography,* Nueva York: Enigma Books.
Ribeiro de Menezes, Alison (2014): *Embodying Memory in Contemporary Spain,* Nueva York: Palgrave Macmillan.
Riera, Augusto (1922?): *Crónica de la Guerra de Marruecos. Julio 1921-Enero 1922,* Barcelona: [J. Sanxo].
Río Cisneros, Agustín del (1947): *España, rumbo a la post-guerra. La paz española de Franco,* Madrid: Afrodisio Aguado.
Rodrigo, Javier (2013): *Cruzada, Paz, Memoria. La Guerra Civil en sus relatos,* Granada: Comares.
Rodríguez Barreira, Óscar (2006): «La historia local y social del franquismo en la democracia, 1976-2003», *Historia Social,* 56: 153-76.
— (2008): *Migas con miedo. Prácticas de resistencia al primer franquismo en Almería, 1939-1953,* Almería: Universidad de Almería.
— (2013): «Cambalaches: hambre, moralidad popular y mercados negros de guerra y posguerra», *Historia Social,* 77: 149-174.
Rodríguez Jiménez, José Luis (2005): *Franco, historia de un conspirador,* Madrid: Oberón.
Rodríguez Martínez, Saturnino (1999): *NO-DO: catecismo social de una época,* Madrid: Universidad Complutense.
Ros Andreu, Juan B. (1932): *La conquista de Alhucemas o en el Tercio está el amor (Escenas «crudas» de la famosa retirada de Xauen y del glorioso desembarco de las tropas españolas en Alhucemas),* Las Palmas: Topográfica La Provincia.
Rubio Alfaro, Plácido, y Lacalle Alfaro, Miguel (1999): *Alhucemas, 1925. Desembarco, asentamiento y evolución,* Málaga: Imprenta Carvajal.
Ruiz, Julius (2005): «A Spanish Genocide? Reflections on the Francoist Repression after the Spanish Civil War», *Contemporary European History,* 14, 2: 171-191.
Ruiz Albéniz, Víctor [El Tebib Arrumi] (1922): *Las responsabilidades del desastre. Ecce Homo. Prueba documental y aportes inéditos sobre las causas del derrumbamiento y consecuencias de él,* Madrid: Biblioteca Nueva.

— (1937): *Héroes de España. Siluetas biográficas de las figuras más destacadas del Movimiento Salvador: El Caudillo. S.E.D. Francisco Franco Bahamonde. Generalísimo del Ejército y Jefe del Estado Español,* Ávila: Imprenta Católica.
— (1939): *Biblioteca Infantil. La reconquista de España. La Historia de El Caudillo Salvador de España,* Madrid: Ediciones España.
— (1940): *Así empezó el Movimiento salvador,* Madrid: Ed. España.
Ruiz Carnicer, Miguel Ángel (1996): *El Sindicato Español Universitario (SEU),* Madrid: Siglo XXI.
Sada Anguera, Javier (2009): *Franco en San Sebastián a través de la prensa guipuzcoana,* Donostia: Xertoa.
Sáenz de Heredia, José Luis, y Sánchez-Silva, José María (1964): *«Franco... ese hombre» (1892-1965),* Madrid: Difusión Librera.
Salas López, Fernando de (1949): *El desembarco del Alhucemas (8 de septiembre, 1925),* Madrid: Guión.
Sánchez-Biosca, Vicente (coord.) (2002-2003): *Materiales para una iconografía de Francisco Franco,* vol. 42-43 de la revista *Archivos de la Filmoteca.*
Sánchez-Silva, José María (1966): *Cartas a un niño sobre Francisco Franco,* Madrid: Foresa.
Santiago Guerrero, M.; Troncoso, J. M., y Quintana, B. (1926): *La Columna Saro en la Campaña de Alhucemas,* Barcelona: Tipografía La Académica.
Santoja, Gonzalo (1996): *De un ayer no tan lejano: cultura y propaganda en la España de Franco durante la guerra y los primeros años del Nuevo Estado,* Madrid. Noesis.
Saz, Ismael, y López Roda, Alberto (eds.) (1999): *El franquismo en Valencia: formas de vida cotidiana y actitudes sociales en la posguerra,* Valencia: Episteme.
Secretaría General del Movimiento (1959): *Veinte años de Paz en el Movimiento Nacional bajo el mando de Franco: resumen general,* Madrid: Delegación Nacional de Provincias de FET de las JONS.
Seidman, Michael (2002): *Republic of Egos. A Social History of the Spanish Civil War,* Madison: University of Wisconsin Press [ed. cast.: *A ras de suelo. Historia social de la República durante la Guerra Civil,* Madrid: Alianza Editorial, 2003].
Serrano Sanz, José María, y Asensio Castillo, María Jesús (1997): «El ingenierismo cambiario: la peseta en los años del cambio múltiple, 1948-1959», *Revista de Historia Económica,* XV, 3: 545-573.
Serrano Súñer, Ramón (1977): *Entre el silencio y la propaganda, la Historia como fue. Memorias,* Barcelona, Planeta.
Servicio Nacional del Trigo, Delegación Nacional (1959): *Viaje por Castilla de S. E. el Jefe del Estado, Señor Don Francisco Franco Bahamonde...,* Madrid: Ministerio de Agricultura.
Sevillano Calero, Francisco (2000): *Ecos de papel. Propaganda y medios de comunicación en le franquismo,* Madrid: Biblioteca Nueva.
— (2010): *Franco. Caudillo por la gracia de Dios*, Madrid: Alianza Editorial.

Shubert, Adrian (1987): *The Road to Revolution in Spain. The Coal Miners of Asturias, 1860-1934,* Urbana and Chicago: University of Illinois Press.
Silva, Emilio (2005): *Las fosas de Franco: crónica de un desagravio,* Madrid: Temas de Hoy.
Smith, Eric R. (2013): *American Relief Aid and the spanish Civil War,* Columbia y Londres: University of Missouri Press.
Solé i Sabaté, J. M. y Villarroya, J. (1989-1990): *La represió a la retaguardia de Catalunya, 1936-1939,* Montserrat: Abadía de Monsterrat, 2 vols.
Soriano, Ramón (1981): *La mano izquierda del Caudillo,* Barcelona: Planeta.
Southworth, Herbert R. (1977): *Guernica! Guernica! A Study of Journalism, Diplomacy, Propaganda, and History,* Berkely: University of California Press.
Thomas, Hugh (1967): *La Guerra Civil Española,* París: Ruedo Ibérico.
Thomàs i Andreu, Joan María (2010): *La batalla de Wolframio: Estados Unidos y España del Pearl Harbor a la Guerra Fría (1941-1947),* Madrid: Cátedra.
— (2014): *El gran golpe. El «caso Hedilla» o cómo Franco se quedó con la Falange,* Barcelona: Debate.
Thomas, Maria (2007): «The front line of Albion's perfidy. Inputs into the making of British policy towards Spain: The racism and snobbery of Norman King», *International Journal of Iberian Studies,* vol. 20, n.º 2: 105-127.
Togores, Luis E. (2003): *Millán Astray. Legionario,* Barcelona: Planeta.
Tooze, Adam (2006): *Wages of Destruction: The Making and Breaking of the Nazi Economy,* Londres: Allan Lane.
Torrent, Martín (1942): *¿Qué me dice usted de los presos?,* Alcalá de Henares: Talleres Penitenciarios.
Townson, Nigel (2000): *The Crisis of Democracy in Spain: Centrist Politics under the Second Republic,* Brighton and Portland, OR: Sussex Academic Press.
— (ed.) (2009): *España en cambio: el Segundo franquismo, 1959-1975,* Madrid: Siglo XXI.
Tranche, Rafael R., y Sánchez-Biosca, Vicente (2000): *NO-DO. El Tiempo y la Memoria,* Madrid: Cátedra.
Trythall, J. W. D. (1970): *El Caudillo. A Political Biography of Franco,* Nueva York: MacGraw-Hill.
Tusell, Javier (1992): *Franco en la Guerra Civil: una biografía política,* Barcelona: Tusquets.
—; Alted, Alicia, y Mateos, Abdón (coords.) (1990): *La oposición al régimen de Franco, 1939-1975,* Madrid: UNED, 3 vols.
Ucelay-Da Cal, Enrique (1990): «Ideas preconcebidas y estereotipos en las interpretaciones de la Guerra Civil Española: el dorso de la solidariad», *Historia Social,* 6: 23-46.
Ullman, Joan Connelly (1968): *The Tragic Week: A Study of Anticlericalism in Spain, 1875-1912,* Cambridge: Harvard University Press.

«Un sondeo en el alma del trabajador», *Ecclessia,* 542 (1951): 11-12.
Useros, Manuel (1957): *El hombre en el paredón,* J., Valencia: Bello.
Vaca de Osma, José Antonio (1991): *La Larga Guerra de Francisco Franco,* Madrid: Rialp.
Vázquez Montalbán, Manuel (1978): *Los demonios familares de Franco,* Barcelona: Dopesa.
— (1992): *Autobiografía del general Franco,* Barcelona: Planeta.
Veatch, Richard (1990): «The League of Nations and the Spanish Civil War, 1936-39», *European History Quarterly,* 20: 181-207.
Vega García, Rubén (coord.) (2002): *Hay una luz en Asturias: las huelgas de 1962,* Gijón: Fundación Muñoz Zapico.
Vida de un Caudillo joven. Rasgos biográficos del Excmo. Sr. D. Francisco Franco Bahamonde, Jefe del Estado español y Generalísimo de los Ejércitos al cumplir el XXV aniversario de su exaltación a la Jefatura del Estado, Madrid: Sánchez y Estades, 1961.
Viñas, Ángel (2001): *La conspiración del general Franco y otras revelaciones acerca de una guerra civil desfigurada,* Barcelona: Crítica.
Viscarri, Dionisio (2004): *Nacionalismo autoritario y orientalismo. La narrativa prefascista de la guerra de Marruecos (1921-1927),* Bolonia: Il Capitello del Sole.
Viver Pi-Sunyer, Carles (1978): *El personal político de Franco (1936-1975),* Barcelona: Vicens Vives.
Vizcaíno Casas, Fernando (1978): *... Y al tercer año resucitó,* Barcelona: Planeta.
— (1980): *¡Viva Franco! (con perdón),* Barcelona: Planeta.
Watkins, K. W. (1976): *Britain Divided. The Effect of the Spanish Civil War on British Political Opinion,* Westport: Greenwood.
Wigg, Richard (2008): *Churchill and Spain. The Survival of the Franco Regime, 1940-1945,* Brighton: Sussex UP [ed. cast.: *Churchill y Franco,* Barcelona: Debate, 2005].
Wright, Richard (1957): *Pagan Spain,* Nueva York: John Hawkins and Associates [ed. cast.: *España pagana,* Madrid: Orígenes, 1988].
Zenobi, Laura (2011): *La construcción del mito de Franco. De jefe de la Legión a Caudillo de España,* Madrid: Cátedra.

ÍNDICE ONOMÁSTICO